经济法论丛
JINGJIFA LUNCONG

新发展理念与经济法制度完善

张守文 王磊 邓伟 谭晨 徐妍 祝远石 董学智 著

图书在版编目(CIP)数据

新发展理念与经济法制度完善/张守文等著.—北京:北京大学出版社,2022.6
ISBN 978-7-301-33036-4

Ⅰ.①新… Ⅱ.①张… Ⅲ.①经济法—研究—中国 Ⅳ.①D922.290.4

中国版本图书馆 CIP 数据核字(2022)第 082590 号

书　　　名	新发展理念与经济法制度完善 XIN FAZHAN LINIAN YU JINGJIFA ZHIDU WANSHAN
著作责任者	张守文　等著
责任编辑	冯益娜
标准书号	ISBN 978-7-301-33036-4
出版发行	北京大学出版社
地　　　址	北京市海淀区成府路 205 号　100871
网　　　址	http://www.pup.cn
电子信箱	law@pup.pku.edu.cn
新浪微博	@北京大学出版社　@北大出版社法律图书
电　　　话	邮购部 010-62752015　发行部 010-62750672　编辑部 010-62752027
印　刷　者	天津中印联印务有限公司
经　销　者	新华书店
	650 毫米×980 毫米　16 开本　26.75 印张　451 千字 2022 年 6 月第 1 版　2022 年 6 月第 1 次印刷
定　　　价	76.00 元

未经许可,不得以任何方式复制或抄袭本书之部分或全部内容。
版权所有,侵权必究
举报电话:010-62752024　电子信箱:fd@pup.pku.edu.cn
图书如有印装质量问题,请与出版部联系,电话:010-62756370

着力构建"发展型法治"(代序)

"新发展理念与经济法制度完善",是需要持续深入研究的重要现实问题。基于"价值—规范"的二元结构,一方面,从价值引领的角度,需要对新发展理念有全面准确的理解,并切实将其融入经济法制度的完善过程中;另一方面,从制度转型的角度,需要重视经济法规范因融入新发展理念而呈现的"发展导向",并由此构建"发展导向型"的经济法制度。结合上述两个方面的有效互动,可以提炼经济法学的"发展理论",这对于经济法的法治建设和法学研究尤为重要。

上述的理论提炼,是基于"新发展理念——发展导向型制度——发展理论"的内在关联,此种关联所构成的分析框架,同样可以拓展适用于整体法治建设,这也是本书希望实现的"理论拓展"目标。事实上,将新发展理念持续融入整个法治建设,就会形成"发展导向型法治"(简称"发展型法治")。[①] 而着力构建"发展型法治",应当是我国未来法治建设的重要目标。这是我国特定时代背景下的新问题。要有效构建"发展型法治",需要对新发展理念作出"历史—系统"的解析和把握,并将其切实融入法治建设,同时,还要加强发展理论的指导,从而实现"发展型法治"的转型。

一、特定时代背景下的新问题

我国已开启全面建设现代化国家的新发展阶段,在充满不确定因素的复杂发展环境下,面对新时期的发展问题、发展矛盾和发展任务,需要全面强化新发展理念的引领,加快建设现代化经济体系,构建"双循环"的新发展格局,推动经济和社会的高质量发展[②]。而在此过程中,能否完整准确地理解和全面贯彻新发展理念,如何在法治框架下保障新发展理念

[①] 有关"发展型法治"的讨论,可参见张守文:《新发展格局与"发展型法治"的构建》,载《政法论丛》2021年第1期,第3—13页。

[②] 有关高质量发展的探讨,可参见高培勇:《理解、把握和推动经济高质量发展》,载《经济学动态》2019年第8期,第3—9页。

的落实,已成为值得深入研究的重大现实问题。

自我国2015年提出新发展理念以来,对于创新、协调、绿色、开放、共享这五大发展理念,已有大量解读和诸多研究成果。只有系统把握上述发展理念的逻辑联系,准确理解其与"旧发展理念"的不同,切实将其作为"实践的引领"而不是"空洞的口号",才能真正实现其蕴含的多种重要价值。由于理念是行动的先导,发展理念对发展实践有重要引领作用,直接影响发展绩效,因此,应正视新发展理念对新发展阶段、新发展格局的重要价值,既要从历史维度审视新旧发展理念的差别,又要从系统维度揭示各类发展理念之间,以及发展理念与发展阶段、发展格局、发展矛盾、发展问题之间的内在关联。只有在上述"历史—系统"的维度下展开解析,才可能形成对新发展理念更为完整准确的理解。

完整准确理解新发展理念的根本目的,是通过其全面贯彻来指导和引领各领域的发展实践。例如,在法治领域贯彻新发展理念,会有助于将促进发展的理念融入法治建设的各个环节,从而构建"发展型法治"。而体现新发展理念的"发展型法治",又会进一步促进新发展理念在各相关领域的落实,从而有助于全面实现相关发展目标。

有鉴于此,在我国开启新发展阶段、构建新发展格局、推进高质量发展的背景下,有必要基于既往研究成果,从"历史—系统"的维度对新发展理念加以解析,以增进对其完整准确的理解,从而全面发挥其重要引领作用;在此基础上,考虑到发展实践既需要新发展理念的价值引领,又离不开各类法律制度的规范、促进和保障,因此,还应进一步从"价值—规范"的维度,探讨新发展理念与法治建设的关系,分析其对构建"发展型法治"的影响,揭示其对国家治理现代化乃至全面实现现代化目标的重要价值。这些研讨对于将新发展理念融入经济法制度建设,构建"发展导向型"的经济法制度,并提炼经济法学的发展理论,同样具有重要价值。

二、对新发展理念的"历史—系统"解析

对新发展理念的研究,涉及多个不同的维度,其中,"历史—系统"的维度尤其值得关注,由此展开解析,会有助于增进对新发展理念的完整准确理解。

（一）基于历史维度的解析

新发展理念是与"旧发展理念"相对应的。对于何为发展、发展什么、如何发展等，各国都曾存在不同认识①。我国在革命与建设、计划经济与市场经济等不同历史时期，从不重视经济建设到"以经济建设为中心"，从片面强调经济增长速度到重视经济发展质量，体现了不同阶段发展理念的变化。由于经济和社会的发展总是呈现阶段性，在不同阶段会存在不同的矛盾和问题，因而需要针对不同时期的发展矛盾和发展问题，确立指导发展实践的发展理念。

随着全面建设现代化国家新征程的开启，我国经济社会发展已进入到新发展阶段，社会主要矛盾已不同既往，面对发展目标、发展环境、发展条件的调整和改变，更需要确立新的发展理念，以指导各个领域的全面发展，对此应从历史维度加以解析。

我国自改革开放以来，"发展是硬道理"日益成为社会共识。在市场经济体制确立之初，基于"以经济建设为中心"的导向，"经济发展"备受重视，且往往被简单地等同于"经济增长"，由此形成了突出的 GDP 导向，经济与社会的全面发展被忽视②。随着各类发展问题的凸显，人们日益认识到，不能将狭义的经济增长等同于经济发展，应树立更为全面的"发展观"。据此，我国从过去较为重视经济增长或者"唯 GDP"的发展观，转而强调科学发展观，并进一步融入了新发展理念，更加重视发展质量和发展效益，强调系统、全面的发展，从而形成了日臻完善的发展观③。

上述发展观的转变，体现了发展理念的变迁。发展理念是发展观的核心，不同的发展理念，体现了对影响发展的各类价值的强调或取舍，特别是效率与公平、自由与秩序、安全与发展等重要价值的权衡；同时，还会直接影响对发展的认识，包括何为发展（涉及对发展的界定）、为何发展

---

① 例如，在对于"发展"的界定或理解方面，国际货币基金组织、世界银行等国际组织曾更关注经济增长，而阿马蒂亚·森（Amartya Sen）等学者则更关注全面发展的理念。可参见〔加拿大〕崔贝尔考克、〔美〕丹尼尔斯：《法治与发展》，冯川等译，南京大学出版社 2014 年版，第 4 页。

② 由高速增长转向高质量发展符合量变到质变的发展规律。有关发展理念和相应的经济发展理论演进的探讨，可参见洪银兴：《改革开放以来发展理念和相应的经济发展理论的演进——兼论高质量发展的理论渊源》，载《经济学动态》2019 年第 8 期，第 10—20 页。

③ 发展观经过了从 GDP 发展观到可持续发展观、再到科学发展观的不断完善的演进过程，而新发展理念则进一步充实和完善了发展观。参见简新华：《发展观的演进与新发展理念》，载《当代经济研究》2017 年第 9 期，第 22—31 页。

(涉及发展问题与发展目标)、发展什么(涉及发展领域与发展对象)、如何发展(涉及发展手段或发展路径、发展动力)等,从而形成了不同的发展观。而创新、协调、绿色、开放和共享等新发展理念,正是对上述方面的重要回应。

此外,上述发展理念的变迁,与经济和社会发展的阶段性直接相关。从更长的历史看,自1860年以来,我国一直在探索独立自主、自立自强的发展道路,并在不同历史阶段多次提出现代化目标。在经历了从革命到建设、从计划到市场、从贫困到小康的"历史性跨越"后,我国开启了建设现代化国家的新征程。而要完成新发展阶段的新任务,就需要有新发展理念的引领。

当前强调新发展理念的引领,还与复杂的国际环境直接相关。2008年全球性金融危机产生的萧条效应,与2020年不断蔓延的全球性公共卫生危机相叠加,对各国的经济社会发展产生了严重冲击,极大地影响了发展环境和发展路径。只有全面融入新发展理念,有效应对上述"双重危机",才能突破发展困境,重构发展格局。因此,落实新发展理念,既是历史发展新阶段的要求,也是未来长期的重要任务,它关系到我国经济和社会发展的全局。

另外,从经济社会发展的历史转型看,我国从传统的农业经济到工业经济,再到今天的信息经济或数字经济,从闭关锁国到全面开放,从单纯强调经济增长速度到重视经济发展质量,既离不开创新发展、开放发展和绿色发展,也需要协调发展和共享发展,其中贯穿和体现着各类发展理念的内在关联。对此不仅应从历史维度解析,还要有系统维度的整体把握。

(二) 基于系统维度的整体把握

完整准确理解新发展理念,需要从系统维度对其予以整体把握。从发展理论或发展法学的角度看,"发展问题—发展手段—发展目标"三者之间存在着内在关联,它们构成的"发展分析"框架,有助于探讨与发展相关的各类问题,同样也适用于新发展理念的研究[①]。

依据上述"发展分析"框架,需要关注与新发展理念相关的三方面问题:第一,应从问题定位的角度,明确我国存在的发展问题和发展矛盾;第

---

① 有关该分析框架的解析和运用,可参见张守文:《公共卫生治理现代化:发展法学的视角》,载《中外法学》2020年第3期,第590—611页。

二,应基于不同阶段的发展问题和发展矛盾,确立解决上述问题的发展手段,尤其要明确具体的发展动力、发展路径和发展方式;第三,应通过相关发展手段的有效运用,实现相关的发展目标,如高质量发展目标、全面现代化目标、共同富裕或全民共享的目标等。上述紧密关联的三个方面,有助于从系统维度增进对新发展理念的全面理解和整体把握,也有助于研讨新发展理念与"发展型法治"的相关问题。

首先,从发展矛盾、发展问题的角度看,随着我国社会主要矛盾的变化,发展不平衡不充分的问题更为突出。针对多个领域、多个层次的发展不平衡问题,必须落实协调发展理念,实施多种类型的协调[①],如区域协调、城乡协调、内外协调、制度协调,等等,从而解决区域发展、城乡发展、收入分配方面的发展差距过大等发展失衡问题,以及因存在内外差别、制度差别而导致的不公平竞争等问题。在落实协调发展理念的过程中,尤其应基于相关发展矛盾,特别是发展失衡等发展问题,明确发展路径和发展模式,不断改进发展手段,增进发展动力,优化发展环境等。

其次,从发展动力、发展方式或发展手段的角度看,创新发展、协调发展、绿色发展和开放发展的理念缺一不可。例如,在创新发展方面,能否通过理念和理论的创新、制度和技术的创新,以及发展模式的创新,构建新经济、新模式、新业态,形成发展的新机制、新引擎,会直接影响发展动力,因此,在五大发展理念中,创新发展被置于突出位置,它关乎发展方式或发展手段的优化。此外,针对区域或城乡等领域存在的发展不平衡、人与自然关系的不和谐,以及各领域开放发展不同步等问题,尤其需要落实协调发展、绿色发展、开放发展的理念,以推动发展方式、发展路径的转变,并解决相关的发展失调或发展失衡问题。事实上,上述四大发展理念,都在从不同角度回答"如何发展"的问题,涉及发展动力、发展方式、发展路径、发展手段,直接影响前述发展矛盾和发展问题的解决,关乎发展目标的实现。

最后,从发展目标或发展目的的角度看,新发展理念蕴含着重要的发展思想,特别是"以人民为中心"的民本思想,它与共享发展的理念存在紧

[①] 协调发展是针对事物发展的矛盾性,着眼于事物发展的整体性,解决事物发展的平衡性。参见杨明伟:《协调发展:对发展问题的哲学总结》,载《当代中国史研究》2016年第6期,第38—46页。

密关联。而基于共享理念,在发展过程中应充分保障各类主体的发展权①,不断提升其发展能力,这样才能使各类主体共享改革开放成果②,实现共同富裕,并推动经济与社会的良性运行和协调发展。

以上是基于"发展问题—发展手段—发展目标"的分析框架,对各类发展理念之间内在联系的简要解析。据此,既要看到不同发展理念对各类发展问题的解决各有侧重,也要看到它们在上述"发展分析"框架下存在的紧密联系。例如,从各类发展理念的各自侧重看,创新发展理念侧重于解决发展动力问题,协调发展理念侧重于解决发展不平衡问题,绿色发展理念侧重于解决人与自然和谐发展问题,开放发展侧重于解决内外联动发展问题,共享发展侧重于解决公平分配和发展正义问题。其中,协调发展、绿色发展、开放发展都在解决不同领域、不同层次的发展失衡问题;解决上述失衡问题需要理论创新、制度创新、技术创新,将创新思维、创新理念融入其中;只有深化改革,扩大开放,才能不断解决发展失衡问题,才能进一步解决分配公平和发展正义问题,实现共享发展。可见,各类发展理念虽有侧重,但密切相关。在"发展分析"框架下,上述的发展失衡体现的是"发展问题",而创新发展是解决发展问题的发展手段,共享发展(或均衡发展)则是受到普遍认可的发展目标。

此外,从系统维度看,不仅要关注上述各类新发展理念所构成的体系或系统,还要关注新发展理念与新发展阶段、新发展格局的紧密关联,从而在更大的系统中实现对新发展理念的整体把握。例如,新发展阶段的核心发展目标,是在协调共生、共同富裕、和平发展的基础上,实现"后发大国"的全面现代化。要完成这一旷世系统工程,必须对新发展阶段、新发展理念、新发展格局进行系统的整体把握,并由此明晰我国的发展矛盾、发展问题、发展模式、发展动力和发展路径,不断优化发展政策和发展环境,持续构建"发展型法治",从而全面实现现代化的发展目标。

总之,要完整准确理解新发展理念,需要从多个维度分析各类发展理念的内在逻辑联系。由于观察视角不同,对相关发展理念的认识可能会

---

① 其中,经济发展权尤为重要。可参见程信和:《经济法基本权利范畴论纲》,载《甘肃社会科学》2006年第1期,第138—146页;张守文:《经济发展权的经济法思考》,载《现代法学》2012年第2期,第3—9页。

② 有研究者提出"共享权利"的概念,将其界定为涉及共享经济成果、政治成果、文化成果、社会成果和生态成果的综合性权利。参见张彦、洪佳智:《论发展伦理在共享发展成果问题上的"出场"》,载《哲学研究》2016年第4期,第101—107页。

"横看成岭侧成峰,远近高低各不同",因而更应整体、系统地加以把握,而不能孤立、片面、僵化地理解。这既是对新发展理念"完整准确认识"的基本要求,也有助于在发展实践中对其予以全面贯彻。此外,新发展理念对于新发展格局的构建,对于全面实现新发展阶段的目标,具有至为重要的引领作用,因此,需要在更高层面把握发展理念与发展阶段、发展格局的关联,并且,在全面依法治国的背景下,还需进一步思考如何加强对落实新发展理念的法治保障问题。

三、落实新发展理念需要构建"发展型法治"

我国正在全面推进深化改革和依法治国,将新发展理念融入法治建设,是落实新发展理念的重点。据此,在立法、执法、司法、守法等法治建设的各个环节,都应充分体现新发展理念,由此会形成有助于促进全面协调发展的"发展导向型法治",对其亦可称为"发展型法治"或"新发展法治"[①]。

新发展理念的落实,需要"发展型法治"的构建,两者之间存在着相互促进的紧密关联。在构建"发展型法治"过程中,基于经济法对于"促进发展"的重要作用,尤其应在经济法领域落实新发展理念,从而形成"发展导向型"的经济法制度,充分实现其作为"发展促进法"的重要功能;在此基础上,还应提炼经济法学的发展理论,以进一步揭示发展理念与发展理论、"发展导向型"制度之间的关联。

(一)新发展理念与"发展型法治"的紧密关联

在新发展阶段,需要不断优化各类主体的发展环境,改善其发展条件,对此不能仅靠市场主体的内生动力,还要有国家的外力推动,尤其需要良法善治的保障和支撑。正是在这个意义上,应基于新发展理念与法治建设相互促进的紧密关联,将新发展理念融入法治建设的各个环节,持续构建"发展型法治"。为此,应着重关注如下两个方面:

一方面,应重视新发展理念对法治建设的重要引领作用。新发展理念所蕴含的重要价值,对法治建设具有重要引领作用。只有全面落实新

---

① 这其实也是国家的重要法治战略。可参见顾功耘:《论重启改革背景下的经济法治战略》,载《法学》2014年第3期,第3—15页。

发展理念,并将其融入相关法治理念、法治思想和法治理论,才能实现法治理论的创新和法律制度的优化。为此,在推动法治发展的过程中,应注意协调政策与法律的关系,以及法律与其他社会治理手段的关系,并在协调和解决各类问题过程中保持法律体系的开放发展,推动"良法"的持续生成;同时,还应推动法治自身的绿色发展,降低各类制度性的交易成本,加强各类法律制度的成本收益分析,增进相关法律的实效,促进法律价值的实现。上述方面体现了创新、协调、绿色、开放等发展理念的落实。在此基础上,还应确立共享发展的目标,使法治能够均衡保护各类主体的利益,成为促进发展的重要支撑[①]。

另一方面,还应关注法治建设对落实新发展理念的重要促进和保障功能。通过在法治建设中体现"发展导向",会更有助于在各领域贯彻新发展理念,并由此推动经济和社会的发展。例如,体现发展导向的"发展型法治",既有助于促进各领域的创新发展,也有助于促进区域、产业等方面的协调发展;既有助于推动对外开放,实现国内国际双循环的相互促进,又有助于保障各类主体的发展权,提升其发展能力,推动公平分配,解决共同富裕、共同发展的问题,从而实现共享发展的目标[②]。因此,我国应全力构建"发展型法治",从而为新发展理念的落实提供法治保障,并推动相关领域的全面发展。

总之,应重视新发展理念与"发展型法治"相互促进的紧密关联,既要看到落实新发展理念对构建"发展型法治"的重要推动作用,又要看到"发展型法治"对于落实新发展理念、促进相关领域发展的重要保障作用。只有在法治建设中全面落实新发展理念,才能不断推进整个法治体系的优化和国家治理的现代化,并在法治框架下保障和促进各个领域的发展。

(二) 新发展理念在经济法制度中的落实

构建"发展型法治",需要将新发展理念融入各类具体法律制度,以实现其重要引领作用。考虑到经济法是典型的"发展促进法",对于经济和社会发展具有直接的促进和保障作用,因而有必要以经济法为例,探讨在

[①] 参见公丕祥:《新发展理念:中国法治现代化的战略引领》,载《法治现代化研究》2017年第1期,第22—36页。

[②] 有关高质量发展阶段的主要特征的分析,可参见王一鸣:《百年大变局、高质量发展与构建新发展格局》,载《管理世界》2020年第12期,第1—13页。

经济法制度中全面融入或落实新发展理念的相关问题。

基于前述新发展理念与"发展型法治"的紧密关联,在经济法领域落实新发展理念,会有助于形成"发展导向型"的经济法制度[①];同时,融入新发展理念的经济法制度,也有助于促进创新、协调、绿色、开放、共享等发展理念在各个领域的落实。现略作说明如下:

第一,在创新发展方面,经济法应有助于支持各类创新,特别是技术创新。例如,在财税法领域,无论是政府采购、财政补贴方面的制度,还是包括税率优惠在内的广义税收优惠制度,都应包含激励创新的制度安排[②]。同样,金融法制度也要为技术创新的金融支持提供法律保障。此外,反垄断法和反不正当竞争法,则应通过保障公平竞争的市场秩序,遏制侵犯商业秘密等不正当竞争行为等,保障和促进技术创新。可见,从鼓励和促进创新的角度,应不断优化各类经济法制度,发挥经济法的"发展促进法"功能。

第二,在协调发展方面,在经济法领域普遍存在着重要的协调思想,协调的理念和手段也贯穿于经济法的诸多制度之中[③]。针对区域或城乡的发展差距、不同群体或个体的收入分配差距,以及不同级次政府的财政失衡等各类发展失衡问题,尤其需要通过财政法、金融法、计划法等经济法制度,展开有效的调整和协调。对此,经济法的调整应基于区域发展差距的扩大,推动区域的协调发展;基于财政支出责任与事权、财力的不匹配,解决转移支付制度、地方税体系建设存在的问题;同时,还应运用多种经济法手段,解决分配差距过大、分配不公等问题。而在解决上述问题的过程中,会涉及各类经济法制度之间的协调,以及经济法与其他部门法的协调、经济法与经济政策的协调等,这些都要充分体现协调发展的理念。

第三,在绿色发展方面,随着工业化、市场化和全球化的发展,尤其需要处理好人与自然,以及与生态环境相关的人与人之间的关系。只有不断减少负外部性带来的"公害",切实将私人成本内部化,才能构建良好的

---

① 例如,在税法领域应推进"发展导向型"的税收立法。可参见张守文:《论"发展导向型"的税收立法》,载《法学杂志》2016年第7期,第8—17页。
② 可参见华国庆:《促进自主创新的财税法研究》,载《科技与法律》2009年第1期,第22—26页。
③ 可参见刘文华、王长河:《经济法的本质:协调主义及其经济学基础》,载《法学杂志》2000年第3期,第7—10页;张守文:《论经济法上的协调思想——"国家协调论"的启示》,载《社会科学》2011年第1期,第88—95页。

发展环境,保障社会公共利益和基本人权。为了解决上述领域的市场失灵问题,经济法的每类制度都应有助于促进永续发展。例如,在促进绿色环保产业发展方面,运用财税法领域的环境保护税、消费税、所得税等制度,会有助于绿色发展理念的落实;运用金融法领域的"绿色金融"制度,通过有效实施贷款、证券发行、保险、排放权交易等金融手段,将社会资金引入环保、清洁能源等绿色产业[1],以及落实"赤道原则"等[2],都会有助于推动绿色发展或永续发展。

第四,在开放发展方面,经济法的各类制度都应发挥重要作用。例如,在改革开放之初,我国在经济立法中率先制定了《中外合资经营企业所得税法》和《外国企业所得税法》,对于推动对外开放可谓功不可没,但同时也形成了我国税法领域内外有别的"二元税制";直至我国加入WTO后,普遍存在于商品税、所得税和财产税各领域的"二元税制"问题才得到有效解决[3],由此形成的较为统一的税制更有助于促进公平竞争和对外开放。又如,在金融法领域,我国通过各类金融立法,不断打破金融禁区,从局部开放走向高层次的全面开放,充分体现了开放发展的理念。此外,在产业法领域,我国在不同时期通过制定多种"产业指导目录",如《外商投资产业指导目录》或《鼓励外商投资产业目录》等,明确鼓励外商投资的产业方向和具体领域,有力推动了对外开放,这是落实开放发展理念的重要体现。另外,在对内开放方面,如何构建国内的统一市场,如何打破区域、行业、所有制等各种壁垒,促进国内开放,保障国企与民企等各类主体之间的公平竞争,体现竞争政策的基础地位,是优化营商环境、落实开放发展理念需要关注的重点问题。

第五,在共享发展方面,经济法关注对各类主体利益的均衡保护,重视经济与社会的良性运行和协调发展,由此使共享发展必然成为经济法调整所追求的重要目标。为了实现上述目标,应运用财税法规范财政收支行为和税收征纳行为,保障共同富裕、共享改革成果等共享目标的实现;同时,还应运用金融法、计划法等经济法制度,在法治框架下打破发展

---

[1] 参见马骏:《论构建中国绿色金融体系》,载《金融论坛》2015年第5期,第18—27页;邓翔:《绿色金融研究述评》,载《中南财经政法大学学报》2012年第6期,第67—71页。
[2] 参见刘志云:《赤道原则的生成路径——国际金融软法产生的一种典型形式》,载《当代法学》2013年第1期,第137—144页。
[3] 参见刘佐:《我国改革开放后涉外税制的建立与内外税制统一》,载《涉外税务》2010年第1期,第32—36页。

壁垒，实施发展规划，从而凝聚发展共识，激活发展动力，共享发展成果。①

以上主要是结合财税法、金融法、计划法等宏观调控法制度，探讨了新发展理念在经济法制度中的落实或具体体现。此外，在市场规制法制度中，同样需要落实新发展理念。例如，数字经济的发展与创新、协调、绿色、开放和共享等各类发展理念直接相关，市场规制法应当在上述发展理念的引领下，解决数字经济发展中存在的诸多问题。尤其需要通过反垄断法和反不正当竞争法的有效实施，切实规范各类平台的市场行为，维护公平竞争的市场秩序，保障数字经济健康发展，从而形成良好的发展环境，实现各类主体的共治和共享；同时，也需要通过消费者权益保护法的有效实施，切实保障消费安全，特别是商品、服务的安全以及消费者个人信息的安全，从而不断优化消费环境，促进消费升级，充分保障消费者权利和社会公共利益，推进新发展格局的构建。

可见，随着新发展理念的不断融入，宏观调控法和市场规制法的促进发展的功能会不断凸显。上述经济法制度的有效实施，既有助于促进公平竞争，发挥市场机制在资源配置方面的决定性作用，也有助于促进良好营商环境的形成，优化市场主体的发展环境，这对于建设现代化经济体系、实现经济社会高质量发展尤为重要。

其实，建设现代化经济体系，是实现整体现代化目标的重要基础。在构建现代化经济体系的过程中，特别需要体现各类新发展理念，加强经济法的调整。例如，在现代化经济体系的子体系中，现代市场体系具有重要的基础地位。要建设统一、开放、竞争、有序的现代市场体系，尤其需要落实创新、协调、开放等发展理念，切实打破各种壁垒，保障各类主体的公平竞争，促进各类区域、主体的协调发展。为此，对各类影响市场主体的经济行为、经济利益的制度，都应当实施公平竞争审查，并由此推动宏观调控法和市场规制法的制度优化。

此外，在构建现代化经济体系的过程中，现代经济体制亦居于重要地位②，需要正确处理政府与市场的关系、中央与地方的关系、各类宏观调控主体和市场规制主体之间的权力配置关系，等等。只有融入协调发展和

---

① 法治应当为经济社会发展保驾护航，更好地滋养、保障和推动发展。参见江必新、邵长茂：《贯彻五大发展理念的法治保障》，载《现代法学》2016年第6期，第3—14页。
② 参见张守文：《现代经济体制的构建及其法治保障》，载《政法论丛》2019年第1期，第3—14页。

创新发展的理念,才能协调好各类主体之间的关系,并通过建立现代财政制度、现代税收制度、现代金融制度和现代产业制度等,不断推进制度创新,从而构建"发展型法治"的基本框架,促进发展矛盾和发展问题的有效解决。

(三)经济法学的发展理论的提炼

将新发展理念融入经济法制度,同样需要相应的理论指导,其中也涉及对"发展与法治"关系的思考。从既往研究看,对于"法律与发展"问题,国内外学者曾有一定研究,但对于新发展理念与"发展型法治"的关系,还缺少系统的理论探讨。为此,从"发展与法治"关系的角度,应关注如下两个方面:一方面,通过落实新发展理念来构建"发展型法治",会有助于立法的完善,形成能够促进发展的、具有合理性和合法性的"良法",从而能够为执法和司法、守法等各环节提供应有的价值引领,进而推进相应的"善治";另一方面,通过"发展型法治"的构建,既有助于促进新发展理念在各相关领域的贯彻,从而实现经济与社会良性运行和协调发展的目标,也有助于促进国家有效履行宏观调控和市场规制职能,从而增进人们对"发展型国家"的理解①。对于上述两个方面的问题,需要从法学特别是经济法学的视角展开研究,并相应提炼经济法学的"发展理论"。

经济法作为重要的"发展促进法",其中包含大量"促进型规范"。在"价值—规范"的二元结构下,通过将新发展理念及其体现的发展价值、发展思想融入或贯穿经济法制度,从而形成"发展导向型"的经济法制度,并在此基础上推进经济法的实施,会有助于增进执法和司法的包容性,这是"发展型法治"的重要内核。上述融入新发展理念的"发展型法治",既是一般发展理论的重要研究对象,也是提炼经济法学的发展理论的重要基础②。

经济法学的发展理论,要基于国家的发展目标、发展模式、发展道路,关注相关主体的发展权、发展能力、发展义务和发展责任,为各类主体营造良好的发展环境,促进经济与社会的协调发展。只有在经济法的本体

---

① 参见黄宗昊:《"发展型国家"理论的起源、演变与展望》,载《政治学研究》2019年第5期,第58—71页;陈玮:《"发展型国家"的三次理论辩论:政府介入的必要性、有效性和时机》,载《公共行政评论》2019年第1期,第55—71页。

② 可参见张守文:《经济法学的发展理论初探》,载《财经法学》2016年第4期,第15—24页。

论、价值论、规范论、运行论等方面充分体现先进的发展理念,并构建经济法学的发展理论,才能在该理论的指导下,提升经济法制度的合理性、合法性和包容性,从而构建"发展导向型"的经济法制度,实现其保障和促进发展的重要功能。

从经济法学的发展理论看,各界高度关注的"内卷"问题[①],尤其需要通过体现发展政策的多种经济法手段加以解决,并通过融入创新、协调、绿色、开放和共享等发展理念的制度安排,实现从"内卷"到"外展"的转变。例如,通过促进创新,有助于解决低水平重复建设或不正当竞争问题;通过有效协调,有助于解决相关领域的冲突或内耗问题;通过推动开放,有助于解决内外联通和资源互补问题;等等。此外,"内卷"也与绿色发展(或永续发展)、共享发展的理念相悖,应通过经济法的制度安排,解决发展环境欠佳和发展能力不足的问题,这是经济法学发展理论研究的重要任务。

经济法学的发展理论,作为整体发展理论研究的重要组成部分,应当与传统的发展理论相衔接,并基于既往的优秀研究成果,结合现实的经济法制度建设和经济社会发展实际,不断实现理论的自我完善。只有不断拓展新兴的发展理论,才能更好地将发展理念、发展价值、发展制度、发展法治结合起来,这对于经济法制度的完善,推动发展理论和发展法学的发展,都具有重要价值。

总之,新发展理念在法治建设中的落实,有助于形成"发展型法治";而"发展型法治"的构建,又有助于进一步推进新发展理念在经济、社会、政治、文化等各领域的落实,尤其有助于促进经济和社会的良性运行和协调发展。此外,将新发展理念融入经济法制度,会有助于推动整体的"发展型法治"的构建;同时,提炼经济法学的发展理论,也有助于进一步理解"新发展理念—发展导向型制度—发展理论"之间的内在关联。本书希望读者在审视相关经济法问题的同时,进一步思考整体法治发展的相关问题。

[①] 对于内卷或内卷化的不同理解,可参见黄宗智:《发展还是内卷?十八世纪英国与中国——评彭慕兰〈大分岔:欧洲、中国及现代世界经济的发展〉》,载《历史研究》2002年第4期,第149—176页;刘世定、邱泽奇:《"内卷化"概念辨析》,载《社会学研究》2004年第5期,第96—110页。

四、关于课题研究与本书出版

"新发展理念与经济法制度完善"是本人主持的2017年国家社科基金重点项目(项目编号:17AFX023)。在课题研究过程中,课题组成员产出了一批阶段性成果,在核心期刊上共发表论文25篇。随着课题研究的深入,我们深切感受到:在新发展理念的引领下构建"发展型法治",有助于促进和保障新发展理念的持续落实,从而可以进一步结合发展目的、发展机制、发展动力、发展环境等因素,不断解决各类发展失衡问题,推进高质量发展,实现建设现代化国家的发展目标。只有将发展与法治结合起来,有效处理两者的关系,才能通过构建"发展型法治",促进"发展的法治化",这对于深化"法治与发展"研究,推动"发展法学"的构建[①],都具有重要意义;同时,对于未来持续完善经济法制度,尤其具有重要价值。

在课题研究过程中,涉及不同维度的思考,其中,"历史—系统"维度、"价值—规范"维度,以及"发展问题—发展手段—发展目标"维度,对于本课题的研究尤为重要。依循上述维度,有助于研究发展理念、发展价值、发展制度等有关发展的各类具体问题,并在此基础上提炼符合中国实际的"发展理论"。而体现新发展理念的发展理论,会更有助于指导发展实践,特别是"发展导向型"的法律制度实践,推动经济法等各类具体法律制度的不断完善,并使相关制度能更有助于促进经济和社会的协调发展,实现国家全面现代化的目标。

在课题组全体成员的共同努力下,课题顺利按时结项。课题组的各位成员都是毕业于北京大学法学院的法学博士,他们认真负责,勤于思考,潜心研究,对相关问题反复研讨,对所撰写的内容仔细打磨,力求确保成果质量。本书的写作分工(按照章节顺序)如下:

张守文,北京大学法学院教授,撰写序言、附录,负责全书统稿。

邓　伟,中山大学法学院助理教授,撰写导论部分和第二章。

谭　晨,最高人民检察院政治部干部,撰写第一章、第六章。

徐　妍,中国政法大学比较法学研究院副教授,撰写第三章。

---

① 相关具体讨论可参见张守文:《"发展法学"与法学的发展——兼论经济法理论中的发展观》,载《法学杂志》2005年第3期;张守文:《发展法学:经济法维度的解析》,中国人民大学出版社2021年版。

祝远石,中国政法大学法律硕士学院讲师,撰写第四章。

董学智,福建师范大学法学院副教授,撰写第五章。

王　磊,中国政法大学民商经济法学院讲师,撰写第七章和结论部分。

此外,王磊还承担了课题研究的大量协调工作和书稿的前期统稿工作。

在本书出版之际,尤其感谢国家社科基金对本课题研究的支持;感谢北京大学出版社在编辑任务非常繁重的情况下,为本书出版所做的大量工作;同时,也感谢课题组全体成员几年来的辛勤付出。对于本书可能存在的诸多不足,诚望读者方家多予指正。

张守文

2022年2月15日元宵节

于北京大学法学院科研楼

目 录

导论	1
一、研究背景	1
二、研究综述	2
三、研究方法	41
四、研究路径与基本结构	42
五、可能的创新	43

第一章　新发展理念的经济法解析	**44**
一、现实背景:发展、发展实践与发展问题	45
二、理论溯源:发展中的发展理论及发展法学	57
三、含义阐释:新发展理念的具体内涵	75
四、新发展理念的经济法诠释	93
五、本章小结	100

第二章　新发展理念引领下的经济法学发展理论	**102**
一、经济法学发展理论提出的背景与意义	102
二、经济法学发展理论的内涵及其展开	113
三、经济法学发展理论的核心:经济发展权	121
四、新发展理念引领经济法学发展理论的路径与制度保障	144
五、本章小结	152

第三章　发展理论指导下的财税法制度完善　　154
　　一、发展理论视阈下财税法制度的功能
　　　　及定位　　154
　　二、促进创新发展的财税法制度完善　　166
　　三、促进绿色发展的财税法制度完善　　183

第四章　发展理论指导下的金融法制度完善　　197
　　一、发展背景下金融改革与制度"破冰"　　198
　　二、新发展理念下的金融法理论更新　　209
　　三、发展理论指导下的金融法制度优化　　220

第五章　发展理论指导下的计划法制度完善　　235
　　一、计划法律制度与发展　　235
　　二、协调发展与计划法制度的完善　　254
　　三、开放发展与计划法制度的完善　　269

第六章　发展理论指导下的竞争法制度完善　　280
　　一、逻辑和进路：发展理论如何指导竞争
　　　　法治建设　　281
　　二、发展理论指导下的反垄断法制度完善　　296
　　三、发展理论指导下的反不正当竞争法
　　　　制度完善　　324

第七章　发展理论指导下的消费者权益保护法
　　　　律制度完善　　332
　　一、新发展理念下消费者权益保护法理念的
　　　　拓补　　332

二、绿色理念指引下的绿色消费法律制度
　　构建　　　　　　　　　　　　　　　341
三、共享理念指引下促进协同消费的法律
　　制度构建　　　　　　　　　　　　363

结论　　　　　　　　　　　　　　　　381
附录　经济法学的发展理论初探　　　386
参考文献　　　　　　　　　　　　　　403

导　　论

一、研究背景

2015年10月,中共十八届五中全会明确提出创新、协调、绿色、开放、共享的发展理念。① 2018年3月,第十三届全国人民代表大会第一次会议通过《中华人民共和国宪法修正案》,宪法序言部分在"自力更生,艰苦奋斗"前增写"贯彻新发展理念",由此,新发展理念正式入宪。创新是引领发展的第一动力;协调是持续健康发展的内在要求,协调既是发展手段又是发展目标;绿色是永续发展的必要条件和人民对美好生活追求的重要体现,就是要解决好人与自然和谐共生问题;开放是国家繁荣发展的必由之路;共享是中国特色社会主义的本质要求,是全民共享、全面共享、共建共享、渐进共享。② 新发展理念具有系统性、辩证性、人民性、实践性,不仅对传统发展观念进行了革新升级,而且对现代发展内涵进行了全方位拓展。③ 发展理念是发展行动的先导,是管全局、管根本、管方向、管长远的东西,是发展思路、发展方向、发展着力点的集中体现。④ 我国当前正着力推进全面建成小康社会,实现社会主义现代化和中华民族伟大复兴,既需要解决过去发展中积累的旧问题,也需要有效应对新的发展阶段面临的新问题。创新、协调、绿色、开放、共享发展的新治国理政理念立足中国当下实践,聚焦未来发展,直指发展问题本质,具有鲜明的问题导向性,尤其有助于解决当前经济增长创新动力不足、分配不公、增长方式粗放、贸易摩擦不断等突出问题。新发展理念是发展理念内涵的最新发展,是我国经济建设、政治建设、文化建设、社会建设和生态建设五位一体的重要

---

① 参见《中国共产党第十八届五中全会公报》。
② 参见习近平:《以新发展理念引领发展——关于树立创新、协调、绿色、开放、共享的发展理念》,载《人民日报》2016年4月29日第9版。
③ 参见刘奇葆:《新发展理念蕴含的理论特质和品格》,载《党建》2016年第9期。
④ 参见习近平:《关于〈中共中央关于制定国民经济和社会发展第十三个五年规划的建议〉的说明》,at http://www.xinhuanet.com//politics/2015-11/03/c_1117029621_2.htm,最后访问日期:2021年6月16日。

指南,对于法学研究、法治建设也具有深远的影响。

经济法具有突出的经济性与规制性,是典型的"促进发展之法",与发展理念具有内在关联。发展理论中"谁来发展""如何发展"以及"为了谁的发展"等命题,与经济法调整目标、主体客体、权利义务、权力责任的配置等规范主题,具有较强的契合关系。新发展理念的提出意味着发展理念的调整,对发展目标提出了新要求,也对发展途径指明了新方向,在传统发展理念指引下构建的经济法势必要随之作出应变,经济法理论的研究要旨和制度完善方向也有新的变化。因此,应当重视并深入研究"新发展理念与经济法制度完善"这一命题。新发展理念对于经济法具体制度的指引,需要通过理论的中介得以发挥作用。学界对于发展与经济、政治、法律之间关系的研究所形成的经济学发展理论(发展经济学)、政治学发展理论(发展政治学)、法学发展理论(法律与发展理论,或者发展法学)等,都有助于经济法制度的完善。基于此种背景,需要在新发展理念的指引下,借鉴已有的发展理论,构建经济法学的发展理论,从而更有针对性、更有效地指引经济法制度的完善。

二、研 究 综 述

新发展理念与经济法制度完善研究以新发展理念为出发点,将新发展理念融入经济法基础理论研究,提炼经济法学发展理论,进而指引经济法制度的完善。发展理念、发展理论及经济法制度完善是本书研究的关键点,这些方面既有的研究成果则构成本书研究的基础。

(一) 发展理念的一般性研究

恰当地理解新发展理念是课题研究的第一步。新发展理念提出后,不少专家学者在官方文件表述的基础上,进一步拓展了对新发展理念的理解。

1. 关于新发展理念的研究

有学者对新发展理念的概念专门进行了研究,认为"新发展理念"着重于内容的"新","五大发展理念"着重于内容的"数"。从单纯学术角度来看,新发展理念的概括似乎更为精准。从本质而言,新发展理念是一个发展理念,包括五个主要方面,而不是五个发展理念;新发展理念具有开放性、包容性,可以而且必将有更多的内容。新发展理念是系统创新,是一种新的整合,将创新、协调、绿色、开放、共享等各个方面整合在一起。新发展理念是从影响当代发展的诸多因素中,经过比较选择、总结提炼,抓住最为紧要的五大要素,形成的一个系统化的发展理念体系。新发展理念是要素创新,在内容上有新增量。①

新时代呼唤全面的战略思维和综合的发展理念。现实比以往更需要用整体性思维破解发展难题,更需要用全面的发展思维分析和对待现代化进程中的各种错综复杂的矛盾关系。新发展理念是我国发展思路、发展方向、发展着力点的集中体现,也是改革开放四十多年来我国发展经验的集中体现,是对我国发展规律的新认识。②

有学者认为,新发展理念是逻辑严密的有机系统:创新发展增强发展的动力,协调发展提高发展的平衡性,绿色发展保障发展的可持续性,开放发展实现发展的内外联动,共享发展明确发展的目标。它揭示了实现更高质量、更有效率、更加公平、更可持续发展的必由之路。③ 五大发展既总结了以往的五年规划之创新和精髓,集前人之大成(如"以人为本"的科学发展观),又与时俱进,再突破、再创新,极大地丰富了科学发展观("促进人的全面发展"),总结了中国发展的最佳实践,是中国原创性的发展新理念,五大发展理念也是制定国家五年规划的微观基础,即从人的生命发展周期出发,对不同的阶段进行各种持续的人力资本投资,进而提高人的各种发展能力。创新、协调、绿色、开放、共享的发展理念是社会主义发展动力、发展格局、发展品质、发展空间、发展目的的认识的深化。④

有学者分析了新发展理念的三重基础,即时代基础、社会基础与价值基础。⑤ 有学者分析了新发展阶段、新主要矛盾与新发展理念之间的逻辑关系,新发展理念对于解决当前发展不充分、发展不平衡的主要矛盾具有重要意义。⑥

有学者研究了新发展理念内部的层次关系。创新发展着眼发展的动

---

① 参见陶文昭:《科学理解新发展理念》,载《前线》2017年第9期。
② 参见郝立新:《从"四个全面"到"五大发展理念"》,载《光明日报》2015年12月7日第16版。
③ 参见胡鞍钢、唐啸:《新发展理念是当今中国发展之道》,载《人民日报》2017年2月8日第7版。
④ 参见王钰鑫、周利生:《论五大发展理念的内在逻辑》,载《理论月刊》2016年第8期。
⑤ 参见张彦:《新发展理念的三重基础》,载《红旗》2019年第12期。
⑥ 参见郭熙保、柴波:《新发展阶段·新主要矛盾·新发展理念》,载《江海学刊》2018年第1期。

力,解决发展的革命性问题;协调发展着眼发展的方式,解决发展的系统性问题;绿色发展着眼发展的方向,解决发展的永续性问题;开放发展着眼发展的环境,解决发展内外的联动性问题,共享发展着眼发展的目的,解决发展的公平性问题。新发展理念在实施路径方面可以分为三个层次,第一层次是创新发展,居于实施路径的主导核心地位。第二层次是协调发展、绿色发展和开放发展,属于创新发展的内化求和实现途径。第三层次是共享发展,在路径上为其他四方面的实施提供归宿依据,建构以发展目标与发展途径相统一的有机整体。①

以上研究是从一般意义上阐释新发展理念,对于理解新发展理念具有重要价值,不过如果要依据新发展理念指导特定领域的发展,还需要在一般性阐释的基础上,结合本领域的具体情况,作出更有针对性的理解。

2. 关于发展理念或者发展观的演变研究

(1) 人类发展观的演进历程

有学者认为,启蒙运动之前没有发展观念之说,占主导的是一种"轮回"的历史观,直至17世纪晚期,"发展"一词才逐渐形成现代含义,开始指一种历经一些可以识别的阶段的有序变迁过程。② 启蒙时期人们开始相信通过理论可以实现社会进步,发展理念逐渐萌芽,工业化时期逐渐确立了一种以农业社会向工业社会转变为内涵的现代发展观念,进而演变为一种发展至上主义,为了发展而发展,人的目的性与发展的手段性倒置。在后工业化时代则出现可持续发展观。③

有学者认为,从世界范围来看,发展观大致上经历了三个阶段的演进,形成了三类不同的发展观:20世纪70年代以前的"GDP发展观",即以经济增长为核心的发展观;20世纪70—90年代出现的"新发展观",包括全面发展观、可持续发展观等;进入21世纪中国提出的"科学发展观"。新发展理念,再次充实完善了科学发展观,发展了发展经济学。④

有学者对发展观演进的三个阶段进行了另一种表述:经济发展观阶段,以国民生产总值(GDP)为衡量指标;社会人文发展观阶段,以人类发展指数(HDI)为衡量标准,包括预期寿命、知识以及GDP三个方面;可持

---

① 参见张乾元、谢文娟:《论新发展理念的内在逻辑》,载《中州学刊》2017年第1期。
② 参见〔美〕拉兹洛:《进化——广义综合理论》,社会科学文献出版社1988年版,第1页。
③ 参见陈进行:《发展观念的变迁与当今发展理念的变革》,载《科学社会主义》2007年第6期。
④ 参见简新华:《发展观的演进与新发展理念》,载《当代经济研究》2017年第9期。

续发展观阶段,以绿色 GDP(GGDP)为衡量指标。①

有学者把人类发展观的演变总结为四次变迁,并以新发展观为指引,对我国未来法律发展的方向进行了研究。② 第一种是第二次世界大战以后形成的"经济增长观",将经济增长看作发展的核心,其内在理据在于人类摆脱贫穷、过上富裕生活的渴望。20 世纪 70 年代出现了第二种发展观即"综合发展观",认为发展不仅仅包括人民生活的物质和经济方面,还包括其他更广泛的方面。第三种发展观是 20 世纪 80 年代以后的"可持续发展观",可持续发展的实质触及发展的可持续性,反映的是人类既满足当代的需要又不损及子孙后代满足其需要的能力。第四种发展观即"以人为中心的发展观","它着重于人类自身的发展,认为增长只是手段,而人类发展才是目的,一切以人为中心。人类发展主要体现于人的各种能力的扩大。"③新发展观指导下的当代中国法律发展,应当重视人权保障(发展观经历了从以物为中心到以人为中心的转换)、可持续发展、社会保障立法。

(2) 我国发展理念的演变

有学者认为,中国共产党的发展理念,从最初党把发展理解为现代化,把现代化等同于工业化或工业社会等,到邓小平理论把社会主义的本质概括为"解放生产力,发展生产力,消灭剥削,消除两极分化,最终达到共同富裕",从而把党对发展理念的认识提高到新的科学水平。第三代领导集体指出:发展是党执政兴国的第一要务,发展决定人心向背,要坚持用发展的办法解决前进中的问题。新发展理念与既往发展理念的认识既一脉相承,又有重大创新。④

有学者认为,中国共产党人坚持问题导向,致力于解决中国的发展问题,与时俱进地创新发展理论,从"发展是硬道理",到"发展是党执政兴国的第一要务",到科学发展观,再到"创新、协调、绿色、开放、共享"的新发展理念,中国共产党关于发展的思想和理念日臻成熟、不断完善。一个时

---

① 参见田向利:《经济增长与社会发展理念的演进——从 GDP、HDI、GGDP 概念的应用看人类发展观的变革》,载《经济学动态》2003 年第 12 期。
② 参见李桂林:《法律与发展视野下的中国法律发展》,载《江淮论坛》2010 年第 3 期。
③ 中国 21 世纪议程管理中心、可持续发展战略研究组:《发展的实现方式:全面建设小康社会与可持续发展研究》,社会科学文献出版社 2006 年版,第 5 页。
④ 参见严书翰:《中国共产党发展理念的演进与创新——兼论习近平发展思想的科学内涵》,载《人民论坛·学术前沿》2016 年第 3 期。

代有一个时代的主要任务,同一个命题在不同时代有不同的意蕴和不同的侧重点,当代仍然是以经济发展为中心,发展后的问题也是要通过发展来解决。① 也有学者把中国共产党的发展理念演变概括为:"以经济建设为中心""发展才是硬道理""可持续发展观""科学发展观"到"新发展理念"等。②

有学者总结了改革开放四十余年来,国家发展理念经历的三次变迁及其分别对应的时代议题。在改革开放初期,国家重启发展理念,目的是重构国家发展基础,是对"如何实现发展"的回应。在新时期,国家由重启发展向发展主义过渡,关注的是"如何实现更快发展"的议题。进入新时代,发展主义向新发展理念转化,国家开始重视发展质量,"如何实现更好发展"成为当前的时代命题。现代化一直构成发展理念的核心元素,政府干预能力和政治体制的适应能力构成国家发展理念变迁的现实推力,而生产力和生产关系的矛盾运动则构成国家发展理念变迁的根本逻辑。国家发展理念的演化具有连续性特征、实用性导向。③

(二) 发展理念与发展理论的经济学探讨

1. 新发展理念与经济发展

有学者从制造业发展的角度阐释了贯彻新发展理念的重要性,认为中国制造业发展缓慢的原因之一在于市场竞争不足,在市场竞争压力不足的条件下,旧发展方式不会自动退出历史舞台,新旧发展方式的较量就是一场发展观念的革命。④ 有学者认为五大发展理念可分成手段和目标:从手段来讲是创新,以提高生产力水平;从目标来讲,创新之后要生产,供给和需求之间要协调以避免过高的产能和库存;同时,必须符合绿色才能满足人们对美好生活的希望,也必须充分利用国内、国际两种市场、两种资源在开放经济下来实现;最后,发展的成果需要让所有的国民共享。⑤ 有学者提出,面对新时代与社会经济发展的新变化,需要转变发展方式,

---

① 参见陈培永、严文波:《中国共产党发展理论的演进与新发展理念的新意》,载《郑州轻工业学院学报(社会科学版)》2017年第6期。
② 参见张彦、王长和:《论改革开放以来中国发展理念:价值排序的演进依据》,载《浙江社会科学》2018年第7期。
③ 参见叶敬忠、张明皓:《发展理念的变迁与新发展理念的形成》,载《济南大学学报(社会科学版)》2020年第1期。
④ 参见厉以宁:《贯彻新发展理念加快建设制造强国》,载《经济科学》2018年第1期。
⑤ 参见林毅夫:《新时代中国新发展理念解读》,载《行政管理改革》2018年第1期。

坚持新发展理念,当下建设现代化经济体系需要贯彻新发展理念。① 有学者认为,新发展理念必将催生新发展理论,要构建发展中国家经济转型的新理论,构建新型工业化、信息化、城镇化、农业现代化同步的经济发展新理论,构建发展中国家创新驱动经济发展的新理论。要打造经济发展理论新体系,获取经济发展理论话语权。② 有学者则主张,新发展理念是正确处理和解决社会主义社会主要矛盾的根本方法和路径,是新时代中国特色社会主义现代化经济体系建设的重要指导原则,在新时代"建设现代经济体系"中将发挥主导和引导作用。③ 有学者认为新发展理念在理论上和实践上实现了对新自由主义的双重超越。④

2. 经济学发展理论的流派与发展历程

自 20 世纪 60 年代中、后期起,发展经济学理论中最显著的突破是增长与发展的明确区分。经济增长不是唯一的发展目标,其他目标也应取得与增长相类似的地位。发展经济学的多重目标并没有仅仅停留在经济目标上,而是超越了经济学的界限。结构主义的发展经济学便不再是一个自我封闭的单纯经济思想体系,而演变成一个与人类学、社会学、政治学、甚至心理学相交叉的综合性学科——发展研究。然而,自 20 世纪 70 年代起,结构主义经济学面对持续滞胀束手无策,结构主义的理论体系既然已经瓦解,发展经济学自然不能幸免于新古典学派经济学家的严厉批判。早在 20 世纪 70 年代末、80 年代初,新古典学派经济学家便宣告了"发展经济学的衰落"或"灭亡"。新古典学派经济学家对发展经济学最根本的攻击,是对多重发展目标的否定:首先,发展经济学的大多数发展目标建立在主观价值判断基础之上,一方面,这些价值判断往往难以定义和数量化,另一方面还假定各种结构性问题在发达资本主义国家已经获得解决,因此,发达国家的问题仅仅是如何保持持续增长。其次,新古典学派对发展经济学最致命的打击是在政策领域,繁荣的发展经济学却没有引导发展中国家走向繁荣。最后,发展经济学家之所以南辕而北辙,其根本原因在于违背了个人利益(或称个人合理行为)和市场自我均衡的

---

① 参见刘伟:《中国特色社会主义新时代与新发展理念》,载《前线》2017 年第 11 期;刘伟:《新发展理念与现代化经济体系》,载《政治经济学评论》2018 年第 4 期。
② 参见黄泰岩:《新发展理念催生新发展理论》,载《人民日报》2016 年 4 月 18 日第 16 版。
③ 参见顾海良:《新发展理念的新时代政治经济学意义》,载《经济研究》2017 年第 11 期。
④ 参见孙琳:《新发展理念对新自由主义的超越》,载《国外社会科学》2019 年第 6 期。

原则。①

国外有学者把经济发展理论分为三个流派:新古典主义的经济发展理论、激进的和马克思主义的经济发展理论、结构主义的经济发展理论。②

国内发展经济学的权威学者谭崇台首次把发展经济学的演变过程划分为三个阶段:第一个阶段由20世纪40年代末至60年代中期,其理论以结构主义为主导思想;第二个阶段由20世纪60年代中期至70年代末,其理论以新古典主义为主导思想;第三个阶段由20世纪80年代初至90年代末,其理论以新古典政治经济学为主导思想。③ 三个阶段分别对应不同的学派。一是结构学派,其强调发展中国家经济的失衡状态,即某市场过度供给或过度需求,这种失衡是结构上的失衡,从而市场本身不可能自我调节,从失衡走向均衡,补救的办法是政府的宏观调控。但他们对计划管理的研究偏于特定部门的计划和政策。二是激进学派,他们重视历史分析,强调发达国家与发展中国家的"支配—依附"关系,认为发展中国家经济改造的动力来自阶级矛盾和阶级斗争。但他们无论对市场作用或计划管理都很少作出积极的论证。三是新古典学派,其中心论点是充分发挥作用的市场机制会把经济引向均衡。新古典学派发展经济学家在坚持这一论点的同时,又不能不根据发展中国家的特点和经验注意计划管理的研究。新古典学派发展经济学对于看得见的手以及看不见的手的基本观点存在不足之处,也有可借鉴的成分。④

有学者把发展经济学分为两个流派。就对经济机制的基本认识而言,市场完善论和结构主义是两大主要流派,市场完善论者认为自由市场是一个自我均衡体系,由自由市场对生产要素实行分配可以达到效率最大化,因而主张自由放任主义。新古典主义则是当代市场完善论的总代表。而对于结构主义者来说,一切生产要素都具有相对稳定性,这种稳定性导致了经济结构的产生,结构性障碍始终存在,自由市场的运转不能自动消除。一般来说,国家干预被认为是消除结构性障碍的主要手段。⑤

---

① 参见萨奇:《结构主义、新古典主义与发展经济学的兴衰》,载《世界经济》1988年第7期。
② 转引自张培刚:《发展经济学往何处去——建立新型发展经济学刍议》,载《经济研究》1989年第6期。
③ 参见谭崇台:《发展经济学的新发展》,武汉大学出版社1999年版。
④ 参见谭崇台:《西方发展经济学对"看得见的手"与"看不见的手"的对应分析》,载《经济研究》1987年第2期。
⑤ 参见萨奇:《结构主义、新古典主义与发展经济学的兴衰》,载《世界经济》1988年第7期。

有学者强调,发展经济学仍是一门独立的学科,有三种研究思路:结构主义思路、新古典主义思路和激进主义思路。第一个阶段从20世纪40年代末到60年代中期的形成和繁荣时期,结构主义思路占统治地位,强调物质资本积累、工业化和计划化,具有反新古典主义倾向(市场机制有缺陷)、强调内向发展战略(不支持传统的国际贸易理论和自由贸易政策)、建立宏大的理论体系(主要包括贫困恶性循环理论、大推进理论、平衡增长与不平衡增长理论),并认为经济发展理论具有普遍适用性。第二个阶段从20世纪60年代中期到80年代初。这一时期是新古典主义的复兴时期,即把早期发展经济学家否定的理论知识又重新加以肯定,重新确定发展目标,发展的目标应该是多维的,除了收入增加之外还应该包括就业增加、贫困减轻、分配公平和乡村发展,重新强调市场机制的作用,提倡外向型发展战略,重视农业发展的重要性。第三个阶段从20世纪80年代中期到现在,发展的制度因素受到强调,新增长理论骤然兴起,环境与可持续发展问题受到重视。第三个阶段发展经济学的研究范围进一步拓宽了,它不仅把发展研究扩展到制度和其他非经济学领域(被称为是新政治经济学),而且还扩展到过去被认为是生态学和环境科学研究的领域,不过,这一时期的发展研究采用的仍然是新古典主义的分析方法。[1]

有学者认为,发展经济学有广义、狭义之分。广义发展经济学认为,凡是研究一个国家或一个地区的经济发展问题的,都可以算是发展经济学,此种经济学源远流长。狭义发展经济学重点研究农业国家或发展中国家如何实现工业化和现代化,如何实现经济起飞和经济发展的问题,其中,"工业化",不仅包括工业的机械化和现代化,还包括农业的机械化和现代化。狭义发展经济学的理论构成与主要观点包括:传统的或新古典主义的发展经济学理论(从发达国家的立场看待欠发展中国家的经济发展);民族、民主观点的发展经济学理论(欠发展中国家自己的立场);激进学派的发展经济学理论(揭露经济落后国家在同经济发达国家发生交往之间的"依附"关系和交换"不平等"现象,以及这种关系和现象的剥削实质;有些学者还主张经济落后的发展中国家,不要或尽量少与发达国家交往);世界银行或联合国研究机构的发展经济学理论。[2]

---

[1] 参见郭熙保:《发展经济学评述》,载《经济学动态》2004年第4期。
[2] 参见张培刚:《发展经济学往何处去——建立新型发展经济学刍议》,载《经济研究》1989年第6期。

有学者对发展经济学作了另一种阶段划分。① 第一是古典发展经济学。古典主流经济学家如斯密、李嘉图等,关注的焦点是分工对经济发展的含义,在一定程度上说,古典主流经济学的核心就是发展经济学,其政策建议是市场主导的经济发展。第二是新古典发展经济学。1930年的大危机,与20世纪30年代苏联相对成功的工业化,加快了经济学偏离古典发展经济学的趋势,加上凯恩斯鼓吹国家干预以及投资决定论,新古典发展经济学思想逐渐形成,其特征是:认为对幼稚工业和工业化必须实行贸易保护政策(如进口替代);对私有企业制度、市场以及相关的国际贸易持不信任态度;有具体和全面的产业政策和投资计划;认为政府就应该是家长式慈善的计划制定者,国有企业应该在发展中居于主导地位(国家主导的工业化);对发展中国家出口的增长持悲观态度,政策核心是国家主导的经济发展。在某种程度上说,20世纪30年代的大危机是为成功的工业化和全球化必须付出的一种代价,苏联模仿所有发达资本主义经济中成功的工业化模式只能短期成功不可持续。第三是新兴古典发展经济学。发展经济学回复到古典发展经济学那里,将古典发展经济学的灵魂放在一个现代超边际分析的躯体里复活,形成新兴古典发展经济学,它不仅能应用于欠发达国家,也能应用于发达国家,而通过这一理论可以解释,驱动18—19世纪英国、西欧和美国经济发展的机制,同驱动东亚及当今发展中国家经济发展的机制在很大程度上是相同的。

有学者尝试在发展观演变与发展经济学二者之间建立起一一对应的关系,分别是:传统发展观是以物为中心、增长第一的发展观,理论基础是结构主义学派;协调发展观明确区分了经济增长和经济发展的内涵,明确表达了要把满足人的最基本需要作为发展的目标,其理论基础是新古典主义发展理论。可持续发展观、自由发展观是发展经济学新趋势,重要表现形式主要有三种:新古典政治经济学、新制度经济学、可持续发展理论与发展经济学的融合。② 20世纪40年代末至20世纪60年代中期或60年代末的发展思路以结构主义思路为主,在政策上主张计划至关重要;20世纪60年代末至70年代末以新古典主义思路为主,在政策取向上认为市场至关重要;20世纪80年代以后以新古典政治经济学发展思路为主,

---

① 参见杨小凯、张永生:《新兴古典发展经济学导论》,载《经济研究》1999年第7期。
② 参见梁小青:《发展观演变与发展经济学发展》,载《湖北第二师范学院学报》2008年第7期。

在政策取向上认为制度至关重要。①

有学者认为,西方发展经济学存在结构主义、新古典主义、马克思主义三大范式。结构主义范式试图基于经济落后国家的结构性特征,对经济落后的原因进行解释(如贫困恶性循环理论、低水平均衡陷阱理论、二元结构理论),结构主义主张计划化,推出平衡或不平衡发展战略。新古典主义在20世纪60年代中期以后结构主义遭遇困境而在发展经济学中兴起为一个范式。新古典的制度和政策设计就是市场化,也就是资本主义化。结构主义强调工业化,新古典主义强调农业进步;结构主义强调物质资本的积累,新古典主义强调重视人力资源的开发;结构主义强调计划管理,新古典主义强调重视市场机制;结构主义强调保护性的进口替代,新古典主义强调外向发展(在贸易上主张自由贸易战略);结构主义强调整体,而新古典主义强调个人。新古典主义的本质就是通过极端依靠私人努力、排斥计划、排斥政府的战略阻碍发展中国家的发展。马克思主义发展经济学主张先进行社会制度革命,以获得经济增长所依赖的社会条件,社会制度革命的核心是破除阻碍发展的旧的阶级,在民主革命胜利后继续进行社会革命,反对经济落后国家以农业发展或以轻工业发展(属于劳动密集型)来主导发展的经济发展战略,因而也同意列宁的重工业优先发展的战略,反对利用发达国家的外国投资实现发展,主张社会主义国家之间应该进行相互协调,相互贷款、相互贸易、互通有无。②

有学者在总结发展经济学发展脉络的基础上,分析了其失败的原因。③ 第一阶段,在20世纪50年代和60年代中期,主导发展经济学的有三种理论:唯资本理论、唯工业化理论和唯计划化理论。第二阶段,从20世纪60年代末开始,发展经济学又回归到新古典主义的传统上:批评计划化,重新强调市场机制的作用;主张消除价格扭曲,实行经济自由化;主张国有企业私有化;重视国际贸易对促进经济发展的作用。第三阶段,从20世纪80年代后期开始,以科斯、诺斯等人为代表的新制度经济学和以布坎南、塔洛克等人为代表的公共选择理论日渐壮大,通过这些新的分析

---

① 参见陈雪梅:《发展经济学演变过程中的发展思路及其政策取向》,载《暨南学报(哲学社会科学)》2000年第6期。
② 参见王今朝、萨米:《西方发展经济学的三大范式比较(上)》,载《当代经济研究》2019年第11期;王今朝、萨米:《西方发展经济学的三大范式比较(下)》,载《当代经济研究》2019年第12期。
③ 参见方福前:《论发展经济学失败的原因》,载《中国人民大学学报》2002年第4期。

工具,90年代以来的发展经济学文献中有了制度分析、交易费用分析、产权理论、寻租理论、国家理论等内容。发展经济学之所以会失败,是因为它从一开始就带有发达国家的利益偏向,从维护发达国家的利益出发,并且是用根据发达国家的国情和经验得出的理论和方法来研究发展中国家的发展问题。问题的关键是,研究发展中国家的经济发展问题,首先必须从发展中国家的利益和立场出发,必须从发展中国家的特有国情出发。①

国外有学者分析了发展经济学的不足,第一,发展经济学是建立在"典型的欠发达国家"的概念基础上的,但由于亚非拉各国的发展速度和方式都有很大差异,这种概念越来越不符合实际。第二,促进经济发展往往会带来其他领域的严重倒退。一些经济学家不再认为经济发展一定会促进其他领域的进步,经济发展政策实际降为仅仅是完成一项提高效率的技术性任务。另一些经济学家,虽然感到无力对抗政治上的不公正和暴政,但是认为有责任来努力通过揭露经济上的不公正以进行补救,于是人们对收入分配的兴趣日益增长,以致它成为20世纪70年代初发展经济学论述的主要题目。第三,发展经济学是为了彻底消灭落后而产生的,但是无法抵抗政治腐败、暴政所造成绝对贫困的调整,因此,完全无法避免发展经济学的衰败。②

有学者批判了传统的发展理论。发展理论和范式是不断变化的,既有建构性的或政策导向性的,如现代化理论(20世纪60年代)、替代发展理论(20世纪80年代),也有解构性的或批评性的,如依附理论(20世纪70年代)和后发展理论(20世纪90年代),但这些发展理论是外部性的,即发展理论的构建并不是立足于发展中国家的实际,相反是发达国家基于自身经济发展理念的外溢。③

3. 经济发展理论的新发展

阿马蒂亚·森首先创立了"能力方法"的分析框架,并把发展定义为人类能力的扩展和自由的增进,经济增长与经济发展区分为两个不同的概念。增长意味着生产更多的物品;发展则包含着"拓展人们的能力"以及提高人们的预期寿命、文化水平、健康及教育水平。增长只能作为发展

---

① 参见方福前:《论发展经济学失败的原因》,载《中国人民大学学报》2002年第4期。
② 参见〔美〕A.赫希曼:《发展经济学的兴衰》,余幼宁摘译,载《国外社会科学》1982年第7期。
③ 参见周玉渊:《从被发展到发展:非洲发展理念的变迁》,载《世界经济与政治论坛》2007年第2期。

的一个工具。①速水佑次郎和神门善久以物质资本、人力资本投资以及技术创新来解释经济增长,发展中国家工业化进程通过引进先进技术,吸收消化,再继续扩展创新可能性边界,也可能跳过依赖资本集中和积聚的经济增长类型(马克思型的增长)而进入依赖技术进步的经济增长类型(库兹涅茨型的增长)。②这与我国十一五计划中提出的自主创新体系的技术路线(包括三个方面,即大力提高原始创新能力、集成创新能力和引进消化吸收再创新能力)相呼应。有学者认为,我国有限的资本可以支撑的、且有必要进行原始创新的领域主要是三方面:第一,发达国家已经退出而我国的生产规模已占世界主要地位的领域,比如家电行业。第二,我国特有资源的开发利用领域,比如中草药以及基于中草药等的生物产业。第三,无法从发达国家引进而对国家的国防安全具有重要意义的领域,如航天等。③

有学者总结了可持续发展经济学的基本研究成果,包括:关于可持续发展的经济内涵与特征认识;关于可持续发展基础理论的反思,市场机制培养了人性贪婪,且后果潜在性或不可度量;运用熵定律的经济学含义重新解释可持续发展,其经济学含义是:任何经济行为其成本总是高于产出。关于可持续发展基本问题的研究:可持续发展应当坚持3R原则,减量化原则、再使用原则、再循环原则。可持续发展运行的基本前提是:市场经济体制,有效的调控机制,稳定的社会局面。在实现途径的研究上形成了以下观点:可持续发展的市场调控途径;可持续发展实现的综合途径,即要实现可持续发展就必须强化制度安排,对人的行为进行激励和约束,抑制人类破坏生态环境的机会主义倾向。关于可持续发展模式的研究主要包括:(1)外部治理模式。对于现行工业经济活动造成的外部效应主要通过这些途径来解决:一是征收庇古税,通过税收的强制性来抑制环境污染行为;二是通过重新界定产权或产权制度安排,在产权的激励和约束下,使外部效应内部化;三是通过法律法规的强制性约束来改变生产

---

① 参见〔印度〕阿马蒂亚·森:《以自由看待发展》,任赜等译,中国人民大学出版社2002年版;王艳萍:《阿马蒂亚森的"能力方法"在发展经济学中的应用》,载《经济理论与经济管理》2006年第4期。
② 参见〔日〕速水佑次郎、神门善久:《发展经济学——从贫困到富裕》(第三版),李周译,社会科学文献出版社2009年版,第4、5、6章。
③ 参见刘培林:《发展的机制——〈发展经济学——从贫困到富裕〉述评》,载《经济学(季刊)》2006年第3期。

程序。(2) 三类资本的相互增值模式:物质资本、人力资本与生态资本。①

林毅夫提出"新结构经济学"作为发展经济学的新框架,即"经济发展过程中结构及其变迁的新古典框架"。他认为,经济发展是人均收入水平持续增加的过程,这个过程不仅要求现有产业必须持续引入新的更好的技术,而且还要求现有产业必须不断从劳动力(或自然资源)密集型产业向新的、资本密集型的产业升级。在任何给定时点,一个经济体的最优产业结构内生决定于该时点上劳动、资本和自然资源的相对丰裕程度;但产业升级和发展的速度不仅取决于要素禀赋结构提升的速度,还取决于基础设置是否作出了相应改进,当企业所选择的产业和技术都与经济体要素禀赋所决定的比较优势相符时,经济将会最有竞争力。要想使企业进入和所选择的产业符合经济体要素禀赋结构所决定的比较优势,就需要一个能反映经济体要素相对丰裕程度的价格体系,而这只有竞争性的市场才能做到,因此,市场就成为经济体在每个发展水平所依赖的基础性的资源配置机制。随着要素禀赋和产业结构的升级,硬件(交通水电等)和软件(法律、金融等)基础设置也需同时升级,政府有必要在经济发展过程中起到积极作用,以促进硬性和软性基础设置的及时改进,从而满足产业升级新的需要。对于扭曲的政策,要采用一种务实、渐进的退出战略,一方面为原优先发展产业提供暂时性保护以维护宏观稳定,另一方面则放手让那些符合经济体比较优势、具有自生能力的产业发展以获得经济成长。②

文一认为,落后国家在模拟和追赶发达国家时是不能任意跨越发展阶段的,而必须由低级的经济结构向相对更高级的经济结构有序、有步骤地演化和提升。一种经济结构是否合适,取决于它能否自负盈亏和维持自我生长。社会总体经济活动在扣除生产成本以后还有足够剩余来维持其他农业社会所需的"软件"和"硬件"开销。劳动密集型制造业、更加标准化和大规模的作坊生产和劳动分工以及远距离贸易,是第一次工业革命期间的经济结构的基本特征。第二次工业革命的特征是"劳动节约型—资本密集型"的双型产业的兴起。林毅夫教授倡导的新结构主义发

---

① 参见任保平:《可持续发展经济学基本理论问题研究的述评》,载《中国人口·资源与环境》2004年第5期。

② 参见林毅夫:《新结构经济学——重构发展经济学的框架》,载《经济学(季刊)》2010年第1期。

展经济学有三个显著特点。第一,它的实质和哲学要义是强调对经济和产业的结构的理解及其升级的研究,是古典结构主义的思路。第二,它充分强调成本比较优势在决定产业结构时的作用和结构升级的循序渐进性质;它还考虑政府在经济结构转型和产业升级中的扶持作用。第三,它强调理论必须从实际出发而且能再回到实际中去,要让新的发展经济学理论能够有效地转化为切实可行的经济政策去指导经济的发展。但是,没有一个奇迹是经济学家的功劳或以他们的理论为指导而产生的,经济学家(包括亚当·斯密)到目前为止都还是跟在经济发展后面用不同的方式解释经济发展。①

斯蒂格里茨认为,市场的局限性远大于它所显示出的——即使是发挥较好作用的市场经济,就他们本身而言,既不是有效率的,也不是稳定的。在现代资本主义的历史中,唯一没有反复多次出现过危机的时期,是大萧条之后的那段为时不长的时期。在此期间,世界上的主要国家采用并加强了金融管制。这也是一个快速增长、同时还是一个增长成果得到广泛分享的时期。但是,政府不仅有制约作用,而且在促进创业、提供社会和物质基础设施、保证能够获得教育和资金的机会、支持技术和革新等方面,还起到了辅助和推动作用。针对政府应该如何引领经济的发展,林毅夫提出了指导意见。他强调,他们应该努力按着符合其比较优势的方式重塑经济。干预永远不可能是完美的,为了实现经济绩效的改善,也不需要它们是完美的,如果所有的项目都取得了成功,这就暗示政府将承担过低的风险。不是要在不完美的政府和完美的市场之间作出选择,而是在不完美的政府和不完美的市场之间进行权衡。其中的一个,必须充当对另一个进行控制的手段;有必要将它们视为是互补的,而且我们需要在二者之间寻求平衡——这一平衡不是将某些任务分配给一方而将另一些任务分配给另一方,而是系统设计问题,要使他们在所设计的系统中进行有效的互动。②

---

① 参见文一:《从自由放任主义到市场培育主义,从新古典主义到新结构主义——"新结构主义发展经济学"新解》,载《经济资料译丛》2013年第2期。
② 参见〔美〕约瑟夫·斯蒂格利茨:《对发展经济学的反思》,苏丽文译,载《经济社会体制比较》2013年第4期。

(三) 发展理念与发展理论的法学研究

1. 新发展理念与法律的研究

新发展理念的实现离不开法治的支撑,法治是实现新发展理念目标的重要保证。在经济社会发展的内部运行机制方面,实现新发展理念各项重大举措的运行机制需要制度化、法律化,建立和完善与经济社会发展相适应的法律法规体系,经济社会发展的外部保证方面也离不开法治所营造的良好政治生态。①

公丕祥认为,以人民为中心的发展思想,是新发展理念的本体论根据,运用法治思维和法治方式践行新发展理念,必须紧密联系中国特色社会主义法治建设的实际,着力创设催生创新发展的法治基础,建构推动协调发展的法治机制,健全保障绿色发展的法治体制,塑造推动开放发展的法治格局,弘扬实现共享发展的法治价值。同时,新发展理念引领着中国法治现代化进程的战略全局和时代走向,深刻影响了法治建设的环境条件、功能定位、价值取向和总体格局。②

姜明安认为,坚持五大发展理念与坚持法治思维、法治方式均是推进科学发展、实现"四个全面"和"两个一百年"奋斗目标不可或缺的保障。在坚持五大发展理念与坚持法治思维、法治方式二者的相互关系上,坚持法治思维、法治方式是坚持和实现五大发展理念的保障。坚持五大发展理念,可为运用法治思维、法治方式治国理政奠定更牢实的基础,有助于进一步全面推进依法治国。坚持五大发展理念与坚持法治思维、法治方式的关系是一种相互依赖、相互促进的关系。坚持法治思维、法治方式是坚持和实现五大发展理念的保障,而坚持和实现五大发展理念是不断促进法治思维、法治方式运用的强大动力。③

周佑勇认为,新发展理念作为对经济社会发展规律的新认识,引领着法治中国的建设。如何理解"引领",则是整个命题的核心。"市场经济就是法治经济""公共秩序和公共利益维护的目标统一""'以人民为中心'与'权利保障'的价值趋同"三个方面的逻辑连接点,为"引领"提供了可能

---

① 参见蒋传光:《新发展理念视域下依法治国的深化和拓展》,载《东方法学》2017年第5期。
② 参见公丕祥:《新发展理念:中国法治现代化的战略引领》,载《法治现代化研究》2017年第1期。
③ 参见姜明安:《法治思维与五大发展理念》,载《中国司法》2016年第2期。

性。在具体的方法论上,借助法律效率、正义、平等价值的媒介作用与法律适用中的解释和论证中的修辞两条路径,是实现"引领"比较适当的方案。①

殷啸虎认为,五大理念对新形势下推进社会主义法治建设、实现全面依法治国目标具有重要理论指导和引领作用。创新是推进法治建设与发展的基本动力,法治建设要实现创新的目标,必须实现观念创新、理论创新和制度创新的同步推进;协调是推进法治建设与发展的内在要求,宏观层面要实现改革与法治的协调发展,中观层面要做到两个协调,即实现法治体系的内在协调和法治国家建设工作布局的总体协调,微观层面要实现法律部门之间的内在协调。绿色是推进法治建设与发展的重要保障,法治建设也是一种生态建设,它不仅要完善法治自身的系统,还需要注重培育、改良法治生态。法治生态环境除了其自身的生存土壤外,大体上有三个层面,一是制度层面,二是操作(实施)层面,三是理念层面。开放是推进法治建设与发展的必由之路,法治建设首先需要一个开放的社会环境,而只有市场经济社会才是一个真正意义上的开放的社会。在这个社会中要处理好两个关系:借鉴与坚持的关系、唯一性与多样性的关系。共享是推进法治建设与发展的根本目标,法治的终极目标是保证公民权利的维护与实现。②

姚建宗认为,建设法治中国,必须坚持以新发展理念为引领,不断开创法治建设新局面。中国特色社会主义法律体系如期形成之后,还需要对其不断加以完善,应将协调发展的理念贯穿于各级各类立法实践中。以开放发展理念吸收世界各国法治政府建设经验,以协调发展理念合理规制政府各个部门行使的权力,使之彼此配合、形成合力,以共享发展理念保障全体公民的合法权利。③

2. 法律与发展研究

(1) 法律与发展之间关系的研究

第一,法律与发展之间关系的一般性论述。有学者研究了法律与发

---

① 参见周佑勇:《逻辑与进路:新发展理念如何引领法治中国建设》,载《法制与社会发展》2018年第3期。
② 参见殷啸虎:《用五大发展理念引领法治建设》,载《社会科学报》2016年1月7日第1版。
③ 参见姚建宗:《用发展新理念引领中国法治》,载《法制与社会发展》2016年第1期。

展之间的关系。① "发展中的法律"把法律当作促进经济发展的工具,而"作为发展的法律"把法律(法治)本身看作是发展改革的目标。在"发展中的法律"中,一派观点主张国家在促进发展方面扮演有力的角色,即发展型国家。另一派观点赞同的是发展的新自由主义理论,即支持国家对经济领域的最低限度干预。在"作为发展的法律"中,多重维度下的自由既是发展的目的,也是发展的手段,各种自由是关于发展的典型规范性特征,法治——从保障这些自由的意义上讲具有内在的价值,即它独立于对其他发展标准的影响,并且无须仅从工具意义上获得正当性。未来法律与发展更加重视诺斯意义上的制度与发展的关系,需要格外注意:其一,法律与发展研究需要解释有利于发展的每个制度所具有的不同含义和形态(例如保护产权对于富人与穷人的价值不同)。其二,即便我们承认制度很重要的结论,但我们仍不知道如何去改变制度。其三,不同的发展阶段有可能需要不同的制度。非正式制度可能与较低程度的发展更为相关,而正式制度只有在超过某一特定的发展门槛时才变得重要。如果是这样的话,制度视角则需要更好地理解非正式制度是如何运作的,它们发挥着什么样的作用,并且随着时间的推移是如何与正式制度相联系的。如果不打开文化这一黑箱,制度视角似乎缺少解决发展之谜的重要一环。

总体来看,我国法学界(尤其是法理学界)主要形成了两大研究主题:一是法律与发展研究,即主要研究法律与社会的政治、经济、文化等各方面的发展的相互联系和内在规律,旨在阐明法律在社会发展中不可或缺的作用②;二是法律发展研究,即侧重研究法律自身的发展问题,如法律发展的释义、途径、内容、主体和资源等方面的内容。③ 基于法治与发展之间日益显著的关联关系,法治理论研究和对策研究开始逐渐关注转型社会的法治发展问题,甚至有学者提出建立以促进发展为目标的法学分支学科——"发展法学"④。

---

① 参见〔巴西〕玛丽安娜·莫塔·普拉多:《什么是"法律与发展"?》,郭晓明译,载《现代法治研究》2018年第4期。

② 参见姚建宗:《法律与发展研究导论——以经济与政治发展为中心的考察》,吉林大学出版社1998年版;鲁楠:《全球化视野下的法律与发展》,法律出版社2016年版;郭晓明:《新法律与发展多维研究——趋向综合发展的跨学科考察》,法律出版社2016年版。

③ 参见黄文艺:《当代中国法律发展研究》,吉林人民出版社2000年版;朱景文主编:《中国法律发展报告——数据库和指标体系》,中国人民大学出版社2007年版。

④ 参见张守文:《"发展法学"与法学的发展——兼论经济法理论中的发展观》,载《法学杂志》2005年第3期。

第二,法律与发展之间关系的肯定性论述。肯定"法治对经济发展有重要影响"目前是学界主流观点。该派学者对法治之于发展的重要作用主要有以下几个方面的认识:一是,法律保障财产权,而安全的财产权是确保人们安心从事生产和交易的基本保障;二是,契约自由和可强制执行,是确保财产安全转移和增值的保障;三是,市场交易的法律是维持交易秩序的保证;四是,公平高效的法院系统能够保证纠纷的顺利解决。① 该派学者对法治政府的构成要素如何影响经济发展进行了初步探讨,主要观点如下:其一,有学者一般性地论证法律对经济发展的影响。例如,韦伯论证了法律保障对资本主义企业的重要性,他认为,西方法律的特性在于其形式理性化,由于排除了法律外在价值的纯粹逻辑的形式理性特征,增强了法律所能够保障的预见性,以及确保人们经济活动的最大自由,因而促进了西方资本主义的发展。② 诺斯认为,合同强制履行机制和充分保护财产权对确保经济增长的重要性。③ 早期的法律与发展研究者 Trubek 认为④,法律对资本主义的重要性表现在两方面:一为法律之可预测性;另一为法律可创造实质的条款,例如契约自由,从而促进市场体制的运作。国内法律学者比较早地认识到,发展社会主义市场经济必须健全法治,市场经济的基本制度靠法律确立,国家社会稳定和政治稳定需要法治,同国际市场接轨需要法治。⑤ 姜明安认为,推进法治与发展、改革、创新都是目前的重要任务,都是实现国家富强、人民幸福总目标的硬道理,法治是科学发展、政治体制改革和社会管理创新的重要内涵,法治也是科学发展、政治体制改革和社会管理创新的重要保障。⑥ 樊纲认为法律制度改革对经济增长有重大贡献。⑦ 亚洲开发银行 1998 年开展了针对中国、印度等亚洲经济体在 1960—1995 年间法制改革和经济增长关系的实

---

① 参见李玉虎:《论我国经济发展的法治基础》,载《现代经济探讨》2009 年第 2 期。
② 参见〔德〕韦伯:《论经济与社会中的法律》,张乃根译,中国大百科全书出版社 1998 年版,第 33—35 页。
③ See Douglass North, *Institutions, Institutional Change and Economic Performance*, Cambridge University Press, 1990, p.54.
④ See David M. Trubek, Toward A Social Theory of Law: A Essay on The Study of Law and Development, *The Yale Law Journal*, Vol. 82, No. 1, 1972, pp.1-9.
⑤ 参见王家福:《发展社会主义市场经济必须健全法治》,载《求是》1994 年第 5 期。
⑥ 参见姜明安:《发展、改革、创新与法治》,载《中共中央党校学报》2011 年第 4 期。
⑦ 参见樊纲、王小鲁、马光荣:《中国市场化进程对经济增长的贡献》,载《经济研究》2011 年第 9 期。

证研究,得出结论:法律制度是金融资本市场发展的关键。① James L. 等②和 Stephan 等③审视法治关于人身、财产维护、政府监督、腐败控制等多维方面与经济的关系时发现,这些方面与国家法律的联系不强是使发展中国家经济发展受抑制的主要原因。其二,有学者从司法、执法等方面论述法律对发展的影响。例如,Levine R. 提出,法治是影响一国经济发展的重要因素,健全的法律及运作良好的法院是支撑一国经济发展的重要基础。④ Feld L. P. 和 Voigt S. 通过对 66 个国家从 1980 年到 1998 年间的数据实证研究发现,司法独立真实确切的程度影响经济增长。⑤ William Alford 指出对于经济增长的条件仅仅研究中国成文法律是不够的。⑥ Pisto 等观察了 19 个转型国家的样本,提出法律的执行效果对经济增长的影响力度远胜于立法的完整性。⑦

第三,法律与发展之间关系的否定性论述。如李霞提出,不同国家层面呈现出来的地方法治与经济发展的关系不尽相同,从地方竞争的角度看,地方法治并没有明显起到促进经济发展的作用。⑧ 马怀德认为,经济的发展与法治的发展是不同步的,有时甚至是相冲突的。⑨ 大多数情况

---

① Asian Development Bank, *Law and Development at the Asian Development Bank*: *A Summary of the Law Related Development Activities of the Asian Development Bank*, Pasay: Asian Development Bank Publication, 1998.

② Butkiewicz, James L, and H. Yanikkaya, Institutional Quality and Economic Growth Maintenance of the Rule of Law or Democratic Institutions, or Both, *Economic Modelling*, Vol. 23, No. 4, 2006, pp. 648-661.

③ Stephan Haggard, Tiede, The Rule of Law and Economic Growth: Where are We? *World Development*, Vol. 39, Issue 5, May 2010, pp. 673-685.

④ 参见 Levine R., Law, Endowments and Property Rights. *Research of Institutional Economics*, Vol. 19, No. 5, 2007, pp. 61-88.

⑤ Feld L. P, and Voigt S., Economic Growth and Judicial Independence: Cross-country Evidence Using A New Set of Indicators, *European Journal of Political Economy*, Vol. 19, No. 3, 2003, pp. 497-527.

⑥ William Alford, The More Law, the More...? Measuring Legal Reformin the People's Republic of China, 2000, at https://kingcenter.stanford.edu/sites/g/files/sbiybj16611/files/media/file/59wp_0_0.pdf,最后访问日期:2022 年 3 月 10 日。

⑦ K. Pistor, M. Raiser, and S. Gelfer, Law and Finance in Transition Economies, *Economics of Transition*, The European Bank for Reconstruction and Development, Vol. 8(2), July 2000, pp. 325-368.

⑧ 参见李霞:《从经济增长驱动到法治指标驱动——中国地方法治动力机制研究》,载《行政法学研究》2017 年第 6 期。

⑨ 参见马怀德:《让"法治 GDP"成为新政绩观的一个支点》,载《农村工作通讯》2008 年第 5 期。

下,推行法治被视为是阻碍经济的束手束脚的力量。卢峰和姚洋研究法治与经济的关系,得出加强法治反而会牵制金融资源的有效流动的结论,并论证了法治建设并不能显著提高 GDP 增长率,尤其是在转型中的国家或地区来说,加强配套制度的完善才能彰显法治对经济发展的良性作用。① Kanishka、Jayasuriya 通过对亚洲国家例如中国、新加坡和印度尼西亚等国的司法独立进行比较研究,得出结论:在发展中国家例如东亚地区,法治和经济增长可能同步而行,但是法律发展和法制进步可能只是经济发展的结果或者附带现象,法律并不是促进经济增长的关键因素。② Frank Upham 也认为,由正式法律确立、法院和仲裁机构实施的财产权利对于中国的经济增长并非必要。③ Franklin Allen 等发现依靠人际关系等手段经营企业的增长速度高于法律环境较好的正规企业,故认为,法律对中国经济增长不重要。④

(2) 法律与发展运动研究

关于法律与发展运动研究的概念,西方学者基本上使用"法律与发展"(Law and Development, LD 或 L&D)⑤统而概之,其实质至少包含四个维度的实践面相:作为对外援助的法律与发展政策、作为国际思潮的法律(治)与发展运动、作为交叉学科的法律与发展研究以及作为社会科学的法律与发展评估。⑥

在我国,有学者分析了法律与发展研究一直处于边缘地带的原因:其一,我国偏重政策注释的法学研究体制无力提供具备前瞻指导意义的法学理论。其二,积极赋权意义上的法治观念在我国经常被理解为秩序本位的消极法制观念。其三,把"法律"作为自变量的研究模式在我国并不

---

① 参见卢峰、姚洋:《金融压抑下的法治、金融发展和经济增长》,载《中国社会科学》2004年第1期。

② Jayasuriya, Kanishka, Law, *Capitalism and Power in Asia*, Routledge, 1999.

③ Frank Upham, From Demsetz to Deng: Speculations on the Implications of Chinese Growth for Law and Development Theory, *New York University Journal of International Law and Politics*, Vol. 41, Issue 3, Spring 2009, pp. 551-602.

④ Franklin Allen, Jun Qian and Meijun Qian, Law, Finance and Economic Growth in China, *Journal of Financial Economics*, Vol. 77, No. 1, July 2005, pp. 57-116.

⑤ Nobuyuki Yasuda, Law and Development in ASEAN Countries. 10(2) ASEAN Economic Bulletin, No. 10(2), 1993, pp. 144-154; Mariana Mota Prado, What is Law and Development, *The Argentine Journal of Legal Theory*, Vol. 11, 2010, pp. 1-20.

⑥ 参见朱力宇、郭晓明:《从运动到领域:21世纪"法律与发展"的多维面相》,载《北方法学》2018年第3期。

畅销,因为转型社会的法律尚未定型,且法律工具主义时常被赋予负面含义。其四,过于强调"社会是法律的基础",以至于主流学者倾向于研究法律的适应能力,而非改造功能。其五,基于我国法学研究的社会主义属性,国情主义的法治理论先天敌视西方系统化的法治援助经验。

第一,法律与发展运动的背景与内容。有学者认为,法律与发展研究是美国一些法学家在美国政府的鼓励和资助下对第三世界发展中国家的社会变化和法律制度进行的研究。法律与发展研究的理论基础是"进化论与法律移植"和"工具论",研究方法主要是定量分析比较的方法。法律与发展研究的理论和方法上的研究成果,作为一种软科学受到了美国和其他一些西方国家政府的重视,并被作为制定对第三世界国家进行法律和社会的"现代化"变革政策的理论依据。从根本上讲,从事此项研究的学者们自觉或不自觉地适应着美国政府霸权主义的政治需要,理论上存在着明显的误区。[①] 有学者提出,法律与发展运动的主要理论有[②]:其一,"韦伯理论和现代化理论"。早期法律与发展运动的理论依据是现代化理论,再进一步追溯则要回到韦伯那里。现代化理论认定,发展中世界处于"落后"的状态,但不发达国家只要创设与西方国家相似的法律制度,就会顺理成章地获致经济发展。其二,"从依附理论到依附发展理论"。在20世纪70年代繁荣起来的依附理论,反对现代化理论的观点,认为发达国家的剥削导致了发展中国家的落后,后者要想获得真正发展,必须摆脱发达资本主义国家的经济控制。但是,依附理论将第三世界国家不发达的原因归咎于外部力量对本国经济发展的消极影响,忽视了对内部原因的检讨,不利于第三世界国家通过本国的制度改革与创新摆脱贫困状态。它们所提出的发展对策,如切断与世界资本主义经济体系的联系、摆脱西方发达国家的控制等,往往成为不切实际的空谈[③]。因此,上述理论被认为是古典的依附理论或悲观的依附理论。依附发展理论则把古典依附理论中的悲观色彩转化为一种乐观理论,强调发展中国家在强力政府存在的前提下可以与发达国家利益群体建构一种互相关系,寻求与依附相联

[①] 参见张朝霞:《"法律与发展研究"评析——兼谈"法律移植"的若干问题》,载《中外法学》1992年第4期;郑永流:《法律与发展——九十年代中国法哲学的新视点》,载《中外法学》1992年第4期。

[②] 参见李桂林:《法律与发展运动的新发展》,载《法治论丛》2006年第5期。

[③] 参见梁展:《全球化话语》,上海三联书店2002年版,第30页。

系的发展,实现双赢①。其三,"制度经济学理论"。新法律与发展运动的另一理论激励因素是制度经济学,诺斯强调,制度不仅是经济发展的支柱之一,而且是经济发展的决定性作用因素,只有建立产权制度和所有权制度才能促进经济的发展。

第二,法律与发展运动的阶段划分。有学者提出,法律与发展运动可以分为四个阶段。20世纪50年代,是第一个阶段,即酝酿孕育时期;整个20世纪60年代,是第二个阶段,即成长与兴盛时期;从20世纪60年代后期到70年代中期,是第三个阶段,即批判和反省时期;从20世纪70年代中期以来,法律与发展运动研究进入其发展的第四个阶段,即衰落与存续时期。法律与发展运动研究的主题包括,法律改革与法律的发展问题、有关城市化所涉及的若干法律问题、法律与政治发展问题、法律与经济发展问题(初期,发展理论和实践几乎无一例外地都是围绕着经济增长和经济发展而展开的,甚至不少人直接把发展等同于经济增长)、人权与发展权研究(以物为中心的发展观已经被以人为中心的发展观所取代,发展理论和发展研究日益强调人的尊严,强调人的主体性和参与性,要求发展政策要有利于实现人的全面自由发展这一终极性的价值内涵)。②有学者把法律与发展运动划分为新旧两个不同的阶段。③"旧法律与发展运动"从20世纪50年代开始、在20世纪60年代达到高潮并终止于20世纪70年代,它是由美国主导的、为防止"二战"后新独立的国家倒向苏联而对发展中国家展开的法律援助,美国曾派出数百个法律使团考察各国法律状况并以此为依据制定法律援助政策。新法律与发展运动则从20世纪90年代开始至今,人的解放转化为人权话语,经济发展作为发展的主要目标,而人权与市场经济都是与法治密不可分的。人权是法律与发展运动的发展方向,但仍然存在种族中心主义和西方优越感、普遍主义偏见、多元知识的欠缺、新的自由主义霸权等不足。也有学者把法律与发展运动总结为三轮。④"法律与发展"运动的主将,美国批判法学的重要代表人物、威

---

① 参见明星:《古典依附理论与依附发展理论比较研究》,载《广西教育学院学报》2004年第5期。
② 参见程龙、姚建宗:《美国的法律与发展研究运动》,载《法制现代化研究》第四卷,南京师范大学出版社1998年版,第631—673页。
③ 参见李桂林:《法律与发展运动的新发展》,载《法治论丛》2006年第5期。
④ 参见冯玉军:《"法律与发展的中国经验"国际研讨会综述》,载《河南省政法管理干部学院学报》2008年第5期。

斯康星大学法学院的楚贝克(David M. Trubek)教授从面向的对象把该运动分为三轮,在经历了第一轮面向亚非拉发展中国家的法律移植和第二轮面向原苏东地区全面推行西方式民主改革阶段之后,我们现在处于从20世纪90年代以来法律与发展的第三阶段。在这个阶段,法律开始扮演约束国家和推动经济发展的角色,私法改革成为社会转型的中心,大家相信私法是保护自由市场经济的核心机制。

第三,法律与发展运动的新发展。有学者认为法律与发展研究的新趋势是:强调人权在发展中的作用、研究重点从"法律输出"转向"法律改革"、研究方法从一般性理论论证到实证分析。[1] 有学者认为,"法律与发展运动"迈向"法治与发展运动",该过程中实现了知识升级:其一,一般性法律知识的地方化意味着早期一刀切式的、供给侧导向的法律意识形态渗透需要转向需求侧导向的本土化法律知识改造,其二,地方性法律知识的一般化预示着地方性法律知识与一般性法律知识之间的关系应当从单向的文化抗拒转向双向的知识互通。其三,隐性法律知识的显性化表明传统权力治理模式下的政治决策应当转向当前知识治理模式下的科学决策。其四,显性法律知识的隐性化表明法律知识产品的输出应当从基于"发送者—接收者"的传送带模式转向基于"解释者—沟通者"的合作网模式。[2]

第四,法律与发展运动的失败原因。法律与发展的代表性人物 David M. Trubek 在20世纪80年代末,对法律与发展运动作了全面的总结。[3] 他指出,法律与发展研究出现于美国是一种自觉的努力,以建立一套关于第三世界的法律与社会的知识,指导第三世界国家的法律改革运动。美国人对于第三世界了解得很少,对那些国家的法律体系实际上一无所知,而且当时美国跨学科的法律研究的传统还没有形成,美国的法律社会学在当时的20世纪60年代还处于幼年时期,很难回答一些复杂的法律移植问题。早期的法律与发展研究是由两种基本的理论结构指导的,他称它们为"进化论与法律移植"和"工具论"。进化论主张,各个社会都是一

---

[1] 参见李玉虎:《新法律与发展研究现状及其趋势》,载《学术界》2011年第11期。
[2] 参见郭晓明:《全球法治与发展运动的知识考察:一个反思的视角》,载《华东政法大学》2020年第1期。
[3] 参见〔美〕戴维·杜鲁贝克:《论当代美国的法律与发展运动(上)》,王力威译,潘汉典校,载《比较法研究》1990年第2期;〔美〕戴维·杜鲁贝克:《论当代美国的法律与发展运动(下)》,王力威译,潘汉典校,载《比较法研究》1990年第3期。

个个的统一体,社会的变化则是由低级阶段向高级阶段的演进,因此法律与发展研究的基本目标有三个层次:其一,确定"现代法律"的特点;其二,具体说明第三世界法律体系和文化的非现代的方面;其三,寻求改变第三世界法律体系的方法,从而使它们真正"现代化"。另一些学者反对法律进化论,而提倡法律工具论,即法律是自觉的社会改革的实用工具。批判者注意到,许多发展模型含蓄地界定美国具有高级的或是"现代的"文化,这是为加强美国对外霸权效劳。在批判者看来,进化论思想建立在两个根本性的错误之上:第一个错误观点是每个社会的历史都必然遵循一条由较低级的社会组织向较高级的社会组织发展的预定的路线。批判者感到并不存在一条每个国家必由之道,也不存在一个明确的模式或定义来表示什么是"发展了的"社会。各个国家有选择权,它们能够而且必须作出选择。第二个错误,就是它主张第三世界所有国家的历史,都无可避免地向着当代西方所代表的"较高级的"进化阶段发展。法律移植没能理解他们自己国家的条件、传统和需要。批判者喜欢工具论观点隐含着对进化论和法律移植论的否定,但是他们担心工具论把法律视为社会管理的看法,会使学术研究奉承政府而丧失独立性,同时也担心工具论在否定西方法律传统的关联方面走得太远,否定西方法律时也把西方法律所蕴含的人权保障价值否定了,因为西方传统包含着作为起点的人的尊严的基本概念,并且西方法律往往为人权提供了某些基本保障;人权是人类共享的应该包括在一切法律的定义之中,因此必须成为法律与发展研究的任何一种正确的理论结构的一个组成部分。姚建宗则认为,法律与发展研究本身在理论上并没有什么贡献,其全部任务基本上是在既有发展理论基础上,从法律的角度提出一些实际操作措施;有三种理论倾向先后支配法律与发展研究,其一,在法律与发展研究的成长与兴盛时期(这里已将其酝酿与孕育时期包括在内了)现代化理论倾向居于优势地位,主张:进化论与法律现代化理论及其实践—法律移植;法律工具论。其二,批判与反省时期,批判现代化理论倾向居于优势地位。批判理论认同发展研究的依附理论和世界体系理论,这两种理论彻底转变了西方中心主义的立场,而从第三世界发展中国家以及由西方发达国家和第三世界发展中国家共同组成的相互依赖关系的角度来看待发达国家、发展中国家及其发展与现代化问题,主张:对法律现代化理论的理论基础即进化论的批判;对法律现代化理论法律移植实践的批判。其三,衰落与存续时期,多元理论倾向居于优势地位。法律与发展研究的多元理论倾向包含如下方面的内容:现代化理论倾向;以人权和正义为中心的法律价值倾向;法律的社会理论;法律与发展的全球性视野;经济分析法学;法律文化研究与比较法研究。①

(3) 法律与发展的地区与国别研究

皮斯托(Pistor)和韦伦斯(Wellons)研究了1960—1995年亚洲经济发展中法律和法律制度的作用,他们认为,国家的专断权力在开始阶段的经济秩序中发挥了重要作用,相对高程度的介入与经济增长方向相一致,也许甚至是对增长具有支持性。后来努力减少国家的作用及对经济的任意干预的权力,随着政策向市场主导之路的转变,法律越来越重要,在政策变化之后的时期法律对经济发展是有作用的。法律、经济政策和经济发展之间的关系是多维的。正式的法律规则不足以导致初始的快速增长,增长是具体的国家主义政策的结果。只有当政策转向依赖市场时,法律的变革才开始起作用。②

有学者研究了韩国法治与发展的关系。在韩国,传统适用的儒教是西方立宪主义概念的功能等价物,并且成文法本身是一种"压迫性"法律。在一个发达的经济体中,法治似乎是市场经济发展不可或缺的环境因素③,因为一般而言,确立了法治(其含义包括法律对权力的制约、司法独立以及对包括合同权及财产权在内的基本权利的保护)的国家也都毫无例外地拥有发达的经济,并且,法治还尤其增强了政治和社会稳定性,使得人们对将来的算计变得容易,而这又有利于储蓄和投资等活动。仁慈的独裁可能会因其统治时间的漫长而能够为企业提供诸如长期的政治、社会稳定性和投资的可预测性等有利环境。这种独裁统治所支撑的政治、社会稳定性以及可预测性可能是法治所提供的、对企业有利的法律稳定性和可预测性的功能等价物,尽管这些独裁统治没有以西方自由、民主国家享有的法治为基础。韩国的经济发展是在专制政府时期开始的、由

---

① 参见姚建宗:《法律与发展研究的理论倾向》,载《南京大学法律评论》1999年春季号。

② Katharina Pistor And Philip A. Wellons, The Role of The Law And Legal Institutiaons In Asian Economic Development, Oxford University Press, 1999.

③ David M. Trubek, Toward a Social Theory of Law: An Essay on the Study of Law and Development, Yale Law Journal, Vol. 82, Issue 1 (November 1972), pp. 1-50; David M. Trubek, Scholars in Self-Estrangement: Some Reflections on the Crisis in Law and Development Studies in the United States, Wisconsin Law Review, Vol. 1974, Issue 4 (1974), pp. 1062-1103; David M. Trubek, Albaro Santos, The New Law and Economic Development : A Critical Appraisal, Cambridge University Press, 2006.

政府引导型的经济发展(包括确立目标并通过专制手段和奖励及法律等非专制手段来尽最大努力实现这些目标)。朴正熙于1979年去世,但韩国的独裁统治一直持续到1987年。市场的力量和社会的多元性(更多元的团体、组织、社会层级和阶级,甚至劳资关系等)使得法治无可避免且非常必要。除了转向法治以寻求自身的利益外,任何团体和阶层都不能单独地控制或命令其他团体和阶层。当然,韩国宪法法院的活跃也在很大程度上助长了韩国社会中法治的扩张。①

对于中国经济发展与法律之间的关系,有学者认为,在大多数情况下不是先有了法律,经济才发展,而是经济发展到了一定阶段,产生了法律的需求,为法律和制度提供了市场。这种结论实际上是建立在中国走的是一条"先发展,后规范"道路的理念基础之上的,而不是像西方国家是"先规范,后发展"的思路。② 针对"在中国低水平法治与高速度的经济增长同时并存"的"中国之秘",有学者系统梳理了相关解释:第一种解释是,法治环境薄弱对我国经济发展的影响并不严重,相反韦伯式的西方理性主义法治与中国传统文化的冲突反而影响更大;第二种解释是,经济学的一般理论高估了投资者的理性水平,投资者有时候作出选择并非出于理性,因此资金流向法治较不健全的国家或地区可能是投资者非理性决策的结果;第三种解释是,明晰的产权制度和有效的债权执行机制对于经济发展的积极或消极影响并非那么立竿见影;第四种解释是,人们只看到了在缺乏法治下的经济增长,却忽略了在完善的法治环境下取得更好更快经济增长的可能。③ 对于所谓的"中国之谜"而言,有学者认为可以从以下几个层面破解:第一,要把法治的发展水平与法治的发展速度区分开来。第二,要把经济的发展水平与经济的发展速度区分开来。第三,要把经济的发展与经济的增长区分开来。发展不仅是 GDP 的增长,而是速度、质量、效益的统一。当前中国经济发展水平较低、质量不高,诸多分配、纠纷等高水平发展所需要的解决的问题离不开法治。④ 在法治水平不高、法制不完善的前提下,不合法的投资或资金流动确实存在,而在这部分投资与资金流动具有效率的情况下,法治水平的提高将阻碍这些有效率的不合

---

① 参见崔大权:《法律与发展:韩国的经验》,韦洪发译,载《法制与社会发展》2009年第1期。
② 参见张翠松:《中国法律与发展的政治分析》,载《理论界》2009年第5期。
③ 参见李玉虎:《论我国经济发展的法治基础》,载《现代经济探讨》2009年第2期。
④ 参见江必新、邵长茂:《贯彻五大发展理念的法治保障》,载《现代法学》2016年第6期。

法的投资和资金流动,此时经济将因失去这一部分有效率的不合法投资而出现波动,法治水平的提高将对经济增长产生阻碍作用。① 法治固然在一时或者一事上或许有碍增长,但在根本和长期的层面,法治与发展直接正相关。

3. 发展权研究

(1) 发展权的产生历史

有学者梳理了发展权提出的历史过程。② 洛克在其《政府论》一书阐述的人权观,是历史上公认的最先较为完整系统的人权理论。卢梭从资产阶级人性论出发,集资产阶级人权学说之大成,全面系统地阐述了天赋人权和社会契约理论。这些成为资产阶级的法律原则。1948 年 12 月 10 日,联合国大会通过《世界人权宣言》,它不仅包括了资本主义国家宪法中通常规定的内容,如个人的经济政治权利,而且还增添了社会和文化方面的权利,这标志着人权问题已经成为一个世界性、国际性的问题。1960 年联大通过了《给予殖民地国家人民独立宣言》,将民族自决权利列为一项基本人权,这是人权概念获得的一个重大进展,集体人权明确地被予以确认。1966 年联大又连续通过了《公民权利和政治权利公约》和《经济、社会及文化权利国际公约》。以上宣言和公约,在确认传统个人人权的同时,重视和发展了民族人权等集体人权的内容。20 世纪 60 年代末,发展权的提出主要是第三世界国家反对殖民主义、种族主义,反对发达资本主义国家对发展中国家的掠夺、干涉、封锁和制裁的成果。因此,发展权作为一项基本人权被确认的过程是与民族自决权紧密族系在一起的。1969 年 12 月 11 日联大通过的《社会进步和发展宣言》明确宣称"以人民自决权为基础的民族独立"是社会进步和发展的首要条件。1972 年,在斯特拉斯堡人权国际协会开幕式上,塞内加尔第一任最高法院院长、人权国际协会副主席、联合国人权委员会委员凯巴·姆贝耶发表演讲,第一次把发展权作为人权进行了系统的阐述。1977 年 12 月 16 日联大通过的《关于人权新概念的决议案》明确地提出了"发展权"思想。决议案认为,"如要使人权的实现取得长久的进展,有赖于健全有效的国家和国际经济与社

---

① 参见刘孝斌:《法治水平与经济增长关系实证研究——基于 1985—2012 时间序列数据》,载《浙江树人大学学报》2015 年第 1 期。

② 参见连保君、孟鸣歧:《论人权中的发展权问题》,载《北京师范大学学报(社会科学版)》1992 年第 3 期。

会发展政策",1979年1月23日,联大通过《关于发展权的决议》,将发展权视为一项不可剥夺的人权,认为平等的发展机会是各个国家和个人的特权。1986年12月4日,《发展权利宣言》在联大正式通过,发展权成为集体和个人的一项神圣权利。

(2) 发展权的主体与内容

有学者认为,在世界范围内,发展权首先是集体人权,个人发展权依赖于集体发展权的取得。[①] 作为个人发展权可以理解为国际法承认的个人权利的总和,特别是个人参与经济、文化和社会发展的权利及其享受这些发展成果的权利;作为集体人权,发展权主要是各民族在经济上的自决权。发展权内容主要包括以下几个方面:其一,生命(生存)发展权,即个人生命、集体生存。其二,政治发展权。对集体而言,它意味着一个国家、一个民族有权依据本国、本民族的具体情况选择适合自己的政治制度和政治体制。其三,经济发展权。经济发展权是发展权的核心内容,关系到一个国家是否真正获得独立生存发展的重大问题。个人的经济发展权既是劳动的权利也是享受劳动成果的权利,是创造和享受的统一。其四,文化发展权。任何民族与国家都有自己独特的文化传统,文化发展权赋予它们继承、改造、发展自己本民族、本国家文化的权利;其五,社会发展权。社会发展权的内容是非常广泛的,包括劳动就业、卫生健康、环境保护、妇女、儿童和青少年权益保护、宗教信仰等等。

有学者认为,早期国际上存在关于发展权主体的争论。[②] 发展中国家为了改变不公正和不合理的国际经济秩序,为本国的经济社会发展创造良好的国际环境,认为发展权是一项集体人权,主体应该是国家和一个国家的人民。而西方国家坚持发展权只是一种个人权利。经过多年的争论,国际社会终于达成共识,承认发展权是一项集体人权,同时又是一项个人权利。发展权的国家义务,一是国际法上的义务,遵守国际法关于尊重各国人民的民族自决权及对其自然资源的永久主权;维护国际和平与安全等;二是对内义务,制定适当的政策,不断改善人民的福利。

有学者认为,发展权是一项基本人权。[③] 发展权具有主体普遍性、固

[①] 参见连保君、孟鸣歧:《论人权中的发展权问题》,载《北京师范大学学报(社会科学版)》1992年第3期。
[②] 参见庞森:《发展权问题初探》,载《国际问题研究》1997年第1期。
[③] 参见汪习根:《论发展权的本质》,载《社会科学战线》1998年第2期。

有性(不可或缺)、基础性,发展权作为一项母人权,繁衍、派生出一系列子人权。从微观上讲,享有发展权就意味着主体享有经济发展合作权、发展国际援助权、社会保障发展权、生活质量提高权、环境净化权、教育科技发展权等具体人权。被派生出的这些具体人权形式是非基本人权,而派生非基本人权的人权显然属于基本人权。在价值方面,发展权蕴涵着自由、和谐、平等的主要价值。自由,即通过发展摆脱物质资料的束缚。和谐不仅存在于人与人之间,还要求人与自然和谐相处。平等乃是发展的主体间性目标,发展就是由低级到高级,由简单到复杂,由缺陷到完美的运动,运动的结果便是从不平等走向平等,发展的平等价值正寓于此。发展权在当代具有以下的价值目标:首先,发展权是促进世界各国尤其是发展中国家协调平衡地发展的重要手段;其次,发展权是制约战争与冲突,维护世界和平与稳定的重要武器。

有学者认为,从实在法的角度看,发展权的演变经历了以下三个阶段:第一个阶段是从人权目标到应有人权。发展权萌生于将国际组织的存在价值与人权的基本目标定位于"发展"的国际人权法,其总体思路是,人权是借以实现发展的形式和手段,发展是人权的目的与归宿。第二个阶段是从应然人权到法定人权。20世纪70年代是发展权逐步实现这一转化的十年。第三个阶段是从法定人权到实然人权。发展权是人的个体与人的集体的权利的统一,是政治、经济、文化和社会发展权的统一,是主体参与、促进和享受发展的统一。构建发展权法律保障机制应遵循平等权利原则、永久主权原则、发展合作原则以及不对等和不歧视的特殊优惠原则。[①] 有学者认为,发展权是发展中国家提出的新的法律概念,是新旧国际经济秩序斗争的产物。发展权不仅仅是一项人权,而且是一项集体人权,是民族自决权的必然延伸,其核心是经济发展。对国家而言,发展权是国家享有权利和承担义务的统一:就国内方面而言,国家有权利和义务制定适当的国内发展政策保护本国人民的政治、经济、社会和文化权利等。就国际方面而言,国家有权利和义务遵守关于各国保持友好关系和合作的国际法原则;尊重各国人民的民族自决权以及对自然资源的永久主权;维护国际和平与安全;个别地或集体地采取措施制定国际发展政策

---

① 参见汪习根:《发展权法理探析》,载《法学研究》1999年第4期。

以促进世界各国的发展;消除各种大规模的侵犯人权行为等。①

有学者认为,在国内,发展权的权利义务关系表现为政府权力与人民权利的关系,国家是义务主体、人民是权利主体;在国际上,由于"各国有义务单独地和集体地采取步骤,……以期促成充分实现发展权利",在发展合作和援助的过程中,受援国便成了权利主体,而援助者则成为义务主体。②

有学者系统总结了发展权主体的争论。③ 第一种观点认为,只有个人(Individual)才是发展权的享有者。第二种观点认为,只有社会(Societies)、集团(Groups)或集体(Collectives)才是发展权的主体。第三种观点认为,将发展权分解为个体的权利和集体的权利是错误的,因为集体的权利是通过集体的行为所实现的个体的权利。据此,发展权在原则上和结论上是一项个人权利,在其实现方式上是一项集体权利。有学者从利益博弈的角度研究了发展权的变迁。④ 从本质上说,人类各项权利的演变过程就是有关利益主体的利益博弈与分化过程。发展权作为人类的一项基本权利,同样会受到各利益阶层的深刻影响。利益博弈国际化是发展权的理论渊源;利益博弈个体化促使发展权的理论演化,利益博弈群体化引起发展权的理论变奏。有学者研究了发展权的主体以及实现。⑤ 根据发展权的主体不同,可以把发展权划分为国家发展权、区域发展权和个人发展权。个人发展权是发展权的最终目的性权利。

有学者⑥认为,发展权可以理解为具有下列含义:其一,发展的过程必须遵循人权所确定的优先事项。因此,国家有义务实施以权利为基础的发展方式。其二,发展的过程必须要有民众的参与,而民众参与的实现离不开透明度,无论是发展议程的设置,还是有关利益分配规则的制定,都是如此。其三,发展过程有个先决性的结构条件,那就是在国家层面确保

---

① See Paulde Ewaartetal, *International Law and Development*, Martinus Nijhoff Publishers, 1988, pp. 421-422.
② 参见朱炎生:《发展权的演变与实现途径——略论发展中国家争取发展的人权》,载《厦门大学学报(哲学社会科学版)》2001年第3期。
③ 参见汪习根:《发展权主体的法哲学探析》,载《现代法学》2002年第1期。
④ 参见李长健、薛报春:《发展权理论与实践的逻辑变迁——以利益与利益阶层为视角》,载《山西财经大学学报》2007年第8期。
⑤ 参见齐延平:《论发展权的制度保护》,载《学习与探索》2008年第2期。
⑥ 参见〔南非〕奥拉德约·J.奥罗伍:《全球化时代的发展权:概念和替代》,载《人权》2015年第4期。

法治,其中最重要的是,要有独立的司法机构。其四,就发展过程的结果而言,所有的人权,包括公民和政治以及经济、社会、文化权利,一定要实现。这意味着各国有义务根据适用的国际条约和国际习惯法尊重、保护和实现这些权利。这一义务的必然结果是以程序性义务创建适当的实施和监督机制。这些特征既有国内层面的,又有国际层面的。其五,在国际层面,发展权的程序层面可以辅以建议,以确保开展合作,相对平等地满足当代人和后代人的需求。个人并没有义务去促进发展,而只是有责任,而责任只是道德意义上的义务,不是法律意义上的义务。人权不会给个人强加义务,这是正确的,因为给个人强加义务会改变人权的性质,把它从针对国家的权利转化为国家干预的基础。

有学者阐释了新常态下发展权客体的拓展及政府干预政策的变迁①,强调突破片面强调经济增长速度的旧思路,从全面协调可持续发展出发对发展权概念进行升级。发展权的客体是发展,新常态致力于优化发展权客体,强化发展权主体,拓展发展权的维度。在新常态下,发展权是可持续发展的产物。应在发展权与可持续发展的相互作用、融合生长中提炼出可持续发展权、绿色发展权等新内涵。从实施创新驱动发展战略入手构建发展权动力机制。主张突破发展权干预模式,从政策平衡层面理顺政府与市场关系以谋求更充分的发展权。新常态下发展权的法律调整应实行政策平衡原则,它既不是基于意思自治、以自由为轴心的私法调节方式,也不是基于强制干预、以命令为核心的公法调节方式,而是在公私领域之间进行协调平衡,谋求市场主体之间发展利益关系协调一致。新常态下的发展权将从消极权利或积极权利转向互动一体权利,从个案平等转向社会公平,从普遍权利转向重点保障特殊主体权利,从而实现更充分的发展权。

(3) 发展权的价值与贡献

发展权是发展中国家集体智慧的贡献。② 发展权是人权概念的新发展。人权既是一项个人权利,同时又是一项集体的权利。发展中国家优先关注和最为迫切的是实现经济、社会、文化权利和发展权。发展权作为一项集体人权首先被确认的是民族自决权。发展权是民族自决权的一种

---

① 参见汪习根:《新常态下实现发展权的新思路》,载《人民日报》2015年9月11日第7版。
② 参见吴报定:《发展权的确立是发展中国家对国际人权事业的贡献》,载《安徽大学学报(哲学社会科学版)》1993年第2期。

延伸和发展。把发展权明确规定为人权并把它作为一项基本人权,是发展中国家积极推进国际人权事业的一个创举。各国依据本国国情和民族特点自由制定其发展政策的权利应当受到尊重。各国有义务在确保发展和消除发展障碍方面相互合作。促进发展权的实现是国际社会面临的共同的长期任务。

在国际层面,在发展中国家与发达国家的政治商谈中,国家的发展权利为发展中国家争取正当利益,争取扩大"有效的国际合作"、国际援助,集体地制定"国际发展政策",争取更公正的国际经济秩序,提供了一个强有力的政治话语修辞或话语方式。就国内发展而言,使用国家的发展权利这一概念,并没有多大意义,这一概念在国内事务中的运用,还可能导致国家以发展为理由伤害到人权。[①] 对国家发展义务的强调才是宣言的重心所在,对于防范国家在国内活动中以发展为名伤害人权,是有积极意义的。在国内发展中,要考虑所谓国家利益和社会利益,要平衡个人权利与国家利益,但是没有必要为此借用国家发展权的概念。国内层面的国家发展权问题,实际上被纳入国内民主机制之中,转化为人民通过民主诉求全面发展的问题,融入各项权利的政治论辩之中。[②] 发展中国家更倾向于从国家集体发展权的角度来理解发展权,这有利于打破长期以来不合理和不公正的国际政治经济秩序对广大第三世界国家发展的严重束缚。个人发展权可能把个人的发展作为所有发展项目的最终目的,并因此将成为纠正盲目发展的标准。[③] 个人发展权的实现途径:一是,生存权与自由权的充分实现是实现个人发展权的保障。二是,发展权的核心内容是个人能力的充分开发与个性的自由发展,也就是阿马蒂亚·森的以自由看待发展。三是,平等参与发展和分享发展成果是实现个人发展权的主要手段。[④]

发展权是发展中国家对世界人权的原创性贡献,而中国为全球供给了发展权话语体系。在理念上,中国通过促进与发展中国家的合作,凝练出和平发展、自主发展、均衡发展、人本发展、全面发展、务实发展等发展

---

① 参见〔美〕杰克·唐纳利:《普遍人权的理论与实践》,王浦劬等译,中国社会科学出版社2001年版,第10章。
② 参见叶传星:《发展权概念辨析:在政治与法律之间》,载《东岳论丛》2019年第12期。
③ 参见〔澳〕R.里奇:《发展权:一项人民的权利》,载沈宗灵:《西方人权学说(下)》,四川人民出版社1996年版,第297—298页。
④ 参见夏清瑕:《个人发展权探究》,载《政法论坛(中国政法大学学报)》2004年第6期。

权理念,为发展权的实现提供了科学理性的价值导引。在人权内涵上,中国提出经济发展权、政治发展权、社会发展权、文化发展权与生态发展权五个方面的权利形式,大大拓展和细化了发展权。在实践模式上,中国开辟出了伙伴关系、发展援助、特别优惠和改善治理四种发展权的实现路径,并且在每一个层面用实践求证了理念、制度、政策的实效性,以期最大限度地释放发展权的价值功能。中国为全球发展权贡献了创新性话语体系,集中体现在:不仅将发展权的内容细化为政治、经济、社会、文化和生态发展权五个权利形态,也对这五个权利在内涵和外延上进行了多维拓展和优化。①

（4）发展权与其他人权的关系

人的基本权利有四种:生存权、发展权、平等权和自由权。生存权是享受其他权利的前提和基础,生存权、发展权是首要人权,首先着眼于广大的发展中国家,保障和改善生存条件具有极其紧迫的意义。相反,对于资本主义发达国家,生存权对他们也就失去了生死存亡的紧迫性。传统的生存权发生了质的变化,具体表现在以下三个方面:第一,国家主权是享有生存权的基础和先决条件。第二,生存权必然包括(国家对个人的)生活保障权。第三,生存权既是一项个人权利,又是一项集体权利。发展权的显著特点有:第一,发展权既是个人人权,又是集体人权。第二,发展权是民族自决权的自然延伸和发展。第三,国家有权利制定适合本国国情的发展战略。有学者提出狭义与广义的发展权的区分,并进一步论证了生存权、发展权是首要人权。② 狭义的发展权是一项集体人权,广义的发展权首先是一项个人人权。我国对发展权的理解和立场是狭义和广义的结合。发展权主要是发展中国家的权利诉求,即发展中国家有"发展机会均等"的权利。狭义发展权的理论根据有三点:第一,在国际上长期存在着不良的经济政治旧秩序,严重制约着发展中国家的发展;第二,享有平等权和平等发展机会的权利是全人类的共同愿望和价值追求;第三,不同发展阶段的国家是相互依存的,如果发展中国家长期落后,也影响到发达国家的进一步发展。广义发展权首先是一项个人人权,其内容对发达

---

① 参见中华人民共和国国务院新闻办公室:《发展权:中国的理念、实践与贡献》,载《人民日报》2016年12月02日第10版。

② 参见李步云:《坚持生存权、发展权是首要人权——"首要人权"观对人类可持续发展有极其重要意义》,载《北京日报》2015年12月7日第18版。

国家和发展中国家都是适用的,其特定含义主要有两条:第一,它并未否定各类人权都重要;第二,由于各国具体国情不同,人权发展战略的优先事项会有很大差异。此外,有学者[①]分析了发展权与其他人权的关系之争:西方学者认为,在所有人权中,公民、政治权利最为重要,只有公民、政治权利得到遵守,才能促进社会经济的发展并实现发展权利。发展中国家的学者却认为,只有社会经济得到发展,才能为实现经济、社会、文化权利和公民、政治权利提供物质基础,因此,发展权是实现其他人权的条件,是一项重要的权利。发展权是在发展中国家的推动下形成的,它经历了一个从发展要求、发展原则到发展权利的形成过程。发展权是一项人权,并且主要是发展中国家所享有的一项权利。发展权的主要目的是打破旧的国际经济关系,建立国际经济新秩序,让每个国家都能获得平等发展的机会,从而解决发展中国家存在的发展问题。

发展权与其他各项人权的区别主要表现在以下几个方面:从主体看,其他各项人权或属集体人权,或属个人人权,而发展权的主体兼有集体和个人两个方面。从权利内容看,其他各项人权一般只涉及人权某一领域的某些方面,只对特定领域的社会关系作出规定,而发展权的内容具有综合性。从实施方式看,其他各项人权主要是针对国内法而言的,一般都属一国内政,而发展权既属一国内政,又强调在国际范围作出安排。发展权与其他各项人权之间又是相互依存、密不可分的。发展权是一项综合人权,是其他各项人权融会贯通的结果。发展权渗入其他各项具体人权中,推动和促进其他各项具体人权的实现。其他各项人权是发展权的基础,发展权是其他各项人权实现的必要途径。此外,发展权与其他各项人权还相互制约。其他各项人权实现与否、实现的程度,影响着发展权的实现。

(5)发展权的实现与救济机制

实现发展权的条件包括以下方面:对国家而言,一是创造有利于发展的稳定的政治和社会环境;二是每个国家对本国的自然资源和财富享有永久主权,并制定适合本国国情的发展政策;三是每个人和全民族积极、自由和有意义地参与发展进程、决策和管理,并公平分享由此带来的利益。对国际社会而言,一是坚持各国主权平等、相互依存、互利与友好合作的原则;二是建立公正合理的国际政治经济新秩序,使发展中国家能够

---

① 参见郝明金:《论发展权》,载《山东大学学报(哲学社会科学版)》1995年第1期。

民主、平等、自由地参与国际事务,真正享有均等的发展机会;三是消除发展的各种国际性障碍。

有学者研究了发展权侵权的构成要件。① 传统上,区分了"可司法性人权"和"非司法性人权","公民权利和政治权利"被设计成可诉的人权,这是"一种具有司法性的监督机制",而《经济、社会及文化权利国际公约》的实施机制中仅仅规定了国家报告制度,并无申诉制度。这是不妥当的,所有发展权侵权行为都应当具有可诉性。发展权侵权行为是一个具有明确构成要件的有机体,可概括为三方面:一是行为主体,指发展权的法律义务承担者,即违背法定义务、拒不承担发展义务的集体或个体,主要是指国家,包括立法、行政和司法机关;二是行为方式,包含了作为与不作为两类,其中国家机关之不作为是侵权行为中应予格外重视的对象;三是行为内容,即指违背国际上设定或约定的发展权法律义务。发展权侵权包括内在要素(结构性侵权和个体性侵权)和外在形式(作为与不作为两种法律行为方式)。有学者反驳了发展权不可司法的理论,同时指出了既有救济方式的不足,提出了发展权分类救济的新思路。② 传统上根据"权利二分法"来设计法律救济机制,认为一代公民和政治权利属于消极权利因而可救济,二代经济、社会和文化权利是积极权利而不可救济。权利成本论、义务层次论等观点拆解了不可诉论断的学理前提。③ 发展权具有依附性(个人发展权依附于集体)、综合性、不确定性(效力上的不确定、内容上的不确定、时空上的不确定),传统的救济模式附带救济模式、合宪性审查模式、非诉讼性质的申诉模式存在不足。应对实施一体化救济模式,即将发展权的理念贯穿于现有的权利体系,通过现有的公民经济、社会和文化权利实施机制,对发展权利进行整合性的法律救济,从而借助于具有可诉性的各种消极权利或积极权利,为缺乏救济途径的发展权开辟出一条具有实效性的"中间道路"。国家对发展权的尊重和救济义务也是相互联系和互动的整体性义务,可以划分成"避免剥夺发展权的义务""保护发展权

---

① 参见汪习根:《论发展权的法律救济机制》,载《现代法学》2007 年第 6 期。
② 参见蒋银华:《新时代发展权救济的法理审思》,载《中国法学》2018 年第 5 期。
③ 权利成本论强调所有的权利本质上都是积极权利,无论哪种权利,都需要支付昂贵的成本。详见〔美〕史蒂芬·霍尔姆斯、凯斯·桑斯坦:《权利的成本——为什么自由依赖于税》,毕竞悦译,北京大学出版社 2011 年版,第 3 页。义务层次论认为所有权利都包含着不同的义务层次,See Henry Shue, Basic Rights: Subsistence, Affluence and U. S. Foreign Policy, Princeton University Press,1996, pp. 37-63。

不受剥夺的义务""帮助发展权被剥夺者的义务"三个层面,每一层面的义务不仅在内部具有相互性和传导性,也与其他义务的相应层次具有连带性。发展权可以分解为具有自由权利性质的发展权、发展权当中具有消极意义的"子权利"、某些特别重要且易于界定义务主体和义务内容的发展权利、某些难以进行范围界定或义务客体界定的发展权利四个层级的内容,以便于施以一体化救济。四个层级的发展权内容呈现出层层递进的关系,前两者发展权属于国家的消极义务范围,后两者发展权对国家积极作为的要求也有一个由易到难的过程。同时为避免个别发展权无法类型化到以上层级的局限,我国应当将"平等"作为发展权一体化救济的基本原则。

(6) 发展权的理论渊源

有学者分析了新发展理念对发展权发展的指引作用。① 创新是实现发展权的第一动力。创新理念旨在通过自主创新,为发展权提档升级奠定牢固基础,克服了国际社会以往关于增长即是发展、依附式发展的发展权道路和动力理论之不足协调是实现发展权的内在要求。协调发展理念解决了发展权客体诸要素之间及客体与主体之间的相互同一性,克服了传统人权观关于形式平等或抽象的实质正义的理论局限性。绿色是实现发展权的必要条件。绿色发展新理念优化了发展权的存在方式,克服了发展权在提出之初并不包含可持续发展的历史局限性。开放是实现发展权的必由之路。开放新理念要求提高对外开放质量和水平、构建更加公平合理的国际秩序,强化国际发展合作,这为加快实现发展权创造良好外部条件。共享是实现发展权的必然结果。共享发展强调发展为了人民、发展依靠人民、发展成果由人民共享。这就克服了发展与发展权、发展手段与目的脱节的局限。

有学者研究了新发展理念如何具体指导发展权的发展。② 第一,发展权创新发展,创新是发展权发展的内在动力,发展权在新的时期要获得发展必须立足于创新,要结合国情对发展权的概念内涵、发展思路、发展主体、发展内容、发展方法、发展道路不断创新,注重实效,推进发展。第二,发展权协调发展,协调是发展权发展的社会内涵:一是发展权保障水平与

---

① 参见汪习根:《新发展理念是实现发展权的根本指引》,载《人民日报》2016年6月8日第11版。
② 参见陈佑武:《中国发展权话语体系的基本内涵》,载《人权》2017年第1期。

基本国情相协调;二是发展权与其他人权保障水平相协调;三是协调发展权自身的不同内涵、不同方面的发展与不同群体、不同地域人民发展权的发展。第三,发展权绿色发展,绿色是发展权发展的生态内涵,生态遭到破坏将动摇发展权保障的根基。第四,发展权开放发展,要将中国人民发展权的实现融入、参与到世界人民的发展权实现当中,推动建设人类命运共同体。第五,发展权共享发展,共享发展与共同富裕是发展权发展的最终目的,只有发展的成果由全体人民逐步渐进的共享,发展权的实现才有价值与意义。

有学者指出,国际经济新秩序运动的起源可以追溯到20世纪50年代和60年代初期劳尔·普雷维什以及其他拉美持依附理论观点的经济学家提出的"中心—外围"理论。①

有学者研究了发展权概念的经济理论渊源。② 发展权概念的形成与经济理论根源息息相关。拉美结构主义揭示了发达国家与发展中国家之间不平等国际分工及其对后者的不利影响;拉美结构主义在批判正统发展理论的基础上,指出了国际经济体系的二元结构特征,强调发展中国家与发达国家之间初级产品与工业品生产和出口的国际分工,必然导致前者的贸易条件不断恶化,这也就意味着发达国家不断剥夺着发展中国家寻求发展的"权利"。尽管如此,拉美结构主义理论提出了依靠进口替代工业化来摆脱这种历史命运的解决之道。依附理论则认为,发展中国家在资本主义世界经济体系下必然处于被剥削和被控制的依附性地位,难以获得发展。这两种经济理论实际上是发展中国家争取建立国际经济新秩序的理论基础,它们的传播和影响推动了发展权概念的产生。依附论学者在批判拉美结构主义过于温和的同时,继承和发展了其"中心—外围"理论对国际经济体系的分析,强调资本主义扩张所形成的世界经济体系必然使发展中国家处于一种被剥削和被控制的"依附性"状态,不仅剥夺了这些国家和地区"发展的权利",也剥夺了其民众寻求发展的"权利"。拉美结构主义与依附理论是20世纪六七十年代发展中国家争取建立国际经济新秩序斗争的理论基础,它们也是发展权概念产生的经济理论

---

① 参见〔美〕托达罗:《第三世界的经济发展》(下),于同申等译,中国人民大学出版社1988年版,第265页。
② 参见董国辉:《发展权概念的经济理论渊源》,载《南开学报(哲学社会科学版)》2014年第5期。

渊源。

4. 经济法学领域发展理念与发展理论的研究

有学者认为,经济法的发展理念包括可持续发展、公平发展、快速发展。① 经济法的可持续发展理念即生态、人力、产业持续发展。经济法的公平发展理念包括地区发展公平、竞争公平、分配公平。经济法的快速发展理念即经济增长是社会全面变化的引擎,赶超战略的实现需要经济持续增长,工业化不断升级。经济法一方面从制度补给上排除市场障碍,另一方面又从制度能动上直接诱导经济增长。持续发展、公平发展、快速发展是经济法特有的发展观,也是最适应中国发展战略、赶超战略的法律文明。

有学者认为,股权属于企业的经济发展权。② 从经济法是增量利益生产和分配法这一部门法本质出发,股权的本质是追求增量利益最大化实现的经济发展权。

有学者将经济法的发展理念提炼为整体发展、协调发展与可持续发展。③ 从系统论的范式来看,社会发展应是以人为中心的全面、协调与可持续发展。经济法作为社会系统的子系统,其发展理念应定位为社会经济的整体发展、协调发展与可持续发展。整体发展是经济法发展理念的基石;协调发展是经济法发展理念的核心;可持续发展是经济法发展理念的目标。要实现经济法的发展理念,需要经济法具体制度的完善及其子系统之间的密切配合,此外,还应加强经济法系统与外界系统的沟通和协调。

有学者将发展提炼为经济法的核心范畴④,继而基于经济法基本权利的体系化研究,提出以经济发展权作为核心内容。⑤ 经济法的目的是谋求国民经济的发展,谋求社会整体经济利益的平衡,谋求国家经济的安全。经济法就其价值取向而言,就是国民经济发展法、社会整体经济利益平衡

---

① 参见单飞跃、王显勇、王秀卫:《经济法发展理念论》,载《湘潭大学社会科学学报》2000年第5期。

② 参见陈乃新、刘登明、王灿:《股权的本质是一种经济发展权——对股权本质的经济法学思考》,载《湖南省政法管理干部学院学报》(原名《法学学刊》)2001年第2期。

③ 参见刘大洪、岳振宇:《论经济法的发展理念——基于系统论的研究范式》,载《法学论坛》2005年第1期。

④ 参见程信和:《发展、公平、安全三位一体——经济法学的基本范畴问题探析》,载《华东政法学院学报》1999年第1期。

⑤ 参见程信和:《经济法中主体权利设置的走向》,载《社会科学家》2014年第12期。

法、国家经济安全法。经济法着眼于发展、公平、安全三位一体的目标。发展、公平、安全,既反映权力,又反映利益,是权力和利益的统一。围绕着发展、公平、安全,还会产生其他许多范畴,从而形成经济法学的范畴群,提炼了经济法的基本范畴——发展权、分配权(公平权)与安全权。由于经济法中主体多样,可将权利类型化为基本权利和具体权利。具体权利又可分为一般权利和特别权利。经济发展权、经济分配权、经济安全权,可以成为经济法的基本权利范畴,以发展权为核心三位一体地联系起来。经济发展权是指国家、组织和个人参与、从事经济建设,并能够享受这些发展所带来的利益的权利,包括参与权和受益权,参与为基础,受益为目标。但是,发展权主要是参与权,强调竞争(博弈)与合作(协调)。发展权的主体指的是发展法律关系的参加者,亦即发展权利的享有者。当发展权被一个民族或社会作为一个整体拥有时,最有条件、最有资格行使这项权利的主体便是国家;企业的发展权核心在于营利,中国的经济立法曾被称为经营权立法。个人的发展权包括:享受适当生活水准权;劳动就业权、创业权;投资权,参与经济管理权。发展权的客体是指实现发展所需要的资源(条件、机会),以及通过发展所获得的利益。①

有学者认为,从经济法的角度看,经济发展权是经济法主体享有的一类重要的综合性权利,其实现要以经济法主体各类基本权力和权利为基础,因而其位阶更高;经济法主体的基础权力或权利,无论是调制主体的调制权,抑或调制受体的对策权,其行使都是为了保障(体现发展理念的)经济发展权的实现。经济发展权作为一个重要的上位概念,是经济法理论研究中需要关注的重要范畴,经济发展权既包含诸如结构调整权等综合性的权力和权利,又依赖于经济法主体的调制权和对策权等基础性的权力和权利;经济发展权可以类型化为:国家发展权和国民发展权、企业发展权与个人发展权、整体(或集体)发展权与个体发展权、促进发展权和自我发展权。②有学者研究了经济法学发展理论的范畴论、方法论和价值论等多个维度,三者的关系是:关于发展理念与发展目标、发展主体与发展权利、发展能力与发展手段等基本范畴的分析,对结构—功能分析等重要方法的探讨,都会融入价值分析,从而使经济法学的发展理论可以融为

---

① 参见程信和:《经济法基本权利范畴论纲》,载《甘肃社会科学》2006年第1期。
② 参见张守文:《经济发展权的经济法思考》,载《现代法学》2012年第2期。

一体,初步构建了经济法学的发展理论体系框架。①

有学者研究了国家发展权中权力与权利、权利与责任的关系。② 国家发展权不仅是人权法的概念,更应当成为经济法的基本范畴。国家发展权是国家基于主权所享有的,采取主动的国内措施及国际合作行动参与、促进本国经济、社会、文化和政治的全面发展并享受发展利益的权力和权利。国家发展权的主要内容有:国家有权独立自主地谋求本国的发展,有权自主选择适合本国发展的经济、政治制度,有权自主选择发展模式和安排发展进程等。从法律属性上看,国家发展权是权力与权利/权利(权力)、权利(权力)与义务(责任)的统一,包括国内和国际两个方面。就国内方面而言,国家有权力和责任制定适当的国内发展政策,不断提高全体人民和所有个人的福利;就国际方面而言,国家有权利和义务个别地或集体地采取措施制定国际发展政策以促进国家的发展,促进新的国际经济秩序的建立。从权利客体来看,国家发展权的发展利益是政治、经济、文化和社会发展利益的统一。从权利行使来看,发展权是国家行使参与、促进发展的行为权与获得发展利益的收益权的统一。

三、研究方法

本书将运用规范分析、比较分析、实证分析、结构分析方法等研究方法,现简述之:

第一,规范分析的方法。由于本书的落脚点是经济法制度的完善,因而许多论述都将直接围绕成文法规范展开,比如对《中小企业促进法》《清洁生产促进法》《就业促进法》等诸多"促进型经济法"的规范分析;对《企业所得税法》《政府采购法》《消费者权益保护法》《反垄断法》《反不正当竞争法》等相关法律完善方面所作的规范分析,都是此类方法的运用。

第二,比较分析的方法。该方法有助于拓宽研究视野,探究法律的发展趋势,认识不同法律秩序的共同基础与确定理想类型。由于国外有关发展理论的研究成果较多,制度实践也较为成熟,因而在研究过程中不可

---

① 参见张守文:《经济法学的发展理论初探》,载《财经法学》2016年第4期。
② 参见张永忠:《论国家发展权及其在区域经济合作中的实现》,载《江西财经大学学报》中国法学会经济法学研究会2005年年会专辑。

避免涉及理论和制度方面的比较研究。

第三,实证分析的方法。以对经验事实的观察为基础来建立和检验知识性命题的方法,对于检验理论和制度的实效非常重要。为确保研究的科学性、严谨性,本书需要对发展理论的实践效果进行观测、考察,因而需要用到实证分析的方法。

第四,结构功能的方法。结构决定功能,功能导向影响结构设计。新发展理念指导经济法制度的完善,实际上是为实践新发展理念、通过特定发展方式实现特定发展目标而对经济法制度构造进行优化,是以功能导向来完善经济法制度结构。因此,在研究过程中不可避免会涉及结构功能分析方法。

四、研究路径与基本结构

本书按照"新发展理念——经济法学发展理论——经济法制度的完善"的思路展开。具体而言:第一步,研究新发展理念的内涵及其与法律(主要是经济法)的关系,对新发展理念的挖掘是本书研究的起点。第二步,将新发展理念融入经济法基础理论研究中,提炼经济法学的"发展理论"作为新发展理念与经济法制度完善的纽带。第三步,将新发展理念融入经济法制度的完善过程中,并通过经济法学发展理论加以指导和检视,使不断完善的经济法制度在促进经济社会全面发展方面发挥更大的作用。这一部分是本书研究的落脚点。

在以上总体思路的指导下,结合经济法总论、宏观调控法、市场规制法的体系结构,本书各部分内容具体安排如下:

第一章与第二章为研究的基础理论,其中第一章聚焦于新发展理念的内涵并发掘其法学价值,为完善经济法学发展理论进而指引经济法制度完善奠定基础;第二章在新发展理念的引领下完善经济法学发展理论,研究经济法学发展理论的内涵、作为其核心的经济发展权以及新发展理念引领经济法学发展理论的具体路径。

第三章至第五章研究经济法学发展理论引领下宏观调控法律制度的完善。具体而言,第三章研究发展理论指导下的财税法律制度完善,关注发展理论视野下的财税法制度功能及其定位,着力研究财税法促进共享、创新和绿色发展的制度构建;第四章研究发展理论指导下的金融法律制度完善,关注基于金融发展理论的金融发展权义配置,着力研究发展理论视角下绿色、共享金融制度的完善;第五章研究发展理论指导下的计划法律制度完善,在阐述发展与计划法关系的基础上,着力研究协调、开放发展与计划法律制度完善。

第六章至第七章研究经济法学发展理论引领下市场规制法律制度的完善。具体而言,第六章研究发展理论指导下的竞争法律制度完善,关注公平竞争权、自由竞争权与发展权之间的联系,深入研究发展理论指导下反垄断法律制度、反不正当竞争法律制度的完善;第七章研究发展理论指导下的消费者权益保护法律制度完善,在阐释发展理论与消费者权益保护法理念的关系的基础上,着力研究引导绿色消费、促进共享消费的法律制度构建。

最后一部分为结论,提炼课题研究的核心观点与主要结论,并对相关论述作适当延伸。

五、可能的创新

本书可能的创新之处主要体现在三个方面:

第一,从经济法视角探索落实新发展理念的路径和方法。落实新发展理念已经成为宪法目标,各个部门法应当遵循具有最高法律效力的宪法的指引,结合本部门法的逻辑,构建和完善相关制度落实新发展理念。经济法是典型的发展促进法,目前针对经济法与发展问题的研究还相对分散、不成体系,本书力争为经济法更系统、更深入有效地落实新发展理念提供新思路。

第二,完善经济法学发展理论。经济法学发展理论旨在研究经济法如何通过权义配置以更有效地解决发展问题、促进经济持续稳定发展,学界对于发展法学、经济法学发展理论已有初步研究,在新发展理念的引领下,深入研究经济发展权等核心范畴,理顺经济法学发展理论的内在逻辑,进一步充实整合经济法学发展理论,将经济法学发展理论研究提升到新的高度。

第三,推动经济法具体制度的完善。经济法具有突出的"回应性",经济法制度必须与时俱进,以适应经济和社会发展的需要;新发展理念对经济法制度的完善提出了新要求,因此,在推动经济法理论创新的同时,也要不断推动制度创新,这本身也是创新发展理念的体现和要求。

第一章　新发展理念的经济法解析

创新、协调、绿色、开放、共享的五大发展理念,是党的十八届五中全会在深入分析"十三五"时期我国发展环境基本特征的基础之上,提出的新发展理念。习近平总书记指出,新发展理念是"十三五"乃至更长时期我国发展思路、发展方向、发展着力点的集中体现,在理论和实践上有新的突破。① 党的十九大报告强调,我国经济已由高速增长阶段转为高质量发展阶段,必须坚定不移地把发展作为党执政兴国的第一要务,贯彻新发展理念,建设现代化经济体系。② 2020年,中共中央关于制定国民经济和社会发展第十四个五年规划和2035年远景目标的建议明确,"十四五"时期经济社会发展必须坚持新发展理念,把新发展理念贯穿发展全过程和各领域,构建新发展格局,切实转变发展方式,推动质量变革、效率变革、动力变革,实现更高质量、更有效率、更加持续、更为安全的发展。③ 新发展理念构成习近平新时代中国特色社会主义思想的重要内容,"贯彻新发展理念"的重要决策已由十三届全国人大一次会议通过的宪法修正案载入《中华人民共和国宪法》,在根本大法层面确认了新发展理念的指导性地位,彰显了国家指导思想的与时俱进,体现了经济社会发展与依法治国的有机统一。从2015年至2021年,新发展理念自首次提出到逐步贯彻落实,再到持续引领经济社会发展,作为经济"指挥棒"和"红绿灯",深刻影响着中国的发展观念与发展实践,在"高质量号"中国经济列车滚滚前行过程中发挥了重要积极作用,我国发展仍应毫不动摇地长期坚持、贯彻、落实新发展理念。

更好地贯彻落实新发展理念,需要对其进行全面学习和深入理解。正如习近平总书记所指出的:"这五大发展理念不是凭空得来的,是我们

---

① 参见习近平:《关于〈中共中央关于制定国民经济和社会发展第十三个五年规划的建议〉的说明》,载《人民日报》2015年11月4日第2版。
② 参见习近平:《决胜全面建成小康社会 夺取新时代中国特色社会主义伟大胜利——在中国共产党第十九次全国代表大会上的报告》,载《人民日报》2017年10月28日第1版。
③ 参见《中共中央关于制定国民经济和社会发展第十四个五年规划和二〇三五年远景目标的建议》(2020年10月29日中国共产党第十九届中央委员会第五次全体会议通过)。

在深刻总结国内外发展经验教训的基础上形成的,也是在深刻分析国内外发展大势的基础上形成的,集中反映了我们党对经济社会发展规律认识的深化,也是针对我国发展中的突出矛盾和问题提出来的。"① 综合古今中外的发展经验和发展大势,高度抽象出明确精炼的五大发展理念,再由新发展理念指导我国各个领域的发展实践,这种"实践—理论—实践"的多重跃迁过程,要求我们必须了解新发展理念的理论源头,挖掘其深层内涵,理解其深层意蕴,并结合新时代特征和不同主体自身特点抓好落实。同时,从法治中国层面考虑,依法治国是党领导全国各族人民治理国家的基本方略,法律理论和法律制度相互交织,共同实现良法善治。新发展理念指引国家发展尤其是经济社会方面的发展,亟待法治的保障,其中,经济法治发挥着不可或缺的重要作用。在经济法理论视域下对新发展理念进行诠释、解析,将有利于推进经济法学发展理论研究,并在此基础上更好地引导经济法具体制度的完善,从而形成贯彻新发展理念的制度基础,助力新发展理念引领新时代新阶段经济社会高质量发展。

由此思路出发,本章从经济法学理论层面诠释和解析新发展理念,旨在揭示新发展理念与发展之间的内在关联,进而在新发展理念指导下,推动经济法学理论发展和相关经济法制度的完善。本章由五个部分组成,首先介绍普遍性的发展和发展问题;其后由三个部分分别阐述新发展理念产生的时代与理论背景、新发展理念的具体内涵、经济法诠释新发展理念的独特性和意义,实现理论追溯、含义阐释和作用发挥;最后进行小结。

一、现实背景:发展、发展实践与发展问题

新发展理念聚焦发展主题,对口发展实践,旨在解决发展问题。因此,对新发展理念的理解,应率先从"发展"这个基本范畴开始。作为当今世界的两大主题之一,无论是发达国家还是发展中国家,在任何历史时期都需要考虑本国国家、社会、国民在政治、经济、文化、生态等诸多方面的发展问题。纵使漫长的历史经验告诉我们,并非每次促进发展的努力都能达到预期效果,但不可否认的是,实现发展仍是人类不懈追求的永恒目标。

---

① 习近平:《习近平谈治国理政》(第二卷),外文出版社2017年版,第197页。

(一) 发展的基本含义与多重理解

发展（develop or development）是一个进化过程，在此过程中，人类通过启动新结构、应对新问题、适应持续变化、有目的性和创造性的努力以实现新目标，来实现能力的提升。[①] 它的哲学意义是指事物由小到大、由简到繁、由低级到高级、由旧质到新质的运动变化过程。马克思主义哲学关于发展的观点是唯物辩证法的基本特征之一，认为发展的实质是事物的前进和上升，是新事物的产生和旧事物的灭亡。"整个自然界，从最小的东西到最大的东西，从沙粒到太阳，从原生生物到人，都处于永恒的产生和消灭中，处于不断的流动中，处于不息的运动和变化中"[②]。发展是普遍的，是前进性和曲折性的统一，也是量变和质变的统一。

从通俗意义上看，"发展"象征着生机勃勃的前进力量，代表着正向、积极、进取、优化，是生命力的真实体现、人类智慧的最终导向，具有深刻的哲学意蕴。发展主体是多元的，大到整个国家、社会，小到每个国民、个体，都与生俱来地具有发展追求。而"国家发展"在普遍的哲学含义之上，增添了涵盖经济增长、社会进步、文化繁荣、生态优化、人类主体能力提高、人的实质自由等诸多方面的具体内容。发展的内涵历经嬗变，渐趋丰富，仍在实践中不断发展。

从现实意义上理解发展，毋宁视其为一种需要发挥人的主观能动性而不断求索的目标。其意义和价值在于，作为人们于特定时期在特定领域开展活动的目的，指引事物向更加理想化的方向变化。因而，需要找到发展问题，树立发展理念，确立发展目标，制定发展规划，开展发展实践，检验发展成果，进一步总结发展问题，等等。发展的实践是分阶段的逐步推进，也是永不停歇的追求过程。

(二) 如火如荼的发展实践

当前，世界层面的全球发展（global development or international development）以及内国层面的国家发展实践开展得如火如荼。与朴素的发展概念不同，发展实践更为注重现实，关注点包括经济增长、减轻贫困、改善

[①] See Richard Peter, Elaine Hartwick, *Theories of Development*, Guilford Press, 1999, p. 1.
[②] 中共中央马克思恩格斯列宁斯大林著作编译局编译：《马克思恩格斯选集》（第四卷），人民出版社1995年版，第270—271页。

第一章　新发展理念的经济法解析

国民生活条件等。从国际范围来看,各地区、各国的发展程度并不完全一致,而是存在较大差别,这构成了诸如发达国家、发展中国家、最不发达国家等国际分类的基础,参与国际发展进程研究的诸多科学也以此为研讨对象。

1. 全球发展实践确立的发展目标

全球发展作为一个独立主题而备受重视,源自20世纪第二次世界大战、冷战、新殖民主义肆虐等复杂背景下全球对发展的呼求。它强调的,乃是将全球视作统一整体,正视不同区域发展差距,集中智慧、统筹力量实现共同发展。相关研究迅速发展,以至于20世纪60—80年代被称为"发展时代"(the era of development)①,其后,又有学者提出"新发展时代"(the new era of development)的概念。不同层面的发展目标陆续出现,并逐渐形成新的发展常识。

21世纪以来,联合国制定的千年发展目标(The Millennium Development Goals, MDGs)以及可持续发展目标(Sustainable Development Goals, SDGs)对全球发展实践的影响最为深远。2000年9月,在纽约举办的联合国千年首脑会议上,191个国家和地区签署了《联合国千年宣言》(United Nations Millennium Declaration),并制定了到2015年世界希冀实现的八项千年发展目标,包括消灭极端贫穷和饥饿,普及初等教育,促进两性平等并赋予妇女权力,降低儿童死亡率,改善孕产妇保健,与艾滋病、疟疾和其他疾病作斗争,确保环境的可持续能力以及制订促进发展的全球伙伴关系。② 这是千禧年在总结和展望基础上针对当时主要发展问题而制定的目标计划,也是全球范围内第一次确立具有可衡量目标和明确指标的发展整体战略。2015年,联合国大会上193个国家对《变革世界:2030年可持续发展议程》(Transforming Our World: The 2030 Agenda for Sustainable Development)的签署,意味着接替MDGs的SDGs在全球范围内的确立。SDGs设定了2030年前需要完成的17项发展目标,分别为消除贫穷;消除饥饿;良好健康与福祉;优质教育;性别平等;清洁饮水和卫生设施;经济适用的清洁能源;体面工作和经济增长;工业、创新和基础设

---

① See Steve Bailey, *Athlete First: A History of the Paralympic Movement*, Juhn Wiley & Sons Ltd, 2008, p. 23.
② See United Nations Statistics Division, Millennium Development Goals Indicators, at https://unstats.un.org/unsd/mdg/Home.aspx, November 18, 2020.

施;减少不平等;可持续城市和社区;负责任消费和生产;气候行动;水下生物;陆地生物;和平、正义与强大机构;促进目标实现的伙伴关系①,这被联合国称为"实现所有人更美好和更可持续未来的蓝图"。从 MDGs 和 SDGs 的内容来看,正如潘基文指出的那样,要"不遗余力地帮助男女老少同胞,摆脱凄苦堪怜和毫无尊严的极端贫困状况"②,二者都聚焦于全球当代发展最为突出的基础问题,关注弱势群体和欠发达国家国民权益保障,重点放在人的生活、经济增长、工业进步、人权保障、减少贫富差距、生态保护等方面。在其指导下,全球范围内已经开展了系列发展实践,并已取得了显著成效。

2. 中国的发展理念及其实践

国家层面关于发展的讨论源远流长,普遍意义的"发展时代"也仍在继续。在发展浪潮中,中国的发展离不开世界,世界的发展也需要中国。中国越来越重视发展方面的国际合作,2018 年博鳌亚洲论坛就以"开放创新的亚洲,繁荣发展的世界"为主题,强调在世界新一轮大发展大调整形势下,面对经济增长动力不足、贸易保护主义挑战等问题,应推动变革创新,共促发展。③ 同时,在国内层面,促进和实现中国发展,是党带领人民一直以来的奋斗方向。本世纪以来,党中央提出了系列发展理念,并在经济社会发展的不同历史时期提出相应的发展规划,对我国发展实践起到了指路明灯的重要作用。

2003 年,中共十六届三中全会提出"坚持以人为本,树立全面、协调、可持续的发展观,促进经济社会和人的全面发展"④的科学发展观,这使我国的发展理念上升到更为科学的层面。党的十七大指出,科学发展观第一要义是发展,核心是以人为本,基本要求是全面协调可持续,根本方法是统筹兼顾⑤,并将科学发展观写入党章。党的十八大重申了科学发展的

---

① See United Nations, Sustainable Development Goals, at https://www.un.org/sustainabledevelopment/sustainable-development-goals/, November 18, 2020.

② 联合国:《千年发展目标报告》(2015 年), at https://unstats.un.org/unsd/mdg/Resources/Static/Products/Progress2015/Chinese2015.pdf,最后访问日期:2021 年 6 月 16 日。

③ 参见习近平:《中国发展离不开世界 世界发展也需要中国》, at http://m.news.cctv.com/2018/04/12/ARTIJfckPOjC4B9beiTLSvuy180412.shtml,最后访问日期:2021 年 6 月 18 日。

④ 《中国共产党第十六届中央委员会第三次全体会议公报》(2003 年 10 月 14 日中国共产党第十六届中央委员会第三次全体会议通过)。

⑤ 参见《高举中国特色社会主义伟大旗帜 为夺取全面建设小康社会新胜利而奋斗——在中国共产党第十七次全国代表大会上的报告》(2007 年 10 月 15 日)。

理念,提出发展不平衡、不协调、不持续的问题仍然突出,应不断实现科学发展、和谐发展、和平发展[①],并将科学发展观列入党的指导思想。科学发展观对发展的要求,突出了经济发展、以人为本、平衡协调、可持续这四大要求,其中,经济发展占据主要地位。

新发展理念是在中国特色社会主义新时代提出的、我国需要长期坚持贯彻落实的发展理念,具有战略性、纲领性、引领性,是根据我国发展阶段、发展环境、发展条件变化作出的科学判断,是我国发展思路、发展方向、发展着力点的集中体现。创新、协调、绿色、开放、共享的高度凝练,分别体现了我国发展往经济更加发达、分配更为均衡、生态更为友好、交流更加开放、社会更为公平正义的方向前进。一方面,新发展理念是全面的,涵盖了国家发展的重要领域,能够实现全方位的发展;另一方面,新发展理念突出了经济发展的重点。我国仍处于并将长期处于社会主义初级阶段,仍是世界上最大的发展中国家,经济发展尤其是新时代下的高新科技发展、自主知识产权研发、新经济业态保护等,对于国家整体能力提高、人民生活质量提高具有至关重要的作用,因此,较长时期内仍应以提高社会生产力为发展着力点。这也意味着我国经济领域应注重贯彻落实新发展理念,经济法治应以新发展理念为指引加快进行自我完善,借助更为具体完善的经济法制度保障和促进经济发展。

在发展理念的指引下,我国较为具体的发展目标及发展战略,则体现在诸如每五年制定的《国民经济与社会发展规划纲要》、每一财政年度制定的《国民经济和社会发展计划》等国家重要文件之中。近年来我国经济社会领域推行的重大变革,无不是遵循发展理念与发展规划的举措安排。总体观之,中国的发展理念,虽与 MDGs 和 SDGs 具有一定联系,但具体内涵存在较大区别。这体现了中国发展环境、发展背景、发展问题和发展重点的特殊性,带有强烈的中国特色社会主义色彩。中国的发展理念虽然也包含了开放发展等注重国际交流合作的内容,但整体上主要旨在促进国内经济发展。四十多年来中国的发展成就证明了中国发展理念可以为外国提供有益的经验借鉴。

---

① 参见《坚定不移沿着中国特色社会主义道路前进 为全面建成小康社会而奋斗——在中国共产党第十八次全国代表大会上的报告》(2012 年 11 月 8 日)。

(三) 新时代发展的主要问题

从"问题意识"的思路出发,发展问题是对发展现状的反思和总结,它既是发展理念确立的原因,也是发展理念具体指向所在,是否解决了发展问题,是检验发展理念是否贯彻落实的重要标准。发展问题因地而异、因时而异。尽管国际层面普遍存在着各国各地区发展不均衡、最贫困地区和最弱势群体发展不充分等问题,但各国国内层面的主要发展问题基于本土国情而千差万别。"时代"是滚滚历史长河中的一个特定阶段,任何一个时代都有其独特的背景以及当时社会现实所决定的主要任务。对于我国而言,中华人民共和国建立七十余年来,国家历经了若干历史时期,每个时期都面临着不同的发展任务,有着不同的主要发展矛盾。1956 年党的八大指出,国内的主要矛盾是人民对于建立先进的工业国的要求同落后的农业国的现实之间的矛盾,是人民对于经济文化迅速发展的需要同当前经济文化不能满足人民需要的状况之间的矛盾。改革开放之后,在对历史经验和国情作出科学分析的基础上,1981 年中共十一届六中全会将社会主要矛盾修改为"人民日益增长的物质文化需要同落后的社会生产之间的矛盾",在此之后,中国经济着重于提高社会生产力,满足人民物质文化需要。在建党百年和新中国建立满 70 年、改革开放满 40 年的今天,中国特色社会主义进入新时代,社会的主要矛盾,已从人民日益增长的物质文化需要同落后的社会生产之间的矛盾,转化为人民日益增长的美好生活需要和不平衡不充分的发展之间的矛盾。反思我国改革开放以来的发展历程,随着市场配置资源实践的开展和社会主义市场经济体制的建立,经济生活日渐活跃,物质条件得到改善,政治和社会领域愈加进步,国际影响力进一步扩大。诸多因素的变化,已经使得我国当今的发展环境与过去有了很大的区别。时代的发展是从量变到质变的过程,在量变中蕴含着质变,质变是量变的必然结果,同时又会开启新的量变。这种向好的发展趋势到一定程度而进行质变的结果,那就是新时代这一新的历史方位的到来。国内外环境和社会形势的变化,使我国当前面临着兼具本土特色和现代性色彩的发展挑战。发展问题的起因和表现呈现出多元化的特征,具体而言,主要包括但不限于下述几个方面。

1. 地理因素差异与发展不均衡

我国疆域辽阔,各地区地理环境差异较大,导致地域发展不均衡的问题长期存在,主要表现为经济发展不均衡。地理环境对经济发展的影响,主要是通过影响生产要素发生作用的。在男耕女织的小农经济时期,肥沃的土地和适于农作物生产的气候是决定地缘经济的重要因素;受工业革命影响,新的生产方式使富藏能源的区域受益;商品经济和市场经济时代,便利的水陆交通会推动经济迅速发展。在互联网经济下,虽然地理环境的影响退化到历史低点,但基础设施、人才集聚、商业传统的存在,使我国地理上仍呈现从西北地区向东南地区经济发展形势趋强的大体格局。同时,地域发展不均衡还体现在城乡发展不均衡等方面,在现行行政区划下,除北上广深四个一线城市外,还存在若干二线、三线城市等民间划分,以及广袤的农村地区。即使处于同一区域,不同层级的城市、城市与农村之间在各个方面都存在着相当程度上的区别。从个人角度看,这些差别直观体现在个人收入和消费水平上。

地域发展不均衡将导致一系列经济社会问题。经济方面,收入分配、地区间结构、城乡关系等失衡失调导致经济增长潜力和经济增长质量受限。资料显示,2005年、2010年、2015年间我国基尼系数高位运行,显著高于0.4的警戒线;传统部门产能过剩与新型部门产能明显不足并存,不符合高质量发展的要求。[①] 社会方面,人口聚集和人口流动造成大城市道路、公共交通等设施不堪重负,农村田地荒废、留守老人和儿童的生活和心理健康亟须关注。

多年来,中部崛起、西部开发、振兴东北老工业基地、建设社会主义新农村等战略政策的实施已一定程度上改善了区域发展不均衡的问题;党的十八大以来,长江经济带发展、共建"一带一路"、粤港澳大湾区建设、黄河流域生态保护和高质量发展、成渝地区双城经济圈建设等一系列重大国家战略,推动我国区域协调发展不断向着更加均衡、更高层次、更高质量方向迈步。在获得辉煌成绩的同时,也应看到,当前的不均衡发展态势在短期内难以改变,仍将长期存在。为进一步实现共同富裕,彰显公平正义价值,还须切实落实国家战略,在实践中更加注重协调发展。

2. 差异性分配与分配危机

资源、财富、利益分配不均容易引发分配危机,进而产生经济和社会风险。分配问题在每个时代都很重要,早在我国春秋时期,孔子就提出

---

① 参见李兰冰、刘秉镰:《"十四五"时期中国区域经济发展的重大问题展望》,载《管理世界》2020年第5期。

"有国有家者,不患寡而患不均"①,战国时期,管仲提出"均地分力""与之分货"②的治国观点,都强调社会财富的公平分配。凡有群策群力的成果之处,必然存在分配过程。无论是国家的财政分配,还是国民的收入分配,都隐含着重要的利益博弈,与国家发展和国民发展息息相关。

党的十一届三中全会的召开激发了经济活力,1997年党的十五大确立了"以按劳分配为主体,多种分配方式并存"的基本分配制度。从"让一部分人先富起来"到"先富带后富"再到"达到共同富裕"的分配计划,目前我国已走到最后阶段。从当前的分配实践来看,贫富差距较大的情况客观存在,社会财富分配不甚公平的问题凸显。在第一次分配过程中,行业分配不均的现象较为严重,如农民收入普遍偏低等,不同行业从业者收入水平存在较大区别;另一方面,通过税收、社会保障、转移支付等手段进行的再分配,以及借助慈善等社会公益事业的第三次分配也亟待进一步加强。诸多因素导致的分配差距过大、分配不公、分配失衡等问题,业已引发分配危机,影响经济发展、社会团结与和谐。③ 马克思揭示了商品交换的本质是无差别人类劳动的交换,价值决定价格。付出同样劳动而收获悬殊收入,投入产出比例的失衡可能导致"柠檬效应",影响经济发展质量,有损社会公平正义,甚至动摇人们对于辛勤劳动的信仰,对经济长期繁荣有负面效果。

2021年年初,习近平总书记庄严宣告:我国脱贫攻坚战取得全面胜利。这是又一个彪炳史册的人间奇迹。通过扶贫、减贫、脱贫,解决区域性整体贫困,消除绝对贫困,使全体人民共享改革发展成果、实现共同富裕,这是社会主义的本质要求,一定意义上也是实现公平分配的重要举措,为世界解决分配难题提供了成功的中国经验。不断提升处理社会财富分配问题的水平,是国家治理体系和治理能力优化的努力方向。鉴于分配路径贯通中国经济法学发展,是经济法的重要经脉,尤其应注重运用经济法理论和相关制度解决分配问题。

3. 央地冲突与利益博弈

历史和现实因素交织的央地冲突导致诸多层面的利益博弈,"全国上

---

① 《论语·季氏第十六篇》。
② 《管子·乘马》。
③ 参见张守文:《分配结构的财税法调整》,载《中国法学》2011年第5期;张守文:《改革开放、收入分配与个税立法的完善》,载《华东政法大学学报》2019年第1期。

下一盘棋"理想的实现尚需努力。对于大国而言,处理好中央和地方之间的关系,是国家治理的重要问题。无论是国外的联邦制、邦联制,还是我国古代的分封制、郡县制等,古今中外莫能回避,都旨在解决中央和地方权力冲突引发的发展不畅问题。当前,我国《宪法》第3条第4款规定:"中央和地方的国家机构职权的划分,遵循在中央的统一领导下,充分发挥地方的主动性、积极性的原则。"中央政府和地方政府之间为上下级的行政隶属关系。但在经济上,1994年起施行的分税制改革使中央和地方"分灶吃饭",影响可谓深远。中央和地方的利益并不总一致,在很多情况下存在分歧;地方政府的财权和事权不对等,央地间事权关系未进入法治轨道;地方政府行政长官还存在"政治锦标赛"等问题。政治上的隶属关系与经济上的错综利益交织,形成了行政体制机制的矛盾与难题,影响了整体和全局发展。

地方市场封锁或称地方市场分割是央地冲突下利益博弈的产物之一。一体化市场(integrated market)有利于减少地区之间的贸易摩擦,使稀缺资源在广大范围内通过分工和交换作有效配置,各地区能够发挥自己资源禀赋的比较优势,得到较快发展。按照比较优势转移规律,通过发挥地区优势以及国家对后进地区的扶持,可以逐步改变各地区产业结构,使地区间经济发展水平逐步接近。[①] 这一理论不仅得到经济学古典理论的支持,也在欧盟市场一体化的经验中得到肯定。分税制改革后,一方面,各地方享有"营改增"之前的营业税、房产税、城镇土地使用税等地方税的全部收入以及企业所得税、个人所得税、"营改增"之后的增值税等部分共享税的收入;另一方面,地方国营企业所得税、地方国营企业调节税(现已废除)等收入也为地方固定收入。在此背景下,地方政府倾向于保护本地企业尤其是本地国有企业的利益,争取本地企业发展所需的市场空间。这是地方保护主义、行政性垄断、地方政府出台违背中央规定的红头文件等现象的动因。这人为设置了市场主体之间公平竞争的藩篱,有违于市场经济自由竞争的规则,有损于整体经济效益,业已成为我国经济发展的一大问题。多年来,中央层面反复强调应破除市场壁垒、打破地区封锁、消除地方市场分割、建设全国统一大市场等,但根源未除,沉疴难愈。经济领域的改革还需持续推进,切实建设统一开放、竞争有序、制度完备、治理完善的高标准市场体系。

---

① 参见吴敬琏:《关于改革战略选择的若干思考》,载《经济研究》1987年第2期。

4. 偏重发展速度与生态环境破坏

实现经济的高质量发展,应重点考量人与自然的和谐程度。自产业革命以来,随着生产工具进步和社会生产力提高,人类对大自然的影响范围和力度日趋深广,对物资的索取和消耗速度超过以往任何时候。过分强调经济增长速度、个人财富积累和享乐主义、资源争夺和殖民掠夺、罔顾其他生物生存和自然资源良性循环的涸泽而渔,会导致自然生态环境的破坏,最终将反噬人类自身。正如近年世界范围内发生的一些自然灾害,如罕见暴风雪、森林火灾和沙尘暴、蝗灾等,又如以往危害较大的全球变暖、雾霾、海洋污染等问题,已经为人类敲响警钟。以此为训,人类发展务必以适当尊重其他生物、保护生态环境、敬畏大自然为前提。

我国关于经济发展与生态环境保护关系的主流观点,也经历了从追求"又快又好"到提倡"又好又快",再到党的十九大通过的《中国共产党党章(修正案)》修改为"促进国民经济更高质量、更有效率、更加公平、更可持续发展",树立和践行"绿水青山就是金山银山"的理念,这体现了国家发展思维的优化升级。事实上,人与自然和谐相处本身就是发展的重要内容,经济发展和环境保护并不是对立的,而是统一的。只有可持续的发展,才能为经济发展提供长期动力支持,才能维护公众环境权益,建设美丽中国。当前,我国仍面临着水土流失、草原退化、沙漠化、森林资源减少、地下水位下降、水体污染、大气污染、污染物排放总量大等严峻问题。对此,我国《环境保护法》《土壤污染防治法》《核安全法》《固体废物污染环境防治法》《环境噪声污染防治法》《环境影响评价法》《长江保护法》等法律,《环境保护税法实施条例》《海洋石油勘探开发环境保护管理条例》等行政法规,以及涉及排污许可管理、农用地污染防治、建设用地环境管理等方面的规章已经出台实施,2021年1月1日起施行的《民法典》将"民事主体从事民事活动,应当有利于节约资源、保护生态环境"写入基本规定,被称为"绿色原则",这些都为保护环境提供了法治保障。接下来仍需继续加强立法工作,重点审核涉及生态文明体制改革、污染防治攻坚等方面行政规范性文件的合法性,加快构建生态环境保护标准体系,推进生态环境损害赔偿制度改革落地,进一步加强生态文明建设,统筹环境保护和经济发展。

5. 风险社会与不确定性

一般而言,风险是指某种不确定性或由此而产生的损害的可能性,其

第一章　新发展理念的经济法解析

构成要素通常被概括为风险要素、风险事故和风险损害。①风险普遍存在,面对风险,趋利避害是人的本能,防范和化解风险是公共治理的重要目标。20世纪70年代开始,将风险与人、社会联结起来思考的相关主题引起了西方经济学、社会学、心理学等诸多学科广泛关注,其中,德国学者乌尔里希·贝克(Ulrich Beck)在1986年首次提出"风险社会"概念,将风险界定为系统地处理现代化自身引致的危险和不安全感的方式,并将风险列为工业社会时代的一大特征,探讨关于工业社会的"反思性现代化"。②"风险社会"成为人们观察、理解、分析、预判现代社会的一个重要视角。

伴随着自然环境、国际形势、地缘政治等的变化,风险越来越成为现代社会的重要特征、国家治理考量的重要因素。中国特色社会主义迈入新时代,历史机遇与风险挑战兼具。党的十九大报告将"防范化解重大风险"列为三大攻坚战之首,习近平总书记提出了"既要有防范风险的先手,也要有应对和化解风险挑战的高招,既要打好防范和抵御风险的有准备之战,也要打好化险为夷、转危为机的战略主动战"③等防范化解重大风险的重要论述。金融风险、网络风险、政治风险、自然灾害、意识形态风险等,都为国家治理带来诸多不确定性。突发的新型冠状肺炎疫情带来世纪之变,给每个国民、整个社会,乃至全球带来持续深远影响。面对百年不遇的疫情,中国率先应战、推动疫苗研发,疫情防控取得重大战略成果,并在全球主要经济体中唯一实现经济正增长,充分体现了大国应对风险的高速度、高质量和高水平。未雨绸缪、防微杜渐,对未知风险进行科学预测、分析、研判、解决和防范,是实现高质量发展的重点内容。

6. 经济新业态与发展新挑战

互联网、大数据、分享经济、人工智能、区块链等新的经济业态在带来创新商业模式、激发市场经济活力的同时,对经济健康有序发展也提出了挑战。自物联网产生以来,层出不穷的新技术引领了资源和财富的集聚方向,商业世界的产品、服务和商业模式日新月异。要想把握经济的时代脉搏,成为全球经济发展的弄潮儿,就必须掌握新兴科技。这对我国的经

---

① 参见张守文:《当代中国经济法理论的新视域》,中国人民大学出版社2018年版,第170页。
② 参见〔德国〕乌尔里希·贝克:《风险社会》,何博闻译,译林出版社2004年版,第21页。
③ 参见《习近平在省部级主要领导干部坚持底线思维着力防范化解重大风险专题研讨班开班式上发表重要讲话强调 提高防范能力着力防范化解重大风险 保持经济持续健康发展社会大局稳定》,载《北京人大》2019年第2期。

济发展模式、科技研发能力和法律监管水平提出了新的挑战。

一方面,我国经济发展模式需要改善。改革开放以来特别是加入世界贸易组织后,我国加入国际大循环,市场和资源"两头向外",中国凭借劳动力优势成为"世界工厂",经济持续增长使我国成功步入中等收入国家行列。但在之后的逐步转型中,仍很大程度沿袭了商品和服务的模仿模式。受人口红利衰减、"中等收入陷阱"风险累积、国际经济格局深刻调整、贸易摩擦加剧等一系列因素影响,传统国际循环明显弱化,我国经济发展进入"新常态",亟待转变经济发展模式,扩大内需,优化供给侧环境和质量,推动产业结构优化升级。

另一方面,科学技术是第一生产力,创新是引领发展的第一动力。在商品交换的供给和需求两端,我国人口众多、市场巨大、需求有余,而面对人们日益增长的物质文化需求,相关商品和服务的供给稍显不足。对于一些市场主体而言,复制已有经验是最为便捷、效率最高的选择。若在产品研发方面扎实投入,不但耗费大量成本,而且不一定能够达到预期效果。这种普遍化的思维模式导致产品复制惯性,自主研发动力不足。当出现专利持有者滥用专利权的情况,或者如中美贸易战中美国限制对华出口芯片等高科技产品时,则发展陷入被动局面。创新是重要生产力,大力发展科学技术,加快推动自主研发,切实保护知识产权,不仅有利于为国内经济注入新的发展动力,还可改善核心技术掣肘于外国的问题,现代化经济体系建设中更加需要创新发展发挥战略支撑作用。

再者,新经济下的商业模式创新是对我国法律监管能力的考验。与基本稳定的社会关系形成鲜明对比的,是商业世界变动不居的交易方式和交易工具。新经济的兴起和发展对传统经济法律监管所带来的冲击是革命性的。面对不同于传统交易的新型交易、借助新技术衍生的新型产品、超越传统监管框架的新式行为,法律自身需要及时定性、调整、升级。能否处理好经济创新和法律规制之间的辩证关系,能否建成符合现代化经济体系要求的现代化法律体系,是对我国依法治国能力的现实考验。

总而言之,新发展理念的提出,是基于对国家发展的永恒追求、对国际发展经验的反思借鉴和国内发展实践的进一步延拓、对发展问题的总结反思等现实背景的。五大发展理念扎根于中国本土实践,有着深厚的现实基础,具有鲜明的中国特色。

二、理论溯源:发展中的发展理论及发展法学

"某一制度之创立,绝不是凭空忽然地创立,它必有渊源……某一项制度之消失,也绝不是无端忽然地消失了,它必有流变。"① 对于理论而言同样如此,绝大部分理论都必有其渊源与后影。从历史的视角出发,对新发展理念的相关理论追根溯源,可以发现发展理论与新发展理念、发展法学与经济法学发展理论的密切关联。

(一) 丰富多样的发展理论

发展理论(development theory)是关于如何更好地实现理想的国家和社会发展的理论。从广义上看,发展理论讨论的是一个国家、一个社会应该实现什么样的发展、如何实现发展的问题。历史长河中,相关讨论异彩纷呈。狭义的发展理论则特指 20 世纪 40 年代开始,全球化趋势下兴起的针对所谓落后地区发展而提出的一系列理论,这也是一般意义上所理解的发展理论。

发展理论主要与"发展和治理"主题相关。这源于发展理论在产生之初被设定所需要解决的问题。第二次世界大战结束后,冷战背景下的西方国家开始对新独立国家予以关注。美国出于外交政策考虑,希望探寻一套能够塑造新独立国家未来的有效方式,以确保其不被苏维埃制所吸引。为此,美国邀请一批社会学家开展研究和设计,以促进所谓的发展中国家经济发展和政治稳定,发展理论应运而生。② 因此,发展理论总是与国家治理相关的。通常认为,发展由治理结构所决定,治理通过发展目标来解释和塑造。国民经济增长是发展的重要指标,国家是实现发展的主要推手。发展理论关注实践,着力揭示和解释国家在发展中的角色和作用、政府和市场之间的关系等问题。③ 纵向来看,发展理论是伴随国际环境和意识形态的变化而不断重塑的。追溯"二战"以来的发展理论,现代化理论(modernization theory)、依附理论(dependency theory)、世界体系理

---

① 钱穆:《中国历代政治得失》,生活·读书·新知三联书店 2012 年版,前言第 2 页。
② See Elbaki Hermassi, *Third World Reassessed*, University of California Press, 1970, p. 20.
③ See Sandra Halperin, Development Theory: Economics and Political Science, at https://www.britannica.com/topic/development-theory#info-article-history, May 5, 2021.

论(world systems theory)、后发展理论(post-development theory or anti-development theory)、可持续发展理论(sustainable development theory)、人类发展理论(human development theory)等多派理论脱颖而出,成为不同时代发展理论的代表。

1. 现代化理论

现代化理论是用以解释一个国家从传统社会向现代社会过渡的现代化过程的理论。从根本上说,它研究的是社会演变和社会发展的过程,也就是其所谓的"进化"或称"现代化"的进程。现代化理论认为,所有的社会都经历着相似的发展阶段,今天的欠发达国家或地区与过去某些时候处于欠发达状态下的发达国家在经济和社会发展阶段上具有相似性。因此,帮助欠发达国家或地区摆脱贫困的方法,不外乎学习发达国家经验,通过投资、技术转让等方式使其融入世界市场。现代化理论着眼于分析一个国家的哪些方面对经济发展有利、哪些方面构成经济发展的障碍,意图通过特定方面的发展援助实现现代化发展。

现代化理论诞生于20世纪50年代后期,持续至20世纪70年代。其思想起源为马克思·韦伯(Max Weber)关于理性和非理性在社会由传统向现代过渡过程中所起作用的观点。美国社会学家塔尔科特·帕森斯(Talcott Parsons)翻译并解释了该思想,为现代化范式的推广提供了思想基础。此外,行为革命(behavioral revolution)席卷整个社会科学领域,给现代化理论提供了启发。行为革命本质上拥护方法分析,将社会科学视为研究社会过程的科学,它使社会科学家意识到,应避免对"现代性"作多样化和以民族为中心的解释,以免湮没其实际应用价值。现代化理论的贡献体现在微观和宏观两个层面,前者着眼于现代化社会的组成要素方面,如城市化、性别平视、收入平衡、基础教育、官僚主义和腐败、新闻媒体等,后者聚焦于国家和社会,摸索经济和政治现代化的经验轨迹。微观方面和宏观方面是相互交织的,集中了现代化理论家的主要关注点。[①]

现代化理论的原理可以理解为一种进步观念,也可以认为其为西方社会的中心传统思想也即进化论的一种新体现。就像功能主义现代化学者提出的那样:"从发展中减去过于理想特征以及欠发达指数,剩下的就

---

① See Prateek Goorha, Modernization Theory, at https://oxfordre.com/internationalstudies/view/10.1093/acrefore/9780190846626.001.0001/acrefore-9780190846626-e-266, May 5, 2020.

是发展的计划。"①人们相信理性可以改变和发展社会。来自经济学、社会学、人类学、心理学等多个研究学科的学者从不同的角度进行阐述,普遍认可经济状况很大程度取决于特定文化,而技术进步和经济变化会导致道德和文化的变化,甚至引发社会变革,引导社会走向民主。现代化是内生的、自然的过程,但也受到外在因素的影响。为启动现代化进程,也许需要借助战争、殖民主义或环境变化等外部因素。虽然外部因素可能导致剧烈而根本的变化,但与现代化的积极效果相比,这些副作用是值得付出的代价。由于当时普遍认为西方是最先实现现代化的区域,因此现代化几乎等同于西方化。

2. 依附理论

依附理论是一种通过分析政治、经济、文化等外部影响对国家发展政策的作用,来解释国家经济发展的理论②,它强调全球政治和经济秩序对欠发达国家的推定约束。依附理论由阿根廷经济学家和政治家劳尔·普雷维施(Raúl Prebisch)首次提出,在20世纪60年代和70年代得到了广泛的重视。同时期,英国发展经济学家汉斯·辛格(Hans Singer)的观点与普雷维施不谋而合,被合称为"普雷维施—辛格假设"(Prebisch-Singer hypothesis)。学者们发现,尽管新古典经济学理论假设经济增长对所有人都有利,但事实上先进工业国家的经济增长并不一定导致欠发达国家的经济增长,反而其经济活动通常会导致欠发达国家出现更加滞涨等严重的经济问题。普雷维施最初将其解释为,较贫穷国家向较富裕国家出口初级产品,较富裕国家用初级产品生产二级产品,然后将其卖给较贫穷国家。制造二级产品的增值始终高于一级产品的增值,因此,较贫穷国家永远无法从出口中获得足够收入以支付进口产品,这种发展被称为"依附发展"。为解决该问题,较贫穷国家应进行进口替代计划,进行内向型发展,进行工业化,仍在世界市场上出售主要产品,但其外汇储备不再用于从国外购买二级产品。但该项方案也面临着问题,即较贫穷国家的内部市场规模不足以支撑其保持低价的规模经济,此外还涉及较贫穷国家的政治

---

① See Jan Nederveen Pieterse, The Development of Development Theory: Toward Critical Globalism, *Review of International Political Economy*, Vol. 3, Issue. 4, Winter 1996, p.549.
② See Osvaldo Sunkel, National Development Policy and External Dependence in Latin America, *The Journal of Development Studies*, Vol. 6, No. 1, October 1969, p.23.

意愿等。① 从这点来看,依附理论被认为是解释较贫穷国家持续贫困的一种方式。

从历史维度看,依附关系是一种历史状况,它通过塑造世界经济的特定结构,从而使一些国家受益而另外一些国家受损,并限制从属经济体的发展可能性。② 大多数依附理论家都认可依附关系的三项特征:其一,国际体系由两组国家组成,即"主导—从属"或"中心—外围"或"都市—卫星"国家。中心国家是指经济合作与发展组织中的先进工业国家,而外围国家包括拉丁美洲、亚洲和非洲中人均国民生产总值较低且严重依赖单一产品出口而获得外汇的国家;其二,来自中心国家的外部力量,包括跨国公司、国际商品市场、外国援助、通讯等等,对于外围国家内部的经济活动具有至关重要的价值;其三,两组国家之间的主从关系是动态的,二者之间相互作用,使得资源从外围国家流向中心国家,后者的日益富庶以前者的愈加贫困为代价,不但不会减少反而会加剧不平等。并且,依附性是持续的历史过程,其根源在于资本主义的国际化。简而言之,依附理论试图通过测验国家之间的相互作用模式来揭示世界上许多国家当前的欠发达状态,并试图证明国家之间的不平等是这些相互作用的内在部分。③ 就对外围国家的发展建议而言,依附理论的支持者大致可分为两类:一类为自由改良主义者,认为针对性政策干预是改善经济最有效的方法;另一类为新马克思主义者,支持以指令为中心的经济才是良策。

3. 世界体系理论

世界体系理论使用整体主义的视角和方法,将世界视为相互依存的统一系统而开展研究。其主要目标是对16世纪以来现代资本主义世界中社会之间的发展不均衡和财富不平等作出解释。该理论的早期阐述来自美国社会学家和经济史学家伊曼纽尔·莫里斯·沃勒斯坦(Immanuel Maurice Wallerstein),其1974年发表的论文《世界资本主义体系的兴起与未来灭亡:比较分析的概念》以及1976年出版的著作《现代世界体系:资本主义农业与16世纪欧洲世界经济的起源》具有里程碑式的意义,并激

---

① See James M. Cypher, *The Process of Economic Development*, Fourth Edition, Routledge, 2014, pp. 123-144.

② See Theotonio Dos Santos, The Structure of Dependence, in K. T. Fann and Donald C. Hodges (eds.), *Readings in U. S. Imperialism*, Porter Sargent, 1971, p. 226.

③ See Vincent Ferraro, Dependency Theory: An Introduction, in Giorgio Secondi (ed.), *The Development Economics Reader*, Routledge, 2008, pp. 58-64.

第一章　新发展理念的经济法解析

发了诸多讨论,产生了重要影响。沃勒斯坦将世界体系定义为"有其边界、结构、成员团体、合法性规则及凝聚性的社会体系。它由各种相互冲突的力量构成,又以张力聚合之,又随各团体试图为己重塑体系而拆解之。它具有有机体的特征,即具有生命周期,周期中某些特征发生改变,而另一些则保持稳定。其内部生活在很大程度上是独立的,发展动力在很大程度上来源于内部。"①

世界体系理论认为,现代世界只有一个源于 16 世纪但持续至今的经济体制,每个国家都是整体中不可分割的一部分。世界经济体是一个由中心、半外围和外围三个层次构成的劳动分工体系:中心指发达的工业化地区、政治集团,主要指西方发达国家;外围指较贫穷并以出口原材料为主的欠发达国家或发展中国家,主要指第三世界国家;半外围指一方面支配某些外围国家,另一方面又被中心国家支配的中小国家,它充当一种稳定世界资本主义体系的全球中产阶级角色。② 从资本主义经济史来看,中心国家利用优势获得了对世界大部分经济体的控制权,并主导了工业革命和资本主义经济的发展和传播。中心国家通过剥削外围国家,间接导致了不平等的发展。外围国家的发展不畅是系统性的,其繁荣以世界革命为前提。半外围国家承受着最大的系统压力,因此最有可能发生革命。世界体系理论家主张,中心国家、外围国家和半外围国家在考虑自身发展时,都需要结合内部原因,同时从整体的层面考虑自身在世界经济体中的地位,制定自己的发展规划。

4. 后发展理论

20 世纪 80 年代、90 年代出现的后发展理论或称反发展理论从根本上批评了发展这一观念,认为有关发展的整套概念和实践都是西方发达国家对其他地区霸权主义的体现。该理论是当代发展研究中一个引人注目且颇具争议的思想领域,在 20 世纪 90 年代引起了激烈辩论,促进了超越发展观念的其他思考方式和行动方式的发展,但此后影响力有所削弱。

不同于依附理论和现代化理论"从西方经验中衍生出理想化的发展

---

① Samir Amin, *Le DévelopPement Inégal*, *Essai Sur Les Formations Sociales Du Capitalisme Périphérique*, Editions de Minuit, 1974, p. 347.

② See D. Chirot, *International Encyclopedia of the Social & Behavioral Sciences*, Elsevier, 2001, p. 16609.

观以及自愿复制它的内在渴望"①,后发展理论学者批判发展的观念。他们认为发展的尝试是失败的,因为发展的诺言并没有兑现。自20世纪80年代以来,第三世界国家经历了发展失落的十年,贫穷和不平等仍旧存在,"发展的想法就像知识界的一片废墟,妄想和失望、失败和犯罪是发展的忠实伴侣,他们共同诉说着一个故事:它行不通"②。除此之外,发展还引发了第三世界的依赖性等问题,导致文化疏离、环境破坏、资源枯竭、信心丧失、冲突等。后发展理论学者强调,发展不仅是解决一系列问题的操作,而且是一种"思想铸就""意识形态""话语",发展的想法本身即是有缺陷的,因此发展的失败是不可避免的,或者说发展的成功最终并不比发展的失败更好。例如,将国家分为发达的和欠发达的,这本身是将西方文化和其他文化区分开来的思想,贫穷并不意味着不发达和缺乏尊严,这忽视了多样性。③ 后发展理论学者批判道,现代发展理论是学术界与政治、经济、意识形态相结合的产物,这意味着其以政策为导向,因此仅对特定的、已经存在的社会理论才有效。

后发展理论还反对西方化的观点,认为现代的西方生活方式还不够好,不能作为世界其他国家和地区的典范。发展的概念意味着有"已发展"和"未发展"的区分——已发展国家的公民往往被描绘为过着美好、幸福、有意义的生活,而未发展国家的公民往往处于贫穷、苦难、水深火热之中。而事实上,发达国家的生活虽然具有吸引力,但也存在自身的问题,尤其体现在环境破坏、精神荒芜、资源浪费等方面,并没有想象中的完美,不具有完全的可替代性。此外,文化多样性就如生物多样性一样重要。发展理论对传统带来冲击,导致国家和国民文化自信的丧失。还有观点指出,发展过程是基于西方工业化模式的社会建构,主导者是西方发达国家,其有意地操纵了发展的方向和结构,发展理论是霸权主义的委婉表达。基于这些理由,后发展理论学者提倡更加多元化的发展观念,更为关注本地文化和基层运动,主张进行结构性变革,以实现团结、互惠,使传统

---

① H. Gülalp, The Eurocentrism of Dependency Theory and the Question of Authenticity: A View from Turkey, *Third World Quarterly*, Vol. 19, Issue. 5, 1998, p. 957.
② Sachs, W. (Ed.), *The Development Dictionary: A Guide to Knowledge as Power*, Zed Books, 1992, p. 1.
③ See Sally J. Matthews, Postdevelopment Theory, at https://oxfordre.com/internationalstudies/view/10.1093/acrefore/9780190846626.001.0001/acrefore-9780190846626-e-39?print=pdf, May 6, 2020.

5. 可持续发展理论

可持续发展是指在满足人类发展目标的同时,维护自然系统提供自然资源和生态服务能力的组织原则。该概念根植于关于可持续森林管理和 20 世纪环境问题的早期想法,还可追溯到 1789 年马尔萨斯提出的人口理论,随着思想的发展,逐渐将重点更多地转移到子孙后代的发展、环境保护等问题上。1980 年,在国际联盟关于自然的对话《世界对话策略》(World Conversation Strategy)中,可持续发展被公开提出。1987 年,世界环境与发展委员会发布的《我们共同的未来》(Our Common Future)报告更加突出了该理念,并将可持续发展定义为"既满足当代人的需要,又不对后代人满足其自身需求的能力构成危害的发展"。它包括两个关键概念:一是需求,尤其是贫困人口的基本需求,这占据首要位置;二是利用技术和社会组织形态对环境满足现在和未来需要的能力进行限制的想法。① 1992 年,联合国环境和发展大会通过的《21 世纪议程》(Agenda 21)和《人类环境宣言》(Declaration of the United Nations Conference on the Human Environment),以及 1997 年《京都议定书》(The Kyoto Protocol)等国际条约的签订,使可持续发展理念成为广泛认同的发展理念。2012 年,联合国可持续发展大会重点讨论了可持续发展的两个主题,即绿色经济和制度建设。中国于 1994 年通过了《中国 21 世纪议程》,提出中国的社会发展应当走可持续发展道路,对中国发展理论和实践产生了深刻影响。

从字面上看,"可持续"是指随着时间的推移,保持某些实体、结果或者过程的能力。② 可持续发展学者则通常将改善和维持健康经济、生态和社会系统的发展、代际间资源的有效和公平分配、人口和环境承载力之间的平衡、地球生命再生能力、经济和环境协调平衡等内容注入"可持续"的含义之中。人们越来越意识到,环境、经济和社会之间是相互紧密联系的,只有将社会进步、环境均衡、经济增长目标融合在一起,才能实现一种更为全面的可持续发展。因此,可持续发展理论建立在三个概念支柱的

---

① 参见世界环境与发展委员会编:《我们共同的未来》,王之佳等译,吉林人民出版社 1997 年版,第 57 页。

② See A. D. Basiago, *Economic, Social, and Environmental Sustainability in Development Theory and Urban Planning Practice*: *The Environmentalist*, Kluwer Academic Publishers, 1999, p. 3.

基础上,分别是"经济可持续性""社会可持续性"和"环境可持续性"。经济可持续性是指在不损害未来需求的前提下满足当前消费水平的生产系统。① 社会可持续性包括公平、赋权、参与、文化认同、减轻贫困的社会组织体系等内容,它意味着人是重要的,发展与人相关。② 环境可持续性的概念强调生态系统的完整性和自然环境的承载能力,要求自然资本作为经济投入的资源被可持续地使用。③

可持续发展理论对世界产生了重要影响,并仍在渐进发展,其核心价值包括以下三方面:其一,尊重所有生物,维持他们生存所必需的栖息地;其二,认同人类尊严和文化多样性;其三,认可社会发展与环境保护之间的密切联系。这些价值的实现,反过来会对人类社会造成深刻变化,包括但不限于工业化时代更加节俭的生活方式、全球人口数量的相对稳定、普遍的性别平等、在法治框架下实现社会正义等。④ 同时,一些观点也对可持续发展提出了批判,认为对于不可再生资源而言,无论如何使用都会导致有限资源的枯竭;也有观点认为,可持续发展从保护管理领域延伸到经济发展领域,是既往世界发展战略的沿袭,将模糊不清和没有实质内容的概念作为公共政策的口号。⑤

6. 人类发展理论

人类发展理论集合了生态学、人类学、可持续发展、女权主义和福利经济学中的部分思想,是旨在利用社会资本和指导性资本以优化人力资本整体价值的理论。该理论源于古典哲学和早期经济理论。正如亚里士多德所说,财富"显然不是我们追求的好处,而是因为其他事物而有用"⑥,

---

① See M.-J. Lobo, E. Pietriga, & C. Appert, An Evaluation of Interactive Map Comparison Techniques, In Proceedings of the 33rd Annual ACM Conference on Human Factors in Computing Systems - CHI' 15, p. 3574.

② See H. E. Daly, U. N. Conferences on Environment and Development: Retrospect on Stockholm and Prospects for Rio, *the Journal of the International Society for Ecological Economics*, 1992, p. 9.

③ See C. Brodhag, & S. Taliere, Sustainable Development Strategies: Tools for Policy Coherence, *Natural Resources Forum*, Vol. 30, p. 143.

④ See Arthur H. Westing, Core Values for Sustainable Development, *Environmental Conservation*, Vol. 23, Issue. 3, pp. 218-225.

⑤ See R. Kerry Turner (ed.), *Sustainable Environmental Economics and Management: Principles and Practice*, Belhaven Press, 1993, pp. 13, 51-53.

⑥ Aristotle, *The Nicomachean Ethics*, translated by D. Ross, Oxford University Press, Revised Edition, 1980, p. 7.

必须关注人类能力等我们有理由珍视的一些价值。20世纪80年代,人类发展理论正式由阿玛蒂亚·森(Amartya Sen)、赫布卜·乌·哈格(Mahbub ul Haq)等经济学家提出,后续诸多人类学家、心理学家、社会学家也作出了贡献。联合国开发计划署将人类发展定义为"扩大人们选择的过程",认为这些选择可以使人们过上长寿和健康的生活,接受教育,享受体面的生活水平,同时享有政治自由,保障人权和各个方面的自我尊重。① 为此,还制定了人类发展指数(Human Development Index, HDI),作为衡量人类基本发展的主要指标。

人类发展理论认为,发展不仅仅是经济增长,更是扩大人们选择的一种手段。其基础是培养人的能力,使人们可以享有实质自由。人类选择也即人类所享有的选择他们所向往生活的能力,应该是社会进步的最终衡量器。发展政策的基本目标应当是扩大人们过有意义生活的机会和选择,经济增长是实现这一目标的手段,而不是目标本身。人类发展的六个基本支柱包括公平、可持续性、生产力、赋权、合作和安全。在人类选择过程中,有三个要素共同发挥作用:一是社会经济发展,诸如城市化、社会流动、职业分化等趋势,使人们从封闭的群体纪律中得到解放,获得更大的自主权利。二是解放趋向的价值观。自我实现、自主解放的动机和心态会增强人们掌握自己生活的能力。三是有效民主,将私人活动和公共活动中自主选择的合法权利制度化,这是人们权利的有效拓展。同时,将解放趋向的价值观与个体资源相联结的"手段—动机",以及将有效权利和解放趋向的价值观相联结的"动机—规则",是人类发展要素联结的两条渠道。②

7. 发展理论与新发展理念

发展理论已然历经了半个多世纪的发展,影响范围波及全球政治、经济、文化、生态等多个领域,呈现出内容丰富和形式多样的特点。追溯发展理论的基本脉络,从早期单纯追求经济增长,到开始探索经济增长和社会进步的同步变革,再到可持续发展、人类发展、综合发展、内生发展、整

---

① See the United Nations Development Programme, *Human Development Report 1997*, Oxford University Press, 1997, pp. 2-14.
② 参见〔德〕克里斯蒂·韦尔泽、〔美〕罗纳德·英格哈特、〔德〕汉斯—迪特尔·克林曼:《跨文化分析的人类发展理论》,载《法学与政治》2012年第1期。

体发展等发展观念的提出①,发展的内涵在历史进程中不断充盈、沉淀。概括而言,早期的现代化理论主要强调发达国家和第三世界国家等欠发达国家之间的发展差距,研讨后者如何学习前者现代经济和社会制度的问题。依附理论是对现代化理论的回应和反驳,强调国家间经济的依赖关系、各类文化的独特性以及文化移植的不适当性问题。世界体系理论延续和拓展了依附理论的观点,揭示了发展的世界性,主张从整体和部分的角度看待全球发展和国内发展的问题。后发展理论更进一步,直接否定了发展概念存在的必要性,支持文化多元性和民族特色,是欠发达国家反对西方化和自我意识苏醒的过程。从上世纪末开始,相关争议渐趋式微,主流思想并未扩张极端主义,而是采取了相对从容和折中的方式。可持续发展理论推崇经济增长、社会进步和生态友好并行不悖的发展方式,注重人与自然的和谐相处,获得世界各国的广泛认同。人类发展理论在可持续发展的前提下,更加突出人本身的价值,发展应源于人而归于人,结果应是人类美好生活。人们关于发展的思考还在进行,发展理论本身仍在发展之中。

总体来看,这些理论在学术上的受认可度、地位、影响力是参差不齐的,不同理论主张之间存在较大区别,即使是处于同一学派的学者,他们的观点也可能截然不同,甚至可以区分出或多或少的矛盾观点。但是,不可否认的是,这些理论之间仍然存在一定的逻辑关联,譬如,演化关系、传承关系、发扬关系,或回应关系、反对关系、否定关系,或开拓关系、创新关系等。一项新的发展理论的出现,总是自觉或者不自觉地带有过往发展理论的某些特点。同时,"经济思想的主要重塑都是对不断变化的政治形势之回应"②。发展理论不可避免地受到全球政治和国内政治的影响,又势不可挡地对全球发展和国家发展造成影响。发展理论是动态变化的,因为世界本身处于风云变幻之中。

发展理论也有着相同的认知和前提,除后发展理论之外,其他发展理论都相信人类理性的力量,认同发展概念存在的必然性和必要性。发展理论的主导范式建立在一个观点的基础之上,即世界的发展是渐进的、边

---

① 参见〔法〕弗朗索瓦·佩鲁:《新发展观》,张宁、丰子义译,华夏出版社1987年版,第12—21页。

② Gunnar Myrdal, *Asian Drama: An Inquiry into the Poverty of Nations*, Pantheon Books, 1972, p.7.

第一章 新发展理念的经济法解析

际主义的、非破坏性的、平衡的、在很大程度上是无痛的。发展一经启动,增长便会运行且无处不在,在各国和各阶层之间传播,以至于所有人都能在此过程中获益。① 在发展过程中,激励和制止是两项有力的手段和工具。关于发展的观点在时间长河中得到沉淀,当我们今天再来讨论发展理论,很难认同过往的理论中一些激进的、极端的观点,而一些具有普适性的、符合普遍利益的、满足人们美好生活需要的观点往往历久弥新。

新发展理念是当代中国提出的新型发展理念,是中国对世界发展理论的新贡献。从理论变迁的角度看,新发展理念是建立在既往发展理论之上的,对既往发展理论进行了扬弃和创新。一方面,二者之间存在诸多联系:在认知基础上,新发展理论同样认同发展的重要意义,认可社会必然经历从低级向高级的渐进过程,同意发展是带领人们走向幸福生活的必由之路;在发展动力上,新发展理念同样相信人类理性的力量,强调发挥人的主观能动性,通过制定特定的发展目标、展开特定的发展实践,实现经济和社会的良性运行和协调发展;在发展主体上,新发展理念也认为国家应承担发展的主要责任,利用国家宏观调控和市场规制的双重方式调控经济运行、规制经济行为,推动国家发展;在发展内涵上,新发展理念传承了可持续发展理论的综合发展、协调发展、生态友好型发展观念,吸收了人类发展理论中重视人类自身的观念,并融合到中国本土的实践之中。另一方面,新发展理念和既往发展理论之间也存在很多区别,新发展理念具有鲜明的创新特征:首先,在内容上,五大发展理念分别强调发展的创新、协调、绿色、开放、共享这五个方面,它们密切联系,缺一不可,共同构成国家发展这一有机整体,这是既往强调某一部分的发展理论都不具备的。其次,就针对对象和作用领域而言,新发展理念作用于国家内部的发展,为既往发展理论开辟了一个思路,即每一个国家或地区着力于内部的经济、社会、文化、生态发展,部分影响整体,推动整个世界的发展。再次,在发展路径上,新发展理念不主张全盘学习或依赖任何其他文化,而是倡导发挥本民族的文化优势,独立自主地探索多样化的发展路径。此外,在理论与实践的结合方面,新发展理念是本时代的理论,它所基于的时代背景和发展问题与既往发展理论存在较大区别,因而具有突出的时代性和现代性。最后,从理论史的维度看,新发展理念的提出,契合了

---

① See Jeffrey B. Nugent, Pan A. Yotopoulos, What has Orthodox Development Economics Learned from Recent Experience? *World Development*, Vol. 7, Issue 6, June 1979, p.541.

发展理论的发展趋势,是发展理论的新发展,在理论上有新的突破。新发展理念增强了发展理念这一上位范畴在发展理论系统中的比重,从而更具抽象性、上位性、理想性。新发展理念作为一种指导性的理念,已经对法律领域产生深刻影响,从而成为一种新的法律理念。① 新发展理念影响各个法律部门,成为法学发展理念的重要内容,统摄法学理论和法律制度的各个方面,是立法、执法、司法的重要指引。依此,当前的法律变革应当在新发展理念的指导下进行,使经济和社会领域的各项规则、制度均符合新发展的要求。新发展理念作为指导我国发展的重要理念,在全国得以推广贯彻执行,取得了良好的实践成效,这将为发展理论的实证研究提供正面素材和借鉴参考。

(二) 法律和发展运动下的发展法学

发展理论的浪潮如此澎湃,以至于各个领域都参与其中。从整体和部分视角出发,学术界就发展理论分立出不同学科,从各个角度探讨发展问题。其中,发展经济学、发展社会学、发展政治学、发展人类学、发展法学等诸多学派产生了较大影响。② 经济法学发展理论是法律和发展运动中发展法学中的重要一支,并已在范畴论、方法论和价值论等层面构建了理论的基本框架。③

发展法学的立论基础,在于法律与经济和社会发展相关,法律能够在国家发展中发挥重要作用。这一观点在早先已被认可。亚当·斯密认为,法律的不完善及其适用的不确定性是阻碍商业发展的因素之一。④ 马克斯·韦伯解释了理性法律对于经济和社会的重要性。⑤ 正是因为法律本身就是人类理性的产物,法律所作用的社会关系本身就是发展的重要

---

① 参见谭晨:《新发展理念的经济法释义:关联、定位及内涵》,载《西安交通大学学报(社会科学版)》2019年第12期。

② See Jedidiah Kroncke, *Law and Development as Anti-Comparative Law*, *Vanderbilt Journal of Transnational Law*, Vol. 45, Issue 2, March 2012, pp. 477-556.

③ 相关研究参见张守文:《"发展法学"与法学的发展——兼论经济法理论中的发展观》,载《法学杂志》2005年第3期;张守文:《经济发展权的经济法思考》,载《现代法学》2012年第2期;张守文:《落实发展理念的经济法保障》,载《光明日报》2015年11月5日第15版;张守文:《经济法学的发展理论初探》,载《财经法学》2016年第4期。

④ See Adam Smith, *Lectures on Jurisprudence*, Vol. 528, 1978, pp. 78-106.

⑤ See Max Weber, *Law in Economy and Society*, Max Rheinstein ed., Edward Shils & Max Rheinstein trans., 1967, pp. 217-265.

内容,因此才有"良法促进发展、保障善治"①。法律与发展的正式研究,则发端于 20 世纪 50 年代、60 年代,它是发展理论向法学领域辐射的产物。发展理论研究者和发展计划设计者在对发展实践成功或失败的总结中,在对第三世界国家借鉴发达国家发展经验的尝试中,对法律赋予了重要意义。法律和发展研究直接关涉的,是法律与发展之间的关联,以及如何启动法律自身特有的价值、功能和作用,使现代社会在各个领域实现本国确立的发展理念。法律与发展研究中,法律不仅包括形式上的成文法,也包括习惯法等被持续认为具有法律确信力的非正式规范;发展则被定义为经济和社会的进步转变。从法律与发展研究的历史来看,历经三次经验和教训交织的法律与发展运动(law and development movement),西方国家对法律和发展关系的思考更加全面,各国基本形成了应对发展问题的法律范式。

1. 第一次法律与发展运动

20 世纪 50 年代至 70 年代,受现代化理论的影响,美国主要法学院的诸多学者就第三世界法律变革对经济发展的影响问题撰写了相关文章,以期为发展中国家的现代化进程提供建议,与之相关的一系列活动被称为法律与发展运动。在此背景下,一些法律理论被提出,其中最具影响力的,当属进化论与法律移植论、法律工具论。

进化论与法律移植论建立在现代化理论的思想基础之上,认为法律与社会有着同步的发展进程,因此法律也存在不同的演进阶段,法律的高级阶段即现代法律将带动社会进步。学者们将西方法律和第三世界的法律进行了比较,认为以美国为代表的西方国家法律传统更加现代,而第三世界国家的法律体系呈现出前现代的特征。对此,进化论与法律移植论提出将规则或法律体系从一个国家转移到另一个国家的"法律移植"方法,认为移植是法律发展的沃土。② 具体的移植方式,包括输入完整的法典、进行法律教育改革等,认为这是促进第三世界国家发展的良策,也是

---

① 参见习近平:《决胜全面建成小康社会 夺取新时代中国特色社会主义伟大胜利——在中国共产党第十九次全国代表大会上的报告(2017 年 10 月 18 日)》,载《人民日报》2017 年 10 月 28 日第 1 版。

② See Alan Watson, *Legal Transplants: An Approach to Comparative Law*, Second Edition, University of Georgia Press,1993.

法律和法律思想全球化的重要方式。①

法律工具论是第一次法律和发展运动中出现的另一套理论。它或者否定进化论与移植论的观点,或者认为这种观点对于第三世界国家的法律工作者没有实际效用。尽管现代法律意识是存在的且重要的,但是这种意识并非来自现代化国家法律体系的具体内容或知识,而是来源于第三世界国家对本身法律体系运作规则的认识和理解。②法律是自觉的社会变革的使用工具,法律思维以及法律体系运作的规则才是学习对象。因此,第三世界国家若要通过法律变革实现自身发展,则需要关注自身实践和领导者目标,确定能够实现国家规划的法律措施。

尽管法律和发展运动一度开展得火热,但仅仅十年之后,主要官员和学者都宣告了这场运动的失败。在运动的末期,许多批判和怀疑的声音纷至沓来。人们发现,法律变革效果并不明显,甚至产生了消极影响。批判者们认为,运动的前提,即所谓西方拥有高级的、现代化的文明,而第三世界的文明是低级的、需要改变的,这本身就存在认知偏差,两个根本性的错误是:第一,认为每个社会都必然遵循着从低级到高级的发展道路;第二,认为第三世界国家无可避免地向着西方所代表的高级发展阶段演进。而事实上,每个国家的文化、社会、政治、传统、法律都是千差万别的,它们在塑造本国命运的时候,都有着多重的选择。西方制度也不是社会高级阶段,而仅仅是通过错综复杂的历史进程而出现的特殊安排。只有设身处地地理解了每个国家的条件和历史,才能够评价其发展的路径。法律工具论的缺陷则体现在两个方面:一是使学术研究奉承政府,将法律视为国家政策制定者和政治精英们管理国家的工具,有伤法律的独立性;二是将法律观念降低为政策工具,抹杀了法律概念本身的普遍性和积极性。

2. 第二次法律和发展运动

经历一段时间的沉寂后,20世纪80年代到90年代,在苏联解体和东欧国家巨变之际,伴随着新自由主义法律变革项目的激增,又一场法律和发展运动席卷而来。这场运动规模更大、影响力更加广泛,被称为新法律

---

① 参见〔美〕邓肯·肯尼迪:《法律与法律思想的三次全球化:1850—2000》,高鸿钧译,载《清华法治论衡》2009年第2期。

② 参见〔美〕戴维·杜鲁贝克:《论当代美国的法律与发展运动(上)》,王力威译,载《比较法研究》1990年第2期。

第一章 新发展理念的经济法解析

与发展运动。

新法律与发展运动的核心主张是通过私有化和放松管制来减少国家在经济层面的干预。美国经济学家道格拉斯·诺斯（Douglass Cecil North）运用新制度经济学派的产权理论，从经济学史的角度探讨西方世界经济增长的原因、经济增长和制度变迁的联系、产权制度和经济发展的互动趋势、经济发展对制度的内在要求等，是新法律与发展运动的先驱。他认为，制度不仅是经济发展的重要支柱，而且是对经济发展起决定性作用的根本动因。法治和增长有着相关联系，产权制度需要由法律形式予以保障，这样才能减少交易成本和不确定性，提高经济效率。① 制度经济学充分肯定法律制度在经济发展中的地位和作用，对新法律和发展运动起到了激励和鼓舞作用。在第一次法律和发展运动的基础上，学者们反思了失败原因，并尝试从教训中寻找更优的法律发展模式。

从结果来看，第二次法律和发展运动最终充其量是毁誉参半，并未实现大部分发展中国家的成功发展，一些改革措施甚至导致了严重的经济困难，如苏联的市场冲击疗法造成了毁灭性的经济后果、20世纪80年代一些拉丁美洲国家采用新自由主义政策而导致的经济危机等。该场运动并未成功地吸取教训，改革者的意识形态以及对法律改革项目的评估失误，也是失败的重要原因。

3. 第三次法律和发展运动

20世纪90年代以来，法律和发展研究经历了反思和寻觅新方法的阶段，有观点称其为第三次法律和发展运动。② 与前两次运动相比，第三次运动出现的观点更加多元化，且倾向于更加全面的发展观念。一方面，人权学说和发展理论得以结合，产生了以人权为基础的法律与发展观点。法律从根本上是与人相关的，促进人的自由而全面的发展，应该是法律促进发展的根本目标。③ 另一方面，将一系列市场价值以外的其他价值纳入发展目标体系，如将法律或法制视为发展的目标之一，而不仅仅是实现发展的工具。

回顾跨越了半个世纪的三次法律与发展运动，可以发现，三次运动的

---

① 参见姚洋：《制度与效率——与诺斯对话》，四川人民出版社2002年版，第8—16页。
② See David M. Truber, Alvaro Santos（ed.）, *The New Law and Economic Development: A Critical Appraisal*, Cambridge University Press, p.7.
③ 参见李桂林：《法律与发展运动的新发展》，载《法治论丛》2006年第5期。

观点几乎是随着发展理论的演进而变迁的。尽管它们体现了探索精神,碰撞了思想火花,但总体来看,学术领域的法律和发展的研究仍然缺乏一套完整的基础理论体系。相关研究呈现出不确定性和驳杂性的特征,表现为缺乏特定规范核心、显著连贯的主体、大体统一的逻辑或组织规则等。[1] 学者们呼吁在该领域结合发展对象的背景及条件,提出新的研究方法,更好地解释法律、制度、政治、社会、经济状况等动态关系。

4. 发展法学与法学的发展

法律与发展分别是法律和发展运动的两个主要方面,二者之中,发展的中心地位是显而易见的。研究者们着力探寻如何运用法律自身特有的功能和作用实现发展,因而提出视法律为发展工具、移植法律以实现现代化等学说。随着认知的深入,将法律视为发展目标之一而非单纯发展手段的观点越来越得到认同,法学家开始将更多精力投入法律本身,强调法律自身的发展,提倡汲取发展理论成果,开展法学领域的发展法学研究。

发展法学是新兴的法学分支学科,中国学者张守文教授在该研究中起到了先驱性的作用。早在2001年,张守文教授就在《经济法学的基本假设》一文中提出过一系列"非均衡"的二元结构,并强调应当重视和推进"发展法学"的研究。[2] 张守文教授在2005年《"发展法学"与法学的发展》一文中指出,发展观在发展法学中的经济法学领域体现得尤为突出,对发展法学的深入研究有助于推动整个法学发展[3];在2012年《经济发展权的经济法思考》一文中指出,以经济发展权为中心,对于各类经济法主体享有的经济发展权,必须加强经济法保护[4];在2016年《经济法学的发展理论初探》一文中,进一步提炼了经济法学的发展理论指出,这不仅对于丰富经济法理论,而且对于推进发展法学以及法律与发展问题的研究,对于整体的发展理论的完善,都具有积极意义和重要价值。[5] 2020年,针对新冠病毒疫情引发的多种危机,张守文教授的《公共卫生治理现代化:发展法学的视角》一文运用发展法学的分析框架,从"发展问题—发展手段—

---

[1] See Kevin E. Davis, Michael J. Trebilcock, The Relationship Between Law and Development: Optimists versus Skeptics, *The American Journal of Comparative Law*, Vol. 56, No. 4, Fall, 2008, pp. 895-946.

[2] 参见张守文:《经济法学的基本假设》,载《现代法学》2001年第6期。

[3] 参见张守文:《"发展法学"与法学的发展——兼论经济法理论中的发展观》,载《法学杂志》2005年第3期。

[4] 参见张守文:《经济发展权的经济法思考》,载《现代法学》2012年第2期。

[5] 参见张守文:《经济法学的发展理论初探》,载《财经法学》2016年第4期。

第一章　新发展理念的经济法解析

发展目标"的视角,对应审视"公共卫生—治理—现代化"的问题,将发展因素全面融入公共卫生治理,推动了公共卫生法治建设和发展法学的发展。① 这些论文均围绕发展法学,从不同角度分别阐述发展法学与法学发展之间的关系、经济发展权等发展法学的基本范畴、发展法学在经济法学科中的呈现、发展法学在公共卫生治理中的具体运用等问题,提出了经济法学的发展理论。以此为启发,其他法学学科也对发展法学抱有兴趣。有法理学学者认为,发展法学是关于发展的法律本体论和价值论、认识论和实践论的统一,是将发展的社会学、经济学、政治学、哲学等与法学交叉起来进行分析和探讨,从而形成的新兴边缘学科。发展法学可细分为一般发展法学、区域发展法学、可持续发展法学、经济发展法学、政治发展法学、社会发展法学、文化发展法学等,是一个有机联系的学科体系。② 也有学者对法律和发展的理论进路③、中国法哲学视角下发展对法律提出的新问题④、可持续发展与法律的关系⑤、现代科技发展对法律和法学的作用⑥等问题开展研究。21世纪我国科学发展观的提出,掀起了发展内涵、可持续发展立法探讨的热潮。⑦ 虽然绝大部分研究没有提及发展法学的概念,但事实上研究的相关内容大体可纳入发展法学的范围之中。总体而言,发展法学还有很大发展空间,其发展仍在进行之中。

发展法学,是研究如何运用法律解决"发展问题",并促进和保障发展的新兴法学分支学科。其核心是研究经济和社会实践。传统的"发展理论"主要侧重于发展经济学、发展社会学和发展政治学的研究,发展法学需借鉴并超越传统"发展理论"以及既往"法律与发展"研究的成果,对法

---

① 参见张守文:《公共卫生治理现代化:发展法学的视角》,载《中外法学》2020年第3期。
② 参见汪习根、王康敏:《论区域发展权与法理念的更新》,载《政治与法律》2009年第11期。
③ 参见姚建宗:《法律与发展研究导论:以经济与政治发展为中心的考察》,吉林大学出版社1998年版,第58—132页;姚建宗:《法律与发展研究的理论倾向》,载《南京大学法律评论》1999年第1期。
④ 参见郑永流:《法律与发展——九十年代中国法哲学的新视点》,载《中外法学》1992年第4期。
⑤ 参见陈泉生:《可持续发展与法律变革》,法律出版社2000年版,第99—112页。
⑥ 参见何士青:《现代科学发展与法学理论创新》,中国社会科学出版社2014年版,第2—10页。
⑦ 该时期关于科学发展观、可持续发展的法学研究成果较为丰富。参见许健:《论可持续发展与经济法的变革》,载《中国法学》2003年第6期;常健:《现代性、经济法理念与经济法治——科学发展观语境下的解析与重塑》,载《现代法学》2005年第6期;李俊梅、陈乃新:《经济法可持续发展原则刍议》,载《广西政法管理干部学院学报》2004年第1期。

理学和相关部门法学有关发展的研究加以整合,它既要在整体上关注各国的发展道路、发展模式、发展矛盾,以及相应的发展理念、发展目标、发展手段、发展能力等,又要在制度建构上关注发展主体、发展权利、发展义务、发展负担、发展责任、发展利益等,并由此构建贯穿各类"发展问题"的分析框架。发展法学强调运用法律手段保障和促进发展,更有助于实现各个领域的发展目标和法治目标。① 发展法学与发展观直接相关。一个国家、一个民族的发展观,往往会直接影响其政策、法律、道德、习俗等内在制度和外在制度,并进而影响人们的行为和发展实践。发展观渗透到相关制度之中,也会对发展法学理论的产生和发展造成直接影响。② 发展法学作为新兴的法学分支学科,也是法学的一项新发展。法学学科自身需要传承和创新,与传统的法学思维方式不同,发展法学提供了一种新的宏观视角。它开启了法学研究者和实践者的另一扇视野之窗,引导从更为宏观、长远、动态的视角看待法律问题,带来整个法学研究方法、研究范式的转换,以及从具体理论到具体制度的一系列创新。它跨越了部门法的桎梏,也超越了国内经济法和国际经济法的划分,甚至可以使已有的研究焕然一新,形成了高屋建瓴的学科。

5. 发展法学下的经济法学发展理论

经济法学发展理论作为当代经济法中的一种新型理论③,无论对法学理论发展,还是对经济和社会的发展,都有十分重要的意义和价值,拥有广阔的发展潜力和研讨空间。从系统关联来看,经济法学发展理论属于法律与发展研究下发展法学分支的一部分内容。它建立在既往法律与发展研究的成果基础之上,赞同法律与发展运动的基础观点,即法律对发展有着重要影响,可以通过良法善治来实现经济和社会的良性运行和协调发展。探索经济法对发展起积极作用的逻辑机制,调整经济法制度以适应新时代的发展需要,有效促进经济和社会发展,是经济法学发展理论的主要目标。同时,该理论不同于既往的进化论与法律移植论、工具论。它主张辩证对待而非全盘学习西方国家的经验,强调结合当代本国的发展问题建设具有中国特色的法律体系。它并不将法律简单归于发展的工

---

① 参见张守文:《公共卫生治理现代化:发展法学的视角》,载《中外法学》2020年第3期。
② 参见张守文:《"发展法学"与法学的发展——兼论经济法理论中的发展观》,载《法学杂志》2005年第3期。
③ 参见张守文:《中国经济法理论的新发展》,载《政治与法律》2016年第12期。

具,而是关注经济法对经济与社会发展的促进和保障,以及经济与社会发展对经济法理论和制度本身的发展。在法律与发展研究的理论之林中,经济法学发展理论因由经济法与发展的密切联系而独具特殊性,是当代法律与发展研究中浓墨重彩的一笔,也是发展法学研究的领头军,启发和带动了其他学科相关研究的发展。

发展与经济法的内在逻辑相契合,无论在调整对象、特征等本体论领域,还是在目标、宗旨等价值论方面,亦或是法律调整的方式、手段等运行论范畴,均体现了发展的要求。此外,经济法是一种"发展促进法"[1],能够直接、精准、着力促进发展,这是经济法所具备的重要功能。无论是经济法的调整目标、调整手段,还是规范结构、法律功能,均可体现经济法"促进发展"的意旨。新发展理念的提出,丰富了经济法学发展理论的内容,新发展理念以及更新迭代后的经济法学发展理论对于经济法具体制度的完善具有指导和引领价值,经济法学发展理论和经济法具体制度的完善对于经济和社会发展有着积极的促进作用和效果。这是"新发展理念—经济法学发展理论—经济法具体制度"之间的内在逻辑关联。

三、含义阐释:新发展理念的具体内涵

创新发展、协调发展、绿色发展、开放发展、共享发展的新发展理念,揭示了实现更高质量、更有效率、更加公平、更可持续发展的必由之路,体现了新时代下的思想开创性、发展导向性、理论指引性,是我国破解发展难题、增强发展动力、厚植发展优势的指导思想。新发展理念在中国的贯彻和落实,是基于我国社会主义基本经济制度和分配制度,以及政府与市场关系方面,使市场在资源配置中起决定性作用,更好发挥政府作用的基本认知上的。切实贯彻落实新发展理念,必须深刻理解新时代背景下五大发展理念的具体内涵。

(一) 创新发展:引领发展的第一动力

创新,通常被理解为一种不同于过往的实践。现代意义上的创新,是指在经济和社会领域,将新颖的思想汇集起来,生产或采用新产品、更新或利用新服务、开拓或扩大新市场、诞生新的生产方法、建立新的制度或

---

[1] 参见张守文:《论促进型经济法》,载《重庆大学学报(社会科学版)》2008年第5期。

者提出新的思想观念等。它既是过程,也是结果。① 创新应该是有效的,它往往涉及新兴事物的实际实施,与经济或社会直接相关。

创新与经济发展之间存在正向关联。约瑟夫·熊彼特(Joseph Alois Schumpeter)在1912年提出的熊彼特发展理论(Schumpeterian growth theory)认为,创新是企业家对生产要素的重新组合,其目的是获取潜在利润,具体包括五个方面,分别是产品创新、工艺创新或生产技术创新、市场创新、材料创新、企业组织形式或组织管理创新。② 他以创新为核心解释资本主义的产生、发展及变化规律,强调内生的研发和创新是推动技术进步和经济增长的决定性因素,企业投入研发和创新是为了获取垄断利润。③ 资本主义经济处于周而复始的循环之流中,企业家在发明或技术革新、生产方式、产品、材料、组织形式及市场诸方面的创新,是推动经济发展的内在力量。④ 创新是一个创造性的破坏过程,通过生产要素的优化组合,形成了发展周期的升降、起伏和波动。⑤ 20世纪50年代开始,西方经济学理论界再次对创新在经济发展中的作用产生兴趣。当时,以微电子技术为核心的新一轮科技革命兴起,许多国家的经济出现了长期高速增长期。从经济学的视角观察,两百多年前古典政治经济学诞生以来,经济学家在试图解释收入或生产率之所以存在差异时,曾长期将重点放在人均积累资本上,经济增长的差异反映了资本积累率的不同。而当时这一现象已经难以用该理论来解释。对此,罗伯特·索洛(Robert Solow)提出了"新古典增长理论"(neoclassical growth theory)。假设生产力的增长是由每个工人运营的资本量增加导致的,那么随着人均资本的增加,资本的边际生产率下降,"资本—劳动"比率的进一步上升空间也会随之减小,最终,预测生产力增长将停止。因此,经济增长过程中必定有起重要作用的其他因素,索洛称其为"技术进步"(technological progress)。技术创新是经济增长的内生变量,是一种公共物品,具有非独占性和外部性特征。为了实现国民经济总值的长期增长,应当重视技术或知识的创新,当技术创

---

① See H. Edison, N. B. Ali & R. Torkar, Towards Innovation Measurement in the Software Industry, *Journal of Systems and Software*, Vol 86, Issue 5, May 2013, p.1390.
② 参见傅家骥:《技术创新学》,清华大学出版社1998年版,第1—5页。
③ 参见严成樑、龚六堂:《熊彼特增长理论:一个文献综述》,载《经济学》2009年第3期。
④ 参见〔美〕约瑟夫·熊彼特:《经济发展理论》,郭武军等译,华夏出版社2015年版,第50—55页。
⑤ 参见张磊、王淼:《西方技术创新理论的产生与发展综述》,载《科技与经济》2008年第1期。

第一章　新发展理念的经济法解析

新的资源配置无法满足发展需要时,政府应当采取金融、税收、法律、政府采购等手段干预技术创新,以提高技术进步在经济发展中的促进带动作用。① 20世纪70年代开始,欧洲和美国以外的其他国家对创新理论的研究有较大进步。就韩国仅仅跨越三十年的经济崛起神话,金琳素(Linsu Kim)提出"技术能力"(technological capability)的概念来加以解释。技术能力是指有效地使用技术知识以吸收、使用、适应和改变现有技术的能力,它使人们能够创造新技术、开发新产品和工艺。② 在此理论下,创新不仅仅包括有组织的研发过程,还包括对技术进行商业开发所需要的其他功能。事实上,在许多发展中国家中,后者是更为主要的活动。在20世纪80年代至90年代,经济学家对知识或技术在增长或发展中所扮演的角色更为感兴趣,提出了"新增长理论"(new growth theory)。该理论认为,国家之间的经济发展差异应当被理解为各国国内内生知识积累差异的结果。尽管一些新技术知识可能会从一个国家溢出至另一个国家,但是这种流向是需要突破知识产权等正式或其他非正式障碍的,这些障碍可以确保在大多数情况下由创新者保留最多收益。因此可以预测,长期经济发展很大程度上应当取决于独占性条件。而且,该理论预测大国应该会比小国拥有更多创新、更加受益于创新。③ 此外,长波理论、创新经济学、演化理论、多层次创新理论、复杂经济学等理论也与创新和发展主题相关,将创新的内涵扩展为包括制度创新、政策创新、管理创新、产业创新等在内的所有创造性行为,将创新主体在企业家之外拓展为包括国家、地区、城市、产业、个人等在内的多元主体。④ 从这些研究来看,创新的确与经济发展存在着内在联系,知识和技术创新是经济增长的一大动力,创新能力是市场主体和国家必须具备的竞争能力,积累创新成果的数量和质量是决定国家之间经济发展差距的重要因素。因此,我国应当充分重视知识、技术、创新在经济增长中的重要作用,树立贯彻落实创新理念,以创新动力驱动经济又好又快地发展。

---

① 参见彭靖里、邓艺、李建平:《国内外技术创新理论研究的进展及其发展趋势》,载《科技与经济》2006年第4期。
② See I. Kim, *Imitation to Innovation*: *The Dynamics of Kerea's Technological Learning*, Harvard Business School Press, 1997, pp. 15-23.
③ See Jan Fagerberg, Martin Srholec, Bart Verspagen, The Role of Innovation in Development, *Review of Economics and Institutions*, Vol. 1, No. 2, Fall 2010, p. 7.
④ 参见代明、殷仪金、戴谢尔:《创新理论:1912—2012——纪念熊彼特〈经济发展理论〉首版100周年》,载《经济学动态》2012年第4期。

创新发展理念是五大发展理念之首,是党的十八大以来党中央治国理政新理念新思想新战略的重要组成部分。创新发展理念着力通过创新促进经济发展,注重的是解决发展动力问题,发展动力决定发展速度、效能、可持续性。必须把创新摆在国家发展全局的核心位置,让创新贯穿党和国家的一切工作。坚持创新发展,是在分析国外发展历程、总结我国改革开放发展经验、面对发展环境变化、增强国际竞争力、把握发展主动权的背景下提出的。在新常态下,虽然我国经济总量较大,但创新能力不强的问题较为突出,关键核心技术受制于人的局面尚未根本改变,创造新产业、引领未来发展的科技储备还很不够,产业还处于全球价值链中低端,军事、安全领域高技术方面同发达国家相比仍有较大差距。① 落后就要挨打,2018年美国制裁中兴事件暴露了我国芯片产业的落后,中国反垄断执法机构处罚高通公司垄断案暴露了我国通信行业在专利上的短板。为了化被动为主动,由受制于人变为先发制人,必须要坚持创新发展理念,加快培育科技创新人才,加强基础科学研究和关键技术研究,提高自主创新能力,在关键重要的领域实现独立自主,增加在关涉民生领域的标准必要专利数量,深化科技体制改革,增强整体创新能力。贯彻创新发展理念,党的十八大明确提出"科技创新是提高社会生产力和综合国力的战略支撑,必须摆在国家发展全局的核心地位",坚持走中国特色自主创新道路,实施创新驱动发展战略。2016年,《国家创新驱动发展战略纲要》出台,在推动产业技术体系创新、强化原始创新、优化区域创新布局、深化军民融合、壮大创新主体、实施重大科技项目和工程、建设高水平人才队伍、推动创新创业等方面提出了任务部署。2020年,中共中央《关于制定国民经济和社会发展第十四个五年规划和二〇三五年远景目标的建议》指出,当前创新能力不适应高质量发展要求,要以改革创新为根本动力,加快构建以国内大循环为主体、国内国际双循环相互促进的新发展格局。创新发展理念在下一个五年仍将发挥重要指引作用。

创新和技术发展对人类进步和经济增长至关重要,经济法是助力创新发展的一大领域。具体的促进方法,既可以从财税法、金融法等方面设置创新激励着手,也可以在竞争法、消费者权益保护法等方面保护创新者利益着力,但最根本的,还属在中国特色社会主义市场经济中营造创新竞

---

① 参见习近平:《在省部级主要领导干部学习贯彻党的十八届五中全会精神专题研讨会上的讲话》,载《人民日报》2016年5月10日第2版。

争的发展环境。在国家经济生活中,政府和市场是资源配置的两种基本工具,竞争机制是市场运作的核心。关于竞争和创新之间的关系,经济学家们已经开展了不少研究。从早期理论认为二者之间存在负相关关系①,到分析发现二者之间呈现显著的倒 U 形关系②,或者认为二者之间存在线性的正相关关系③,尽管至今仍存在争议,但可以肯定二者之间存在密切关联,一定状态下的竞争可以有效促进创新。该种竞争状态,被我国界定为"公平竞争"和"有序竞争"。④ 公平竞争强调在社会主义市场经济体制下为各类市场主体提供公平的竞争环境,既包括过程中的机会公平、起点公平、结果公平,也包括内容上的政治公平、经济公平、社会公平,同时,经济法中的公平竞争更加强调实质公平。有序竞争侧重竞争秩序的规范性、有效性,着眼于竞争制度的构建、运行和维护。在大数据、人工智能、云计算等新技术为行业带来发展新机遇的今天,技术创新成为核心竞争力,对竞争环境的要求趋严。为破除公平有序竞争的各种障碍,尤其是处理国有企业和民营企业关系、全国统一大市场建设与地方政府行政性垄断关系等问题,经济法应当充分组织发挥财政法、金融法、计划法、反垄断法、反不正当竞争法、消费者保护法等经济法律制度的作用,有效实现创新发展。例如,竞争法领域力推的公平竞争审查制度,有效破除了行政权力施加的贸易壁垒,有利于推动企业公平竞争,锐意创新。

(二)协调发展:持续健康发展的内在要求

从语词上看,"协"源于甲骨中的会意字"劦",表示合力并耕,本义为合、共同,《左传》中"乃能协于天地之性"⑤以及《尚书》中"协和万邦"⑥即为此意。《说文》有云,"调,和也","调"的最初含义包括调和、调节等。

---

① See Schumpeter, Josefh, *Capitalism, Socialism and Democracy*, Allen Unwin, 1943, pp. 79-104.
② See Scherer, Fredrick, Managerial Incentives and Product Market Competition, *Journal of Law & Economics*, Vol. 45, Issue 1, April 2002, pp. 227-250; Philippe Aghhion, Nick Bloom, Richard Blundell, Rachel Griffith, Peter Howitt, Competition and Innocation: An Inverter-U Relationship, *The Quarterly Journal of Economics*, Vol. 120, No. 2, 2005, pp. 701-728.
③ See Nickell, Steven, Competition and Corporate Performance, *Journal of Political Economy*, CIV, 1996, pp. 724-746.
④ 参见国务院《关于促进市场公平竞争维护市场正常秩序的若干意见》(国发[2014]20号)。
⑤ 《左传·昭公二十五年》。
⑥ 《尚书·尧典》。

"协调"是社会互动的形式之一,强调不同主体之间通过协商、调整,达到和谐的目的和效果。从哲学的角度看,差异性是普遍的,矛盾无处不在。不同事物的目标、方向、地位、特征等各不相同,呈现出偏向性、不平衡的倾向。而协调的主要任务在于在这些不同事物之间寻找最能够达到和谐效果的平衡,鲜明体现了唯物辩证法的观点。协调的观念,要求我们透过普遍联系的视角,找到不同事物之间的同一性,顾及各类群体的需求,从协调、平衡角度解决矛盾和处理问题。

国家治理上的协调,表现为协调发展,这是实现经济和社会发展的一个重要要求。关于协调发展的理论,早在古典政治经济学中就有所体现。威廉·配第理论中的"协调"意味着等价交换;亚当·斯密认为"看不见的手"是协调的最好工具;自马歇尔以来,经济学中的协调意味着均衡。我国对协调发展的关注也较早,如孟子关于"谷与鱼鳖不可胜食,材木不可胜用,是使民养生丧死无憾"的政治主张,就蕴含着物质文明和精神文明协调发展的深刻内涵。经济法意义上的协调发展,意味着调制主体和调制受体、调制主体内部、调制受体内部之间通过财政、金融、计划、竞争等多种内容和手段的协商、调整,达到权义结构合理、利益分配平衡的效果。

协调发展的要求之一是统筹兼顾。正如毛泽东所指出的那样,问题是层出不穷的,所谓问题,就是矛盾,就是不协调,摆得不平衡①,"弹钢琴要十个指头都动作,不能有的动,有的不动。十个指头的动作要有节奏,要互相配合"②。应在统筹兼顾的方针下,分工合作,各得其所,适当安排。③ 尤其对于中国这样的大国而言,发展领域涉及政治、经济、社会、文化等诸多领域,发展地域包括中央和地方、城市和农村、经济较发达区域和欠发达区域,发展主体囊括国家和国民、国企和民企、大企业和中小微企业等诸多方面,发展矛盾十分普遍。我国自改革开放以来,采取了"先富带动后富"的发展策略,优先发展沿海地区。经过四十余年的发展,中国已从外贸立国转移为主要由内需拉动经济的阶段。整体来看,发展不平衡、不协调、不可持续的问题较为突出,经济发展大势平稳上升的同时,还存在不少发展短板,居民收入的差距较大。对此,协调发展理念要求统

---

① 参见中共中央文献研究室编:《毛泽东文选》(第七卷),人民出版社1987年版,第394页。
② 参见毛泽东:《党委会的工作方法》,at http://www.people.com.cn/GB/channel1/10/20000529/80794.html,最后访问日期:2021年6月16日。
③ 参见中共中央文献研究室编:《建国以来毛泽东文稿》(第一卷),中央文献出版社1987年版,第394页。

第一章　新发展理念的经济法解析

筹各个方面的发展,推动区域协调发展、城乡协调发展、物质文明和精神文明协调发展、经济建设和国防建设融合发展,发扬优势,补齐短板,促进整体经济状况的改善。这体现了公平正义的道德要求,是保障社会公共利益的举措,符合最广大人民的根本利益。为统筹兼顾区域发展,在协调发展理念的指导下,近年我国已颁布了三大经济发展战略。2015年,《推动共建丝绸之路经济带和21世纪海上丝绸之路的愿景与行动》发布,提出建设"一带一路"的倡议,促进沿线各国经济繁荣与区域经济合作,加强文明交流互鉴,促进世界和平发展,造福世界各国人民。同年6月,中共中央、国务院印发实施《京津冀协同发展规划纲要》,强调实现京津冀协同发展是优化国家发展区域布局、优化社会生产力空间结构、打造新的经济增长极、形成经济发展新方式的需要,核心是有序疏解北京非首都功能,推动雄安新区和北京城市副中心建设。2016年,《长江经济带发展规划纲要》正式印发,围绕"生态优先、绿色发展"的基本思路,确立了长江经济带"一轴、两翼、三级、多点"的发展格局,以推进新型城镇化为重要任务,以国内振兴为重点,着力拉动内陆腹地的经济发展。这三大战略分别从国际国内协调发展、首都京郊协调发展、内陆沿海协调发展的视角出发,重要目的在于实现经济发展的统筹兼顾,是协调发展的有益实践,有利于缩小地区发展差距,带动各个地域平衡发展。此外,协调发展的另一个要求是可持续。生态发展、经济发展和社会发展之间相互联系、相互适应、相互制约、相互作用,共同组成一个系统整体,应注重三种发展的高度统一性,这既是协调发展的需要,又体现了可持续发展的要求。① 可持续主要强调使发展能够保证当代人的福利增加,同时也不会让后代人的福利减少。这同样也是协调当代和后代发展、今人和后人发展、长远利益和眼前利益、局部利益和整体利益的协调安排。在协调发展理念的指引下,只有坚持可持续发展,才能保持经济长期健康发展,永葆发展活力。

从经济法的角度来看,协调发展理念还是关于如何实现发展的相对平衡,缓和不同发展主体之发展矛盾,实现分配公平的理念。在发展过程中,一方面,根据差异性原理,发展主体先天的发展条件和发展能力存在差异;另一方面,作为调制主体的国家在促进发展的规划和实践中,基于不同阶段区域发展、产业发展的需要,给予发展主体不同幅度的财政补贴和税收优惠等政策措施。国家调制得当,则有利于实现协调发展;而国家

---

① 参见刘思华:《对可持续发展经济的理论思考》,载《经济研究》1997年第3期。

调制不当,无论是内容还是力度上的不当,则都会导致发展主体的发展权失衡,进而导致国家经济和社会发展不平衡、不协调的问题。协调发展理念与经济法的差异原理、均衡原理、利益多元和多重博弈原理、分配理论等重要原理和理论一脉相承,均关注诸多"二元结构"中的发展不协调问题。国家经济生活中城市与乡村的协调、东中西部不同地域的协调、经济发达地区和经济欠发达地区的协调、经济和社会的协调、物质文明和精神文明的协调、不同产业和行业的协调,以及经济法领域调制主体和调制受体的协调、个体营利性和社会公益性的协调、效率和公平的协调等,都需要给予充分关注。协调发展理念在经济法中的实现机制是多元的,最外化的表现形式是经济社会发展规划的提倡,最根本的方法是将其内化于经济法理论和制度之中,还可以通过权义结构的平衡安排在经济法立法中实现。譬如,2018年修正的《个人所得税法》第6条中关于居民支出专项附加扣除的规定,就考虑到了不同纳税主体的差异性特征,通过税收优惠的办法实现主体之间的实质公平,是贯彻协调发展理念的现实体现。

(三) 绿色发展:永续发展的必要条件和人民对美好生活的追求

绿色是大自然的颜色,代表着生机、活力、健康、成长、舒适和希望。绿色发展是指确保自然资产持续提供人类赖以生存的资源和环境服务的经济增长和发展。[①] 也有理论认为,绿色发展与其说关涉的是环境治理的方式,不如说更加关心拥有治理环境权力的主体,其核心是处理好环境与发展的关系,以维持或扩大人们可持续生存、与自然和谐相处的能力。[②] 绿色和发展之间存在正向联系,对自然资源和生态环境的保护,短期来看一定程度上会减缓发展速度,但从长期视角观察,则是促进可持续发展的必要举措。绿色发展理念,是呼吁人与自然和谐共生的发展理念。它是20世纪70年代美国环境运动的产物,也是可持续发展的重要内容之一。经过多年的理解深化,绿色发展理念逐渐确立为国际和各国发展的重要理念,并在国际条约和各国环境立法中得到了充分体现。

人类作为自然界中的天之骄子,在享用资源的同时,也应尊重自然、

[①] OECD, Green Growth and Sustainable Development, at http://www.oecd.org/green-growth/, November 18, 2020.

[②] W. M. Adams, *Green Development: Environment and Sustainability in A Developing World*, 3rd ed., Taylor & Francis Group, 2009, p.379.

第一章　新发展理念的经济法解析

顺应自然、保护自然、敬畏自然。这曾一度是耳熟能详、深入人心的观念。子曰："子钓而不纲，弋不射宿。"①《吕氏春秋》中说："竭泽而渔，岂不得鱼，而明年无鱼；焚薮而田，岂不获得，而明年无兽。"②《资治通鉴》又云："取之有度，用之有节，则常足。取之无度，用之不节，则常不足。"③这些都告诉我们，对自然资源的使用应当适度并且遵循规律，这样就可以常常物资充裕，可以长期发展。然而，随着工业革命的兴起，生产工具的进步和生产效率的提高，人类对自然资源的使用进入加速阶段，人类改造大自然的能力也在日趋加强。为了短期的经济增长，砍伐大树、污染河湖、滥捕动物、排放污气、滥用化学物质等等行为，使得环境遭到严重破坏。1962 年，英国作家蕾切尔·卡森（Rachel Carson）在其出版的书籍《寂静的春天》（*Silent Spring*）中描绘了这样的场景：原本庄稼繁茂、果园遍布、绿草如茵、繁花似锦、生机勃勃的小城镇，突然之间被神秘的疾病袭击，被奇异的寂静笼罩，一切都毫无生机、死气沉沉。这种诡谲的情况，都归因于化学杀虫剂对人类赖以生存的生态系统的破坏。④ 2019 年末爆发而席卷全球的新型冠状病毒疫情，严重危害了人类的生命健康，对世界经济发展造成了十分严重的影响。无论是否源于滥食野生动物，都应当严厉禁止非法野生动物交易、革除滥食野生动物的陋习。对自然的肆意破坏，最终也会伤害人类本身。因此，绿色发展理念是必须毫不动摇遵循的重要理念。

一方面，绿色发展是永续发展的必要条件。人类社会必然依赖于自然环境，以自然环境的存在为依托。关于生态环境和经济发展之间的关系，西方的双重危机理论、生态危机理论、马克思主义生态理论都曾作出诠释。双重危机理论认为，西方国家面临经济危机时，为了提高经济水平，会迫使欠发达国家和地区廉价出售自然资源，导致自然资源开采速度加快，从而会引起生态危机。生态危机理论更强调生态危机的严重性，认为其形成的主要原因有二，一是西方国家的资本积累，二是当代无产阶级存在的病态消费异化，这二者都会导致对生态环境的掠夺和资源能源的

---

① 《论语·述而》。
② 《吕氏春秋·首时》。
③ 《资治通鉴》。
④ 参见〔美〕蕾切尔·卡森：《寂静的春天》，黄中宪译，文化发展出版社 2018 年版，第 1—5 页。

过度开采。① 马克思主义生态理论认为,生态问题主要由资本主义制度本身造成,资本主义生产使人口在城市集中,这将破坏人与土地之间的物质交换,破坏土地拥有持久肥力的自然条件,残酷地破坏自然资源。② 这些理论都说明,过度地追求经济增长,会对生态环境造成严重的破坏,在恶性循环下,反过来又会阻碍经济的长期发展。为了打破这种恶性循环,使人类经济可以永续地发展下去,为子孙后代留下可再生的资源财富,应当尽早地停止破坏环境行为,并通过积极活动保障良性生态环境的恢复。另一方面,绿色发展是人民对美好生活追求的重要体现。人民对美好生活的向往是永恒的,正是这种向往和朝着理想的不断追求,才熔铸了我国蒸蒸日上的经济状态,才构建了国民积极向上的精神面貌。而绿色发展正是美好生活的必备要素。人们向往的生活环境,必然是生态友好、自然舒适、绿色健康的,绿色发展直接关乎民生,关乎国家治理的质量,是"中国梦"的重要内容。

习近平总书记指出,要"像保护眼睛一样保护生态环境,像对待生命一样对待生态环境","我们既要绿水青山,也要金山银山。宁要绿水青山,不要金山银山,而且绿水青山就是金山银山。"③这生动地说明了生态环境保护的重要性和优先性,牺牲生态环境的经济发展是不可取的,生态环境保护和经济效益的双赢是完全可能实现的。党的十八大以来,党中央为促进绿色发展已经开展了一系列举措。党的十八大将生态文明建设纳入中国特色社会主义事业五位一体总体布局,明确提出大力推进生态文明建设,努力建设美丽中国,实现中华民族永续发展。2015年,中共中央、国务院印发《生态文明体制改革总体方案》和《关于加快推进生态文明建设的意见》审议通过,强调推进生态文明体制改革要搭好基础性框架,构建产权清晰、多元参与、激励约束并重、系统完整的生态文明制度体系,具体包括自然资源资产产权制度、国土空间开发保护制度、空间规划体系、资源总量管理和全面节约制度、资源有偿使用和生态补偿制度、运用经济杠杆进行环境治理和生态保护的市场体系、生态文明绩效评价考核和责任追究制度等。2017年,十九大报告进一步提出加快建立绿色生产

---

① 参见蒋南平、向仁康:《中国经济绿色发展的若干问题》,载《当代经济研究》2013年第2期。
② 参见马克思:《资本论》(第一卷),人民出版社2004年版,第579页。
③ 参见中共中央宣传部:《习近平总书记系列重要讲话读本》,学习出版社、人民出版社2016年版,第230页。

第一章　新发展理念的经济法解析

和消费的法律制度和政策导向,建立健全绿色低碳循环发展的经济体系。构建市场导向的绿色技术创新体系,推进能源生产和消费革命,推进资源全面节约和循环利用,倡导简约适度、绿色低碳的生活方式。这体现了我国保护生态环境,建设生态文明的决心,有益于实现生态环境和经济发展和谐共生、良性循环。

经济法是绿色经济立法的一大重要领域,经济政策和法律是实现环境保护的重要工具,我国《环境保护法》就明确规定,国家采取财政、税收、价格、政府采购等方面的政策和措施,鼓励和支持环境保护产业发展、引导市场主体减少污染物排放。① 事实上,为实现绿色发展,近年来经济法各领域均作出了相应调整。例如,在财政法领域,国家进一步健全生态保护补偿制度,通过统筹一般性转移支付和相关专项转移支付资金等方式,加大对生态保护地区的财政转移支付力度,扩大补偿范围,合理提高补偿标准。对绿色产品研发生产、运输配送、购买使用等提供财税、金融、政府采购等方面的支持。② 在税法领域,《环境保护税法》的立法目的是为了保护和改善环境,减少污染物排放,推进生态文明建设,这本身就是绿色发展理念的阐释和表达。此外,消费税、资源税、耕地占用税、车船税、车辆购置税、烟叶税等税种也部分具有节约能源、保护环境的功能,能够通过税目设置、税率分档、免征或减征等税收优惠等方式引导相关应税活动,是我国绿色税制体系的重要组成部分。在金融法领域,随着2016年绿色金融被纳入G20议程,央行等七部委加快构建绿色金融体系,通过绿色信贷、绿色债券、绿色股票指数和相关产品、绿色发展基金、绿色保险、碳金融等金融工具和相关政策支持经济向绿色化转型。③ 具体操作层面,鼓励商业银行开展绿色信贷、满足已开工的绿色PPP项目的融资需求、在央行对金融机构的宏观审慎评估系统中纳入鼓励银行持有绿色债权的内容、扩大对绿色企业的担保、贴息支持等措施可以引导流动性进入绿色环保

---

① 我国《环境保护法》在立法目的、国家战略、经济社会发展与环境保护协调策略、基本原则、若干制度和违法原则等诸多方面,均体现了绿色发展理念。参见我国《环境保护法》第21条、第22条;竺效、丁霖:《绿色发展理念与环境立法创新》,载《法制与社会发展》2016年第2期。

② 参见国务院办公厅《关于健全生态保护补偿机制的意见》(国办发〔2016〕31号)、财政部《关于建立健全长江经济带生态补偿与保护长效机制的指导意见》(财预〔2018〕19号)。

③ 参见中国人民银行、财政部、国家发展改革委、环境保护部、中国银监会、中国证监会、中国保监会《关于构建绿色金融体系的指导意见》。

行业。① 在价格法领域,污水处理收费政策、固体废物处理收费机制、节约用水的价格机制、节能环保的电价机制等改革,有利于建立健全能够充分反映市场供求和资源稀缺程度、体现生态价值和环境损害成本的资源环境价格机制。② 从上述经济立法与政策来看,近两年绿色发展理念已经深刻影响了经济法的各个领域,但接下来还需进一步完善制度、细化规则、具体落实。

(四) 开放发展:国家繁荣发展的必由之路

对于一贯重视国际贸易、自 15 世纪开始就热衷于开辟新航路以扩大国际贸易范围的西方国家而言,自由、开放等观念深嵌于国家运行的思维体系之中,国际之间的自由贸易(free trade)和开放市场(open market)十分常见。关于在多个主权国家之间建立自由贸易体系的概念初步起源于 16 世纪的西班牙帝国③,西班牙神学家弗朗西斯科·德·维多利亚(Francisco de Vitoria)较早提出了商业自由和海洋自由的概念。④ 自由贸易的早期支持者认为,贸易是某些文明经济繁荣的原因,许多古典自由主义者认为自由贸易促进了和平。长期以来,在自由贸易和贸易保护主义、孤立主义等政策的斗争中,最终自由贸易占据了上风。经济学家达成广泛共识,认为自由贸易可以对社会产生净收益。⑤ 自由贸易和开放市场可以开拓全球市场,提供比较优势,挖掘低收入家庭消费能力,通过自由竞争降低商品价格,为全球提供了大量就业机会。同时,贸易还可以帮助企业提高生产力和创新能力,使新技术在世界范围内更加自由地流动,推动国家经济结构的变化。⑥ 在实践方面,尤其在第二次世界大战结束后,美国致力于减少关税壁垒,鼓励自由贸易;《关税及贸易总协定》的签署以及其后世界贸易组织的建立,在世界范围内确立了市场开放、非歧视和公平贸易等

---

① 参见李路阳:《绿色金融已渐成金融发展的主流趋势》,载《国际融资》2018 年第 11 期。
② 参见国家发展改革委《关于创新和完善促进绿色发展价格机制的意见》(发改价格规〔2018〕943 号)。
③ See Giovanni Arrighi, *The Long Twentieth Century: Money, Power and the Origins of Our Times*, Verso, 1994, p. 58.
④ See Arthur Nussbaum, *A Concise History of the Law of Nations*, Macmillan Co., 1947, p. 62.
⑤ See Fuller, Dan, Geide-Stevenson, Doris, Consensus Among Economists: Revisited, *Journal of Economic Review*, Vol. 34, Issue. 4, 2003, p. 387.
⑥ See OECD, Why Open Markets Matter, at https://www.oecd.org/trade/understanding-the-global-trading-system/why-open-markets-matter/, May 8, 2020.

第一章 新发展理念的经济法解析

原则,促进了世界贸易自由化;欧洲共同体也即其后欧盟的建立,推动了成员国之间单一市场的建立,实现了欧洲大陆的贸易自由化。经济全球化业已成为谋划发展所要面对的时代潮流,开放已成为世界经济共同发展的大势所趋。

开放发展理念,是关于放开或取消对外资企业的各种限制、取消封锁国内市场和国内投资场所的保护政策,发展开放型经济的理念。经济开放是开放发展的主要方面,一个国家的经济发展不应封闭自我,隔绝于世界市场和经济全球化大潮,这样只会导致技术闭塞和贸易局限,不利于世界整体经济的发展;开放发展也不应局限于某一方面或者某一区域,人为创造开放的限制,而应当具有全面性。只有全面参与到全球化的浪潮之中,才能充分运用人类社会创造的先进科学成果和有益管理经验,才会符合经济规律,才能拓宽销售渠道和市场,实现本国经济发展和世界经济发展的共赢。同时,开放发展还意味着思想文化更加开放多元。学习借鉴世界各国的思想精华,并在本国实践中对其进行筛别再建,有益于从不同角度解决本土问题,使思想文化领域更加多元化,呈现文化繁荣的局面。开放发展理念不同于以往的现代化发展理论,它是有条件的、有甄别的开放,反对全盘西化。

四十多年前,我国通过改革开放打开了国门,对外开放成为中国的一项基本国策。一方面,国家积极主动地扩大对外经济交往,另一方面,放宽政策,放开或者取消各种限制,不再采取封锁国内市场和国内投资场所的保护政策。2001年,中国加入世界贸易组织,对外经济和贸易体制开始和国际同行的规则接轨。这促使我国经济进入了长达几十年的繁荣增长期,受惠于开放带来的经济福利,国家经济实力和人民生活水平都有了显著变化。四十年后的今天,国际经济环境已经发生变化,复杂程度更甚:一是国际力量对比正在发生变化,新兴市场国家和发展中国家群体性崛起正在改变世界政治经济格局;二是世界经济逐渐走出国际金融危机阴影,西方国家通过工业化总体保持复苏势头,国际产业分工格局发生新变化,但总体而言仍未找到全面复苏的新引擎;三是我国在世界经济和全球治理中的分量迅速上升,成为影响世界政治经济版图变化的一个主要因素;四是我国对外开放进入引进来和走出去更加均衡的阶段,从早期引进来为主,转为大进大出新格局①;五是国际贸易摩擦加剧。在 2008 年全球性金融危机爆发十年之后,波及多个国家的大规模贸易战再次爆发。基于单边主义和保护主义,美国全面开启了大规模贸易战。其中,2018 年特朗普政府单方面挑起的一系列贸易摩擦,掀起了又一轮的中美贸易争端。② 面对国际经济发展新格局,我国一方面应加强国内经济发展,增强经济实力,提高国际话语权;另一方面应进一步扩大对外开放,实施互利共赢的开放战略,提高对外开放的质量和水平。2015 年,中共中央、国务院《关于构建开放型经济新体制的若干意见》指出,构建开放性经济新体制,应坚持使市场在资源配置中起决定性作用和更好发挥政府作用,创新外商投资管理体制,构建开放安全的金融体系,建设稳定、公平、透明、可预期的营商环境等。这些意见为贯彻落实开放发展理念提供了思路,有利于推动国家经济在世界范围内的繁荣发展。

从经济法的角度看,为实现开放发展,可以调整相关的经济法制度,为国际贸易、国际投资、"一带一路"等国际经济活动提供财政法、税法、金融法等方面的支持。此外,关注国内经济治理的经济法还重视在国内营造开放的市场环境,提高"引进来"的质量和水平。经济法中的开放发展理念,强调破除各种有碍于自由竞争和公平竞争的贸易壁垒,建设国内层面的统一大市场,推动国际层面的公平竞争。一方面,1992 年欧洲统一大市场的建立及运行,为我国提供了比较借鉴的范本。我国目前正在推动建设全国统一大市场,破除一些地区的保护性措施、行业垄断。充分发挥竞争政策的基础性地位、严格规范行政性垄断行为、实施公平竞争审查制度等竞争法议题,殊途同归,均有利于实现国内层面的开放发展。另一方面,国际竞争层面,以往的产业或行业壁垒也在逐渐放开,鼓励国际竞争者参与市场竞争。以银行卡清算市场为例,2015 年国务院《关于实施银行卡清算机构准入管理》的出台,意味着维萨(VISA)、万事达(MasterCard International)等信用卡国际组织自 2015 年 6 月开始可以通过向央行申请、经中国银监会同意的程序后取得银行卡清算业务许可证,与长期以来垄断银行卡清算业务的中国银联开展竞争。2018 年 11 月 9 日,美国运

---

① 参见习近平:《在省部级主要领导干部学习贯彻党的十八届五中全会精神专题研讨班上的讲话》,载《人民日报》2016 年 5 月 10 日第 2 版。

② 参见张守文:《贸易战、全球经济治理与经济法的完善》,载《武汉大学学报(哲学社会科学版)》2019 年第 5 期。

通公司在我国发起设立的连通(杭州)技术服务有限公司成为首家获批的外资清算机构[①],在即将掀起的银行卡清算市场新一轮竞争中,消费者将会是最终获益者,同时,这也是开放发展理念在金融领域的表现之一,标志着我国银行卡市场对外开放进入了实质性阶段。

(五) 共享发展:中国特色社会主义的本质要求

共享是一种普遍的社会现象,它描绘了一幅由众人共同分享财富、每个人各得其所的和谐画面。经济领域的共享,可以理解为财富共享。马克思在对共产主义社会这一人类社会发展的理想状态进行描述时,强调了正义、平等和自由的重要性,认为在共产主义社会,阶级之间、城乡之间、脑力劳动和体力劳动之间的对立和差别将完全消失,资源在社会成员之间按需分配将成为一种经济的更高阶段。[②] 这体现了在社会主义社会,财富将由人民共享的观点。还可以将共享理解为近年来兴起的"共享经济"(sharing economy)概念。共享经济被描绘为一种变革性和破坏性的经济模式,借助无需永久性转让所有权的信息技术,可以通过租赁、分享或者交换资源的方式实现实物商品、资产或者服务的消费。共享经济可以通过降低交易成本和信息不对称性来增进效益和效率,能够提高商品利用率和再循环率,实现劳务交换和生产性资产共享,促进市场领域的竞争,还可以通过正规化的方式使一些非正式方式存在的服务更加安全。[③] 在价值层面,共享经济模式体现了个人主义和社群主义的结合、物尽其用和按需分配的资源配置理念、可持续的绿色生态型消费模式。[④] 共享经济理论在公地悲剧寓示的基础上,描绘了一幅不同主体非排他性地利用私有资源,达到类似于使用公共资源效果的场景。其关键词是经济领域的合作、互惠、效益,它实现了私有资源配置的公有化,并深刻影响了当代经济发展思维理念和具体实践。在此种理解下,共享发展意味着采用新的经济模式,运用新的科学技术,实现资源节约性的利用和开放式的共享。

---

① 参见中国网财经:《我国首家外资银行卡清算机构获批 一年后开业》,at http://finance.ifeng.com/a/20181111/16566280_0.shtml,最后访问日期:2021 年 6 月 16 日。
② 参见中共中央马克思恩格斯列宁斯大林著作编译局:《马克思恩格斯文集》(第 1 卷),人民出版社 2009 年版,第 580—596 页。
③ Araz Taeihagh, Crowdsourcing, Sharing Economies and Development, *Comparative Labor Law & Policy Journal*, Vol. 37, Issue 3, Spring 2016, pp. 461-470.
④ 参见董成惠:《共享经济:理论与现实》,载《广东财经大学学报》2016 年第 5 期。

共享发展理念的实质是坚持以人民为中心的发展思想,体现了逐步追求共同富裕的要求。董仲舒指出:"君者,民之心也;民者,君之体也。"[①]这说明了广大人民群众在国家治理中的重要位置。追求国家经济、社会、政治、文化等各个方面的发展,目的也是为了保障人民的利益,使人民各个方面的需求得到满足,过上幸福美好的生活。共享发展理念具有很强的结果导向性,强调的是发展成果由人民共享,使发展成果更多更公平地惠及全体人民。同时,共享发展理念也体现了共同富裕的要求,这是社会主义的根本原则和本质特征。发展结果在人民之间共享的具体操作,需要确定成果如何分配的问题。只有在全体国民而不是在部分国民之间进行分配,使所有而不是部分社会成员从发展成果中受益,才是真正的共享。因此,共享发展理念的内涵包括四个方面:一是覆盖面的全民共享,需要将所有社会成员全部纳入分配体系之中,特别是保护弱势群体的利益;二是内容上的全面共享,分配的内容不仅包括经济发展成果,还包括政治发展成果、文化发展成果、社会发展成果等各个方面;三是实现途径方面的共建共享,发展成果的取得是艰辛的,发展成果的分配不是平白得来的结果。应调动所有成员的积极性,共同参与到发展的进程中,使每个人享受自己努力获得的发展成果,取得成就感并懂得珍惜;四是推进进程上的渐进共享,发展进程并不是一蹴而就的,共同富裕需要分阶段实现。应立足国情,结合现实情况,制定发展成果的共享方案。这些内容不仅关涉财富在国家和国民之间的分配,还涉及财富在国民和国民之间的分配问题。不仅要求财富在国民间分配的公平性、正义性,还需要国家财富蛋糕做大、社会总体财富增加的支持。

对于中国这一社会主义大国而言,共享发展是国体所决定的必然选择。发展过程是渐进的,从我国发展战略的顶层设计来看,1987年,党的十三大提出了中国经济建设分三步走的总体战略部署:第一步,1981年到1990年实现国民生产总值比1980年翻一番,解决人民温饱问题;第二步,1991年到20世纪末国民生产总值再翻一番,人民生活达到小康水平;第三步,到21世纪中叶基本实现现代化,人均国民生产总值达到中等发达国家水平,人民过上比较富裕的生活。"三步走"战略以国民生产总值代表经济发展水平和人民生活水平,以提高国民生产总值作为经济发展的主要指标,主要目的是实现经济发展,提高人民生活水平。1997年,党

---

① 《春秋繁露·为人者天》。

的十五大首次提出了"两个一百年"的奋斗目标:到建党一百年时,使民经济更加发展,各项制度更加完善;到世纪中叶建国一百年时,基本实现现代化,建成富强民主文明的社会主义国家。党的十九大进一步提出,在2020年全面建成小康社会、实现第一个百年奋斗目标的基础上,再奋斗15年,在2035年基本实现社会主义现代化。从2035年到本世纪中叶,在基本实现现代化的基础上,再奋斗15年,把我国建成富强民主文明和谐美丽的社会主义现代化强国。这是从全面发展的角度对我国发展的清晰擘画,明确了实现社会主义现代化强国的奋斗目标。历史发展到今天,"三步走"中解决人民温饱问题、人民生活总体上达到小康水平这两个目标已提前完成。为实现计划设定的战略目标,我国在共享发展方面已经开展了丰富实践。自2013年习近平总书记在湖南湘西考察时首次提出"实事求是、因地制宜、分类指导、精准扶贫"指示以来,我国近年围绕精准扶贫政策做了不少工作。精准扶贫是相对粗放扶贫而言的,是指针对不同贫困区域环境、不同贫困农户状况,运用科学有效程序对扶贫对象实施精确识别、精确帮扶、精确管理的治贫方式。在农村、在基层,扶贫干部驻扎扶贫基地,下乡精准扶贫的实践如火如荼,贫困户脱贫的结果较为常见。这是共享发展理念的切实实践,有助于补足我国财富分配过程中的短板问题,为贫困群体的发展提供物质保障和起步机会。精准扶贫、脱贫攻坚的战略部署,以"共同富裕"为理论基础,体现了以人民为中心的发展思想[①],是共享发展理念的具体实现,正在持续推动中国减贫事业取得巨大成就。

经济法共享发展理念对"共享"的理解,吸收了共享经济理论中的社会因素,突出强调发展成果由人民共享的分配方针。共享经济理论揭示的私主体在资源利用方面的缺陷,体现了经济法要解决的基本矛盾,即个体营利性和社会公益性之间的矛盾,以及由此带来的效率和公平的矛盾。其提倡的在经济领域合作、互惠,体现了经济法保障基本人权、保障社会公益、促进经济与社会良性运行和协调发展的调整目标,以及以民为本的发展精神。在此基础上,经济法共享发展理念研究如何通过经济法政策和法律等措施实现实质意义上的分配公平。分配问题作为贯穿经济法的一条经脉,一直以来受到经济法学者的关注。我国1978—2013年财政收

---

① 参见张文显:《新时代社会主要矛盾变化与中国法治现代化》,载《法制现代化研究》2018年第4期。

入"U形曲线"与国家"收—放—收"的经济政策轨迹的契合,体现了国家财政收入分配与国家经济职能、经济政策和经济法治的正相关关系。[①] 经济法诸多领域涉及分配问题,如财税法中财政收入和支出的分配、金融法中货币供应量的分配、竞争法中垄断利润的分配等。财税法最为直接、最大广度地参与了国家经济资源的分配,因而是促进公平分配、贯彻落实共享发展理念的国之利器。

(六) 五大发展理念的逻辑关系

从系统论的逻辑出发[②],创新、协调、绿色、开放、共享的五大发展理念并不是彼此孤立的,而是相互联系、相互贯通、相互促进的,是具有内在联系的不可分割的整体,是贯穿于现代化经济体系建设全局的理念指导。五大发展理念中的任意一个都有着独特内涵和重要意义,任何一个发展理念贯彻不到位都会影响全局的发展。因此,应当从全面的、整体的、系统的角度理解五大发展理念之间的关系,在贯彻执行的过程中,以联系的观点看待和处理发展问题。

五大发展理念是具有密切内在联系的,在经济发展的整个系统中各自扮演着不可或缺的角色。创新是引领发展的第一动力,只有科学技术创新进步,才能为经济运行提供源源不断的动力,必须要把创新摆在国家发展全局的核心位置。协调是持续健康发展的内在要求,如果不能处理好发展不平衡、不协调的问题,那么发展就是偏颇的、失衡的、不稳定的,必须处理好发展中的若干重大关系,从整体和全局的角度看待发展。绿色是永续发展的必要条件和人民对美好生活追求的重要体现,体现了可持续发展、人与自然和谐共生的要求,符合最广大人民群众的根本利益。必须实现经济社会发展和生态环境保护的协同并进。开放是国家繁荣发展的必由之路。一花独放不是春,只有实现发展的内外联动,才能进一步开拓海外市场,发挥比较优势,推动科技融通,实现繁荣发展。必须发展

---

① 参见张守文:《贯通中国经济法学发展的经脉——以分配为视角》,载《政法论坛》2009年第6期。

② 系统论兴起于20世纪50年代,主张将研究对象看作一个系统,分析系统之间、系统内部子系统之间的互动、沟通。20世纪70年代,系统论在控制论、运筹学、系统工程中取得进展的同时,影响了同时代经济学家、政治学家等对人类社会发展模式的认知方式。法国经济学家弗朗索瓦·佩鲁(Francois Perroux)提出的"新发展观"中,认为发展是整体的、内生的、综合的。参见〔法〕弗朗索瓦·佩鲁:《新发展观》,张宁、丰子义译,华夏出版社1987年版,第1—12页;湛垦华:《系统科学的哲学问题》,陕西人民出版社1995年版,第26页。

更高层次的开放型经济,以扩大开放推进改革发展。共享是中国特色社会主义的本质要求,体现了以人民为中心的发展思想,符合我国实现共同富裕的最终目标,有利于实现社会公平正义。必须坚持发展成果由全民共享、全面共享、共建共享、渐进共享,不断推进全体人民共同富裕。五大发展理念之间是连贯相通的:创新使发展更加富有生机活力,使发展不落窠臼,市场欣欣向荣;协调解决发展不平衡问题,体现社会公平正义,实现法益的平衡;绿色强调发展中人与自然的和谐,使发展在纵向上可持续,人民生活更美好;开放打破了市场上各种不合理障碍,在横向上更有全球意识;共享集中体现了发展的目的,是以人为本、以民为本精神的张扬。五大发展理念是立足于国内发展大势和全球发展视野的统筹,是具有明确目标导向和问题导向的发展理念,具有鲜明的时代性、现代性、前瞻性和导向性。

新发展理念的内在关联性,昭示着经济法对新发展理念的吸收和融入也应注重系统性。围绕经济发展这一中心,经济法应将联系着的五大发展理念与同样联系着的财税、金融、计划、竞争、消费者权益保护法律理论和法律制度相结合。真正做到崇尚创新、注重协调、倡导绿色、厚植开放、推进共享,实现经济和社会的良性运行与协调发展。

四、新发展理念的经济法诠释

新发展理念指明了"十三五"时期乃至更长时期我国的发展思路、发展方向和发展着力点,是管全局、管根本、管长远的导向,具有战略性、纲领性、引领性,在我国建设现代化经济体系中起着非常重要的指引作用,必须深入贯彻落实新发展理念,实现我国新时代的经济社会发展。在经济法视域下理解新发展理念,有必要阐明经济法诠释新发展理念的独特性和优势,并理解由经济法诠释新发展理念的价值,在此基础上,更好地运用新发展理念指引经济法理论自足和制度完善,发挥经济法对经济和社会发展的保障和促进功能。

(一)从经济法看新发展理念的特殊性和优势

我国现行部门法体系下,经济法对新发展理念的诠释具有独具一格的天然优势,这主要是由于经济法与经济发展之间的密切关联所决定的。一方面,经济法是"发展促进法",其目标、意旨本身就是实现经济发展,与新发展理念的目标一致;另一方面,新发展理念与经济法的内在逻辑十分契合,经济法运行的整个过程都普遍而深刻地受到新发展理念的影响。

1. 经济法作为"发展促进法"的功能定位

"贯彻新发展理念"被写入我国《宪法》,在权利、义务和责任、权威、代表等基本概念中嵌入发展理念的意蕴,在最高法律位阶上为促进发展指明了总体方向。在根本大法的指导下,具体部门法也可从各自角度对新发展理念进行诠释。整体来看,在对发展问题的具体回应中,以民商法为代表的传统私法部门,主要关注平等私主体之间的权利义务关系,可以在定分止争的过程中提高私主体的权利意识和道德观念,影响私主体独立人格和综合能力的发展。新发展理念近年来深刻影响了民事立法、理论和实践,例如,我国《民法典》第9条规定:"民事主体从事民事活动,应当有利于节约资源、保护生态环境。"这一"绿色原则"的提出,符合绿色发展理念的要求。也有观点提出,应在物权法、合同法、侵权责任法的具体制度中回应生态环境保护问题,通过基本原则的贯彻实现生态环境保护功能。[①] 以刑法、行政法为代表的传统公法部门,主要通过强制性干预的手段,惩罚或规制个人和单位、行政主体和行政相对人的违法行为,可以维护社会安全、稳定社会秩序,一定程度上为社会提供安全、有序的发展环境。它们也比较关注发展问题,例如,有研究认为,通过评估经济犯罪中刑事定罪对经济发展的影响,可以适当平衡刑罚和发展之间的关系。[②] 但是,从总体来看,这些法律部门对发展的关注和影响是潜移默化的、间接的、较为有限的。此外,国际经济法、国际法关注国家、地区之间通过经济手段或政治手段达成合作、开展斡旋,以实现自身发展的法律问题。如国际援助等发展合作,又如贸易战中关税壁垒、外汇贬值等措施引起的"没有硝烟的战争",实质上都是国家、地区之间关于获取发展机会的较量。但是,这些部门法的关注视野十分外向,不能直接解决内国层面促进发展的问题。

居于私法和公法交叉地带的经济法,能够直接、精准、着力促进发展,这是作为"发展促进法"的经济法所具备的重要功能。无论是经济法的调

---

① 参见吕忠梅:《中国民法典的"绿色"需求及功能实现》,载《法律科学(西北政法大学学报)》2018年第6期。

② See Yong-Shik Lee, Call for a New Analytical Model for Law and Development, *Law and Development Review*, Vol. 8, Issue 1, June 2015, p.49.

整目标、调整手段,还是规范结构、法律功能,均可体现经济法"促进发展"的意旨。经济法内含大量旨在通过法定的鼓励手段来促进经济社会发展的规范,即"促进型经济法",它与"限禁型经济法"一道,构成经济法规范的两大类型。经济法领域的诸多立法,如《价格法》《反垄断法》《反不正当竞争法》《消费者权益保护法》等,直接规定了"促进社会主义市场经济健康发展"的立法目标;又如《银行业监督管理法》《保险法》《城市房地产管理法》《广告法》等行业立法,亦明确规定促进本行业健康发展的立法目的。这些经济法律借助具体的权利义务配置以及促进型经济法规范的使用,精准实现促进发展的目标。

2. 新发展理念与经济法内在逻辑的契合

经济法诠释新发展理念的另一个优势在于,经济法的内在逻辑,无论在调整对象、特征等本体论领域,还是在目标宗旨等价值论方面,亦或是在法律调整的方式手段等运行论范畴,均与新发展理念十分契合。

新发展理念的作用对象与经济法的调整对象相契合。经济法的调整对象理论既是引申其他基础理论的逻辑起点,又是连接各基础理论的重要纽带,无论对于证明经济法的独立性,还是对于建立经济法内部的结构体系,都具有重要意义。经济法所调整的调制法律关系,与国家实现发展过程中对社会和个人进行引导规范而产生的法律关系相契合,宏观调控和市场规制关系以及体制关系或称分权关系,均与发展,尤其是经济发展具有密切关联。

经济法的经济性特征满足新发展理念在经济层面的要求。经济性作为经济法的基本特征之一,侧重于促进经济发展,使社会成本得到节约或降低、总体效益得到增进,从而使主体行为及其结果更为"经济"。无论是经济法的作用领域、调整目标、反映的经济规律、与经济政策的联系以及调整手段,都体现了经济法促进经济发展的特性。同时,经济法相对于传统法的现代性特征,代表着理性、进步观念和反思意识,目标上更加追求整体的协调与和谐,这体现了经济法追求创新发展和协调发展的时代精神。

新发展理念的内涵体现了经济法在新时代的目标追求。从宏观的、整体的角度观察,发展问题与市场失灵和政府失灵的基本问题,以及由此引申的经济法的调整对象理论、经济法产生的理论、经济法的概念理论、经济法的价值宗旨及基本原则等内容息息相关。① 从这个目的性前提出发,可以引申出一脉相承的经济法基本矛盾。基于此,经济法的本质是平衡协调之法,其调整的最高目标和重要目标都与经济与社会的良性运行与协调发展相关②,其内涵包括经济发展和社会发展等因素,这有利于解决经济法要解决的基本问题和基本矛盾。

经济法规范是实现新发展理念的重要手段。国家通过宏观调控和市场规制双重手段引导实现各类主体的发展。宏观调控层面,财税法、金融法、计划法能够引导调控受体行为,实现发展目标;市场规制层面,反垄断法、反不正当竞争法、消费者权益保护法直接作用于规制受体行为,优化发展环境。发展需有法可依,经济法规范在实现发展过程中十分重要。例如,为加强环境保护,实现绿色发展,经济立法层面,开征环境保护税,解决排污费制度存在的执法刚性不足等问题,提高纳税人环保意识和强化企业治污减排责任;现有法律层面,对成品油征收消费税、对节能新能源车船给予车船税优惠政策等发挥税收调控作用、促进绿色发展的举措,均有赖于既有的相关经济法规范。

(二) 从经济法看新发展理念的意义和价值

经济法对新发展理念进行诠释,既是基于经济法学发展理论研究之特殊性的举措,同时在解决发展问题、深化经济体制改革、推动经济法与经济政策互动、促进经济法理论和实践发展等方面也具有重要的意义和价值。

1. 回应经济"新常态"下改革的吁求

改革开放以来,中国经济持续高速增长,成功步入中等收入国家行列。但随着人口红利衰减、中等收入陷阱、国际经济格局深刻调整等一系列内因和外因的作用,我国正面临着严峻的经济发展挑战。2013年,党中央作出判断,我国经济发展正处于增长速度换挡期、结构调整阵痛期和前期刺激政策消化期"三期叠加"阶段。2014年,党中央提出我国经济发

---

① 参见〔美〕约瑟夫·斯蒂格利茨:《发展与发展政策》,纪沫等译,中国金融出版社2009年版,第24—26页。

② 关于经济法与发展目标一致的观点,可参见漆丹、漆多俊:《科学发展观:当代中国经济法良法观之核心》,载《法学评论》2006年第6期;金玄武:《经济法在可持续发展中的作用》,载《现代法学》2001年第4期。

展进入"新常态"。① 新常态是一种客观状态,在此背景下,经济建设和经济发展在国家总体战略中占据重要位置,必须进行适应新常态的经济制度改革,使体制机制符合高质量发展的要求。新常态下的发展要求,包括增长速度要从高速转为中高速、发展方式要从规模速度型转为质量效率型,经济结构调整要从增量扩能为主转为调整存量、做优增量并举,发展动力要从主要依靠资源和低成本劳动力等要素投入转向创新驱动等。与单纯追求发展速度的思维不同,新常态下的改革格外关注发展方式、发展结构、发展质量和效益、发展机制和环境等范畴。"法治新常态是改革开放以来我国法治建设和法治现代化进程的战略升级"②,在此新状态新局面新趋势下,经济法对新发展理念的诠释,可以依循新发展理念的指引,充分关注诸多发展范畴,发挥经济性特点与促进发展功能,合理设置权义结构,规范经济法秩序,落实发展目标,把握新常态、引领新常态,推动经济领域各项制度的改革,使我国经济向形态更高级、分工更优化、结构更合理的阶段演进。

2. 满足经济政策与经济法互动的需要

近年来,在新发展理念的引领或影响下,国家采取了鼓励"互联网+"为依托的新经济发展、供给侧结构性改革、优化营商环境等举措,以及财政、税收、金融、竞争等领域法律制度的一系列变革,目的都是为了提高社会生产力水平、推动经济社会的发展,实践中也取得了十分可喜的成果。此中,经济政策和经济法律的互动起到了重要作用。无论是大陆法系国家理性设计的经济立法,还是英美法系国家逐步形成的习惯法和判例法,都应体现一定时期内国家的经济政策,满足随时代变化而变化的监管目标。③ 一国所理解和实践的发展理念通过党的指导性文件、经济社会发展规划等体现,为避免政策随意性、保持规划统一和稳定,新发展理念的实现最终需要通过法律改变既存的制度架构来得以实现,这符合制度再生产规律。④ 经济政策和经济法之间存在互动性、相通性、统一性的特点⑤,

---

① 参见中共中央宣传部:《习近平新时代中国特色社会主义思想学习纲要》,学习出版社、人民出版社2019年版,第112页。
② 张文显:《中国法治新常态》,载《法制与社会发展》2015年第6期。
③ See Dlamini, The Role of Customary Law in Meeting Social Needs, *Acta Juridica/African Customary Law*, Vol. 1991, pp. 71-85.
④ 参见〔美〕安·塞德曼、〔美〕罗伯特·塞德曼:《发展进程中的国家与法律——第三世界问题的解决和制度变革》,冯玉军、俞飞译,法律出版社2006年版,第57页。
⑤ 参见张守文:《经济法的政策分析初探》,载《法商研究》2003年第5期。

经济法是经济政策的法律化,无论是发展政策还是规划纲要,都对经济法的新发展理念研究及以其为指导的经济立法提出了互动的要求。

3. 形构贯通经济法理论的经脉

系统研究新发展理念在经济法制度完善中的作用,并依此指导经济法子部门法中各项具体制度的调整,具有重要的理论价值。在经济法基础理论系统中,由新发展理念指导的经济法学发展理论同分配理论、风险理论一道,共同贯通经济法各个部分,构成融会各理论部分的经脉。本体论方面,经济法的突出特征之一是经济性,其调整追求整体效益的最大化;经济法有着社会本位法的定位,追求效率、公平和秩序的价值和稳定增长、保障基本人权、保障社会公益以及良性运行和协调发展的目标;经济法规范方面,调制主体和调制受体的权义结构是按照发展的理念进行配置的,力求促进社会经济发展;经济法的运行同样离不开发展理论,立法和执法活动都要遵循促进发展的理念,司法活动进行法律解释亦需要考量经济法以促进发展为导向的特点,经济法主体的守法活动,一定程度上来自于经济法促进其自身及社会各方面发展所实现的利益诉求。新发展理念的提出,借助于发展理论这一经脉,有利于丰富经济法各理论部分的内涵,实现经济法理论的协调贯通。新发展理念符合经济新常态的发展吁求,对于重要的发展范畴,经济法应给予充分关注,发挥经济性特点与促进发展功能,合理设置权义结构,规范经济法秩序,落实发展目标。

4. 推动发展促进型的经济立法和实践

理念是社会制度对共同利益的代表性表达,同时也是具体规范的依据。新发展理念代表了人民的根本利益,是新时代下公共利益的权威表达,其在经济法学发展理论中的融入、其后转化和表现为具体的经济法制度,是公共利益有时代价值的实现,有利于经济法理论自足和制度完善。

新发展理念与发展目标、发展主体、发展权利、发展能力、发展促进、发展问题、发展义务、发展责任、发展利益、发展秩序、发展手段等其他重要范畴密切相关,均可以通过经济法学理论调整和经济法制度安排加以保障和促进。例如,新发展理念与经济发展权、区域发展权的设置、内容密切相关。除经济发展权的内容应贯彻新发展理念外,根据差异性原理赋予不同发展主体以各异的经济发展权,应遵循协调发展理念,注重发展

第一章　新发展理念的经济法解析

主体法益的平衡协调。① 新发展理念与经济法的价值具有追求上的统一性和融合性，尤其体现在经济法内在的客观功用价值方面，有利于促进宏观经济整体和微观市场秩序的有序发展。调制法定、调制适度、调制绩效等经济法原则，都遵循促进发展的调制目标，都应体现新发展理念的要求。新发展理念对经济法学的影响是全面的，对于财政法、税法、金融法、竞争法、消费者权益保护法等子部门法而言，不仅应在相关基础理论中贯彻新发展理念，还应在具体制度中加以深化。经济法通过在立法中引入创新、协调、绿色、开放、共享的发展理念，能够更为充分地保障各类主体的发展权利。② 例如，建立发展促进型和发展导向型的现代财政制度，从"公共财政"到"现代财政"，"现代"的彰显，不仅意味着财政制度通过内生的法治性、回应性、均衡性、公共性、科学性，立足我国国情、解决中国问题、顺应国际发展趋势的"现代性"要求，还昭示着当代财税体制改革以推进国家治理体系和治理能力现代化为总目标，融贯于全面深化改革的时代背景之中的"现代化"要求。又如，在新发展理念的指导下建立现代税收制度，有利于解决收入导向型税收立法导致的国家和国民收入分配失衡、中央与地方税收收入再分配失衡等问题。

法律和发展的运动是因果双向的，经济法在促进新发展理念实现的同时，新发展理念也在深刻影响着经济法的变革。从这种意义上说，经济法治发展不仅是贯彻落实新发展理念的手段，同时也构成了新发展理念的目标之一，并且已经得到了部分实现。③

---

① 关于发展权和区域发展权的系统研究，参见程信和:《发展、公平、安全三位一体——经济法学的基本范畴问题探析》，载《法学论坛》1999 年第 1 期；汪习根:《法制社会的基本人权：发展权法律制度研究》，中国人民公安大学出版社 2002 年版，第 1—21 页；汪习根主编:《发展权全球法治机制研究》，中国社会科学出版社 2008 年版，第 240—263 页；汪习根、王康敏:《论区域发展权与法理念的更新》，《政治与法律》2009 年第 11 期；张守文:《经济发展权的经济法思考》，载《现代法学》2012 年第 2 期；周继红:《我国区域经济协调发展法治化内涵研究》，载《北方法学》2011 年第 4 期。

② 参见李玉虎:《经济法律制度与中国经济发展关系研究》，法律出版社 2015 年版，第 63 页。

③ 法律或法治成为衡量发展的指标之一，从而被视为一项发展目标，而不仅仅是一种实现发展的工具。例如，联合国社会发展研究所在 1969 年出版的《社会发展指标汇编（Compilation of Indicators of Development）》和 1972 年出版的《社会经济发展的内容与测量（Contents and Measurement of Social-Economic Development）》中，都将法律视为发展的指标和内容之一。参见蔡明哲:《社会发展理论》，台湾巨流图书公司 1978 年版，第 27 页。

五、本章小结

发展,是一个国家永恒追求的目标。从单纯追求经济增长,到追求社会各个方面的进步、人类主体能力的提高、自然环境的优化等,不同时期促进发展的内涵历经嬗变、渐趋丰富。从世界发展,到国内发展,到个人发展,发展所涉及的主体范围跨度较大,与国家的繁荣昌盛、个人的美好生活息息相关。纵使从漫长历史来看,并非每次促进发展的努力都能达到预期效果,发展仍是人类永恒追求的目标。在新时代下,我国所面临的发展问题具有鲜明特点。地理因素差异导致的发展不平衡、差异性分配导致的分配危机、央地冲突导致的利益博弈、偏重高速发展导致的生态环境破坏、新经济业态带来的新发展挑战,使得今天的发展呈现更加复杂的状态。在此背景下,具有鲜明时代性和中国特色的新发展理念的提出,是立足中国当下实践,聚焦未来发展,直指发展问题本质的重要举措。

新发展理念不仅基于现实的时代背景,还有着深刻的理论渊源。自20世纪40年代以来,关于国家发展的议题备受关注,理论界从不同角度先后提出现代化理论、依附理论、世界体系理论、后发展理论、可持续发展理论、人类发展理论等,人们对发展之意义、内涵、途径的理解不断经历变迁,沉淀过后更为丰富。新发展理念建立在发展理论的研究基础上,既与既有发展理论有着共同之处,又具有自身鲜明的特点。从学科视角看,法律与发展研究是发展理论在法学领域的渗透和延伸。历经三次经验与教训交织的法律与发展运动,进化论和法律移植论、法律工具论等主张已被基本摒弃,理论界仍在探寻一套以法律促进发展的良好机制。发展法学是在此背景下新兴的法学分支学科,经济法学发展理论在发展法学下,在新发展理念的指导下,积极寻求以经济法理论和经济法制度促进国家经济发展的优化路径。

新发展理念的提出,指明了"十三五"时期、"十四五"时期乃至更长时期我国的发展思路、发展方向和发展着力点,在理论和实践上有新的突破。创新、协调、绿色、开放、共享五大发展理念,有着深刻而丰富的思想内涵,是新时代经济社会发展的重要引领,新阶段高质量发展必须贯彻新发展理念,构建新发展格局。其中,创新发展是引领发展的第一动力,协调发展是持续健康发展的内在要求,绿色发展是永续发展的必要条件和人民对美好生活追求的重要体现,开放发展是国家繁荣发展的必由之路,共享发展是中国特色社会主义的本质要求。五大发展理念分别围绕经济发展的主题,分别强调发展的不同方面,体现了发展的全面性要求。它们既具有各自的特色,同时又是相互联系、不可分割的,共同构成国家发展全局的指导思想。

新发展理念同时也是经济法学发展理论的重要指导。五大发展理念对发展研究提出了新的要求和挑战,对于经济法学发展理论的定位、内涵等起到了迭代换新的作用。新发展理念的经济法释义,是在中国特色社会主义新时代背景下从经济法部门的视角对发展进行研究的理论。经济法为促进发展之法,其内在逻辑与新发展理念十分契合,由经济法诠释新发展理念拥有部门法上的天然优势。经济法对新发展理念的诠释,有利于增益既有发展理论,完善发展法学研究,为经济法学发展理论的进一步发展奠定理论基础。新发展理念和经济法的运动是因果双向的,一方面,新发展理念的内涵丰富了经济法学发展理论,并从政策文件的角度推进了经济法的发展;另一方面,经济法作为发展促进法,有力推动了新发展理念的贯彻落实,有助于解决当前现代化建设进程中的发展问题。

第二章 新发展理念引领下的经济法学发展理论

一、经济法学发展理论提出的背景与意义

中国经济法应时代需要而产生,也随着时代主题的变化而发展。中国经济法学在汲取国外经济法理论、传统法学理论合理成分的基础上,充分结合中国改革开放的实践,形成了框架清晰、内容合理的经济法本体论、价值论、规范论、运行论和方法论等一系列理论,近年来,分配理论、发展理论、信息理论、风险理论等日渐兴起。① 实际上,经济法在各方面都呈现出突出的发展促进功能,这与经济法的特征、功能结构、制度设计原理都有密切的联系②,经济法学者对于发展问题、发展观问题也一直都有关注和研究③,发展已经成为经济法中的法理体系的重要组成部分。④ 因此,发展是经济法需要促进的目标,发展研究也是经济法学界的基本理论主题。既有的研究为经济法学的发展理论奠定了基础,而当前现实问题更需要经济法学发展理论的回应。

(一) 发展理念的聚变

发展理念是关于发展的本质、目的、内涵和要求的总体看法和根本观点,发展理念决定了追求什么样的发展、如何发展等一系列基本问题的回应方式。从第二次世界大战结束以来,人类社会发展理念先后经历了"经

---

① 参见张守文:《中国经济法理论的新发展》,载《政治与法律》2016 年第 12 期。
② 参见张守文:《论促进型经济法》,载《重庆大学学报(社会科学版)》2008 年第 5 期。
③ 参见程信和、李挚萍:《可持续发展——经济法的理念更新和制度创新》,载《学术研究》2001 年第 2 期;刘大洪、岳振宇:《论经济法的发展理念——基于系统论的研究范式》,载《法学论坛》2005 年第 1 期;李昌麒:《经济法理念研究》,法律出版社 2009 年版;程信和:《发展、公平、安全三位一体——经济法学的基本范畴问题探析》,载《华东政法学院学报》1999 年第 1 期;程信和:《经济法中主体权利设置的走向》,载《社会科学家》2014 年第 12 期;程信和:《经济法基本权利范畴论纲》,载《甘肃社会科学》2006 年第 1 期;张守文:《经济发展权的经济法思考》,载《现代法学》2012 年第 2 期;张守文:《经济法学的发展理论初探》,载《财经法学》2016 年第 4 期。
④ 参见张守文:《经济法中的法理及其类型化》,载《法制与社会发展》2020 年第 3 期。

第二章 新发展理念引领下的经济法学发展理论

济增长观""综合发展观""可持续发展观""以人为中心的发展观"的演变①,每一种发展理念都深刻影响了相应的政策制定,每一次发展理念的变革都意味着社会发展模式的改变。新中国成立以来,我国根据自己的国情,结合世界范围内的发展理念,也形成了既符合时代要求也具有自身特色的发展理念,最初把发展理解为现代化,把现代化等同于工业化,改革开放后"以经济建设为中心""发展才是硬道理""可持续发展观""科学发展观"到"新发展理念"等观念②次第成为主导思想。"如何实现发展""如何实现更快发展""如何实现更好发展"在不同时期占据主要地位,发展理念的演化具有明显连续性特征、实用性导向,而背后生产力和生产关系的矛盾运动则构成国家发展理念变迁的根本逻辑。③

党的十八届五中全会首次了提出了以创新、协调、绿色、开放、共享为内容的五大发展理念④,而后五大发展理念被概括为新发展理念⑤,如今贯彻新发展理念已经得到国家宪法肯认⑥,成为一项基本的法律原则。新发展理念进一步明确了"发展依靠谁、为谁而发展、如何发展"的问题⑦,对于我国今后相当长一段时期的发展思路具有重要的指引作用。五大理念在过去都有所体现,在新的形势下,各个理念的内涵有了重要的发展。⑧新发展理念重要的价值在于,赋予已有的发展理念更丰富的内涵,并将各个分散的发展理念整合为一体,实现发展理念的"聚合"反应。新发展理念着重于内容的"新",经过"聚合"反应后,新发展理念变成一个发展理念,包括五个主要方面,而不是分散的五个发展理念。

新发展理念的聚合是对传统理念的扬弃,是在既有理念基础上的发展。新发展理念的五个主要方面在我国各个发展时期都有不同程度的体

---

① 参见李桂林:《法律与发展视野下的中国法律发展》,载《江淮论坛》2010年第3期。
② 参见严书翰:《中国共产党发展理念的演进与创新——兼论习近平发展思想的科学内涵》,载《人民论坛·学术前沿》2016年第3期;张彦、王长和:《论改革开放以来中国发展理念价值排序的演进依据》,载《浙江社会科学》2018年第7期。
③ 参见叶敬忠、张明皓:《发展理念的变迁与新发展理念的形成》,载《济南大学学报(社会科学版)》2020年第1期。
④ 参见《中国共产党第十八届中央委员会第五次全体会议公报》(2015年10月29日)。
⑤ 参见中共中央宣传部编写:《习近平总书记系列重要讲话读本》,学习出版社、人民出版社2016年版,第八章。
⑥ 参见《中华人民共和国宪法》序言部分。
⑦ 参见双传学:《论新发展理念的理论升华与实践指向》,载《南京社会科学》2016年第4期。
⑧ 参见程恩富:《论新常态下的五大发展理念》,载《南京财经大学学报》2016年第1期。

现。创新发展在理论和实践中已经有不少的强调。从熊彼特论证了经济发展来源于创新的"创造性破坏"后,创新作为经济发展的驱动力逐渐得到认可,我国也很早就认识到创新对发展的重要作用,在20世纪80年代就提出"科学技术是第一生产力",把提高自主创新能力、建设创新型国家视为国家发展战略的核心和提高综合国力的关键①,在"十一五"计划中还制定了合理的自主创新体系的技术路线,即大力提高原始创新能力、集成创新能力和引进消化吸收再创新能力。协调发展在我国不同时期有不同的表述,邓小平对于"先富带后富、实现共富"的论述,是发展顺序协调的表现,党的十五大提出要"走出一条速度较快、效益较好、整体素质不断提高的经济协调发展的路子",要"逐步缩小地区之间的发展差距,实现全国经济社会协调发展,最终达到全体人民共同富裕",科学发展观进一步要求发展要"全面协调可持续"。绿色发展是西方过于强调和践行GDP发展观而导致环境污染破坏、自然反噬人类后,在20世纪六七十年代提出的发展理念,要求人类在发展经济的同时注重环境保护,当时提出的可持续发展观就包括绿色发展,可持续发展要求经济发展要考虑环境的承载力,资源开发利用既能满足当代人的要求,又不危害子孙后代的发展。我国传统上人与自然和谐相处的观念也蕴含着绿色发展观念的萌芽,绿色发展观提出后很快在我国得到认同,20世纪80年代环境保护就被列为基本国策,党的十七大提出"建设生态文明",十八大明确将生态文明建设纳入中国特色社会主义"五位一体"总布局,并且要求把生态文明建设融入其他四大建设的各方面和全过程。开放发展就是要借助国内与国外的联动促进国内的发展,一方面,在落后的情况下要积极学习外国先进技术与经验,利用后发优势实现跨越式发展;另一方面,在逐步赶超或领先国外时,要充分利用国外原材料市场、消费市场,扩大发展的规模,提升发展的质量。新中国引进苏联技术援助算是第一次大规模开放,这有利于我国初步建立完整的工业体系,20世纪70年代初利用中美关系缓和的机遇,我国又大幅引入外资和技术,这激发了国内产业的活力,同时也奏响了改革开放的序曲,1978年改革开放拉开了开放发展的大幕。随着我国工业体系的完善,一大批普通产品需要走向国际开拓市场,另外部分高技术产品也有了国际竞争的实力,"引进来"式的开放逐步转向侧重于强调"走出

---

① 参见《十七大以来重要文献选编》(上册),中央文献出版社2009年版,第14、577—578、12页。

第二章 新发展理念引领下的经济法学发展理论

去"式的开放。党的十五大将对外开放作为一项长期的基本国策,党的十八大指出要实行更加积极主动的开放战略,完善互利共赢、多元平衡、安全高效的开放型经济体系。共享发展既是我国"不患寡而患不均"传统理念的现代表述,也是社会主义的本质要求。社会主义的根本目标是要消灭两极分化,实现共同富裕,党的十五大强调要"保证国民经济持续快速健康发展,人民共享经济繁荣成果"。党的十六届六中全会提出"共同建设、共同享有"的原则,党的十七大提出要做到"发展为了人民、发展依靠人民、发展成果由人民共享"。五大理念的提出、演变历程,为新发展理念的诞生奠定了基础。

中国需要发展理念的聚合,根本原因是中国将发达国家几百年走过的路压缩在几十年内走完,这意味着,不同发展阶段的任务凝聚在同一阶段,不同时期所附带的问题也出现在同一阶段:发达国家的发展在充分享受资本和劳动力红利后才面临创新发展的问题,我国经过不到四十年的发展已经面临投资乏力、社会老年化等问题;发达国家走过的先污染后治理的路子,在现代社会已经行不通,严峻的环境问题亟须在经济发展时贯彻绿色理念;在以经济建设为中心、东部率先发展等倾斜发展的政策下,经济社会发展取得了预期的成果,也付出了巨大代价,物质与精神(制度)的差距、东西差距、城乡差距等问题日益严重,协调发展刻不容缓;在经济取得举世瞩目的业绩时,发展的成果并没有很好地惠及最广大的人民群众,贫富差距令人窒息,上学难、看病难、住房难成为压在老百姓头上的"三座大山",共享发展势在必行。由于中国当前发展阶段任务的复合性及其所面临问题的多元性和复杂性,过去注重单方面问题解决的发展理念难以为继,为此,需要将创新、协调、绿色、开放、共享五大理念聚合,并针对中国当下形势赋予更丰富的内涵,于是,新发展理念顺时而出。

聚合后的新发展理念作为一个整体,相对于传统单个发展理念呈现出新的特征:第一,新发展理念是一种整体性的发展理念。新发展理念包含创新、协调、绿色、开放和共享五个方面,每个方面都是新发展理念不可缺少的内容。以往的发展理念或是强调发展的创新动力,或是强调各部分之间的协调,或是强调发展中人与自然的和谐,或是强调国内外的关系,或是强调发展的成果分配,每一方面都对发展提出了要求,但是容易导致过于强调某一方面的发展要求而忽略了其他方面的发展,将实现某一方面的发展作为克减其他方面发展的借口。新发展理念将五大发展理念融于一体,体现的是一种全面综合而不是片面单调的发展理念。五大发展理念聚合为新发展理念的有机组成部分,新发展理念的实现要求每一方面的发展都予以实现,某一方面发展的滞后将使得发展理念的目标落空。新发展理念的整全性体现了立体式而非平面化的发展观,要求各方面的发展恰当有序,避免发展的"木桶效应"。第二,新发展理念是一种结构化的发展理念。五大发展理念聚合为一个发展理念,使得新发展理念具有丰富的内涵,多方面的发展要求也形成了新发展理念的内部结构。在新发展理念这一"系统"中,每一构成部分处于不同的位置,各个部分相互关联、共同作用,从而发挥有效的对外指引功能。新发展理念的五方面之间结构清晰、关系明确:创新是引领发展的第一动力,协调是持续健康发展的内在要求,绿色是永续发展的必要条件和人民对美好生活追求的重要体现,开放是国家繁荣发展的必由之路,共享是中国特色社会主义的本质要求。五方面理念可以进一步划分为三个层次:第一层次是创新发展,居于实施路径的主导核心地位;第二层次是协调发展、绿色发展和开放发展,属于创新发展的内化要求和实现途径;第三层次是共享发展,在路径上为其他四方面的实施提供归宿依据,建构以发展目标与发展途径相统一的有机整体。① 聚合后的发展理念具有了整全性与结构化的特征,因而也就能够更有效应对复杂多样的发展问题。

发展理念的聚变形成的新发展理念,对一切有关发展的价值、理论与制度都会产生影响,对于经济法的影响更为明显,原因在于经济法是典型的发展促进法,发展理念的更新意味着经济法所促进的发展目标以及方式都会有所调整,经济法要在新发展理念的指引下及时进行制度完善,其中必然要借助经济法学本身的发展理论。由于传统上经济法学发展理论虽然有一定研究,但是尚不完整,当前更有必要夯实经济法学发展理论。

(二) 发展权的裂变

经济法学发展理论是关于经济法要促进怎样的发展以及如何实现发展目标的理论。发展话语不是典型的法学话语,发展可以成为法律的目标,但是必须转化为法学话语才能通过法律系统进行"操作"。于是,随着实践的发展,法学研究中将权利、义务、责任及救济与发展问题相结合,形成发展权、发展义务、发展责任、发展权救济等范畴,"发展法学"的构建也呼之欲出。经济法是典型的发展促进法,发展法学的构建需要经济法理

---

① 参见张乾元、谢文娟:《论新发展理念的内在逻辑》,载《中州学刊》2017年第1期。

第二章　新发展理念引领下的经济法学发展理论

论的支持,近些年来发展权中裂变出来的经济发展权更是与经济法紧密联系,如何通过经济法促进发展,规范和保障经济发展权,亟须经济法学发展理论作出回应。

1. 从发展到发展权

"发展"是一个哲学概念,表示事物由小到大、由简单到复杂、由低级向高级的变化。发展包括物的发展和人的发展两个方面,前者是指客观事物和现象的进化过程,后者是指作为主体的人的发展过程。发展问题首先是在经济领域提出来的,发展最初并不是一个法学的范畴。第二次世界大战后至20世纪五六十年代,发展中国家提出了发展民族经济的强烈要求,从20世纪60年代开始,发展中国家进一步提出了发展原则,主张以它作为指导国际经济关系的准则。发展原则的主要内容是打破旧的国际经济关系,建立国际经济新秩序,让每个国家和各民族都能够获得平等发展的机会,以促进国际社会的普遍繁荣和共同进步。20世纪70年代发展权利概念开始提出并普及开来:1972年凯巴·姆贝耶发表演讲,第一次把发展权作为人权进行阐述,1977年联大通过《关于人权新概念的决议案》明确提出了"发展权"思想,1979年联大通过《关于发展权的决议》,将发展权视为一项不可剥夺的人权,1986年联大通过《发展权利宣言》,发展权成为集体和个人的一项神圣权利。发展权是第二次世界大战后发展中国家为反抗不平等的国际秩序而积极推动形成的,它经历了从发展要求到发展原则再到发展权利的演进过程。[1]

在《发展权利宣言》中,发展权被阐释为:一项不可剥夺的人权,由于这种权利,每个人和所有各国人民均有权参与、促进并享受经济、社会、文化和政治发展,在这种发展中,所有人权和基本自由都能获得充分实现。基于此种渊源与基础,有学者把发展权界定为"人的个体和人的集体参与、促进并享受其相互之间在不同时空限度内得以协调、均衡、持续地发展的一项基本人权。……发展权是全体个人及其集合体有资格自由地向国内和国际社会主张参与、促进和享受经济、政治、文化和社会各方面全面发展所获利益的一项基本权利。……发展权是关于发展机会均等和发展利益共享的权利"[2]。

---

[1] 参见郝明金:《论发展权》,载《山东大学学报(哲学社会科学版)》1995年第1期。
[2] 汪习根:《发展权含义的法哲学分析》,载《现代法学》2004年第6期。

2. 发展权的裂变

发展权提出后到现在，其内容不断得到丰富和发展，发展权内部从单一板块经过"裂变"形成诸多结构组成，具体而言：

第一，适用领域的"裂变"，从国际法概念向国内法概念延伸。发展权是发展中国家为了反抗帝国主义、殖民主义的侵略和经济掠夺，改变不公正、不合理的国际经济秩序而提出来的，本质上是民族自决权的一种延伸和发展。因此，发展权最初以国际法的形式得到确认。国家的发展权利为发展中国家争取正当利益，争取扩大有效的国际合作、国际援助，集体地制定国际发展政策，争取更公正的国际经济秩序，提供了一个强有力的政治话语修辞或话语方式。[①] 但是随着发达国家对个人政治权利与自由的强调，国际上达成了个人与集体双主体的共识，国内个人的发展权问题日益受到重视，不仅国际上会特别关注具体国家内部的个人发展权，各个国家也会从发展权的角度来审视本国政府与个人的关系。这样，发展权越来越多地在内国法上出现，例如妇女发展权、儿童发展权等在我国的立法上都有规定。发展权适用领域从国际层面向国内层面的裂变，有助于强化国家对发展权尤其是个人发展权的重视，增强发展权的实践操作性。

第二，权利主体的"裂变"，从国家主体向个人主体与区域主体延伸。发展中国家为了改变不公正的国际经济秩序、强调发达国家对发展中国家的责任，而主张发展权的主体应该限于国家，其中发展中国家主要是权利主体，发达国家主要是义务主体。而发达国家坚持发展权只是一种个人权利。经过多年的争论，国际社会终于达成共识，承认发展权是一项集体人权（主要是指向国家），同时又是一项个人权利。[②] 近些年来，又有学者提出区域可以作为发展权的主体[③]，其基础是发展呈现出区域性以及区域在发展过程中发挥的重要作用。个人乃至区域成为发展权主体，体现了发展权主体的多样性，深化了对发展权主体的认识，也有利于从不同层面促进发展权的实现，最终促进个人自由而全面的发展。

第三，权利内容的"裂变"，从单一发展权裂变为政治发展权、经济发展权、社会发展权、文化发展权等。发展权提出之始，主要关注的是经济领域的发展权，意在改变不公正的国际经济秩序，促进发展中国家的发

---

① 参见叶传星：《发展权概念辨析：在政治与法律之间》，载《东岳论丛》2019 年第 12 期。
② 参见庞森：《发展权问题初探》，载《国际问题研究》1997 年第 1 期。
③ 参见齐延平：《论发展权的制度保护》，载《学习与探索》2008 年第 2 期。

第二章　新发展理念引领下的经济法学发展理论

展,其基础在于当时的结构主义发展经济学理论;而后新古典发展经济学批判了以往的理论,区分了增长与发展,使得发展的目标更加广泛,形成涉及政治、经济、文化等诸多领域跨学科的"发展研究"①。随着对发展的认知拓展,经济发展不再是发展权的唯一内容,发展权也关注到社会发展的各个领域,只有在政治、经济、文化、教育、科学与技术相互补充、全面进步、共同发展的基础上,才能最终实现真正意义上整个国家与人民的全面发展。② 在此基础上,有研究将政治、经济、文化、社会、生态等领域的发展权利进一步提炼为政治发展权、经济发展权、文化发展权、社会发展权、生态发展权等。③ 这种权利形态的细化,符合我国部门法分立的现实,发展权裂变为具体的发展权形态,可以更好地实现发展权与宪法、经济法、社会法和环境法等部门法的衔接,每一个部门法"分工"主要促进对应领域发展权的实现,从而可以合作实现整全性的发展权。

3. 裂变后的经济发展权

虽然在区分增长与发展之后,经济发展不再是发展权的唯一内容,但是经济发展权依然是发展权的核心内容。④ 世界各国都面临着经济发展的问题,即使是发达国家也需要考虑经济如何发展,在相当长的时期内,经济发展仍是第一要务;中国是世界上最大的发展中国家,经济发展不能松懈,以经济建设为中心仍然需要坚持。经济基础决定上层建筑,只有经济发展了才能从根本上促进其他领域的发展,其他发展权的实现要随经济发展权的实现程度作动态调整。

裂变出来的经济发展权进入部门法视野,尤其是与具有突出经济性与规制性的经济法深入结合,内涵与意义更加凸显:

第一,经济发展权与经济法调制主体结合,形成了经济发展权力。这是发展权内涵从权利向权力的拓展。有学者提出,国家发展权是国家基于主权所享有的,采取主动的国内措施及国际合作行动,参与、促进本国

---

① 参见谭崇台:《西方发展经济学家对"看得见的手"与"看不见的手"的对应分析》,载《经济研究》1987年第2期;萨奇:《结构主义、新古典主义与发展经济学的兴衰》,载《世界经济》1988年第7期。
② 参见李蕾:《发展权与主权的互动是实现发展权的基本要求》,载《政治与法律》2007年第4期。
③ 参见汪习根、吴凡:《论中国对"发展权"的创新发展及其世界意义》,载《社会主义研究》2019年第5期。
④ 参见连保君、孟鸣歧:《论人权中的发展权问题》,载《北京师范大学学报(社会科学版)》1992年第3期。

经济、社会、文化和政治的全面发展并享受发展利益的权力和权利,是国家行使参与、促进发展的行为权与获得发展利益的收益权的统一。① 权力意义上的发展权使得发展权与公权力得以联结,发展权不仅是个人可以向国家要求保护、促进与分享的权利,也是国家为了发展而对个人行使的指导性或强制性力量。

第二,经济发展权融入经济法权利范畴,促进了经济法权利体系的整合。有学者把经济法权利类型化为基本权利和具体权利,具体权利又分为一般权利和特别权利。经济发展权、经济分配权、经济安全权,可以成为经济法的基本权利范畴,从而建立以发展权为核心的权利体系。② 这种依据经济发展权构建的权利体系,有利于经济法权利理论的深化,但是美中不足的是,在自由权、竞争权等作为经济法主流的权利范畴背景下,此种体系构建未能厘清经济发展权与既有权利范畴之间的关系——它们究竟是同一种权利不同的呈现方式,还是不同层次的权利。

(三) 经济法学发展理论的意义③

1. 深化发展法学的研究,推动法学理论发展

传统的发展理论自兴起以来,曾以发展经济学为核心,继而在整合过程中,吸纳了发展政治学、发展社会学等方面的理论。尽管在20世纪60年代以来的现代化浪潮下,一些发达国家的法学、政治学和社会学者,力图将西方的法律制度移植或输出到发展中国家,但由此形成的法律与发展运动,并未取得预期效果。在20世纪90年代以来的全球化和社会转型背景下再度兴起的法律与发展研究,更强调法律制度对经济发展和社会变革的促进,但仍未能推出像发展经济学那样有影响力的发展法学。事实上,在经济学领域,发展经济学早已成为影响日隆的分支学科,但在法学领域,发展法学至今仍未受到普遍关注,即使是法律与发展方面的课程④,也远未受到重视。在各国高度重视发展的今天,在我国推进全面发

---

① 参见张永忠:《论国家发展权及其在区域经济合作中的实现》,载《江西财经大学学报》中国法学会经济法学研究会2005年年会专辑。
② 参见程信和:《经济法中主体权利设置的走向》,载《社会科学家》2014年第12期。
③ 本节内容主要参考张守文:《经济法学的发展理论初探》,载《财经法学》2016年第4期。
④ 美国学者塞德曼等曾在1988年至1989年在北大讲授"法律与发展"课程。参见〔美〕塞德曼等:《发展进程中的国家与法律——第三世界问题的解决和制度变革》,冯玉军等译,法律出版社2006年版,中译本序。

第二章　新发展理念引领下的经济法学发展理论

展的形势下,对发展理论的深入研究不仅有理论价值,而且还具有现实意义,甚至事关国家的兴衰成败,例如在新冠疫情应对中,从发展法学的角度推进公共卫生治理现代化的重要性更加凸显①。

诺思认为,"国家既是经济增长的关键,又是经济衰退的根源"②。这意味着,经济和社会的发展,会在很大程度上受到国家制度的影响。因此,发展理论应关注如何形成或构建好的制度,如何推进良法善治。考虑到国家制度对发展的不同影响,阿西莫格鲁和罗宾逊将制度分为两类,一类是"包容性制度",一类是"汲取性制度",前者有助于促进国家的发展,而后者则会导致国家的失败③。对于上述的"诺斯悖论"以及制度是否具有"包容性",法学的发展理论应着重研究,以更好地发现现实制度存在的问题及其完善路径。

基于法律与发展的关联性,整体的法律制度不仅可以分为"包容性制度"和"汲取性制度",还可以分为"解纷型制度"和"发展型制度"。其中,解纷型制度以定分止争、解决争端或纠纷为导向,更强调形成具体的法律秩序,解决相关主体之间的纠纷;而发展型制度则更侧重于以促进经济和社会等诸多领域的发展为导向,其规制性、指导性、诱导性更突出,而并非着重于解决相关主体之间的纷争。当然,上述的制度分类只是大略的划分,相关制度的功能并非截然割裂,因为凡是能够形成秩序、解决纠纷的制度,同样有助于促进发展;同时,在促进发展的过程中,也需要不断协调和解决相关的矛盾和纠纷。作出上述大略的划分,意在明晰相关的规则侧重或制度功能,以期有助于展开类型化的研究,从而进一步展开发展法学的研究,但是当前对此深入研究的成果并不多。

发展法学在我国难以取得重大进步是多方面原因造成的。我国深受大陆法系教义学风格的影响,法学研究体制偏重政策注释,不能有效提供具备前瞻指导意义的法学理论;基于传统上公权力过大、转型时期私法执行力低的现实,法律的根本宗旨被定为保护公民权利免受政府侵犯或者

---

① 参见张守文:《公共卫生治理现代化:发展法学的视角》,载《中外法学》2020年第3期。
② 依据诺思(或译为诺斯)的理论,国家既要通过降低交易费用来促进经济发展,又要实现税收的最大化,前者可能推进经济的繁荣,后者则可能带来经济的衰退,因此,好的制度应在两者之间实现平衡协调。〔美〕道格拉斯·C.诺思:《经济史中的结构与变迁》,陈郁等译,上海三联书店、上海人民出版社1994年版,第25页。
③ 参见〔美〕阿西莫格鲁、罗宾逊:《国家为什么会失败》,李增刚译,湖南科学技术出版社2015年版,第51—58页。

保障私法合同的有效执行。促进经济发展长期被视为经济政策的领域，法律难以提供有效的方案，如果把法律当作经济发展的工具，会被视为法律工具主义而损害了法律自身的价值。经济发展由于不是法律人的强项，必然通过授权而构建政府自主决定发展方案的制度空间，但是积极赋权意义上的法治观念在我国经常被理解为秩序本位的消极法制观念。此外，传统上过于强调"社会是法律的基础"，以至于主流学者（尤其是部门法学者）倾向于研究法律的适应能力，而非改造功能。①

经济法可以作为发展法学理论研究的切入口。在经济法制度中，既有解纷型制度，也有发展型制度，并且，与传统部门法相比，经济法以"促进经济和社会的良性运行和协调发展"为目标，经济法领域的发展型制度更多。经济法的各类具体制度或具体立法，无不体现着发展理念，无不侧重于通过促进发展的各类手段，来确保各类主体的发展权利和发展利益的实现。通过研究经济法发展促进的理念与制度逻辑，形构经济法学发展理论，进而对整个法律体系予以审视，从部门法意义上的发展理论拓展为一般法律意义上的发展理论，促进发展法学的发展。

2. 拓展经济法理论体系，指导经济法制度完善

经过近四十年的发展，经济法学已经形成了以本体论、价值论、发生论、规范论、运行论等为主体的、较为成熟的理论体系，近年来随着分配问题、风险问题、发展问题日益凸显，学界先后提出"经济法是分配法""经济法是风险防控之法""经济法是促进发展之法"等重要命题，这亟须深入挖掘经济法学的分配理论、风险理论、发展理论等，这些贯穿经济法各类制度的理论，尤其有助于从不同维度打通和指导经济法的理论研究和制度建设。相对来说，经济法学界对分配理论、风险理论等已有一定研究②，但对发展理论的研究仍较为分散，理论的系统性很不够。因此，研究经济法学中的发展理论，对于丰富经济法理论体系具有重要价值。

自经济法学研究兴起以来，随着经济法调整范围的逐渐廓清，以及相关规范理论的不断完善，如何从功能主义的视角发展经济法理论，尚需学界进一步推进。尽管经济法学者历来强调经济法的独特功能，但相关的

---

① 参见郭晓明：《全球法治与发展运动的知识考察：一个反思的视角》，载《华东政法大学学报》2020年第1期。

② 对此已有许多学者作出过讨论，其中，有关发展成果分享问题的研究，可参见李昌麒：《中国改革发展成果分享法律机制研究》，人民出版社2011年版；对于分配理论与风险理论相结合的探讨，可参见张守文：《分配危机与经济法规制》，北京大学出版社2015年版，等等。

第二章　新发展理念引领下的经济法学发展理论

整合研究仍显不足,从而为经济法学发展理论的系统研究提供了较大空间。依循功能主义的思路,学界以往对经济法的规制性已有诸多关注,并由此对"促进型"经济法规范展开过探究①。基于经济法是"治国之法"和"促进发展之法"的共识,从制度规范的角度,挖掘经济法促进发展的功能,有助于揭示为什么经济法是"发展促进法",并由此为经济法学的发展理论提供现实的制度支撑。经济法促进发展的功能,缘于经济法内含的大量发展导向型规范,它们构成了"发展型经济法制度"。这些制度以促进发展为目标,分布于经济法的各个部门法,是经济法学发展理论的重要研究对象。由于传统的发展理论内容非常丰富,且法学界以往对发展问题已有相关研讨,因而提炼经济法学的发展理论亦不乏理论资源。

发展是时代的主题,无论是"全面的改革"抑或"全面的法治",都要以"全面的发展"为主线,唯有如此,才能真正实现经济与社会的良性运行和协调发展,并由此增进全民的福祉,实现国家的长治久安。而如何推进"全面的发展",正是我国当前亟待破解的难题,由此如何发挥经济法制度的发展功能更有现实的紧迫性。发挥发展功能,有赖于合理的经济法制度的制定,这需要有扎实的经济法学发展理论作为指导。"一个完整的发展理论必须能指导法律的形成和实施"②,因此,发展理论对于制度运行的指导作用非常重要。各类经济法制度的形成、实施和完善,都需要有相应的发展理论作指导。因此,研究发展理论,不仅是经济法理论自身完善的需要,更是指导制度建设的需要。

二、经济法学发展理论的内涵及其展开

经济法学发展理论或者发展经济法学是有经济法特色的发展法学,也是具有法律色彩的发展理论。因此,在论述经济法学发展理论或者发展经济法学的内涵之前,有必要对一般的发展理论和法学发展理论作出解释。

---

① 有关促进型经济法的探讨,可参见张守文:《论促进型经济法》,载《重庆大学学报(社会科学版)》2008 年第 5 期;焦海涛:《论"促进型"经济法的功能与结构》,载《政治与法律》2009 年第 8 期等。

② 〔美〕塞德曼等:《发展进程中的国家与法律——第三世界问题的解决和制度变革》,冯玉军等译,法律出版社 2006 年版,第 3 页。

(一) 经济法学发展理论的内涵阐释

经济法学发展理论与发展理论、法学发展理论一脉相承,都是从不同范围、不同的角度对发展问题进行研究。总体而言,从理论脉络上来看,经济法学发展理论最先出现,继而是跨学科的发展理论研究,其间法律与发展运动兴起繁荣产生了法学发展理论。

经济学是最先关注发展问题的学科,学界把研究发展问题尤其是发展中国家的发展问题的经济理论称为发展经济学。古典经济学家亚当·斯密和李嘉图等人从分工等角度研究如何实现财富增长的理论可以算是经济发展理论的先驱,而后一百多年主流经济学重视均衡问题的分析,发展问题直到第二次世界大战后才重新进入主流经济学的视野。由于20世纪二三十年代的大危机、苏联计划经济的成功以及凯恩斯主义的提出,第二次世界大战后结构主义发展经济学成为主流,指导思想是唯资本理论、唯工业化理论和唯计划化理论。到了20世纪六七十年代,面对滞胀危机,凯恩斯主义无能为力且在其指导下的国家并没有发展起来,结构主义发展经济学受到批判,新古典发展经济学兴起,并且区分了增长与发展,提出发展不应该把经济增长作为唯一目标,还应关注政治、社会、生态等各方面。进入20世纪八九十年代,随着制度经济学、公共选择理论的兴起,发展经济学文献中有了制度分析、交易费用分析、产权理论、寻租理论、国家理论等内容。① 由于宏观研究效果不佳,进入新世纪后经济增长研究开始越来越多形成以家户和企业的微观行为为基本对象的研究范式,通过随机化控制试验或社会实验来研究发展。近年来国内有学者提出新结构主义经济发展理论,主张按照要素禀赋结构的比较优势,充分发挥市场和政府的协同作用发展经济。② 发展经济学关注的核心是国家与市场在经济发展中应该发挥何种作用的问题,这与经济法中宏观调控关系与市场规制关系具有内在的联系,经济法学发展理论要充分吸收发展经济学的合理成果。

由于发展与增长区别开来,发展的目标不再局限于经济增长,其他目

---

① 参见杨小凯、张永生:《新兴古典发展经济学导论》,载《经济研究》1999年第7期;方福前:《论发展经济学失败的原因》,载《中国人民大学学报》2002年第4期;郭熙保:《发展经济学评述》,载《经济学动态》2004年第4期。

② 参见林毅夫:《新结构经济学——重构发展经济学的框架》,载《经济学(季刊)》2010年第1期。

第二章　新发展理念引领下的经济法学发展理论

标也应取得与增长相类似的地位。只要有多少结构性障碍,那么就至少会有多少消除这些障碍的短期目标。自从"基本需求论"提出之后,发展目标之多更是令人目不暇接,诸如平均寿命、人口密度分布、人均动物蛋白摄取量、收音机拥有量等等。发展理论超越了经济学的界限,演变成一个与人类学、社会学、政治学、甚至心理学相交叉的综合性学科——发展研究。① 各个学科基于自身的理论传统对发展问题的研究,形成了发展人类学、发展社会学、发展政治学的学科,对于发展问题的研究日渐丰富和繁荣。

第二次世界大战后伴随着发展经济学的兴起,以美国为首的发达国家出于各种利益的考虑,积极扶持发展中国家发展,基于法律进化论的观点,帮助发展中国家移植发达国家法律,形成了轰轰烈烈的法律与发展运动。② 法律与发展的研究由此勃兴,法律是否以及如何促进发展成为重要的议题。

在法学领域研究法律与发展之间的关系,国际上大致形成了两种路径,一是研究"发展中的法律",把法律当作促进经济发展的工具,二是研究"作为发展的法律",把法律(法治)本身看作是发展改革的目标。在"发展中的法律"中,有一些观点主张国家在促进发展方面扮演着有力的角色,国家有力地干预经济领域,即支持发展型国家(developmental state)。另一些观点赞同的是发展的新自由主义理论,即支持国家对经济领域的最低限度干预。在"作为发展的法律"中,法律具有内在的价值,无须仅从工具意义上获得正当性,法律的发展独立于其他发展标准③,多重维度下的自由既是发展的目的,也是发展的手段,这主要是从保障这些自由的意义上而言的。与此类似,我国法学界也形成了两大研究主题:一是法律的发展理论研究,即主要研究法律与社会的政治、经济、文化等各方面的发展的相互联系和内在规律,旨在阐明法律在社会发展中不可或缺

---

① 参见萨奇:《结构主义、新古典主义与发展经济学的兴衰》,载《世界经济》1988年第7期。
② 参见〔美〕戴维·杜鲁贝克:《论当代美国的法律与发展运动(上)》,王力威译,载《比较法研究》1990年第2期;〔美〕戴维·杜鲁贝克:《论当代美国的法律与发展运动(下)》,王力威译,载《比较法研究》1990年第3期;张朝霞:《法律与发展研究"评析——兼谈"法律移植"的若干问题》,载《中外法学》1992年第4期;郑永流:《法律与发展——九十年代中国法哲学的新视点》,载《中外法学》1992年第4期。
③ 参见〔巴西〕玛丽安娜·莫塔·普拉多:《什么是"法律与发展"?》郭晓明译,载《现代法治研究》2018年第4期。

的作用①；二是法律发展研究，即侧重研究法律自身的发展问题，如法律发展的释义、途径、内容、主体和资源等方面的内容。② 应该说，这两种路径的区别是明显的，前者研究法律是否以及如何促进发展，后者研究法律本身的发展，不过通过研究法律对发展的促进作用而形成的法学发展理论也是法学自身的发展途径之一，即通过发展法学促进法学的发展。

对于"发展法学"的内容，尚未形成共识，概而言之，它是以发展问题为研究对象，以促进发展为目标的法学分支学。较为狭义的"发展法学"，主要侧重于研究经济和社会的发展；较为广义的"发展法学"，则还要研究政治和文化的发展等。虽然"发展法学"的研究范围尚处于发展变化之中，但由于世界各国的核心目标一般都是经济发展，以及与此密切相关的社会发展，因此"发展法学"的核心，也主要是侧重于研究经济和社会的发展。发展法学所研究的是一般性的发展问题，更进一步的研究是落实到部门法层面，从各个部门法的角度研究特定领域的发展，这是发展法学细化研究的途径，也是分解发展问题分别解决的有效方式。因此，就有必要在既有发展法学的基础上，形成发展经济法学等学科，构建经济法学发展理论。

经济法学发展理论就是在法学发展理论与其他学科发展理论的基础上，结合新发展理念，从经济法视角对发展问题进行研究的理论。反过来看，以专门研究经济发展的经济法学可以称作是发展经济法学，这与空间经济法学、区域经济法学③的定义思路是相似的。德国经济法学者费肯杰在对经济法体系进行划分时，提出了经济发展法的概念，即对经济匮乏所实施的发展措施以消除匮乏，它是国家总体调控的一种体现，与社会成本经济法、规制经济法、经济监督法并列。④

从本体上看，经济法学发展理论就是从经济法的视角回答实现怎样的发展、如何实现发展的问题。转换成法律话语，经济法学发展理论是关于"在一定的发展理念的指导下，对发展主体配置适当的发展权，权利

---

① 参见姚建宗：《法律与发展研究导论——以经济与政治发展为中心的考察》，吉林大学出版社1998年版；鲁楠：《全球化视野下的法律与发展》，法律出版社2016年版；郭晓明：《新法律与发展多维研究——趋向综合发展的跨学科考察》，法律出版社2016年版。
② 参见黄文艺：《当代中国法律发展研究》，吉林人民出版社2000年版；朱景文主编：《中国法律发展报告——数据库和指标体系》，中国人民大学出版社2007年版。
③ 参见张守文：《经济法学的发展理论初探》，载《财经法学》2016年第4期。
④ 参见〔德〕沃尔夫冈·费肯杰：《经济法》（第一卷），张世明、袁剑、梁君译，中国民主法制出版社2010年版，第1—45页。

第二章　新发展理念引领下的经济法学发展理论

(力)主体采取适当的发展手段,实现特定的发展目标"的理论。其中基本的逻辑是发展主体通过行使发展权而实现发展目标,即"发展主体——发展权——发展目标"。不过从结构功能视角来看,逻辑则是倒过来的:作为功能定位的发展目标决定了作为结构的发展主体与发展权的制度构建。为了实现特定发展目标,经济法遵循社会效率标准或实质公平标准,把权利能力赋予多元形式的主体①,并配置相应权利(力),经济发展权本身包含着发展手段的选择空间,发展理念则贯穿于发展主体、发展权与发展目标各个方面,发展理念直接决定了发展目标的导向,不同的发展理念下发展主体的设置存在差异,发展理念也会影响发展手段的选择从而影响发展权的内容。

(二)经济法学发展理论的要素展开

1. 发展理念与发展目标

经济法所要解决的基本矛盾和基本问题,莫不事关发展。而发展的不平衡、不协调和不可持续,被公认为最需关注的发展问题。"发展问题"作为发展理论的重要范畴,与发展理念和发展目标直接相关。要不断解决发展问题,就需要在经济法等重要法律制度中融入正确的发展理念,并促进相关发展目标的不断实现。

对于经济法的理念,已有不少学者从价值论的角度展开研究。而有关经济法促进发展的理念,则是经济法理念的重要内容。② 事实上,经济法要促进经济和社会发展,就必须体现一定的发展理念。尽管各国所强调的具体发展理念不尽相同,但传统上贯穿经济法各类制度的发展理念主要有三个,即协调发展、永续发展和共享发展。协调发展的理念,与经济法领域普遍存在的协调思想直接相关。由于现实存在的诸多差异性所带来的不平衡、不协调问题,是导致经济失衡和社会失衡的直接原因。因此,旨在解决上述问题的协调思想在经济法研究中长期占有重要地位③,

---

① 参见邓伟:《经济法主体何以成立——以经济法权利能力为中心》,载《华东政法大学学报》2020年第1期。

② 相关探讨可参见单飞跃等:《经济法发展理念论》,载《湘潭大学学报(社会科学版)》2000年第5期;程信和等:《可持续发展——经济法的理念更新和秩序创新》,载《学术研究》2001年第2期;刘大洪:《论经济法的发展理念——基于系统论的研究范式》,载《法学论坛》2005年第1期等。

③ 参见张守文:《论经济法上的协调思想——"国家协调论"的启示》,载《社会科学》2011年第1期。

该思想强调经济法的各类制度应贯穿协调发展的理念，以促进区域、行业和制度等多方面的协调。与上述协调发展的理念相关，经济法还强调永续发展的理念。经济法调整的最高目标是经济与社会的良性运行和协调发展，这其实是永续发展理念的重要体现。如果经济和社会运行失调，就会难以持续，不断爆发的经济危机和社会危机会给经济和社会发展造成巨大的负面影响。因此，永续发展是经济法必须持续坚守的重要发展理念。无论是上述的协调发展还是永续发展，最终是为了实现共享发展，即经由发展型经济法制度的促进和保障所带来的一切发展成果，都应由人民共享，增进人民的福祉，保障基本人权，这是共享发展的基本要求。[①] 因此，在这个意义上，上述的协调发展、永续发展，与共享发展也是内在一致的。

新发展理念是传统发展理念的升级版，也会影响经济法的发展理念转型。基于新发展理念的五方面具体内容，经济法在坚持既有的理念基础上，要进一步融入创新和开放发展理念。新发展理念的协调、共享理念已经在经济发展过程中有足够的重视。绿色理念在经济法的永续发展理念中已经有所体现，永续发展以可持续发展为核心，可持续发展内在要求绿色发展，在发展的过程中保护好环境，建设好生态文明。创新发展相对而言经济法理论研究得比较少，但是经济法制度上已经有很明显的创新导向，比如税法往往对高新技术产业予以政策优惠，扶持创新企业的发展，我国《反垄断法》（如第15条第1、2项）对以技术产品创新为目的的垄断协议予以除外适用；经济法理论需要进一步提炼经济法是如何鼓励创新的并研究进一步提升制度激励创新质量的可行路径。开放发展是中国经济法诞生的背景因素，也是未来发展的重要方向，可以从世界经济法的角度[②]深入探索经济法应该如何回应进一步开放所面对的问题。

上述传统的三大发展理念以及新发展理念，不仅要贯穿于经济法的各类制度，还要融入经济法促进发展的目标。在经济法的调整目标中，无论是经济目标抑或社会目标，都会涉及发展的内容，并由此形成经济法上的发展目标。

---

① 在罗斯福所倡导的"四大自由"中，"免于匮乏的自由"非常重要，尤其有助于说明解决贫困问题、促进共享发展的必要性。我国的《"十三五"规划纲要》特别强调，要使全体人民在共享发展中有更多获得感，增强发展动力，增进人民团结。

② 参见袁达松、张志国：《世界主义视角下的经济法治与经济法学》，载《经济法研究》2018年第1期。

第二章　新发展理念引领下的经济法学发展理论

2. 发展主体与发展权利

在发展型经济法制度中,与发展有关的主体不胜枚举,如国家和国民、政府和市场主体等都是发展主体的重要类型。上述各类主体都有自我发展的权利,同时,国家或政府还负有推进国民和市场主体发展的职权或义务。因此,在经济法领域,既要关注国家和各级政府的发展,因为这对于国民和市场主体的发展具有重要影响,同时,更要关注国民和市场主体的发展,因为这是国家发展的终极基础。

随着发展理论的深化,人们更强调对发展主体的"赋权"[①],由此使各类主体的发展权利或称发展权日益受到重视。通常,发展权包括经济发展权、社会发展权、政治发展权等诸多类型,但经济发展权被公认为发展权的核心,是其他发展权有效实现的基础。基于上述发展主体的分类,在经济法研究中,更应关注一些重要主体的经济发展权。例如,国家和国民都是重要的发展主体,国家发展权与国民发展权各不相同。其中,国家发展权直接涉及国家利益和社会公益,而国民发展权则直接涉及私人利益。国民发展权可以包括企业发展权、个人发展权、第三部门发展权等。在国内法层面,企业以及其他个体的经济发展权尤其需要经济法加以保障。又如,政府和市场主体也都是重要的发展主体,两者所享有的发展权亦存在差别。其中,政府的促进发展权,是政府通过促进其他主体的发展来实现国家整体发展的职权,表现为政府可以通过宏观调控权和市场规制权的行使,来促进市场主体的发展,从而推动经济的整体发展。而市场主体的自我发展权,则是市场主体通过自己的行为,来实现个体的自我完善和自我发展的权利。从具体制度来看,以《中小企业促进法》为例:通过该法的实施,来促进中小企业的发展,是政府的促进发展权的体现;而中小企业通过行使该法规定的相关权利,来实现自我发展,则是其自我发展权的体现[②]。对上述两类发展权的规定和保障,是经济法诸多制度的重要内容。

各类主体的经济发展权,与经济法制度中既有的权义结构存在内在关联。其中,国家的经济调制权与促进发展权,市场主体的市场对策权与

---

① 在发展理论发展到一定阶段后,人们开始重视赋权问题,因为没有赋权,发展能力和发展利益等就会受到限制。

② 对相关分类的具体探讨可参见张守文:《经济发展权的经济法思考》,载《现代法学》2012年第2期。

自我发展权,都具有内在一致性。因此,经济发展权可以成为统一适用于各类经济法主体的、包含了权力和权利内容的重要范畴。

3. 发展能力与发展促进

发展主体的发展能力,是发展理论需要研究的重要问题。与传统法对权利能力、行为能力等能力问题的关注不同,发展型经济法更要关注主体的发展能力。事实上,所有发展问题的存在,都与相关主体的发展能力较弱、发展动力不足有关。[①] 经济法领域的弱势主体,如中小企业或小微企业,就是发展能力相对较弱的主体,无论从经济与社会发展的角度,还是从小微企业自身发展的角度,都需要通过提升其发展能力来促进其发展。即使是强势主体,也需要良好的外部竞争环境,特别是公平竞争的环境,而良好的环境的形成,也离不开国家的发展促进。要提升主体的发展能力,就需要有促进发展的手段。经济法领域的宏观调控和市场规制,不仅有助于解决相关主体的权益纷争,也有助于促进相关主体的发展。因此,财政手段、税收手段、金融手段、计划手段等,都可以成为促进发展的重要手段。由于学界对财税、金融等发展手段的探讨相对较多,而对计划手段的关注相对较少,因此,有必要对发展计划略加讨论。

发展计划作为实现发展目标的重要手段,它通常会融合各类促进发展的措施,并以相关目标和指标的形式加以呈现。在许多国家,政府的发展计划始终是推进发展的重要手段[②]。但与此同时,对于政府主导型的现代化模式可能存在的问题,特别是在发展计划中经济政策或经济法制度有效发挥作用的各种限制,必须有充分认识[③]。我国的全国人大不仅每年都审批国民经济和社会发展计划,还连续通过了多个"五年计划"或"五年规划",并以此来引导和促进中长期发展,这些都是在总体上促进发展的重要手段。各类发展计划,无论周期多长,都会涉及一些重要的、基本的

---

① 对于能力与贫困、自由、发展之间的关系,阿马蒂亚·森曾作过深入研究,他认为,可行能力是一种自由,贫困不仅是收入能力的低下,而应被视为基本可行能力的被剥夺。因此,贫困的本质是能力贫困,尤其体现为现代社会中知识和技能的不足。参见〔印度〕阿马蒂亚·森:《以自由看待发展》,任赜等译,中国人民大学出版社2002年版,第85页。

② 瑟尔沃认为,几乎所有发展中国家都公布发展计划,因为发展计划是政府制定发展目标和宣示国家处理发展问题的积极行动的理想方法,它可以用来激励全国人民的努力,也可以作为吸引外资的催化剂。参见〔英〕瑟尔沃:《发展经济学》,郭熙保等译,中国人民大学出版社2015年版,第274页。

③ 有学者认为,对政府主导型现代化模式的缺陷必须有充分认识,以免引发法律与发展的危机。详见〔英〕帕力瓦拉等:《第三世界国家的法律与危机》,邓宏光等译,法律出版社2006年版,第14—16页。

第二章　新发展理念引领下的经济法学发展理论

指标,从而为整体的经济和社会发展提供指导,也会对各类主体的活动作出引导,明晰国家的期望以及鼓励发展的重点领域,更有助于国家和国民在发展目标上达成一致。应当强调,发展计划与计划体制并非一一对应,恰恰相反,在市场经济条件下,为了明晰国民经济和社会发展的方向、目标、措施,更需要增强计划性。当然,国家促进发展的计划,并非对市场主体的行为强行作出安排,而是以充分尊重市场主体的自主选择权为前提的,同时,发展计划作为融入多种发展促进手段的事先筹划,具有更为突出的综合性和高级性,如果它能够与市场主体的利益和发展目标相统一,就能够同时发挥政府和市场在资源配置方面的功效。

上述的发展能力和发展手段,都与前述的发展目标有关。各类主体发展能力的增强,以及法律规定的各类发展手段的有效运用,都有助于促进主体的全面发展。只有具备充分的发展能力,才能有更多的实质自由,同时,各类发展促进手段的有效实施,也是为了使发展主体能够有更多的经济自由。为此,阿马蒂亚·森的发展理论强调,自由不仅是发展的首要目的,也是发展的主要手段[①],发展目的与发展手段具有内在一致性。

三、经济法学发展理论的核心:经济发展权

(一) 经济发展权的性质及其体系定位

经济发展权是主体自主决定其发展方向和发展道路、获得发展所必需的物质技术手段,以及运用物质技术手段去创造并享受满足发展需要的物质资料的权利的总和。[②] 经济发展权虽然不是发展权的全部,但作为发展权的核心不会存在大的分歧。经济发展权所涉及的物质资料生产、交易、分配等事务,可以从民商法、行政法甚至宪法等角度展开研究,经济法无疑是保障经济发展权的核心法律部门,经济法调整宏观调控关系与市场规制关系,形成相应的宏观调控法和市场规制法,前者为经济运行营造良好的大环境,在生产社会化的背景下,有关财税、金融等宏观经济的调控对每个主体都产生重要影响,经济发展权只有在稳定有序的宏观经

[①] 参见〔印度〕阿马蒂亚·森:《以自由看待发展》,任赜等译,中国人民大学出版社2002年版,第13、31页。

[②] 参见汪习根:《法治社会的基本人权——发展权法律制度研究》,中国人民公安大学出版社2002年版,第88—89页。

济环境下才能得到保障;后者对每一个主体的具体行为进行规制,经济社会化时代每个主体的行为常常具有较大的外部性,一个主体的经济发展权容易受到另一个主体行为的影响,市场规制法保障发展权不受具体活动和主体的非法干扰。因此,从经济法的角度研究经济发展权是在国内法层面研究发展权的重要突破口。

1. 经济发展权的性质

第一,经济发展权是否是真正的法律权利。发展权是一项基本人权,经济发展权自然具有人权的性质。从国内法的层面看,个人、民族地区等作为经济发展权主体,是否可以要求国家履行义务保障其发展权呢? 换言之,发展权是否是一种可以具体运行的权利? 关于包括经济权利在内的社会权这一性质的争论,日本法学界曾有激烈争论。我妻荣、伊藤正已等对此持"纲领性规定论",认为社会权不是私法上具体性权利,而仅仅宣示了国家在法律上面的政治性和道德性义务,该权利没有赋予相应的请求权,国家也并未被赋予相应于此的具体义务,仅仅是国家的政治性责任[1];国民的个人生活是以自助为原则,社会权的具体化必须以财政预算为基础,属于国家的财政政策问题,属于国家行政裁量事项。[2] 桥木公亘等提出"抽象性权利论"或"积极纲领性规定论",该学说不赞同"纲领论"将社会权当作政治性、道义性权利而不具有法律性质、不是政府的法律义务的观点,主张国民对于国家具有要求其采取立法以及其他措施的权利,不过这种权利在法律上仅仅是一项抽象性权利,不具有强制性质,没有审判规范性,当该权利被侵害时或者国家不履行作为的抽象义务即抽象不作为时,国民个人不能依此宪法抽象规定诉诸法院直接追究国家不作为的违法责任,除非由专门的立法将宪法抽象规定转化为具体的法律权利与义务条款,而"在如此立法未能得到进行之际,国民还是不能以该规定为依据,通过诉讼来主张具体的权利"[3]。以大须贺明为代表的学者提出"具体性权利论",认为生存权是国民对于国家享有的具体请求权,即可以请求国家立法权和司法权等公权力的积极运作以充分保障该权利的实现,由此,国家便负有法律尤其是宪法上的直接义务,如果国家不履行法

---

[1] 〔日〕伊藤正己:《宪法入门》,日本有斐阁1979年版,第128—129页。转引自汪习根:《论发展权的法律救济机制》,载《现代法学》2007年第6期。
[2] 〔日〕池田政章:《生存权法理》,载《法学教室》第4号,第28—29页。转引自同上。
[3] 〔日〕桥木公亘:《现代法律学全集·宪法》,日本青林书院新社1970年版,第347页。转引自同上。

第二章　新发展理念引领下的经济法学发展理论

定义务,即立法者不颁布保障人权的立法与具体政策措施,行政者不施行必要的权利保障行为,便迅即构成对宪法义务的违反,"对生存权完全不进行立法或者不进行充分的立法这样的立法不作为,就构成了对生存权权利的侵害"①。

日本学者所讨论的对象是生存权,而且是以宪法的规范效力为着眼点。判定经济发展权的国家义务之性质,可以借鉴以上观点。② 对于法律所规定的市场主体的经济发展权,到底是一种纲领性规定,还是抽象性权利抑或是具体权利? 有观点认为,就发展权的实施而言,发展权与其说是权利,不如说是一项国际原则,用于创建一个扩张的人权法制度,以适用于国际组织的各种发展活动。③ 诚然,国际法上,并没有强制的机制贯彻落实经济发展权,因此在国际法层面将经济发展权理解为一项原则或者纲领性规定,并无不妥。进入国内法层面,就我国而言,某些时期的某些文件所规定的经济发展权也属于纲领性规定,如"国民经济和社会发展规划"(以前是"国民经济和社会发展计划"),作为指导经济和社会发展的纲领性文件,具有重要的政策宣示作用,而并不能理解为国家的法律义务。但是当法律明确规定了经济发展权的时候,就不宜理解为纲领性规定,它"将政策目标转换为法律语言,且解决发展权是否存在的争论"④,经济发展权被法律所认可,有关发展利益的政策已经转化为法律权利。经济发展权因为重要,所以受到政策认可,也是因为重要,才需要进入法律成为具有约束力的制度,如果否认经济发展权的权利性质,可能会动摇其认可度,进而反向影响其正当性。至于经济发展权是抽象权利还是具体权利,即市场主体是否可以向国家行使某种行使的请求权,则不能一概而论。可以认为,对于市场主体的自我经济发展权,可以请求国家排除其他障碍,对于需要国家提供政策帮助的经济发展权,在符合时代发展阶段、较低水平的促进,有权请求国家予以帮助,对于超过时代发展阶段、较高水平的发展,则不能请求国家帮助。

---

① 〔日〕大须贺明:《生存权论》,林浩译,法律出版社2001年版,第104页。
② 正如后文所述,经济发展权的主体不仅是市场主体,还有国家。此处仅就市场主体的经济发展权讨论对应的国家义务的性质。
③ James C. N. Paul, The Human Right to Development: Its Meaning & (and) Importance, *John Marshall Law Review*, Vol. 25, Issue 2, Winter 1994, pp. 235-266.
④ Wade Mansell, Joanne Scott, Why Bother about a Right to Development, *Journal of Law and Society*, Vol. 21, Issue 2, June 1994, pp. 171-192.

第二,市场主体的经济发展权是一种积极权利还是消极权利。积极权利与消极权利的区分,关键是一项权利的实现国家是否应当履行积极义务,其理论源远流长。德国学者耶利内克区分了公民相对于国家的四种地位——被动地位、消极地位、积极地位、主动地位,处于积极地位核心的请求权是法律保护请求权,主动地位是"要求国家进行行政活动以满足利益需求的请求权"[①]。日本学者盐野宏将私人相对于国家的地位概括为防御性地位、受益性地位和参与性地位,其中私人积极地向国家、公共团体要求给付,即其"受益性地位"[②];主动地位与受益性地位的概念与积极权利的内涵一脉相承,主动地位是积极权利的直观表现,权利人可以主动向国家行使请求权,受益性地位是积极权利的价值归属,向国家行使该权利能够让权利人直接受益。

但积极权利与消极权利的界限并不十分清晰。有些权利兼具两种权利的性质或者消极权利中蕴含着积极权利,如市场主体的自由经营权,既要求国家保持克制,不能不当干预主体的经营决策,也需要国家在市场主体的自由权受到其他主体不正当竞争或垄断行为的侵害时积极排除障碍。此外,从政府财政支持的角度看,消极权利需要一整套保护机制防止私人和政府的侵害,并且在权利侵害后提供救济途径,因此消极权利也是政府提供的利益;所有权利都是公共物品,是纳税人资助、政府管理的社会工作,计划促进集体和个人的福利;所有的权利都是积极权利。[③] 实际上,任何一种权利都包括本权请求权与权利保护请求权(法律保护请求权),消极权利与积极权利是关于"本权请求权"而非"权利保护请求权"的一种"类型化方法","消极权利"与"积极权利"之真正区别,乃在"本权请求权"而非"权利保护请求权"。[④] 所以,经济发展的积极与消极的性质,仅仅在本权意义上讨论。

---

① 参见〔德〕格奥格·耶利内克:《主观公法权利体系》,曾韬、赵天书译,中国政法大学出版社2012年版,第79、112、116页。
② 参见〔日〕盐野宏:《行政法总论》,杨建顺译,北京大学出版社2008年版,第242—245页。私人作为"自由权"和"财产权"的主体,即为"防御性地位";私人积极地向国家、公共团体要求给付,即其"受益性地位";私人基于程序性法治国对于传统行政程序的参与,以及基于民主主义对行政立法、行政计划程序的参与,即其"参与性地位"。
③ 参见〔美〕史蒂芬·霍尔姆斯、凯斯·R.桑斯坦:《权利的成本——为什么自由依赖于税》,毕竞悦译,北京大学出版社2011年版,第19—29页。
④ 周刚志:《论"消极权利"与"积极权利"——中国宪法权利性质之实证分析》,载《法学评论》2015年第3期。

第二章　新发展理念引领下的经济法学发展理论

如果仅从本权的视角看,市场主体的经济发展权是否需要国家积极行为,取决于权利的具体内容。如果经济发展权属于自主发展权,主体可以按照自己的意愿自由发展,国家仅仅负有消极的避免不当干预的义务或者在权利受到侵害时予以救济的义务。如果该种经济发展权属于促进型的权利,即市场主体的发展对应着法律规定的国家扶持、引导的义务,那么此时经济发展权就是积极权利。

2. 经济法权利体系中经济发展权的定位

经济法权利体系[1]是所有经济法权利按照一定的标准所构成的层次分明、类别清晰的有机体系。经济法权利体系是对经济法权利范畴具体化的过程,也是对各项具体经济法权利的类型化和抽象化的结果。类型化与层次性是理解经济法权利体系的重要路径。

学界对经济法权利类型化的研究成果颇为丰富,提出了多种经济法基本权利范畴划分的观点,如经济调制权与经济自由权(或市场对策权),经济治理权与经济自治权,市场竞争权与宏观调控权,经济发展权、经济分配权与经济安全权等。[2] 前几种观点认为经济法基本权利范畴是二元的,称为二元论;最后一种观点认为经济法基本权利范畴是三元的,称为三元论。二元论一般主张,在经济法权利范畴的统摄下,按照经济法主体的二元结构,分别抽象出调制主体和调制受体的基本权利范畴,且该范畴多是从行为的层面提炼而成,然后按照行为或主体进一步细分,提出更为具体的权利范畴。三元论的观点超越了主体结构差异,首先在价值层面提炼经济法的基本权利范畴,之后再细述经济发展权、经济分配权和经济安全权在各主体间的配置及其在各领域的具体表现。无论是哪种理论的类型化,背后都存在权利层次化的趋势,甚至三元论与二元论本身就是在不同层次对经济法权利进行类型化。因此,经济法权利体系具有层次性。对经济法权利范畴的具体化程度不同,或者对具体经济法权利的抽象化程度不同,是经济法权利体系呈现出鲜明层次性的直接原因。因此,经济

---

[1] 本节经济法权利是广义的概念,既包括狭义的权利,也包括权力。
[2] 参见张守文:《经济法原理》,北京大学出版社2013年版,第172—177页;鲁篱:《经济治理权与经济自治权——对经济法基本范畴的重新解读》,载《法学》2004年第6期;鲁篱:《论经济法的基本权利(力)范畴体系》,载《经济法研究》第12卷(2013年卷);邱本:《经济法总论》,法律出版社2007年版,第252页以下;程信和:《经济法基本权利范畴论纲》,载《甘肃社会科学》2006年第1期。其他更多早期观点,参见许明月:《经济法学论点要览》,法律出版社2000年版,第525—530页。

法权利体系乃是类型化与层次化交错推进的结果。对经济法进行层次或领域划分,再对各层次或领域的权利进行类型化,从而形成层次分明、类别清晰的权利体系。

从主体或行为的视角研究经济法权利,一般认为经济法权利可以分为经济调制权和经济自由权。经济调制权进一步分为宏观调控权和市场规制权,前者依据调控手段的不同,还可以细分为财政调控权、税收调控权、金融调控权、计划调控权等,后者依据主体或领域的不同,可以进一步划分为反垄断权、反不正当竞争权、消费者保护规制权和特别市场规制权。[①] 经济自由权又称市场对策权,包括经营者权利和消费者权利,前者可以细分为自由经营权、公平竞争权等,后者还可以细分为知情权、选择权等。

需要指出的是,从价值层面提炼的经济法权利基本范畴也日益得到更多重视。发展权、分配权和安全权是各个法律部门所追求的共同价值目标,只是侧重点或程度有所差异。随着"经济法是发展促进型法""经济法是分配法"等命题的提出,经济发展权、经济分配权等也越来越受到人们的认可。

经济发展权是经济法权利体系中的重要组成部分。经济法权利从价值层面可以分为经济发展权、经济分配权、经济安全权,从主体或领域的角度划分,可以分为经济调制权和经济对策权。经济发展权与经济分配权、经济安全权等均为经济法的价值性权利,实现经济发展、公平分配、经济安全是经济法的价值目标,也是指导经济法制度构建和运行的重要指南。三者联系紧密,其中经济发展着眼于物质财富的增长,公平分配侧重于已有物质财富在人们之间的合理分布,经济安全是经济发展与公平分配的重要前提。经济法制度通过营造安全的经济环境、促进经济发展、实现公平分配,从而实现经济与社会的良性运行和协调发展。

经济发展权与经济调制权、经济对策权的联系可以从两方面理解。第一,经济发展权是一项价值性权利。经济发展是一项积极的价值目标,经济发展权往往需要通过其他具体的手段才能落实。如在经济法领域,企业的经济发展权离不开其自身经营的努力,同时也需要国家对其公平竞争的环境予以维护,中小企业还需要国家出台特别政策促进其发展。第二,经济发展权是一项综合性权利。经济发展权因其价值性与抽象性,

---

① 参见《经济法学》编写组:《经济法学》,高等教育出版社2016年版,第153、287页。

第二章　新发展理念引领下的经济法学发展理论

必然包含了多元主体的多种具体权利,如宏观调控领域财政调控权、金融调控权,市场规制领域经营者的正当竞争权、消费者的知情权。从目标与手段的视角来看,这些具体的权利设置是为了实现经济发展权,从抽象与具体的视角来看,他们又是经济发展权在制度层面的具体体现。

(二) 经济发展权的类型

在概念体系中,经济发展权是发展权的具体化,把握经济发展权仍需要进一步理解其内部构造,类型化无疑是有效的思维方式,类型化是使抽象接近于具体,使具体接近于抽象的方法。① 对于经济发展权的分类,经济法学界已有较为深入的研究,如国家发展权和国民发展权、整体(或集体)发展权与个体发展权、促进发展权和自我发展权。② 这些分类对于理解经济法中的经济发展权具有重要促进作用。

1. 政府与市场二元结构下经济发展权的类型

在经济法领域,对经济发展权的分类与经济法本身的理论结构有着密切联系。近代自由资本主义的过度发展导致了市场失灵,在市场无法有效自我修复或者修复的代价过大时,政府则改变夜警国家的立场,主动恢复和促进市场的有效性,但是政府对市场的调控和规制也会失灵,因此,需要相应的法律予以调整,这就产生了经济法,其中明显的逻辑是,市场的自我发展陷入困境,国家积极介入促进市场机能的回复和发展。我国经济法产生的路径与此相反,在新中国建立后不久迅速实施"三大改造",建立强大的社会主义公有制经济,以中央计划控制经济的运转,在计划经济体制难以为继时,我国开始经济体制改革,先后提出"以计划经济为主、市场调节为辅的经济""有计划的商品经济""社会主义市场经济体制",改革的趋势是不断放松国家对市场的管制,增强市场机制自主发展能力,其中内在的逻辑是,国家管制经济不可持续时,引入并不断强化市场机制。中外经济法面临的共同问题是,国家统治经济或者市场自由经济都不能独自良好发展,不管是从大市场小政府发展为大市场大政府,还是从大政府小市场发展到大政府大市场,必须处理好政府与市场的关系。

政府与市场范式是在一国范围内对经济参与主体的分析,在经济发展权的权利结构中可以具体化为市场主体自我发展权与需要政府积极支

---

① 参见黄茂荣:《法学方法与现代税法》,北京大学出版社2011年版,第87—98页。
② 参见张守文:《经济发展权的经济法思考》,载《现代法学》2012年第2期。

持的促进发展权。自我发展权与促进发展权是从国内主体的角度来界定政府与市场的关系的。自我发展权,实际是一种自由,市场主体自主决定如何发展、依靠自己实现发展,政府的作用体现在两方面:一是保持克制,不得干预市场主体的正常行为。这在自由主义传统根深蒂固的资本主义国家容易做到,我国从计划经济转向市场经济过程中行政干预的惯性容易侵犯自主发展权。二是对于侵犯市场主体自由的私人行为予以规制,自我发展权不仅面临国家权力的威胁,也容易受到其他市场主体不当行为的侵犯,这时政府扮演的是救济者的角色,排除妨碍自由发展的障碍。当市场主体难以通过自我发展权实现有效发展而需要国家予以协助和促进时,就有必要规定促进发展权,它是在市场主体"需要"政府促进其发展的情况下,政府享有的权力,其前提是自我发展失效,市场需要国家促进,这也是经济法"需要国家干预论"[1]在经济发展方面的表达。只有经过自我努力仍不能实现发展目的时才构成促进之需要,国家不能养市场懒汉;而且如果不经有自我发展的充分实现而随意促进,可能会浪费市场主体的能动性资源,增加政府的负担,还可能导致政府以"促进"之名对市场主体行"侵犯"之实。

因此,自我发展权相对于促进发展权处于更基础的地位,这也是经济发展权权利结构与"市场在资源配置中起决定性作用、更好发挥政府作用"的逻辑一致性。

2. 整体与个体二元结构下经济发展权的类型

整体与个体的关系是经济法理论必须研究的重要问题。经济学上将个体假定为经济人,每个人都会为了自己的利益而合理的行为,这也是理性人的标准。但是个体的理性却导致了整体的非理性,正是因为每个人追求以最小的代价实现最大的利益,一系列搭便车、公地悲剧、囚徒困境、集体行动的困境等问题就会导致整体的无效率、内部不稳定、成员间不公平。也就出现了所谓的市场失灵,经济法以规制市场失灵为己任,必然要从理论上对整体与个体的关系表达自己的立场。

整体是否存在、整体利益是否可能,在理论上形成了针锋相对的观点。韦伯坚决否认集体的真实存在,认为集体只不过是真实个体之间相

---

[1] 参见李昌麒:《经济法——国家干预经济的基本法律形式》,四川人民出版社 1995 年版;单飞跃:《"需要国家干预说"的法哲学分析》,载《现代法学》2005 年第 2 期。

第二章 新发展理念引领下的经济法学发展理论

互作用的复合体。① 哈耶克认为只有通过对那些作用于他人并由预期行为所引导的个人活动的理解,才能理解社会现象。② 与此相对,迪尔凯姆认为,社会不是一种简单的个人的相加的总和,社会独立于个人,具有一种超越于个人的强制力。③ 帕森斯认为,社会结构是具有不同基本功能的、多层面的次系统所形成的一种总体社会系统,秩序作为结构的本质,并认为结构由行动者在一情景中彼此的互动而组成。④ "地位—角色"是社会体系中,最重要的互动过程所包含的个体之间的关系的结构,也是行动模式化的互动关系中的参与,是最重要的社会体系单位。"地位"为行动者所处的结构位置,"角色"表达社会对这一位置的行为期望,它是社会与个人联系的中介,又是众人分享的象征。角色互动所依据的社会准则是相对稳定的,而社会结构就成了一系列相对稳定的、模式化了的成分之间的关系。角色被预设为社会成员对这一位置的行为期待,一定的角色必定在社会结构中扮演一定的功能。

按照奥尔森的观点,在经济学乃至整个社会科学中,实际存在两个基本"定律"——"第一定律"和"第二定律"。所谓"第一定律"是指,在某种情况下,当个人仅仅考虑其自身利益时,集体的理性结果会自动产生。这种情况下,个体主义的方法是有效的,个人利益的叠加就是全体利益。这显然是指亚当·斯密的那只"看不见的手"。但是在某种情况下,不管个人如何精明地追逐个人利益,社会的理性结果不会自动地发现,此时此刻,只有借助于"引导之手"或者是适当的制度安排,才能求得有效的集体结果,这就是所谓的"第二定律"。⑤ 我们应该保持对个体理性和个体权利的尊重,但也不能否认整体的经济乃是社会独立于个体存在。吉登斯走出了"第三条道路",提出"结构二重性"观点:社会结构既是由人类的行动建构起来的,同时又是人类行动得以建构的条件和中介。⑥ 换句话说,整

---

① 参见〔德〕韦伯:《社会科学方法论》,杨富斌译,华夏出版社1999年版,第47—48页。
② 参见〔英〕哈耶克:《个人主义与经济失序》,贾湛等译,北京经济学院出版社1989年版,第6页。
③ 参见〔法〕迪尔凯姆:《社会学方法的规则》,胡伟译,华夏出版社1999年版,第1—9、71—91页。
④ Parsons, *Societies Evolutionary and Comparative Perspectives Englewood Cliffs New Jersey*, Prentice-Hall, 1966, pp. 18-29.
⑤ 参见张宇燕:《奥尔森和他的集体行动理论》,载刘军宁编:《市场逻辑与国家观念》,生活·读书·新知三联书店1995年版,第168—180页。
⑥ 参见〔英〕安东尼·吉登斯:《社会的构成》,李康、李猛译,中国人民大学出版社2016年版,第89—93页。

体是个体及其相互行动形构的,但是个体及其行为又受到整体已有的结构和功能的约束。

在经济法中,社会经济整体始终是理论和制度的起点和归宿,解决市场失灵、促进经济的平稳运行和协调发展是经济法的目标,整体经济存在的城乡二元结构、贫富二元结构也是经济调整的重要内容,对应的财税法、金融法、计划法等宏观调控法都是从整体层面调整经济的运行;至于与个体联系紧密的市场规制法,其中所关注的个体并不是独立于世的个体,是作为市场经济组成成分的结构化个体,也是功能化的个体,不管是对消费者的消费行为还是对经营者的垄断行为或者不正当竞争行为,所评判的标准均为对市场秩序、市场结构、市场竞争、市场效率是有利还是有害,经济法中的个体是功能化的个体[①],不同于民法所假设的绝对之个体、独立之意志,所以,经济法是从整体的角度看待个体的行为,注重个体及其行为的客观功能和效果,而不是个体的主观状态和意志。也就是说,贯穿于经济法的不是个体主义方法,而是整体主义,是一种系统论,是结构功能主义,但是并未否认个体的能动性,也有第三条道路的意蕴。

具体到经济发展权,经济法中既存在个体性的主体,也存在整体性的主体,那么相应地就可以提炼出个体经济发展权(个体发展权)和整体经济发展权(整体发展权)。由于经济法秉持整体主义,个体发展权是处于整体中的个体的经济发展权,也是整体发展权之下的发展权。特定个体发展权的实现不能以牺牲其他个体的发展为代价,各个部分个体的发展应该保持协调;整体的发展是整体结构的组成部分(个体)的协调发展,整体发展才能使个体可持续发展。

3. 国家与国民的二元结构下经济发展权的类型

基于国家与国民的二元结构,经济发展权可以分为国家发展权和国民发展权。其中,国民发展权可以包括企业发展权、个人发展权、第三部门发展权等。国家发展权的主体是国家,国家既可以是国际法上面向其他国家或组织的权利主体,也可以是国内法上相对于国民的权利主体。

"国家—国民"范式与"政府—市场"范式既有联系也有区别。"国家—国民"范式分析的范围更广,涉及国内国际两方面,且主体之间的关系较为中立;而"政府—市场"范式所分析的范围是一国领域内而不涉及

---

① 参见刘水林:《论经济法权利的合法性基础、基本属性和结构》,载《经济法论坛》2016年第2期。

国家之间的经济发展问题,基本着眼点是市场,经济发展权由此而展开的两方面内容是市场能干什么(市场自我发展权)、政府能够对市场干什么(政府促进发展权)。在国内经济法时代,政府与市场的关系是经济发展的核心,"政府—市场"范式足以应对经济发展问题。不过,随着开放发展的战略推进,"双循环"新发展格局日渐形成,各种国际经济发展制度逐步建立,则需要构建层次化的经济法体系,正如德国学者把经济法提炼成德国经济法、欧洲经济法、世界经济法,我国也可以根据经济关系的性质与特征,提炼出中国经济法、带路经济法(东亚经济法、亚洲经济法)[①]、世界经济法等。这种情况下,把经济发展权分为国家主体所享有的发展权和市场主体所享有的发展权更恰当,简要概括为国家发展权与国民发展权。两种范式的差别主要体现在国家发展权与政府促进发展权方面,国民发展权的主体与市场自我发展权的主体范围基本等同,国民发展权的主体并不局限于具有本国国籍的个人和注册在本国的企业、组织,不过该权利的实现除了自我发展以外,某些情况下还可以要求国家实施积极的义务。对于国家发展权与国民发展权的具体内容,将在下文分析,在此略过。

(三) 经济发展权的内容:以国家发展权和国民发展权为例

1. 经济法中的权利与权力

细述政府发展权与市场发展权的具体内容之前,需要澄清经济发展权中"权"的具体含义。

按照霍菲尔德(也有译为"赫菲尔德")的观点,法律存在八个基本的概念[②]:权利(right 狭义)、无权利(no-right)、特权(privilege)、义务(duty 狭义)、权力(power)、无资格(disability)、豁免(immunity)和责任(应当)(liability),每个概念既有相互关联的概念,也有相互对立的概念,其中:(1)狭义的权利是同狭义的义务相关联的,前者是指人们可以迫使他人

[①] "一带一路"发展战略中我国与相关国家经济联系日渐紧密,战略实施中各类制度也日渐完善,对于与经济发展相关的宏观经济制度与市场规制制度进行归纳总结,可以提炼为"带路经济法";类似地,如果中日韩自贸区、区域全面经济伙伴关系协定(RCEP)顺利推进,东亚经济法、亚洲经济法也可能呼之欲出。

[②] 霍菲尔德关于权利、权力等基本概念的分析具有权威性,予以特别介绍。参见〔美〕W. N. 赫菲尔德:《司法推理中应用的基本法律概念》(上),陈端洪译,载《环球法律评论》2007 年第 3 期;〔美〕W. N. 赫菲尔德:《司法推理中应用的基本法律概念》(下),陈端洪译,载《环球法律评论》2007 年第 4 期;沈宗灵:《对霍菲尔德法律概念学说的比较研究》,载《中国社会科学》1990 年第 1 期。

这样行为或不行为,后者是指人们应当行为或不行为。与狭义的权利相对立的概念是"无权利"。(2)特权和"无权利"是又一对相互关联的概念。与特权相对立的概念则是义务。特权是指人们能不受他人法律上的干涉而行为或不行为。这里强调的是不受他人法律上的干涉,这也就是说,这里不存在我和他人的确定的法律关系,特权与自由的含义相近。特权(即没有义务)仅关系到本人的行为,而狭义的权利则关系到他人的行为。(3)权力是指人们通过一定行为或不行为而改变某种法律关系的能力,即影响他人法律关系的能力。权力的关联概念是责任(或应当),它的对立概念是无能力。(4)豁免是指人们有不因其他人行为或不行为而改变特定法律关系的自由。豁免的关联概念是无能力,它的对立概念是责任。

从以上分析中也可以看到,这些概念需要置于一定的法律关系中理解,每种(广义的)权利的享有者都有特定或不特定的主体与之对应。霍菲尔德的所使用的概念与中国语境有较大差异,但是对于学术研究有着重要启示。

广义的权利有多种含义,包括权力在内。狭义的权利与权力都可以理解为人们自己可以或要求他人这样行为或不行为。在中国语境中,两者的区别体现在以下方面:第一,权利一般属于私法关系的范畴(不排除公法中私人主体也享有权利)①,权力是公法关系的范畴。霍菲尔德所讲的作为"单方面改变某些法律关系的能力"的权力,私法中常常用形成权表示,公法中仍使用权力。第二,与所处法律关系性质相对应,两者的主体不同,权利常常对应私人主体,权力归属于公共机构。第三,权利体现了权利人自身的利益,权力却不是为了权力人的利益而设置,本质上以公共利益为目的,因此职权同时也是职责。第四,权利可以放弃,但权力享有者不可以随意放弃行使权力,因为这关涉公共利益能否实现。

所以经济法上的经济发展权意指广义上的经济发展权利,或者说,它既包括经济发展的权力,也包括经济发展的权利。

2. 国家发展权的具体内容

国家发展权是国家及其各个组成部分在经济发展过程中所享有的各

---

① 有观点认为,权利是私人权利,也就是私人主体所享有的权利,但是私主体既可以享有私法上的权利(私权利),也可以享有公法上的权利(公权利),公共权力与私人权利对应。相关观点的汇集,参见上官丕亮:《论公法与公权利》,载《法治论丛》2007年第3期。

第二章　新发展理念引领下的经济法学发展理论

种权利。从狭义的权利来看,既包括国家作为国际法主体而享有的经济发展权利,也包括国家作为社会整体的代表而享有的经济发展权利[①];从广义的权利来看,国家经济发展权还包括作为公法主体所享有的经济发展权力。

(1) 国家发展权利的具体内容

国家发展权利是从整体与个体的角度对经济发展权进行分类的结果。在一国范围内,最大的整体是整个国家和社会,实现国家整体经济发展、推动社会整体进步,是经济法的目标,也是经济法社会本位的要求。从某种意义上而言,整体主义倾向的经济法的最高目标就是国家和社会的经济平稳运行与协调发展。经济法中,个人生活也可能隐含着社会利益[②],个体的发展以整体发展为前提和条件,个体的发展权是整体发展权的结构和功能组成的。

国家发展权利具体的内容有多个方面:第一,经济规模的增长,主要衡量指标是 GDP,经济总量是经济增长的重要方面,虽然财富总量的增长不等于发展,但是缺乏总量的积累难以实现有效的发展,保持一定速度的 GDP 增长是促进国家和社会发展权利实现的重要方面;第二,经济质量的提升,经济质量是对发展的优劣程度的评价,我国社会主要矛盾已经转化为人民日益增长的美好生活需要与不平衡不充分的发展之间的矛盾,尤其要注重经济质量的提升,注重经济发展的有效性、充分性、协调性、持续性、创新性、稳定性和分享性。[③]

国家发展权利的义务主体是国家机关以及各个个体。国家或社会的经济发展,是国家机关的义务,包括中央政府和各级地方政府,虽然不履行或者履行发展经济的义务不到位往往不会承担法律责任,但是各类机关会承担各种有形和无形的政治责任,影响执政的正当性与合法性。从整体与个体、结构与功能的关系来看,个体是整体的功能个体,整体的经济发展权利需要依靠个体的行动才能落实,个体负有国家经济发展的义务,但是这里的义务主要是宣示性的义务,或者是抽象的义务,没有可执行的法律机制,国家一般不能强制个体参与经济建设。

---

① 由于本书主要从国内法的视角着眼制度构建,因此,对国家发展权利内容的分析仅限于后一种情况。
② 参见〔美〕庞德:《法理学》(第三卷),廖德宇译,法律出版社 2007 年版,第 238—244 页。
③ 参见冷崇总:《构建经济发展质量评价指标体系》,载《宏观经济管理》2008 年第 4 期。

(2) 国家发展权力的具体内容

国家发展权力中除了国家经济发展权利之外,还有经济发展权力的内容。国家发展权利中的国家是整体意义上的国家,是代表整个社会利益的国家;国家发展权力中的国家是公共管理意义上的国家,是行使公共权力的国家。国家发展权力是在经济发展过程中国家所享有的权力,该权力以实现经济发展为目的,其本身不是一项具体可直接运行的权力,而是作为实现经济发展的手段的多项经济法具体权力的综合,一定程度上而言,国家发展权力是为国家发展权利服务的。

国家发展权力的内容是综合性的,包括宏观调控权和市场规制权。前者中,最重要的权力是发展规划权。规划或称计划,与法律之间存在着一种本质性的内在关联,计划是一种旨在实现某种经济规制目的、限制权利的非极权性和非强制的经济法规制标准,通常采用诱导、劝告、资金促进和税收优惠等手段来实现其约束力,其法律意义在于以立法的形式限制非科学性的恣意性的行政活动,并在法律上成为经济法规制标准的前提。[①] 发展规划是一种规划,具有规划的性质,主要阐明国家战略意图,明确经济社会发展宏伟目标、主要任务和重大举措,是市场主体的行为导向,是政府履行职责的重要依据,是全国各族人民的共同愿景。[②] 发展规划权是确定国家在一定时期经济发展的主要目标和为实现这些规划目标所采取的政策措施,能够发挥预测引导、政策协调、宏观调控等重要功能[③],有学者甚至将发展规划法称为经济法的"龙头法"[④]。

宏观调控权的起点是发展规划权,在发展规划中设定了各种发展目标后,通过财政调控、税收调控、金融调控将发展规划进一步落实,因此在国家经济发展权力体系中,发展规划权是一种基础性的权力,其他调控权需要依据发展规划的要求来行使。结合前文对经济发展权进行的促进发展权和自我发展权的划分可知,国家发展权相对于市场主体而言,是一种促进发展权,在市场主体难以实现自我有效发展时,国家通过各种政策稳定宏观经济环境,促进企业发展。例如,国家通过调控货币投放量、调节法定利率等方式调节企业融资成本,促进企业自我发展,通过税收政策鼓

---

① 参见〔日〕金泽良雄:《经济法概论》,满达人译,中国法制出版社2005年版,第64—82页。
② 参见邱本:《发展规划法研究》,载《盛京法律评论》2016年第2辑,第10页。
③ 参见张守文:《经济法原理》,北京大学出版社2013年版,第345—352页。
④ 参见邱本:《发展规划法研究》,载《盛京法律评论》2016年第2辑,第1页。

第二章　新发展理念引领下的经济法学发展理论

励集成电路产业发展,通过中小企业促进法中扶持中小企业的发展。

市场规制权也是国家发展权力的重要内容,规制权直接作用于市场主体,规范市场主体的行为,营造有效的市场环境:一方面,对各种违反自由公平竞争的行为予以规制;另一方面,制定特定的监管标准,提高市场运行的有效性。市场规制权营造了有效的市场环境,也保障市场主体的自我发展权不受侵犯,进而促进市场主体的发展。

3. 国民发展权的具体内容

国民发展权主要体现为市场主体的发展权,是国家发展权利实现的主要动力,没有市场主体的积极行为和努力奉献,社会经济发展就是无源之水。市场主体主要包括经营者和消费者,市场主体发展权相应地可以分为经营者发展权和消费者发展权。作为消费者的个人的发展权利在国际法上已经有充分的认识,作为经营者的企业在国际法层面作为发展权主体并未得到重视,经营者成为经济发展权的主体,是经济法理论对国际法上发展权主体的重要发展。

市场主体发展权可以从三个方面理解。主流意义上经济发展权被理解为主体所享有的参与、促进并享受经济发展的权利[1],在更广泛意义上也可以理解为通过权利的路径实现(经济)发展[2],还可以理解为保障和促进受发展活动影响的主体的(经济)权利。[3] 依循这三种路径有助于更全面地理解市场主体的经济发展权:第一,市场主体发展权是一种市场主体参与、促进和享受经济发展成果的权利。市场主体能够参与经济发展过程,这是一种自由,也是自我发展的必然要求,在经济发展中主体经济机会平等,任何主体不得限制和阻碍他人参与经济发展;市场主体促进经济发展,与参与相似,也是一种自由,只是"参与发展"是行动的形式,"促进发展"是行动的内容;市场主体享受经济发展成果,关系到公平分配问题,除了市场主体相互间的博弈外,国家也能够对分配发挥重要影响,比如一次分配与经济体制相关,二次分配与税收、转移支付相关。第二,市场主体发展权是一种通过赋予市场主体相关权利以实现社会经济发展的策略。这种"经济发展的权利路径"最能体现经济法的思想,市场主体所享

---

[1] 这是《发展权利宣言》所肯认的内涵,参见《发展权利宣言》第1条。
[2] Introduction: A Rights-Based Approach to Development and the Right to Development, *Human Rights in Development Yearbook*, Vol. 2002, pp. 3-14.
[3] James C. N. Paul, The Human Right to Development: Its Meaning & (and) Importance, *John Marshall Law Review*, Vol. 25, Issue 2, Winter 1992, pp. 235-266.

有的权利,并不是仅仅为了保障其本身的利益,经济法赋予其经济发展权,更重要的是通过这一权利的行使达到经济发展的目的,市场主体是功能性的主体,是社会经济结构中的一分子,是社会化的"经济人"。从这个角度还可以引申出经济法是否赋予某些市场主体经济发展权以及对这些经济发展权的保护程度的标准——以是否能够以及多大程度上促进经济发展为标准。第三,将市场主体发展权理解为防止市场主体的基本权利在经济发展过程中受到不利影响。这将市场主体与发展过程分离开来,虽然注意到了经济发展活动可能对市场主体的不利影响,但是忽略了市场主体受到的积极影响,至少没有理清不利影响和积极影响的关系。

因此,市场主体发展权主要是市场主体在经济发展过程中享有的权利或者通过市场主体的权利实现经济发展。这两种理解本质上是可以沟通的:只要权利配置得当,保障市场主体在经济发展过程中的权利,是可以促进经济发展的;反过来,要实现经济发展,必须通过市场有效的运行和市场主体积极合理的行动,就必然要保护市场主体与此相关的权利。

市场主体发展权的具体内容,首先体现为经营者的自由经营权,这是其自我发展权的直接体现,也是市场机制有效运行的前提、因而是实现经济发展的基础。这需要国家营造稳定的宏观经济环境,排除各种限制自由经营、妨碍竞争的行为。其次,当自由经营仍不足以达到自我发展从而实现整体发展的目的时,国家需要制定有利政策促进经营者发展,如经济不景气企业普遍负担过重时推行减税政策,战略性行业发展遇到瓶颈时实施倾斜性的财税和金融政策。最后,消费是经济良性运行的重要环节,保障消费者的选择权、知情权、受教育权等自我发展权是实现经济发展的必然条件,当消费疲软时,需要国家出台刺激政策推动消费平稳发展,如国家进行供给侧改革推动消费升级或者实施消费补贴鼓励消费。

(四) 经济发展权的制度呈现与特征

1. 经济发展权的制度呈现

发展权是作为人权的组成部分而提出的,发展权也是在人权话语受到国家认可之后才进入规范性文件层面的。1991年国务院新闻办公室发表《中国的人权状况》白皮书,第一次以官方文件的形式阐明中国政府对人权问题的重视态度,1997年9月中共十五大提出"尊重和保障人权",1997年10月中国政府签署《经济、社会和文化权利国际公约》,随后2001年全国人大常委会批准后生效,同年"人权入宪",宪法修正案规定"国家

第二章　新发展理念引领下的经济法学发展理论

尊重和保护人权"。随着对人权的认识和保障不断增强,作为人权的发展权也逐渐得到重视,1986年联合国大会通过《发展权利宣言》后,中国国务院于2001年发布的《关于印发中国妇女发展纲要和中国儿童发展纲要的通知》,首次将儿童发展权的概念引入规范性文件,之后在法律、行政法规、部门规章中陆续规定了发展权,部分社会团体也将发展权作为特定方面的目标或者评价指标,从而形成了发展权当前的法律面相[①]:

国家层面,有10项法律(全国人大及其常委会通过的法律、纲要、决议等)、12项行政法规(国发或国办发的规范性文件)、32项部门规章(各部委制定的通知/公告/指导意见等规范性文件)、8部党内法规(各种报告、决议、若干意见等),总计约62部规范性文件包含发展权、发展权益或发展权利,权利主体以及规定方式主要是:

(1) 关于儿童保护的规范性文件,对发展权的规定方式是:未成年人享有生存权、发展权、受保护权、参与权等权利;残疾儿童普遍享有基本康复服务,健康成长、全面发展权益得到有效保障;大力加强儿童福利设施建设,切实保障孤儿的生存权、发展权和受保护权;自觉维护女孩的生存和发展权利,形成两性平等、和谐的家庭和社会环境;大力加强儿童福利设施建设,切实保障孤儿的生存权、发展权和受保护权。

(2) 关于妇女保护的规范性文件,对发展权的规定方式是:保障妇女发展权利,做好妇女创业就业工作;要着力维护妇女的生存权、健康权、教育权、发展权;依法维护失业失地妇女的生存发展权益;女职工的政治、文化、教育、发展权利:职业教育、技术培训、晋职晋级、参与企业民主管理等。

(3) 关于青年人的规范性文件,对发展权的规定方式是:维护青年发展权益,促进青年全面发展;青年发展权益得到更好维护。

(4) 关于流动人口与家庭规范性文件,保障流动人口和家庭的生存发展权利;切实保障流动人口的基本权利和发展权利。

(5) 关于职工的规范性文件,对发展权的规定方式是:切实维护职工的学习权、发展权的迫切需要;切实维护职工的学习权和发展权。

(6) 关于残疾人规范性文件,对发展权的规定方式是:有效保障残疾人生存发展权益,确保困难和重度残疾人共享改革发展成果。

(7) 关于农村、农业发展权的规定:以农村特殊群体土地承包权益、集

[①] 在北大法宝法律法规中(全文)搜索"发展权"得到的结果,截至日期2020年6月6日。

体资产收益分配权益、经济发展权益保护为重点;保障渔民发展权益;要按照被征地农民发展权益不减少的原则,实行留地安置或留物业安置等多种安置方式,要按照发展权益均等的原则,制定相应的政策措施,将有稳定收入、风险小、易于管理的项目配置给被征地农村集体经营。

(8) 关于贫困地区与人口的规范性文件,对发展权的规定方式是:坚持群众主体地位,保障贫困人口平等参与、平等发展权利;切实保障贫困地区儿童生存和发展权益。

(9) 关于市场主体发展权的规定方式是:国家实行社会主义市场经济,保障一切市场主体的平等法律地位和发展权利;坚持国家引导、扶持和企业自主发展相结合的原则,既要帮助企业解决历史遗留问题,为企业发展创造公平竞争的市场环境,又要尊重企业的自主发展权;维护质量诚信企业的发展权益;拥有在特许经营有效期限和区域范围内的供热投资、发展权。

(10) 关于政府、机关发展权的规定是:政府行使公立医院举办权、发展权、重大事项决策权、资产收益权等,审议公立医院章程、发展规划、重大项目实施、收支预算等;举办主体行使医院的举办权、重大事项决策权、资产收益权等,行使涉外合作交流、与其他投资主体投资合作、注册举办新的机构、重大投资建设、大型医用设备配置等重大发展权;落实政府办医职责,办医主体行使公立医院举办权、发展权、重大事项决策权、资产收益权等;出租客运车辆的发展权在市人民政府。

(11) 特殊"区"的发展权规定方式是:赋予新区更大自主发展权、自主改革权、自主创新权;对绿色无警区,研究建立生态保护补偿机制和发展权补偿制度。

(12) 关于中国国家发展权的规定方式是:加强与有关国家的合作和对话,维护我国正当的发展权益;对推动国内应对气候变化工作,维护我国发展权益,树立我国国际形象,产生了积极作用;坚决维护我国作为发展中国家的发展权益,坚决反对借气候变化实施任何形式的贸易保护;充分借鉴国外先进经验,深化国际合作交流,维护我国在绿色产品领域的发展权和话语权;健全经营者集中反垄断审查制度,提高贸易摩擦应对和贸易救济能力,保护我国国家利益和产业发展权益;参与……国际公约和有关贸易与环境的谈判,履行相应的国际义务,维护国家环境与发展权益;维护中国民航发展权益,逐步形成在国际航空环境标准修订和制定中的主导权和话语权;维护我国在森林生态产品领域的发展权和话语权;维护

第二章　新发展理念引领下的经济法学发展理论

我国在卫星导航领域的发展权和话语权;要以维护我国环境与发展权益为宗旨,积极参与国际环境事务,继续在国际环境外交中发挥重要作用。

(13)关于人民发展权的规定是:通过发展满足人民群众需要,维护其生存权、发展权;到那时,我国经济实力、科技实力将大幅跃升,跻身创新型国家前列,人民平等参与、平等发展权利得到充分保障;保障人民平等参与、平等发展权利,充分调动人民积极性、主动性、创造性。

地方层面,规定发展权或者发展权益的地方性法规有40部、地方性政府规章有9部、地方性司法文件有10件,总计约59部,规定方式主要是:

(1)在各省市的"未成年人保护条例/若干规定"中,对发展权的规定方式主要是"未成年人享有生存权、发展权、受教育权、受保护权、参与权等权利,其合法权益应当得到特殊、优先保护",这与国家制定的《未成年人保护法》中"未成年人享有生存权、发展权、受保护权、参与权等权利"的规定一脉相承。

(2)在各省市的"老年人权益保障条例/若干规定"中,对发展权的规定方式主要是"老年人依法享有人格尊严和人身自由权、婚姻自由权、财产权、受赡养扶助权、受教育权、获得国家和社会物质帮助权、参与社会发展权,享受社会发展成果权以及宪法和法律、法规规定的其他权利"。这与国家制定的《老年人权益保障法》中"老年人有从国家和社会获得物质帮助的权利,有享受社会服务和社会优待的权利,有参与社会发展和共享发展成果的权利"的规定一脉相承,只是国家立法没有直接使用发展权的概念。

(3)在各省市的"扶贫开发条例"中,对发展权的规定方式主要是:各级人民政府应当保障贫困人口在扶贫开发活动中的发展权、选择权、参与权、知情权、监督权和隐私权。

(4)在各省市的妇女权益保障条例中,对发展权的规定方式主要是:全社会应当树立男女平等意识,尊重妇女,关心妇女,使妇女平等享有发展权利、发展机会和发展成果,创造保障妇女权益和促进妇女发展的良好社会环境。

(5)各种特殊"区"的管理条例、管理办法、管理规定中,对发展权的规定方式主要是:赋予重点园区/保税区/新区/经济技术开发区"更大的自主发展权",在各种"自由贸易试验区"条例中,规定方式是:区内各类市场主体的平等地位和发展权利,受法律保护;区内各类市场主体的平等地位和发展权利受法律保护,在监管、税收和政府采购等方面享受公平待遇。

(6)对市场主体/劳动主体发展权的规定方式主要是:保护民营企业的创新发展权;促进企业生存发展权;坚持全面保护理念,既保护民营企业和企业家人身权、财产权,又保护民营企业自主经营权、创新发展权,确保财产更加安全、权利更有保障;保护公民/农民的生存权、发展权等基本权利;保护劳动者的择业自由权与生存发展权。

2. 规范性文件中发展权规范的特点

我国法律体系及相关文件对发展权的规定和概念使用呈现出以下特点:

(1)发展权集体主体与个体主体并行

我国法律将发展权的享有者规定为国家、政府、人民、地区、企业以及个体,国家和人民是发展权的集体主体,个人是发展权的个体主体。将国家作为发展权的主体,主要是针对国与国之间的关系而言的,如"维护我国在绿色产品领域的发展权和话语权""维护我国在森林生态产品领域的发展权和话语权""维护我国在卫星导航领域的发展权和话语权",需要注意的是,这三项文件规定国家发展权都是在促进开放加强国际合作的背景下提出的,也就是这里的国家发展权不是强调发达国家对作为发展中国家的倾斜援助义务,而是所有国家之间平等对待、相互合作、共同发展的义务。人民作为发展权的主体,相对应的是国家的义务,如"坚持人民主体地位……保障人民平等参与、平等发展权利""通过发展满足人民群众需要,维护其生存权、发展权"。特定地区作为发展权主体,如"赋予(国家级)新区更大自主发展权、自主改革权、自主创新权""对绿色无警区,研究建立生态保护补偿机制和发展权补偿制度"。企业作为发展权主体,如坚持国家引导、扶持和企业自主发展相结合的原则,既要帮助企业解决历史遗留问题,为企业发展创造公平竞争的市场环境,又要尊重企业的自主发展权;乙方拥有在特许经营有效期限和区域范围内的供热投资、发展权,以及由政府所行使的公立医院的发展权。个人可以作为发展权主体,如妇女、儿童、流浪儿童、职工、农民、残疾人、老年人等,文件中的发展权大部分是针对这些特殊群体而规定的。

文件所规定的发展权主体类别较多,但是并不全面。例如,个人作为发展权主体,仅仅规定了妇女儿童等特殊群体,并没有普及到一般个人,虽然人民这一集体概念可以认为包括一般性的个人,但是作为个体的个

第二章　新发展理念引领下的经济法学发展理论

人与作为集体成员的个人所享有的权利的性质是不一样的,前者更直接、更具体,行使发展权的请求权的可能性可行性也更大,而作为集体成员的个人,集体享有的权利必须以集体的名义行使,个人并不具有行权的资格。此外,对于企业发展权的规定也不够严谨,现有文件仅仅规定特定企业的发展权,如煤炭企业,享有城镇供热、城市污水处理特许经营的企业,其他普通企业的发展权没有体现,这一问题同样也出现在对地区发展权的规定中。

（2）发展权兼具权利与权力属性

通过对当前我国规范性文件的分析可知,制度上的发展权内涵兼具权利与权力属性,这也印证了前文对经济发展权的理论分析。

权利属性在国际与国内两方面都有体现。在国际层面,规范性文件在多个领域主张要维护我国发展权益、发展权,如维护我国在绿色产品领域的发展权和话语权;维护中国民航发展权益;维护我国在森林生态产品领域的发展权和话语权;维护我国在卫星导航领域的发展权和话语权,而且常常与国家应当履行的国际义务一同表述,如参与……国际公约和有关贸易与环境的谈判,履行相应的国际义务,维护国家环境与发展权益;要以维护我国环境与发展权益为宗旨,积极参与国际环境事务,继续在国际环境外交中发挥重要作用。在国内层面,发展权利的主体在不同层面都有规定,最宏观的主体是人民,其次是职工、妇女、儿童、老人、青年、农业人口,还有就是最特殊的残疾人、贫困人口;除了自然人,区域、法人也有发展权利,如绿色无警区的发展权、企业发展权（典型的是自主发展权和创新发展权）等。

权力属性直接体现在对特殊"区"的规定方面,典型的是"赋予 X 区更大自主发展权",如果把该区视为一个实体,那么可以说这是该区自我发展权的体现;不过此类规定更现实的意义是赋予该区内的国家机构更宽泛的规则制定与执行权力,也就是管理区域内市场活动的权力,这明显是一种公权力。曾经有地方性文件规定,"出租客运车辆的发展权在市人民政府。未经市人民政府批准,主城区内任何地区、部门不得以任何名义审批出租客运车辆,已审批的应自查自纠,停止营运,全部取缔"[①],这实际上是政府对于该行业审批管理的权力,也是公权力。类似的还有政府对于

---

① 重庆市人民政府《关于进一步整治主城区非法营运车辆规范出租客运市场秩序的通告》渝府令〔1999〕64号。现已失效。

其举办的公立医院所享有的发展权,也具有权力属性。

(3)发展权配置的倾斜性与规定的概括性

现有文件对发展权的规定并不是均衡地分布于各种主体之间,发展权的主体主要是一些特殊群体,具体包括:其一,弱势群体,如老年人、妇女、儿童、残疾人等,这些群体在社会中属于弱势群体,工作和生活上很多方面处于不利地位,缺乏足够的自我发展能力,甚至连生存都难以通过自己的能力予以保障,或者本身已经处于生存堪忧、发展无望的境地,如流浪儿童,因此法律特别强调以上群体的发展权利。其二,特色地区主体,如国家级新区、绿色无警区等地区。国家级新区是改革创新的试验区,需要通过新区的发展摸索出可复制的具有普遍意义的经验,这不能从以往的历史中找寻,也不能通过循规蹈矩的安排实现,需要发挥新区的积极性和创造力,在创新中提炼发展经验,因此,需要特别保护新区的自主发展权;绿色无警区是资源环境承载能力不超载的地区,相关产业的发展并没有超过环境的承载能力,但是也不鼓励继续加大开发力度而导致环境可能加剧破坏,但是不开发就会影响该地区的正常经济发展,所以需要建立发展权补偿制度,对其正常发展权所作出的限制予以相应的补偿。

发展权配置的倾斜性,不仅体现在主体方面,在内容方面也有反映。当前文件对发展权的规定,主要涉及经济发展权,侧重从经济方面对主体的发展予以关注。例如,对于妇女发展权的内容规定,主要涉及扶贫减贫、创业就业、参与经济发展和社会管理、社会福利等事务(当然妇女的人身保护也是重要方面),对于人民群众生存权、发展权的保障主要针对经济结构不合理、发展方式粗放、资源利用率低等问题;特殊地区的发展权补偿是经济补偿,新区的自主发展权可能涉及政治、社会、司法等方面的自主灵活性,但是经济依然是核心内容。

发展权的倾斜配置是现代性法律的一大特点。从以上所述可知,涉及发展权的主要是社会法和经济法,社会法的重要功能就是为弱势群体提供保障,对弱势群体倾斜配置发展权理所当然,经济法是促进型法[1],对具有积极功能的主体、积极效用的活动予以扶持和促进是经济法规制性的内在要求,所以经济法对于国家新区、重要环境功能区的发展权予以经济政策方面的支持也是逻辑必然。以经济发展权作为发展权主要规定的对象,也与时代背景有关,在生产力不够发达、物质财富依然是限制人全

---

[1] 参见张守文:《论促进型经济法》,载《重庆大学学报(社会科学版)》2008年第5期。

面发展的主要因素的情况下,经济发展权必然是法律关注的主要对象,即使是在政治、经济、文化、社会、生态文明五位一体建设的时代,也不能忽视经济发展的重要角色。不过经济发展权应该是每一个主体都享有的权利,如果只是提到部分主体的权利,不利于经济的发展,毕竟,经济发展权作为发展权的一部分,很重要的功能是通过权利配置实现经济发展。

发展权的概括性是现有文件规定的另一个重要特征。诸多文件都提到相关主体的发展权,但是对于发展权内涵没有予以展开规定,由此,发展权仅仅是作为一个抽象的概念存在,很难将其具体化。概括性带来两方面的问题,第一,实践上,由于发展权的内容不明确,发展权具体如何行使、怎么救济都是空中楼阁,权利就难以成为可操作的权利;第二,理论上,由于发展权的内涵不清,发展权与其他权利的关系就难以理顺,容易引起理论体系的混乱。

(4) 发展权具有宣示性权利色彩

所谓宣示性权利,就是说法律对该权利的规定更多的是宣扬一种价值立场,实际运行起来却很难。比如,依据《老年人权益保障法》的规定,老年人有权要求赡养人履行精神上慰藉的义务,但是这种更高层次的精神赡养只能靠当事人主动积极实现,法律作出规定只是宣扬孝道价值,实际运行起来却不容易。发展权在目前的文件中也呈现出宣示性权利的色彩:一方面,由于发展权的概念具有概括性,理论研究还没有解释出发展权的应有内涵,缺乏具体的行动指向性;另一方面,发展权的法律规定没有形成法律规则,按照规则的三要件模式假定条件——行为模式——法律后果,如果发展权要在制度上具有可操作性,必须规定在何种条件下,权利主体可以做什么或者义务主体应该做什么,否则相关主体应当承担何种法律责任。反观现有规定,无不是有发展权的概念而无发展权的内容,有权利之名无规则之实。

发展权就其宣示性效果来说,无疑是成功的。通过法律的规定,发展权概念深入人心,落实发展权作为某些政策施行的渊源,提出某些诉求也成为主张发展权的结果,正是因为发展权"什么都不是"(内容不明确),所以发展权"可以什么都是",发展权成为一个筐,什么都往里面装,装的人多了,发展权也就在社会上普及开来了。不过,与其说发展权的普及是法律规定的结果,不如说发展概念的政策宣示促进了法律对发展权的吸收,当前,"和平与发展"以及"发展才是硬道理"等观念已家喻户晓,现有的文件只不过是将发展权利化,将政治语言转化为法律语言,或许这也是为什么法律没有构建出精细的发展权制度的原因。不管怎样,发展权确实已经成为法学领域重要的概念,但是缺乏相应的理论研究与制度构建,发展权不能行使、无法救济的困境使得发展权重要的价值取向显得虚无缥缈。

四、新发展理念引领经济法学发展理论的路径与制度保障

新发展理念是发展行动的先导,是管全局、管根本、管方向、管长远的东西,是发展思路、发展方向、发展着力点的集中体现。① 新发展理念应当融入经济法学发展理论,引领经济法制度的完善,其原因是多方面的:

第一,新发展理念是执政党和国家的政策,法治建设应当贯彻新发展理念,经济法作为现代性的发展型制度,尤其要落实好新发展理念。新发展理念是典型的政策话语,与具有规范效力的法律存在很大的不同。但是,从国家意志的性质来看,两者具有一定程度的功能替代性,执政党和国家的政策也是国家意志的一种表现形式,如果从传统的法律、行政、司法等国家意志对立的角度②转换到国家意志的统一性角度,政策往往是形成法律的先导,政策在一定程度上可以转换为法律,尤其是在经济法领域,政策法律化与法律政策化的特点更加明显,不同于人治条件政策存在的随意性、非透明性问题,现代随着政策的制定纳入问责机制,政策与法基本融合③,政策对于"法律"可以发挥补充、梳理、纠错、协调和主导的功能。④ 因此,法律尤其是经济法以及相应的理论应当重视新发展理念政策,及时纳入理论研究框架,完善制度机制。

第二,新发展理念得到宪法承认,作为部门法的经济法应当积极贯彻。我国《宪法》序言增加"贯彻新发展理念"的要求,虽然在学界对于《宪法》序言存在有效、无效、部分有效、模糊效力等不同的观点,如果不纠缠于序言的司法裁判适用的效力问题,而是关注序言的功能,那么就必然认可新发展理念对于《宪法》正文以及部门法的指引功能。《宪法》序言最重

---

① 参见习近平:《关于〈中共中央关于制定国民经济和社会发展第十三个五年规划的建议〉的说明》,at http://www.xinhuanet.com//politics/2015-11/03/c_1117029621_2.htm,最后访问日期:2021年6月16日。
② 〔德〕奥托·迈耶:《德国行政法》,刘飞译,商务印书馆2002年版,第67—72页。
③ 参见史际春:《法的政策化与政策的法治化》,载《经济法论丛》2018年第1期。
④ 参见史际春、胡丽文:《政策作为法的渊源及其法治价值》,载《兰州大学学报(社会科学版)》2018年第4期。

第二章 新发展理念引领下的经济法学发展理论

要和最基本的功能是确认了国家政权的政治正当性以及国家的目标,对《宪法》内容具有重要影响。如果说《宪法》是"法律的法律"的话,那么《宪法》序言就是"宪法的宪法"①。《宪法》序言要求"贯彻新发展理念",对《宪法》正文的内容具有直接拘束力,《宪法》正文关于经济发展、宏观调控、市场规制的规定,则自然应当秉承序言的要求,因此,在经济法部门法具体的层面,新发展理念必然要引领经济法治建设,相应地,经济法学尤其是经济法学发展理论必然要受到该理念的指引。

因此,新发展理念既要引领经济法学发展理论的研究,也要引领经济法制度的完善;且在新发展理念引领下发展理论的深入研究有助于为经济法制度的完善提供理论基础。另外,为了确保新发展理念在经济法制度建设方面引领有效、贯彻到底、落实到位,还需要有相应的制度予以保障,理论研究应当对此作为回应。据此,下文将阐述新发展理念引领经济法学发展理论的路径以及保障新发展理念引领作用的制度构建问题,而对于新发展理念及其引领下的经济法学发展理论如何指导经济法制度完善,将在其他各章节具体展开。

(一)新发展理念引领经济法学发展理论的路径

如前文所述,经济法学发展理论的基本思路是从经济法的视角研究对特定发展主体配置适当的发展权以实现一定的发展目标的问题。内在逻辑是按照"发展主体—发展权—发展目标"的逻辑展开,新发展理念对于发展理论的引领也主要是作用于这三个要素。不过从结构功能分析方法来看,是发展目标这一功能指引了主体设置以及发展权配置的结构,而发展目标也是由发展理念所决定的,因此,下文分别分析新发展理念如何引领发展理念、发展主体、发展权。

1. 新发展理念引领下经济法发展理念的内涵升级

经济法传统的发展理念为协调、共享、永续。新发展理念包括创新、协调、绿色、开放、共享五个方面,以新发展理念引领经济法发展理念,将实现经济法发展理念的升级。

第一,新发展理念将拓展经济法发展理念的广度。传统经济发展理念以协调发展、共享发展、永续发展为重点,新发展理念包括五大方面,引

---

① 参见殷啸虎、李莉:《宪法序言的功能与效力研究》,载《上海交通大学学报(哲学社会科学版)》2004年第6期。

入新发展理念后经济法发展理念的范围将更宽广。首先是增加了创新发展理念,创新是经济发展的动力源泉,没有创新经济就会停滞,永续发展就难以成为现实,引入创新理念,将使经济法其他理念获得现实的动力基础。其次是增加了开放发展理念,开放是中国经济法诞生的源头,基于改革开放而引致的制度变迁导致了经济法的产生和繁荣,对外开放、融入更多国际通例也是经济法发展的动力[①],在当今"一带一路"倡议实施和人类命运共同体建设的背景下,经济法更要发挥好调制作用保障经济开放发展有序有度,使对外开放的广度、深度与国内产业发展的程度、竞争承受力度相匹配,这就需要经济法学积极研究开放发展的深层次问题,相应地需要开放发展理念作为指引。

第二,新发展理念将拓展经济法发展理念的深度。一方面,新发展理念促进了经济法既有的发展理念分别向纵深发展。协调、共享和永续理念是经济法的传统发展理念,新发展理念对此赋予了新的内涵:对于协调发展,在传统的城乡协调、产业协调、区域协调的基础上,新发展理念中协调发展更注重发展机会公平、更注重资源配置均衡,要求在增强国家硬实力的同时注重提升国家软实力;对于共享发展,在传统的发展成果共享的基础上,新发展理念认为共享是中国特色社会主义的本质要求,内容包括全民共享、全面共享、共建共享、渐进共享;对于永续发展,新发展理念强调绿色发展,主张生态文明、美丽中国与全球生态安全。[②] 另一方面,新发展理念由于其整全性与结构化特征,也有利于经济法各个发展理念融于一体,从多个发展理念聚合为一个包含多种面向的发展理念,还有利于促进经济法发展理念内部的结构化,明晰各方面发展理念的定位,协调各理念的关系。

2. 新发展理念引领下经济法发展主体的角色拓展

新发展理念内涵丰富,践行创新、协调、绿色、开放、共享五方面理念的重点参与主体各有侧重,各种主体在实现每一方面理念时所发挥的作用、相互之间的关系各不相同,由此丰富和拓展了经济法主体的角色谱系。

在创新发展方面,应当发挥市场主体对创新的决定性作用。创新不

---

① 参见张守文:《改革开放与中国经济法的制度变迁》,载《法学》2018年第8期。
② 参见习近平:《以新发展理念引领发展——关于树立创新、协调、绿色、开放、共享的发展理念》,载《人民日报》2016年4月29日第9版。

第二章 新发展理念引领下的经济法学发展理论

是计划出来的,也不是命令能激发出来的,创新需要在"优先利润"的激励作用下通过企业家把从来没有过的生产要素和生产条件的新组合引入现有市场体系,提供市场上没有的新产品或者成本更低的已有产品[①],而政府所要做的就是维护市场的竞争状态,激发企业为优先利润而创新的潜力,同时发展基础研究为潜在创新提供知识基础。因此,创新要求政府减少对市场的干预,充分发挥市场主体的创新潜力。

在协调发展方面,需要在发挥市场协调机制的基础上,着重发挥政府的协调作用。运行良好的市场体系通过价格信号引导资源的流动,地区和产业之间差异逐渐显现,在此基础上,政府对于落后地区,对于甄别出的落后且重要的产业,予以政策扶持和促进。因此,协调发展需要由市场作为一次协调的筛选机制,再由政府对不协调的因素予以二次协调。

在绿色发展方面,应当发挥政府的决定性作用。市场主体是逐利性的,市场机制不会自动把环境作为经营决策考虑因素,政府的缺位将导致资源过度开发、环境严重破坏。企业经营的环境负外部性内部化需要政府采取措施,或者通过界定环境产权而由市场化解决环境问题,或者通过税收等经济杠杆调节污染问题,或者通过强制性排污立法保护环境。

在开放发展方面,"走出去"与"放进来"的实施主体侧重点不一样。"走出去"应当发挥市场主体的积极性,由企业根据自己的能力大小决定"是否走出去"以及"走到哪里",强制没有竞争能力的企业走出去会破坏企业的发展甚至生存环境。"放进来"要求政府把握好度,根据国内产业的发展状况,在适当的时机决定适当领域的开放,开放不足容易导致国内竞争不足,损害消费者利益,开放过度,容易摧毁国内尚未充分发展的产业。

在共享发展方面,应当发挥政府的主导作用。市场竞争是一个优胜劣汰的过程,市场竞争的结果必然是贫富差距扩大。要实现发展成果共享,必须发挥政府在再分配中的作用,在市场分配的基础上,将各种机会、各种资源再次在全体人民之间分配,保证每个主体都能合理地分享到发展利益。

3. 新发展理念引领下经济法发展权的内容转向

经济发展权是经济法实践发展理念、实现发展目标的核心装置,新发

---

① 参见〔美〕约瑟夫·熊彼特:《经济发展理论》,郭武军等译,华夏出版社2015年版,第56—57页。

展理念的引入将引起经济发展权内容配置的方向性改变。

国家经济发展权包括权力和权利两个面向。有学者认为,对于国家经济发展权利而言,主要是国际面向的,就国内发展而言,使用国家的发展权利这一概念,并没有多大意义。① 国家经济发展权利是国家能够参与经济发展、分享经济发展成果的权利,这主要是发展中国家对发达国家建立公正的国际经济秩序、实施经济政策优惠与援助的要求。这沿袭了最初的发展权内涵,但是新发展理念融入后,国家经济发展权在保持既有的权力内容基础上有了新的内涵:在协调发展方面,由于全球化发展和风险社会的到来,一个国家的经济状况对于其他国家可能产生重要影响,为了全人类的利益,各国应该相互协调促进经济发展,尤其是在经济危机时期各个国家应当和衷共济应对,而不能各自为战、以邻为壑。在绿色发展方面,由于环境要素的流动性,各个国家可以要求环境破坏严重的国家采取措施保护环境以免严重影响其他国家的绿色发展,为了绿色发展作出重要贡献、付出经济牺牲的国家也可以要求国际社会予以补偿。在共享发展方面,应秉持人类命运共同体的原则,全球共享、全面共享、共建共享、渐进共享发展成果。

对于国家发展权力而言,主要是政府通过发展权力的具体形式或者下位手段即宏观调控权与市场规制权促进发展的过程中,应该以创新、协调、绿色、开放、共享为导向,由于这些发展理念既有目的性也有手段性,因此,以五大发展理念作为发展权力行使的目的,以五大发展理念作为发展的重要方向。具体而言,发展权力应当鼓励创新,为市场主体的创新创造合适的外部环境;发展权力应当着重于发展协调,既要通过协调的方式促进共享等其他目的,也要采取有效措施实现各地区各产业的协调发展;发展权力应当保护环境,通过各种方式抑制污染,扶持绿色产业;发展权力应当促进开放发展,鼓励有条件的企业走出去,适时适度开放适合的领域;发展权力应当保证发展共享,实施充分就业政策,保障人民参与经济发展的权利,实施有效的再分配政策,保障人民分享发展成果的权利。

对于市场主体的经济发展权利而言,市场主体传统的自由权是其发展权利实现的基础,它要求国家不得随意干预市场主体;在此基础上,基于特定的条件,市场主体还可以要求国家积极行动,以促进发展权利的实现。新发展理念引入后,市场主体发展权利的内容有了新的变化。在创

---

① 参见叶传星:《发展权概念辨析:在政治与法律之间》,载《东岳论丛》2019年第12期。

第二章　新发展理念引领下的经济法学发展理论

新发展方面,除了法律禁止性规定与价值伦理限制外,市场主体有权利充分自由决策,进行各种试错,国家不得干预市场创新的自由;在协调发展方面,市场在积极参与市场竞争的基础上,某些落后但具有重要价值的产业企业,可以要求国家予以扶持援助。在开放发展方面,企业有权利自主决定是否走向全球,相关产业主体有权利在国内产业受到或者可能受到国外产业的过度冲击时,要求国家调节开放的广度和深度。在共享发展层面,市场主体主要是共建共享的权利,即作为社会连带分子公平参与发展建设的权利,这是一种自由意义上的权利,不受政府限制;其中的自然人,在发展不足的情况下,还可以要求政府积极履行发展促进与倾斜再分配的义务,这是一种积极的权利。

(二) 新发展理念发挥引领作用的制度保障:以经济发展权为关键点

新发展理念引领经济法学发展理论的过程中经济发展权是关键,因此,确保新发展理念发挥制度引领作用的核心也在于确保经济发展权的有效实现。此外,从法律话语来分析与解决发展问题,也主要是通过权利义务范畴予以展开的。因此,经济发展权的制度规范与保障问题就是确保新发展理念发挥引领作用的关键。

经济发展权可以从权利和权力两个方面展开,由于国家发展权利主要是靠国际法予以保障,国内法涉及的主要是市场主体的发展权利。由于市场主体的发展权利主要是一种消极权利,主要是防范其他主体的侵害,其中个人的发展权还可以要求国家积极作为;而国家发展权力是一种公权力,侧重于权力行使的规范化。因此,新发展理念发挥引领作用的制度保障可以从保障市场主体的发展权利和规范国家的发展权力两个方面予以落实。

1. 通过经济法立法、执法、司法保障经济发展权利

经济发展权利主要是一种消极性权力,根据权利保护的义务层次理论,国家所承担的对应义务是避免剥夺的义务、保护权利不受剥夺的义务、帮助被剥夺者的义务。[①] 国家自己不能侵犯市场主体的发展权利,也要保障市场主体的发展权利免受其他主体的侵犯,最后在市场主体的权利受到侵犯后还要提供有效的救济途径。

---

① See Henry Shue, *Basic Rights:Subsistence, Affluence and U. S. Foreign Policy*, Princeton University Press,1996, pp.52-53.

由于经济发展权在经济法权体系中属于高阶的、目标性的权利,既有的市场主体权利如经营者权利和消费者权利可以成为经济发展权利的实现手段。因此,一般情况下,无需另行构建经济发展权利的保障机制,要充分利用既有权利的实现手段,保障发展权利的实现,有学者把这种方式称为"一体化救济机制"①。侧重于不同发展理念的发展权利,其具体内容存在差异,救济方式也有所不同,具体而言:侧重于创新方面的发展权利,主要是一种自由权,通过现有的自由经营权、公平竞争权保障机制基本上可以实现;侧重于协调理念的发展权利,以市场竞争为基础,但是需要政府积极的政策协调,目前难以据此要求政府履行协调的义务,协调理念难以通过发展权利予以实现;侧重于绿色理念的发展权利,可以通过民法、环境法中侵权或者环境公益诉讼等方式予以保障②,目前在既有的经济法权利体系中主要是通过对符合绿色要求的主体予以政策优惠来保障,如在环境保护税法中对符合环保要求的排污企业减免税、对出于环境保护目的的横向协议予以豁免等,当前背景下环境保护立法选择的是国家义务而非基本权利路径③,因此,绿色发展权利成为法律权利不太现实。侧重于开放理念的发展权利,市场主体的经营自由权利可以保障企业自由选择是否走出去,至于"放进来"的开放,我国现有的《反倾销条例》赋予市场主体申请反倾销调查的权利④,这种权利的保障是有限度的,需要以国内外产业的状况对比为基础。侧重于共享理念的发展权利,共建共享可以通过既有的经营自由权与公平竞争权予以实现。以上自由意义上的发展理念通过经营自由权和公平竞争权可以实现,如果违背了理念,则侵犯了相应的经济发展权利,可以通过主张侵犯经营自由权或者公平竞争权,要求经济法执法机关或者司法机关予以救济,这在现有的体制下完全可以实现。

因此,市场主体的发展权利,基本上可以通过既有的经营自由与公平竞争权利予以实现,而侧重于绿色理念方面的权利由于没有规范基础,难以通过权利保障的方式予以实现,相反,可以在国家发展权力方面有所作

---

① 参见蒋银华:《新时代发展权救济的法理审思》,载《中国法学》2018年第5期。
② 有学者主张发展权属于社会权,是一种"经由国家的自由",可以通过行政公益诉讼予以保障。参见姜涛:《发展权的国内法属性及制度保障选择》,载《法治现代化研究》2019年第2期。
③ 参见徐祥民:《极限与分配——再论环境法的本位》,载《中国人口·资源与环境》2003年第4期;陈海嵩:《国家环境保护义务的溯源与展开》,载《法学研究》2014年第3期。
④ 参见我国《反倾销条例》第13条。

第二章　新发展理念引领下的经济法学发展理论

为。以共享理念为基础,具有积极权利性质的个人享受发展成果的发展权利,主要是在符合条件的情况下,以集体的形式,要求国家按照一定的方式实施转移支付;其他情况下更多的是把落实共享发展作为国家发展权力行使的导向。

综上,以市场主体的经济发展权利落实新发展理念,主要的是保障具有自由意义的权利,要求国家积极作为的发展理念,还是需要通过规范国家发展权力来保障。

2. 以问责制规范经济发展权力

新发展理念引领经济发展权的另一个侧面是针对国家发展权力。基本的逻辑是,通过确保创新、协调、绿色、开放、共享等理念在国家发展权力行使的过程中得到贯彻,进而保障新发展理念对经济发展权的引领。这就需要以五大发展理念为导向,指引作为国家发展权力的具体形式或者下位手段的宏观调控权与市场规制权的行使。

传统上,驯化权力可以在立法、执法以及司法多个层面展开。按照传统的思路:第一,可以在经济法立法中规定新发展理念,针对具体立法的内容而有针对性地规定某个理念为指导。由于五大发展理念内容的模糊性,难以直接形成规范结构,在立法层面,可以通过将"创新、协调、绿色、开放、共享"转化为法律上的"效率、正义、平等"来直接进入法律①,据此引导调制权遵循五大理念的指引。第二,在经济法执法与司法中,对于已经规定了新发展理念某些内容的条款,准确按照新发展理念的内涵予以适用;如果相关法条适用时具有多种解释方式,优先采用符合新发展理念的解释。

另外,现代法治形式有了新的发展,面对变化莫测、专业性强的社会问题,国家需要广泛的权力进行专业化的应对,事前事无巨细的法治控权方式力有不逮。因此,概括授权辅之以问责制成为法治的新形式。问责制是一个制度系统运行的动态过程,可将其看作由角色担当(responsibility)、说明回应(answerability)和违法责任(liability)组成的"三段式",Responsibility,即角色担当或承担,是指角色义务的具体化、动态化和主体化,Answerability,即说明回应,是指通过一种日常、动态、制度或非制度化的督促和监管,保障角色责任的实现,Liability,即违法责任及其追究,保

---

① 参见周佑勇:《逻辑与进路:新发展理念如何引领法治中国建设》,载《法制与社会发展》2018年第3期。

障事先确定的角色变成现实的消极而最后的约束。① 具体到以新发展理念引导国家发展权力的问题上:首先赋予国家各个调制机关适当的权力,同时要求贯彻新发展理念;其次,在调制权力行使的过程中,应当充分说明理由,回应公众的理性质疑,论证权力的行使符合新发展理念的要求;最后进行事后问责,贯彻新发展理念到位的予以认可或者奖励,贯彻不到位的相关人员或者机构予以惩罚。这样一来,新发展理念不仅成为明示的指导理念,而且作为发展权力行使的合理性评判标准。

五、本章小结

研究"新发展理念与经济法制度完善",可以按照"新发展理念——经济法学发展理论——经济法制度完善"的思路展开。本章解决前一阶段的问题,即在新发展理念引领下构建经济法学发展理论,具体研究了经济法学发展理论的现实背景、新发展理念如何引领经济法学发展理论以及如何保障新发展理念的引领。而新发展理念与经济法学发展理论对经济法制度完善的指引则留待后续各章解决。

经济法学发展理论在学界已有初步研究,发展理论深受发展理念的影响,当前传统的发展理念聚合为新发展理念,经济法学发展理论的指导理念发生了深刻的变化;此外,传统人权视野下的发展权裂变为经济发展权、政治发展权等各种具体的权利,以促进经济发展为导向的经济法成为与经济发展权对接的主要部门法。在此背景下,有必要在新发展理念的引领下进一步完善经济法学发展理论,以此深化发展法学和经济法学理论的研究,促进经济法制度完善。

经济法学发展理论是关于"在一定的发展理念的指导下,对发展主体配置适当的发展权,权利主体采取适当的发展手段,实现特定的发展目标"的理论。发展理念与发展目标、发展主体与发展权利、发展能力与发展促进等都是经济法学发展理论的重要范畴。其中经济发展权是经济法学发展理论的核心,它是基本人权的一种,在市场主体层面它主要是一种消极权利;从经济法权体系来看,经济发展权属于目标性权利(力),传统的经济法调制权与对策权可以作为经济发展权的实现手段;在类型划分

---

① 参见史际春、冯辉:《"问责制"研究——兼论问责制在中国经济法中的地位》,载《政治与法律》2009年第1期。

第二章　新发展理念引领下的经济法学发展理论

方面,经济发展权可以分为自我发展权与促进发展权、整体发展权与个体发展权、国家发展权与国民发展权。经济发展权既有权利的性质,也有权力的性质,国家发展权包括权利与权力两方面的内容,市场发展权是一种权利。在我国当前的法律体系中,发展权集体主体与个体主体并行、配置的倾斜性与规定的概括性并行且具有宣示性权利色彩。

新发展理念既是国家政策、因而可以引导法治建设,也由于进入宪法而具有规范效力,因而对经济法学发展理论研究、经济法制度完善具有重要的引领作用。新发展理念促进经济法发展理念的内涵升级、经济法发展主体的角色拓展和经济法发展权的内容转向。为了确保新发展理念通过经济法学发展理论而有效引领经济法制度的完善,一方面可以通过传统的经济法立法、执法和司法保障贯彻新发展理念的经济发展权利,另一方面可以以问责制规范经济发展权力,使其符合新发展理念的要求。

第三章　发展理论指导下的财税法制度完善

新时代治税思想要立足新发展阶段,贯彻新发展理念,构建新发展格局,推动税收事业高质量发展。① 把握新发展阶段,坚持新发展理念,服务新发展格局,税收是国家治理中发挥基础性、支柱性、保障性作用的"助推器"。② 随着新发展理念被写入宪法,发展与法律的关系日益密切:一方面,法律基于内在价值,其自身需要发展;另一方面,法律通过不断发展,促进着经济、政治、社会等各个方面的发展,即法治发展不仅是实现新发展理念的手段,其本身即是发展理念之一。经济法作为新型的法律部门,以促进经济和社会的良性运行和协调发展为追求目标,是一种典型的发展型制度。③ 财税法作为经济法重要的部门法,其内在逻辑同样与新发展理念契合,一个最为重要的原因在于,财税法研究虽独立于财政学研究而存在,却与财政学紧密关联,财税法的制定和应用需要考虑财政政治、经济和社会等财政学内容,可以说,财政学内容是财税法研究的基础和前提。④ 从历史上看,财政学的发展经历了从经济自由主义注重税收而忽视公共支出的理论,到政府干预注重财政支出与税收并重而忽视资源配置的理论,再到新自由主义同时注重资源配置、收入分配和经济稳定的理论。为实现国家在不同时期特定的财政经济、政治和社会需求,财税法同样需要发展,财税法具体制度应在发展理论的指导下不断进行完善。

一、发展理论视阈下财税法制度的功能及定位

(一)发展理论视阈下财税法制度功能分析

1. 我国财税法功能的发展历程

财税法制度功能所要解决的是在调整财税关系过程中所要实现的功

---

① 参见汪康:《论新时代中国治税思想》,载《税务研究》2021年第4期。
② 参见张连起:《坚定不移推进新发展阶段财税治理现代化》,载《中国税务》2021年第3期。
③ 参见张守文:《经济法学的发展理论初探》,载《财经法学》2016年第4期。
④ 参见翁武耀:《欧洲大陆法系国家财政法学科的发展与中国镜鉴》,载《财政研究》2018年第6期。

第三章　发展理论指导下的财税法制度完善

效和目标。我国对财税法制度功能的理解在不断发展。我国历史上曾一度将财税法功能局限于宏观调控,随着经济体制改革,社会主义市场经济的不断发展,人们对财税法理解的加深,财税法功能逐渐由单一的经济功能向经济、社会、政治功能扩展,财税形态也从国家财政向公共财政转变。

具体而言可分为以下四个阶段,第一阶段:国家财政形态下的财税法经济管理和调节功能。这一阶段的财政形态和财税法功能主要反映在1949年《中国人民政治协商会议共同纲领》载明的"国家应在……财政政策、金融政策等方面,……使各种社会经济成分在国营经济领导之下,分工合作,各得其所,以促进整个社会经济得发展",以及1951年《关于划分中央与地方在财政经济工作上管理职权的决定》载明的"在继续保持国家财政经济工作统一领导、计划和管理的原则下,把财政经济工作中一部分适宜于由地方政府管理的职权交给地方政府"两份政策性文件中。第二阶段:财政形态由国家财政向公共财政转型的过渡,财税法功能仍局限于经济功能,并着重凸显财税法的宏观调控功能。1993年中共中央《关于建立社会主义市场经济体制若干问题的决定》旨在积极推进我国财税体制改革,运用财政政策调节社会总需求与总供给的基本平衡。同年,国务院发布的《关于实行分税制财政管理体制的决定》载明"理顺中央与地方的财政分配关系,更好地发挥国家财政的职能作用,增强中央的宏观调控能力,促进社会主义市场经济体制的建立和国民经济持续、快速、健康的发展"。第三阶段:财政形态转变为公共财政,财税法功能仍限于宏观调控。1998年,李岚清在全国财政工作会议正式讲话中表示"积极创造条件,逐步建立公共财政基本框架",这是我国首次把建设公共财政作为财政适应社会主义市场经济体制的转型目标。[①] 2002年,党的十六大报告提出"健全现代市场体系,加强和完善宏观调控",宏观调控被不断强化,逐渐成为经济发展的常态。2003年,中共中央《关于完善社会主义市场经济体制若干问题的决定》虽进一步明确了"健全公共财政体制",但同时仍然强调"进一步健全国家计划和财政政策、货币政策等相互配合的宏观调控体系",即财税法的功能仍然局限于宏观调控功能。2007年,《党的十七大报告》中更是明确提出"深化财税、金融等体制改革,完善宏观调控体系",将财税完全置于宏观调控之下。第四阶段:公共财政形态下的财

---

① 参见贺建荣、孟伟:《公共财政框架下财政审计的发展趋势研究》,at http://www.audit.gov.cn/n6/n41/c19829/content.html,最后访问日期:2021年6月16日。

税法国家治理功能。2012年,《党的十八大报告》载明,"更大程度更广范围发挥市场在资源配置中的基础性作用,完善宏观调控体系",国家对宏观调控的态度开始回归理性。2013年,中共中央《关于全面深化改革若干重大问题的决定》强调"财政是国家治理的基础和重要支柱,科学的财税体制是优化资源配置、维护市场统一、促进社会公平、实现国家长治久安的制度保障",同年《深化财税体制改革总体方案》明确"财税体制在治国安邦中始终发挥基础性、制度性、保障性作用"。2014年,中共十八届四中全会《决定》强调将财政税收作为加强市场法律制度建设的重要内容,以促进商品和要素自由流动、公平交易、平等使用等为目标,加强"财政税收法律法规建设"与"依法加强和改善宏观调控"并列。由此,随着国家对宏观调控态度回归理性,我国开始从国家治理的角度认识财税功能。

从上述发展历程来看,我国财政形态由国家财政形态转变为公共财政形态。有的学者将"国家财政"称为"计划财政"[①],仅包括分配职能和监督职能。分配职能也称为统收统支职能,是指国家作为一切生产资料和生活资料的分配主体,具有从社会再生产过程中获取资料,并安排运用以满足实现国家职能需求。监督职能是财政对财政管理相对人的财务收支以及财政收支的合法性、真实性、有效性依法实施监管检查,对经济活动情况进行全面信息控制,对国民经济各方面进行综合反映和制约监督的功能。而随着我国社会主义市场经济体制改革,我国财税形态转变为公共财政形态。公共财政形态是一种适应市场经济发展需求的财政类型,在此财政形态下,国家将财政用于为市场提供公共物品和服务,以满足社会公共利益需求。公共财政形态具有弥补市场失灵、提供公平服务、非市场盈利、财政法治化的特征,其核心是法治,实质上解决的是如何处理国家与纳税人这一基本关系,以及由这一基本关系产生的中央与地方关系、立法机关与行政机关关系、政府与市场关系。财政形态的转变直接影响了我国财税法功能,我国财税法功能发展最为主要的特点是,财税法功能由单一的宏观调控功能转变为从国家治理的角度考虑财税法功能。具体而言:其一,宏观调控不再作为财税法经济的唯一功能;其二,为实现国家治理,财税法在政治、社会、生态等诸多方面发挥着应有功能。该种转变的原因在于:一方面,我国社会财富总量不断增加;另一方面,私权利(尤

---

① 参见陈少英:《财税法的法律属性——以财税法调控功能的演进为视角》,载《法学》2016年第7期。

第三章　发展理论指导下的财税法制度完善

其是私人财产权)的保护不断加强。① 进入新时代以来,与国家治理体系和治理能力现代化进程相同步,中国特色社会主义财税在治国理政中的定位和职能得到明确提升。② 随着新发展理念的提出,财税功能还将进一步优化,呈现出新的发展内容。

2. 系统思想指导下的结构—功能分析方法与财税法功能优化

新发展理念所体现出的是一种"系统"思想,其中的创新、协调、绿色、开放和共享五个方面发展理念的聚合使得新发展理念呈现出整体性和结构性的特征。一方面,新发展理念的五个方面内容应作为一个整体全面综合地发展,任何一方面的短板都可能造成新发展理念难以实现;另一方面,新发展理念的五个方面相互关联、共同作用,形成主导核心层次(创新发展)—内化和实现途径层次(协调发展、绿色发展、开放发展)—归宿依据层次(共享发展)的结构性特征。③ 由此,在新发展理念指导财税法等具体制度实践的过程中,要实现经济、社会、政治等各个领域的整体全面发展,保障各类发展主体的发展利益及其发展权,促成新发展理念目标的达成,必须综合考虑各方面因素,不断调整影响发展的结构,优化制度功能。在经济法学的发展理论中,结构分析和功能分析是常用的方法,并且,由于结构调整是功能优化的前提,因此,通过结构分析明晰结构问题是更为基础更为重要的。④

我国目前正处于结构化改革的背景之下,中国的结构性问题主要包括以下六个方面⑤:其一是产业结构问题。产业结构问题突出表现在低附加值产业、高消耗、高污染、高排放产业的比重偏高,而高附加值产业、绿色低碳产业、具有国际竞争力产业的比重偏低。其二是区域结构问题。区域结构问题突出表现在人口的区域分布不合理。目前,我国城镇化率尤其是户籍人口城镇化率偏低,且户籍人口城镇化率大大低于常住人口城镇化率。区域结构的另一个问题是区域发展不平衡、不协调、不公平。例如,有些地方享有很多"特权"政策,有些地方发展严重滞后。其三是要

---

① 参见刘剑文:《财税法功能的定位及其当代变迁》,载《中国法学》2015年第4期。
② 参见邓力平、陈丽:《中国特色财税治理现代化论析》,载《厦门大学学报(哲学社会科学版)》2021年第3期。
③ 参见张乾元、谢文娟:《论新发展理念的内在逻辑》,载《中州学刊》2017年第1期。
④ 张守文:《经济法学的发展理论初探》,载《财经法学》2016年第4期。
⑤ 参见《结构性改革:改什么 怎么改——访国务院发展研究中心资源与环境研究所副所长李佐军》,at http://theory.people.com.cn/n/2015/1123/c40531-27843619.html,最后访问日期:2021年6月16日。

素投入结构问题。长期以来,我国经济发展过度依赖劳动力、土地、资源等一般性生产要素投入,人才、技术、知识、信息等高级要素投入比重偏低,导致中低端产业偏多、资源能源消耗过多等问题。其四是排放结构问题。目前,我国排放结构中废水、废气、废渣、二氧化碳等排放比重偏高。这种不合理的排放结构导致了资源环境的压力比较大。其五是经济增长动力结构问题。长期以来,我国经济增长过多依赖投资、消费、外需"三驾马车"来拉动,特别是过度依赖投资来拉动。其实,"三驾马车"只是 GDP 的三大组成部分,是应对宏观经济波动的需求边短期动力,只是经济增长的结果而非原因,制度变革、结构优化和要素升级(对应着改革、转型、创新)"三大发动机"才是经济发展的根本动力。其六是收入分配结构问题。当前,我国城乡收入差距、行业收入差距、居民贫富差距都比较大,财富过多地集中在少数地区、少数行业和少数人中。

上述结构问题既相互独立又相互叠加,需要通过诸如金融体制改革、社会保障体制改革、户籍制度改革、生态补偿制度改革等结构性改革有针对性地解决,其中,财税制度改革也是调整上述结构问题不可或缺的重要手段之一,换言之,要解决上述结构问题,不可避免地需要进行财税法功能的优化。以产业结构问题为例,产业结构优化一个最为重要和关键性的影响因素,就是要促进高技术含量产业、高附加值产业的发展,但同时该等产业的发展也面临研发成本高、风险高、收益不确定、知识技术分散等挑战。若此时财税法或财税政策能够表现出激励、支持该等产业的发展,必定能够促进产业结构的优化。例如,政府通过降低税率等税收优惠政策、发放研发补贴等财政政策,一方面,有利于降低发展高技术含量、高附加值产业的企业的生产成本,激励企业增加产品的生产和供给,并降低产品销售价格,使得相关产品更具竞争力,增加消费;另一方面,有利于增加该产业投资,带动相关新型产业、技术密集型产业等重点项目的发展,促进产业结构升级,形成产业空间上的集聚和共享,提高产业空间结构水平。① 又如,在解决收入分配结构问题上,为解决"三农问题",我国在税法体系由"三元结构"(工商税法、农业税法、海关税法)向"二元结构"(内国税法、涉外税法)转变的过程中,通过"结构性减税"废除了农业税,尽管农业税的废除是否真正减轻了农民的实际税负仍然存疑,但扶持农业发展、

---

① 参见马诗萌:《促进产业空间结构优化的财税政策研究》,载《中国集体经济》2019 年第 7 期。

减轻农民负担确实是当时最为直接的想法。

由此,新发展理念"系统"思想要求全面关注我国面临的结构性问题,通过优化经济法功能实现结构调整,财税法作为经济法的重要部门法之一,其功能的优化在解决结构性问题中发挥重要的作用。

3. 发展理论视阈下的财税法具体功能

自国家产生以来,财税法的组织和分配功能一直是财税法的基本功能,国家在取得税收收入的同时,客观上就具有了调节国民经济各环节、各行业部门、各地区乃至全社会经济结构运行的功能,到了现代国家财政,财政调控功能在宏观调控中更为彰显。随着我国对财税法功能的认识逐渐回归理性,国家对财税法功能有了新的定位。中共中央《关于全面深化改革若干重大问题的决定》提出:"科学的财税体制是优化资源配置、维护市场统一、促进社会公平、实现国家长治久安的制度保障。"《深化财税体制改革总体方案》进一步指出:"财税体制在治国安邦中始终发挥着基础性、制度性、保障性作用"。2021年3月24日,中共中央办公厅、国务院办公厅公布了《关于进一步深化税收征管改革的意见》,该《意见》以习近平新时代中国特色社会主义思想为指导,围绕把握新发展阶段、贯彻新发展理念、构建新发展格局,对深入推进精确执法、精细服务、精准监管、精诚共治,深化税收征管改革作出了全面部署。① 因此,对于财税法的功能定位,要站在国家治理现代化的高度完整地理解。

要在实现财税法分配功能之上,更好地实现高级的调控或发展促进功能,离不开发展理念的指导。发展既是国家治理现代化的目标,也是国家治理现代化的手段,在新发展理念指导下对财税法功能进行重新认识,与站在国家治理现代化高度认识财税法功能有着内在的逻辑契合。习近平总书记在《切实把思想统一到党的十八届三中全会精神上来》的重要讲话中指出:"国家治理体系是在党领导下管理国家的制度体系,包括经济、政治、文化、社会、生态文明和党的建设等各领域体制机制、法律法规安排,也就是一整套紧密相连、相互协调的国家制度"。而国家治理现代化是指国家制度现代化,即制度和法律作为现代政治要素,不断地、连续地发生由低级到高级的突破性变革的过程。一方面,国家制度体系更加完

---

① 参见国家税务总局:《〈关于进一步深化税收征管改革的意见〉新闻发布会图文实录》,at http://www.scio.gov.cn/xwfbh/xwfbh/wqfbh/44687/45158/wz45160/Document/1701099/1701099.htm,最后访问日期:2021年6月8日。

备、成熟,即建立一套相互协调的政治、经济、社会、文化、生态环境制度;另一方面,通过各种政治的、经济的、社会的、文化的、生态环境的、科技的、信息的现代化手段,使得制度的执行更加有效、透明、公平。① 可见,国家治理现代化与新发展理念相符,国家治理现代化的过程实质上体现的就是国家制度和法律发展的过程。

因此,确有必要在新发展理念指导下认识财税法功能,实现财税法功能的优化。具体而言,在发展理论视阈下,应认识到财税法的促进发展的功能,这主要包括以下几个方面:

其一,从追求价值方面来看,公平、正义价值是财税法首要追求的价值。组织和分配功能一直是财税法的原始功能,"调控"是建立在"分配"基础上的高级功能。而分配所要求的适度和成比例,最终都是为了实现公正。正如亚里士多德在谈到分配的公正时认为,"公正必定是适度的、平等的",强调"分配的公正在于成比例,不公正则在于违反比例"。公正是凝聚发展合力的核心价值理念。② 发展合理是不用要素相互共同作用力的统一,在发展合力要素中,最核心的就是人的合力,然而人与人的利益关系天然地存在差异和矛盾,因此不同利益主体必然将公平作为必然诉求,换言之,公正是凝聚不同利益主体"得所当得"的争议价值诉求而激发发展合力的价值理念。由此,财税法以实现公正为首要追求价值,本身就体现了财税法对激发发展合力的追求目标,财税法因此具有促进发展功能。

其二,从调整手段方面来看,财税法在社会治理领域中扮演着回应型法的角色,通过对社会主要矛盾的回应发挥其促进发展的功能。回应型法是美国学者诺内特(Philippe Nonet)和塞尔兹尼克(Philipp Selznick)在二人合著的《转变中的法律与社会——迈向回应型法》一书中所提出的观点。此处的社会治理属于广义的社会治理,即以法律与政治为手段的社会治理,该书认为,法分为三种类型:压制型法、自治型法和回应型法。压制型法强调政治秩序和政治权威,此种法律多受到政治权力的影响,即法律等同于强权;自治型法则强调通过法律约束政治权力,减少对公民权利

---

① 参见胡鞍钢:《中国国家治理现代化》第三章,at http://theory.people.com.cn/n/2014/0825/c388253-25532422.html,最后访问日期:2021年6月16日。
② 参见谭智奇:《公正是治国理政凝聚发展合力的核心价值理念》,载《南华大学学报(社会科学版)》2019年第5期。

的限制,从而实现平等、自由、人权等价值;回应型法则以宪法为根基,以法治为框架审视当前社会模式和制度的能力和缺点,并根据社会需要调整制度安排。回应型法律将能动主义、开放性、认知能力等要素涵纳其中,旨在表达法律中的多重利益诉求,要求法律在制定和实施中回应社会的需求,借助法律载体实现各类主体的互动与参与,进而达到法律治理的实质正义。随着社会的不断发展,社会矛盾和诉求也在不断发生变化,回应型法律制度也将不断发展,而回应型法律的发展也将反过来促进社会的进一步发展。财税法的社会本位定位以及对社会、经济发展的调控性决定了财税法的回应型法性质[①],基于此,财税法将始终以主动调节和解决社会主要矛盾作为其制度目的导向,最终达成促进发展的目标。

其三,从本质上来看,现代财税法制度的本质是实现国家财税权力和市场主体经济权利的利益协调之法。国家和市场主体的利益存在一定的差别和冲突,国家(政府)更注重关注国家利益和公共利益,而国民(市场主体)更关注自我的发展,以最低的成本追求最大的经济利益。若二者的冲突长期得不到调和,则将成为社会发展的阻碍。如长期将国家利益放在首位,市场活力将受到限制,从而导致经济发展缓慢,若过度强调市场主体自由发展经济的权利,则可能导致市场的失灵。而现代财税法的本质决定了财税法在调整某一具体的财税法律关系过程中,同时兼顾了二者的利益,换言之,即是同时兼顾、平衡、协调国家(政府)的发展权力与国民(市场主体)发展权利,从而从整体上促进经济、社会的良性发展。

(二) 发展理论视阈下财税法的定位

1. 财税法的"发展促进法"定位

财税法定位问题是关乎财税法本质属性和价值地位的探讨。随着学界对财税法制度认识的不断加深,在发展理论的指导下,财税法应体现出"发展促进法"的本质属性和价值定位。下文主要从财税法的调整目标、调整方法和规范方法三个方面进行论述。

首先,财税法的调整目标体现促进发展意旨。如前所述,财税法制度功能经历了从单一的宏观调控功能到实现国家治理功能认识的转变。20世纪90年代初,在国家分配理论的指导下,财税法被认为是调整国家为

[①] 参见许多奇、唐士亚:《财税法的衡平发展功能及其法治构造》,载《法学杂志》2018年第3期。

行使其职能在参与社会产品和国民收入的分配和再分配过程中所形成的财政关系的法律规范的总称,因此财税法的调整目标是实现国家职能,保障财政权力的有效实现。财税法促进发展的调整目标也体现在我国当前的财税政策和财税立法上。譬如,党的十八届三中全会通过的《关于全面深化改革若干重大问题的决定》认为:"财政是国家治理的基础和重要支柱,科学的财税体制是优化资源配置、维护市场统一、促进社会公平、实现国家长治久安的制度保障。"我国《税收征收管理法》将"促进经济和社会发展"作为立法目标之一;《预算法》也强调"保障经济社会的健康发展"的立法宗旨;《政府采购法》第 9 条规定:"政府采购应当有助于实现国家的经济和社会发展政策目标,包括保护环境,扶持不发达地区和少数民族地区,促进中小企业发展等",这些都体现了现代财税制度促进发展的调整目标。

其次,财税法的调整方式体现促进发展意旨。基于财税法促进发展的调整目标,财税法以促进发展的方式引导和实现国家及市场主体在各方面的发展。有学者基于经济法调整方法"体系化"的总体思路,将经济法调整方法体系性地分为激励型调整方式和约束型调整方式。相比于约束型调整方法,激励型调整方法更直接地表现出财税法的促进发展调整方式。具体而言,激励方法包括推进型激励和引导型激励。推进型激励又包括强化型推进和保障型推进,强化型推进是指采取特定措施增强"推动"力度;保障型推进是指通过设定保障的方式推进某项事项。引导型激励分为指导型引导和奖励型引导,指导型引导是指针对某特定事项进行指引、商谈;奖励型引导还可再细分为降低成本型奖励或增加收益型奖励。[①] 财税法作为经济法的部门法,经济法的调整方式同样体现在财税法中。例如,为了均衡地区间基本财力,我国《预算法》中规定了财政转移支付制度;为了实现分配公平,财税法中存在大量的对分配主体、分配行为、分配权利、分配义务、分配责任等内容的规范,该等制度的设立即属于强化型推进的调整方法;又如我国《政府采购法》中规定,应对政府采购活动及集中采购机构进行监督检查,监督检查制度的设立即是采取保障型推进的调整方法;再如,税法中对创新型企业、高科技企业的税收优惠政策,即属于财税法指导型引导的调整方法;对特定企业进行财政补贴采用的则是奖励型引导的调整方法。

---

① 参见甘强、尹亚军:《论经济法调整方法的研究进路》,载《经济法研究》2014 年第 2 期。

第三章　发展理论指导下的财税法制度完善

最后,财税法在规范结构上存在大量的"促进型"规范。从调整目的、调整手段、调整功能的角度,可以把经济法规范分为"促进型规范"和"限禁型规范",从字面意思上即可看出,"促进型规范"即是以鼓励和促进为目的规范,"限禁型规范"则是以限制和禁止为目的的规范。例如大部分财税部门法都原则性地规定有"促进经济和社会发展"的立法目标,又如我国《企业所得税法》第四章专章规定了对国家重点扶持和鼓励发展的产业和项目实行企业所得税税收优惠制度。另外,财税法领域的促进型规范采用财税促进手段,主要体现的是各类鼓励性的优惠制度,如财政补贴、专项转移支付等财政优惠及税收减免等税收优惠。在立法实践中,一项促进型规范通常可能包含多种促进手段,即财税促进手段通常可能与其他经济政策工具共同促进着某一产业、某一区域、某类企业的发展,如我国《农业机械化促进法》第3条规定:"县级以上人民政府应当把推进农业机械化纳入国民经济和社会发展计划,采取财政支持和实施国家规定的税收优惠政策以及金融扶持等措施,逐步提高对农业机械化的资金投入……促进农业机械化的发展。"同时,该法还在第六章"扶持措施"中规定了旨在促进农业现代化的财政补贴、税收优惠、贴息贷款等多种扶持鼓励措施。该等规定采用了多种经济政策工具共同促进农业机械化的这一产业的发展,涉及计划法、财税法、金融法等多个经济法部门法的规定。

2. 新发展理念视阈下财税法作为"发展促进法"的新内涵

既有的发展理念在注重发展效率,强调快速发展理念的同时,要求注重发展的质量,即发展应是公平的发展、全面的发展、整体的发展、协调的发展、可持续的发展、科学的发展以及包含的发展。但发展理念本身也在不断发展,新发展理念是在总结国内外发展经验教训的前提下,植根于深厚的时代土壤,结合新阶段我国发展中所呈现的突出矛盾和特征有针对性地提出的。新发展理念对发展理念内涵提出的新要求,将绿色发展作为新内容纳入发展理念,将创新发展作为发展的动力导向,将开放发展作为实现发展的路径导向,将共享发展作为发展成果分配的要求。

新发展理念与财税法功能在促进人民幸福安康、社会和谐稳定、国家长治久安的基本宗旨上完全一致。[①] 在发展理论视阈下把握财税法作为发展促进法的新内涵具有重要意义。特别是我国当前正处于转变发展方式、优化经济结构、转化增长动力的关键时期,亟须深化供给侧结构性改

[①] 参见王桦宇:《化解新时代社会主要矛盾的财税法思维》,载《法学杂志》2018年第3期。

革，建立有利于化解我国社会主要矛盾的现代化经济体系，而财税法作为治理国家不可或缺的法律体系，在现代化经济体系的建设上发挥着举足轻重的作用。将财税法置于新发展理念的指导下，有利于从整体上把握我国发展态势，进一步明确财税法的定位，从而更好地发挥财税法功能。

新发展理念拓展了经济法发展理念的广度和深度，也使得财税法作为"发展促进法"定位的内涵不断丰富。具体而言，首先，在创新发展方面，创新发展理念在注重效率价值之外，强调最大程度解放人的思想，提倡发展内容和方式的革新，体现自由价值和革新价值。因此，经济法学创新发展理论要求发挥市场主体对创新的决定性作用，尽可能减少政府对市场的干预，政府只需维护市场良性竞争以激发市场主体的创新潜力，并为市场主体提供创新发展的基础公共服务。具体到财税法上，这意味着：一方面，所制定税收标准应合理，其合理性的最低标准在于不妨碍国民、企业等参与财政活动的市场主体在经济活动中的创新发展权利。另一方面，财政支出政策应注重鼓励市场主体创新能力的培养，并为创新型市场主体提供必要的财税倾斜。如对于新型产业发展，除了鼓励企业的自我创新发展外，有时还需要财政资金对企业技术创新活动进行补贴，或对新兴产业采取税收优惠等政策，以破解市场主体在创新发展过程中的融资难题，提高企业自主创新的积极性。

其次，在协调发展方面，协调发展理念体现的是秩序价值，协调发展讲求多个系统或者一个系统内多个要素之间的和谐相处、良性循环，并在相互影响的基础上由无序向有序演化上升发展。另外，协调发展还强调发展应是整体上的全面发展，而不是牺牲某个系统或某个要素的发展。经济法学协调发展理论要求政府应在市场协调机制的基础上运用其发展权力承担主要的协调作用，即由市场进行第一次协调后，再由政府对市场调整后的地区、产业等差异进行二次协调。财政和税收的原初功能就是组织和参与分配，因此财税法在促进协调发展方面有着天然的优势，在新发展理念的指导下，财税法发挥其促进协调发展功用，不仅需要促进一个系统中多个因素协调发展，同时需要促进多个系统的协调发展。具体而言，一方面，财税法应积极体现其能够促进经济系统、政治系统、社会系统、生态系统之间的协调发展。如在经济发展和生态保护之间的协调问题，通过对环保企业、生态企业设立税收优惠或财政补贴，引导企业向环境友好型企业转型。另一方面，财税法应积极协调系统中多个要素的平衡。例如，在协调经济发达地区与经济欠发达地区的区域发展时，可通过

第三章 发展理论指导下的财税法制度完善

加大对诸如西部地区、乡村地区的财政支出扶持实现。又如,可通过规范财政收入、支出和监管,协调政治系统中的中央财税权与地方财税权。再如,通过财政支出支持医疗救助计划、贫困家庭临时救助计划等社会福利对生活困难人士进行救助,从而缓解社会矛盾,实现社会协调发展。

再次,在绿色发展方面,绿色发展理念是一种永续发展理念,强调人与自然的协调状态。市场经济主体因具有逐利性,较少关注绿色发展问题,因此,经济法学绿色发展理论要求政府作为发展主体应发挥其促进经济、社会绿色发展的决定性作用,将市场主体的环境负外部性内部化,弥补市场主体因其逐利本性带来的市场失衡。在财税法上表现为通过财政支出和税收收入的经济杠杆调解污染,如环境保护税法中对符合环保要求的排污减免税、对出于环境保护目的的横向协议予以豁免等,又如,通过对绿色产业设立税收优惠政策,鼓励对绿色产业的投资和经营。

另外,在开放发展方面,开放发展理念倡导互利共赢以实现自由价值、国际层面的公正价值。一方面,市场主体应享有开放发展的权利,市场主体可以自由选择是否走出去,即市场主体的经营自由权;另一方面,国家享有开放发展的权力,这意味着国家需要借助国内与国外的联动促进国内的发展。经济法学开放发展理论区分"走出去"和"引进来"两种情况:其一,在"走出去"问题上,市场主体有权根据自身的能力大小和实际情况选择是否"走出去"以及"走到哪里",政府不应做过多干预,但应为市场主体提供"走出去"的外部环境;其二,在"引进来"问题上,政府应根据国内实际发展状况和需求,运用其发展权力对开放发挥主导作用,包括开放的"引进来"的程度、标准等。就财税法而言,一方面,财税法应通过为企业设立财税优惠制度,支持企业的境外发展,如通过财政拨款为企业设立专项资金,用于支持企业投保海外投资保险等事项,帮助企业降低海外运营风险;又如,通过设立出口退税制度、完善国际税收规则等方式,为企业发展提供法律保障,鼓励企业"走出去"。另一方面,财税法应结合我国具体情况,具体决定是否给予外商投资企业财税优惠,以及给予外商投资企业多少财税优惠,从而达到调控外商企业在国内投资的数量和比例,在发挥外商投资增加国内资本、提升国内产业升级等优势的同时,保证我国国内经济结构的合理性,从而实现国内整体、良性发展。

最后,在共享发展方面,共享发展理念以共同富裕为发展方向、共享发展成果为发展目标,体现了人权价值、公平价值、团结价值、分担责任价值。经济法学共享发展理论要求政府在尊重和维护市场竞争过程的前提下,对于市场竞争结果所显现出的资源分配不公平现象进行弥补,即发挥政府在再分配中的作用,以实现发展成果共享,保证每个主体都能合理地分享到发展利益。共享发展理念要求财税法所进行的宏观调控以及所进行的对收入分配的调节、对税负结构的平衡、对量能课税原则的贯彻等,最终都是为了实现保障发展成果公平共享的目标。发展成果公平共享,是指在发展进程中,市场主体能够按照起点公平、机会公平和结果公平的标准所享受到的各种物质性和精神性利益的总和。当前我国社会主要矛盾已经转化为人民日益增长的美好生活需要和不平衡、不充分发展之间的矛盾。在"不平衡不充分"问题中,最关键的是"发展不平衡"问题。作为一种回应型法,财税法的社会利益本位性质和对社会经济发展的调控性决定了财税法具有促进社会平衡发展的作用。①

由上可见,新发展理念进一步丰富了财税法作为"发展促进法"的内涵,但同时也对财税法提出了新的要求。由于新发展理念内涵较为丰富,而受篇幅所限,难以逐一对财税法在促进创新发展、协调发展、绿色发展、开放发展、共享发展的制度构建和完善方面进行分析。新发展理念是一种结构化的发展理念,创新发展因关乎发展的动力导向,是实施路径的主导核心,在新发展理念中处于第一层级位次,是否制定以及如何制定促进创新发展的财税法制度影响着我国经济、社会发展的效率和质量。另外,如何促进绿色发展同样值得财税法关注,平衡环境和发展是绿色发展的核心,对自然资源和生态环境的保护,短期来看一定程度上会减缓发展速度,但从长期视角观察,则是促进可持续发展的必要举措,因此,如何恰当地运用财税手段调整环境和发展的关系是个值得探讨的问题。基于此,下文将着重对促进创新发展的财税法制度完善以及促进绿色发展的财税法制度完善两部分内容进行论述。

二、促进创新发展的财税法制度完善

(一) 财税法促进创新发展的基本逻辑

《国家创新驱动发展战略纲要》指出:"创新驱动是国家命运所系,是

---

① 参见许多奇、唐士亚:《财税法的衡平发展功能及其法治构造》,载《法学杂志》2018年第3期。

第三章　发展理论指导下的财税法制度完善

立足全局、面向全球、聚焦关键、带动整体的国家重大发展战略"。创新驱动发展强调通过原始创新能力的提升带动科技进步、劳动者素质提高和管理创新,不断增强新常态经济形势下我国经济发展的内生动力,进而带动产业、区域的全面发展,既培育新的经济增长点,又促进经济的协调发展。创新驱动发展的重要基础在于科技创新,通过增强原始创新能力和加强工业化和信息化的深度融合,推动产业技术体系创新,以创新要素的集聚和流动来推动区域创新能力和竞争力的整体提升,统筹和引导区域一体化发展。[①] 然而,基于高新技术产品具有的外部性特征,存在一定程度的溢出效益,社会收益很大程度上可能大于企业收益,加上高新技术产业投资的高风险性和收益不确定性,促进创新发展往往需要政府的参与。

财税法作为促进发展之法,在促进创新发展方面处于十分重要的地位,如何通过财税手段鼓励企业创新,为市场提供动力,协调社会整体发展利益与企业发展利益是财税法的重要课题。进一步而言,在财税法中如何设置与平衡国家发展权力和市场主体发展权利,以达到促进创新发展目标的实现,是财税法促进创新发展制度完善的重点内容。财税法在平衡和协调二者发展权和发展利益上需要从财税法最为宏观的两个环节考虑,即税收环节以及财政支出环节。在税收环节,财税法促进创新发展的方式主要表现为设置税收优惠制度,包括税基式优惠和税额式优惠。税基式优惠主要为固定资产加速折旧和研发费用加计扣除,税额式优惠有税收减免和税率优惠等。在财政支出环节,财税法促进创新发展的方式从财税政策进入时间划分可以区分为事前激励方式和事后激励方式。事前激励方式主要有政府补贴、政府设立的专项技术投资基金与鼓励金融机构加大贷款等。事后激励方式则主要包括政府采购或政府组织引导其他企业采购等。

我国在促进科技自主创新方面采取了一系列举措并取得了相应成效,但科技自主创新在市场经济发达国家的地位与在我国经济发展中的地位相比,还存在很大差距。科技自主创新涉及诸多方面,如科技管理体制、财政税收制度、金融制度、知识产权保护制度等。其中,财税法是一国促进科技自主创新的有效政策选择,本书将从财税法中的投融资规制制度、税收优惠制度以及政府采购制度完善三个方面对财税法促进创新发

[①] 参见许多奇、唐士亚:《财税法的衡平发展功能及其法治构造》,载《法学杂志》2018年第3期。

展的制度完善进行论述。

(二) 完善财政法中的投融资规制制度

"财政乃庶政之母",政府从未停止对财源孜孜不倦追求的步伐。政府是事权和财权的集合体,事权与财权的平衡是政府平衡的基础,事权与财权的不对称则会导致政府系统的紊乱。分税制后我国形成了"事权下放,财权上移"的财政格局。在分税制的催化下,地方政府的发展史演变成了地方政府的融资史,政府和社会资本合作(PPP)正是地方政府融资方式的一种创新。当前,PPP制度的发展也恰逢其时。观外部环境,简政放权的制度创新背景给 PPP 的发展提供了制度土壤。观内部需求,政府融资的混乱和民间资本的无序都有待破局与优化,地方债务的压力更是逐渐将地方政府推上了中国版的"财政悬崖"。[①]

1. 我国财政法中的投资融资规制制度现状

当前我国财政法中的投资融资规制制度存在一定的混乱状况,具体如下:其一,政府投融资方式混乱。根据中国人民银行发布的《2010 年全国金融稳定报告》,2008 年国际金融危机以来,绝大多数省级政府、地市级政府甚至县市级政府都将投融资平台作为财政收入的重要来源方式之一。投融资平台迅猛的发展呈脱缰之势,带来了诸如负债过多、缺乏监管、运作违规等问题。就融资而言,政府融资方式混乱主要表现为变相融资。根据中华人民共和国审计署于 2013 年发布的《全国政府性债务审计结果》显示,地方政府变相融资的方式主要有信托融资、售后回租融资、理财产品融资、BT(建设—移交)融资、融资租赁融资、垫资施工融资和违规集资等七种。以信托融资为例,信托因其权能分割设计能够轻易跳脱出法律规制的范围,逐渐成为政府的融资工具的一种。[②] 一些地方的基础设施建设,其建设周期远远大于信托项目的周期,信托项目在这些基础设施建设过程中充当了借新款还旧债的媒介。根据中国信托业协会官网发布的数据,2013 年年初到 2015 年初,每个季度信托对政府主导的基础产业资金配置比例均超过了 20%。尽管该比例呈现逐年下降之势,但是政府的信托融资仍然占据了很大一部分。除此之外,地方政府还会通过银行

[①] 参见吕铖钢:《政府融资的法律轮回——公私合作制视角下的刚性需求与柔性法治》,载《地方财政研究》2016 年第 4 期。

[②] 参见吕铖钢:《信托受托人行为异化论》,载《南方金融》2015 年第 1 期。

发行理财产品。

其二,政府投融资管理混乱。一方面,政府投融资缺乏统一的管理体制,现行体制下,国债、地方债、财政投资、政策性银行、政策担保和投资基金等多头管理。财政投融资难以合理提供公共服务,甚至可能引发冲突。① 另一方面,各级政府财政投融资管理权责不明确,地方政府的财力与支出责任不匹配。② 这意味着地方政府在财力普遍偏弱的情况下,仍需承担大量支出责任,再加上预算软约束和 GDP 目标导向的政绩考核机制,助推部分地方政府变相融资、违规举债的行为。隐性融资、违规融资带来的必然后果是地方政府的部分资金脱离预算的监督、审计的监察与法律的规制。在融资平台混乱的治理体系下,不仅有债务增长过快的问题和资金使用混乱的问题,也有资金闲置的问题。地方融资平台的一个突出特征便是缺乏科学的治理机制,地方政府的负责人常常是融资平台公司的负责人,决策权、执行权、经营权和监督权无法实现有效的分离与制衡。③ 这不仅仅是融资平台公司治理规则的问题,更是地方政府融资管理的问题。一方面是财政部、国家发改委、中国人民银行、中国银保监会等发布的清理和规范地方融资平台的通知,另一方面是地方政府债务违约的风险和巨大的融资需求,地方政府权衡取舍的结果只能是在高压政策下打"擦边球"。因为诸多的规范性文件不仅无法消灭地方政府巨大的融资需求,反而带来了巨大的资金压力,其结果是融资平台的规范治理之路的渐行渐远。政府投融资管理制度不合理也使得政府债务规模攀升,特别是地方政府隐性债务规模庞大。有学者研究调查发现,截至 2019 年 11 月底,中央政府债务余额 16.28 万亿元,地方政府债务余额 21.33 万亿元,合计 37.6 万亿。中国政府部门杠杆率在国际上处于中等水平。国债和地方政府债务偿还期均将集中在 2020—2024 年的五年,年均到期分别 2.1 和 2.7 万亿元,清偿过于集中导致资金周转压力增加,2018 年年末地方政府隐性债务规模高达 30.9 万亿。地方政府债务庞大可归因于地方

---

① 参见温来成、徐磊:《我国财政投融资管理体制回顾与展望》,载《中国财政》2020 年第 7 期。

② 参见任泽平:《2019 中国财政报告:政府债务风险与化解》,《21 世纪经济报道》,at https://m.21jingji.com/article/20200121/herald/34ecc9f080d830774ef2702e17bacb0d.html,最后访问日期:2021 年 6 月 16 日。

③ 参见徐鹏程:《新常态下地方投融资平台转型发展及对策建议》,载《管理世界》2017 年第 8 期。

政府的财力与支出责任不匹配,事实上,我国虽建立有转移支付,但地方政府仍需承担大量中央和地方共同支出责任。以 2018 年为例,中央政府通过转移支付和税收返还给地方后,地方政府收入(本级公共财政＋转移支付)占全国财政收入比为 91.4%,但地方政府收入与支出比仍为 89%,还有 11% 的支出依赖举债。①

其三,财政投融资与市场投融资界限不甚明晰。《政府投资条例》第 3 条也对政府投资范围作了明确规定,即政府投资资金应当投向市场不能有效配置资源的社会公益服务、公共基础设施、农业农村、生态环境保护、重大科技进步、社会管理、国家安全等公共领域的项目,以非经营性项目为主。这也从一个侧面反映未来政府投资在竞争性领域的有序退出。但因法规、政策的实施是一个过程,就目前来看,政府投资仍存在公共性领域投资不足和竞争性领域过度投资的问题,财政投融资与市场投融资界限有待进一步明晰。② 例如,目前我国政府在教育、医疗等公共服务及社会保障领域的投资仍然不足,教育资源不平衡、看病难看病贵等民生问题仍有待进一步解决,而对于诸如铁路、能源、电信、城建等基础设施建设等领域,政府投资仍然占据主要,2010 年,国务院发布了《关于鼓励和引导民间投资健康发展的若干意见》,鼓励和引导民间资本进入基础产业和基础设施领域、市政公用事业和政策性住房建设领域、社会事业领域、金融服务领域、商贸流通领域等,但直至目前,民间资本始终徘徊在基础设施建设行业的门外。另外,政府如何引导民间资本有序发展也是一项重要的问题,在全民所有制时代,民间资本难以有所作为。伴随着改革开放和社会主义市场经济体制的建立,民间资本获得了长足的发展,但严格的管制和不完善的制度使得民间资本始终无用武之地。如何正确地引导民间资本进入公共领域,参与公共基础设施建设,实现资源的优化配置,将是公私合作的重要方式。

2. 改革之路——逐步完善支持创新的政府投资基金

我国政府投资基金的起步可追溯至 2002 年中关村创业投资引导基金成立,2005 年《创业投资企业管理暂行办法》出台,明确了对创业投资

---

① 参见任泽平:《2019 中国财政报告:政府债务风险与化解》,《21 世纪经济报道》,at https://m.21jingji.com/article/20200121/herald/34ecc9f080d830774ef2702e17bacb0d.html,最后访问日期:2021 年 6 月 16 日。
② 参见温来成、徐磊:《我国财政投融资管理体制回顾与展望》,载《中国财政》2020 年第 7 期。

第三章　发展理论指导下的财税法制度完善

企业的政策扶持,主要包括设立创业投资引导基金、实行税收优惠等扶持政策。2008年,政府投资基金制度得到完善,国家发改委等部门发布《关于创业投资引导基金规范设立与运作的指导意见》(以下简称"《指导意见》"),该《指导意见》首次明确了政府引导基金的性质和宗旨,即引导基金是由政府设立并按市场化方式运作的政策性基金,主要通过扶持创业投资企业发展,引导社会资金进入创业投资领域。引导基金本身不直接从事创业投资业务。《指导意见》同时细化了财政资金来源、运作方式、风险控制等方面的内容。2015年《政府投资基金暂行管理办法》以及2016年《政府出资产业投资基金管理暂行办法》出台,在立法层面建立政府投资基金制度,其中更是明确了政府投资基金的预算管理,即政府投资基金的财政资金应来源于一般公共预算、政府性基金预算和国有资本经营预算,该等内容与现行《预算法》的相关内容相衔接,对政府投资基金中财政资金进行约束,明确政府投资基金中财政资金的收支管理制度。

相比于传统的税收优惠、财政补贴等政策加财税支持科创企业发展模式,通过设立市场化运作的政府投资基金支持科创企业发展模式有着传统扶持政策不可替代的优势,主要在于:其一,市场化运作是政府投资基金模式的根本发展原则,这改变了以往专项资金"点对点"的直接扶持和行政性分配,采取市场化运作方式,遵循市场规律,主要靠市场发现和培育新的增长点[①],使得政府的投资和扶持更具灵活性,所获扶持效益更大。其二,政府投资基金模式更能撬动民间资本对目标产业、企业的投入,充分发挥财政金的杠杆效应,这也是政府投资基金的引导性所在。有数据显示,在美国信用担保模式中,基于不同的担保方式,中小企业融资可以获得自有资本2—3倍杠杆资金。澳大利亚甚至通过降低政府出资的收益回报比例来吸引私人资本的参与,比如在1∶2的政府资金和私人资金的出资中,澳大利亚政府的法定权益为33.3%,但是收益比例可能只约定为10%,剩余部分分配给私人资本股东以及基金管理人。[②] 其三,政府投资基金的终止和退出制度使得财政资金能够滚动循环利用,有利于增强财政统筹能力,在整合分散资金,扶持目标产业发展的同时降低财政风险。

[①] 参见金香爱、李岩峰:《政府产业投资基金法律规制路径探析》,载《征信》2019年第5期。
[②] 参见郑联盛、朱鹤、钟震:《国外政府产业引导基金:特征、模式与启示》,载《地方财政研究》2017年第3期。

政府产业投资基金已成为新时期产业政策的重要手段之一,几乎涵盖了从高新技术发展到传统产业升级的方方面面。我国目前已初步建立起政府投资基金制度,近年来政府投资基金数量和规模也在急剧增长,但如何优化政府投资基金的运作,如何充分发挥政府资金对民间资本的引导和杠杆效益仍是我国一项重要课题。有学者通过对国外产业投资基金的成功经验进行梳理发现,政府资金杠杆效应的发挥主要取决于两个方面,一是产业发展具有较好的研究、技术和产业化基础,二是资本市场等配套设施的完备性。① 由此,进一步完善我国政府投资基金法律制度尤为重要。

首先,应明确政府投资基金的定位和目的,始终坚持政府投资基金管理市场化原则,严格明确政府行政干预界限。目前我国政府投资基金面临行政干预界限模糊,基金运作市场化不足的问题。在基金运作中,我国部分地方政府沿用了过去主管部门组成评审委员会对投资项目进行审核的办法,基金管理人与托管人之间的职能划分交叉重叠,在社会资本以银行等受制于政府监管的金融机构为主的情况下,各级政府在政府产业投资基金设、募、投、管、退各个环节中依然拥有最大的话语权。为此,应当认识到,要发挥政府投资基金的引导作用应同时兼顾政府推动和市场需求两个方面,并应始终坚持政府投资基金的市场化原则,严格明确政府行政干预界限,如可聘请专业化基金管理团队进行基金管理,减少政府对基金直接管理的潜在干涉等。

其次,应统筹、完善基金监管立法。目前我国在政府投资基金监管方面存在不足。主要表现为,一方面各个部门的监管职能存在交叉,例如在财政部和国家发改委的发文中,均对政府出资的资金来源和基金投资方向作出了规定,但这些规定的表述并不一致,各个政府职能部门在履行监管职责时缺乏统筹安排,未能清晰合理地划分监管职责,模糊了监管的界限。② 另一方面,预算监管的缺失使得政府投资基金中的财政风险和权力滥用可能性增加,不利于政府有效发挥在其中的引导作用。为此,应形成统一的监管目标,协调监管部门和监管规则,避免出现法律规定之间的矛盾和不明确,同时应明确政府投资基金预算,确保基金真正投入的是新兴

---

① 参见郑联盛、朱鹤、钟震:《国外政府产业引导基金:特征、模式与启示》,载《地方财政研究》2017年第3期。
② 参见金香爱、李岩峰:《政府产业投资基金法律规制路径探析》,载《征信》2019年第5期。

产业及传统待升级产业,并建立面向市场、公开透明的监管体系。

最后,应进一步完善政府投资基金让利和退出终止机制,平衡国有资产保值和社会资本撬动之间的矛盾。政府产业投资基金要成功撬动社会资本,必然需要作出相应的激励机制,通常表现为财政资金在投资收益与风险分配中作出让步。① 而财政资金在投资收益与风险分配中的让步一方面表现为财政资金对投资成功的让利,另一方面表现出财政资金对投资失败风险的优先承担。这就与我国国有资产保值要求存在一定的矛盾和冲突。为此,首先,应当树立投资即存在风险的理念,对投资失败保持容忍度。其次,应明晰财政资金让利的标准和底线,包括明晰让利标准、投资失败界限,建立责任追究制度,在尊重市场规律、确保财政资金投入有效性的同时,尽可能减少或避免国有资产的损失。最后,应完善财政资金退出和终止机制,政府适时退出基金,以充分尊重市场,真正实现政府在政府投资基金中的引导而非直接的行政干涉。根据国际经验,当"市场失灵"的局面得到有效缓解、相关产业得到充分培育和发展后,政府产业投资应显示出阶段性特征,找准时机适时退出。②

(三)完善促进高质量就业的税收优惠制度

中共中央《关于制定国民经济和社会发展第十四个五年规划和二〇三五年远景目标的建议》(以下简称"《建议》")提出了新发展阶段、新发展理念和新发展格局的"十四五"时期"三新"发展逻辑。将民生福祉达到新水平作为"十四五"时期经济社会发展主要目标,实现这一主要目标的重要方面即是实现更加充分更高质量就业。更高质量就业是推进创新驱动发展的源泉,有研究表明,创新是人力资本的函数,人力资本越多越有可能推动创新。③ 而要将人力资本的创新潜力转化为现实优势,则需重视实现更加充分、更高质量的就业,而其中一个重要且常用的方式即是通过建立税收优惠制度,以强化对重点群体的就业支持和困难群体的就业帮扶。

改革开放以来,我国税收制度先后经历了几次大的调整,初步建立起

---

① 参见金香爱、李岩峰:《政府产业投资基金法律规制路径探析》,载《征信》2019 年第 5 期。
② 参见刘春晓、孟兆辉、李蕾、谭祖卫:《我国政府引导基金退出方式研究》,载《经济师》2020 年第 12 期。
③ 参见赖德胜:《更加充分更高质量就业:构建新发展格局的重要内容》,载《学习时报》,at http://www.qstheory.cn/qshyjx/2020-11/11/c_1126725432.htm,最后访问日期:2022 年 3 月 7 日。

适应社会主义市场经济调控要求的复合税制体系。近年来,在应对国际金融危机过程中,我国财税体制改革不断深化,财政转移支付制度逐步完善,由公共财政预算、政府性基金预算等组成的政府预算体系框架逐步形成,之前还全面取消了预算外资金,将所有政府性收支纳入预算管理。税制改革不断深化,增值税转型改革全面实施,内外资企业所得税制实现统一,消费税制度继续完善,资源税改革启动试点,地方税改革也在稳步推进。[①] 总体而言,税收优惠对就业发挥了一定的促进作用,但在税收优惠的制度设计与运行方面,还存在着许多问题。为此,应当从健全税收优惠法律体系,进一步扩大税收优惠适用范围,创新相关的制度管理等方面考虑,进一步发挥税收优惠促进创新的积极效应。

1. 健全促进就业税收优惠法律体系

目前,我国促进就业税收优惠一定程度上发挥了积极的作用,同时也受到了相应的重视,然而,我国关于促进就业税收优惠法律体系并不健全,我国促进就业的税收优惠立法绝大部分是国务院及其财政部门通过"通知""补充通知""实施细则""办法"以及"意见"等形式作出的规范性文件,例如2019年财政部、税务总局、人力资源社会保障部、国务院扶贫办联合发布了《关于进一步支持和促进重点群体创业就业有关税收政策的通知》,对贫困人口、失业人员、毕业年度内高校毕业生等重点人群进行创业、就业进行税收支持,企业招用上述重点人群就业的,既可以适用本通知规定的税收优惠政策,又可以适用其他扶持就业专项税收优惠政策的,企业可以选择适用最优惠的政策。这些政策文件都不需要经过全国人大常委会的讨论,不具备法律上的强制力,在合法性、规范性、稳定性等方面也存在一定的问题。而法律是由国家制定或认可的,具有强制力,相比政策更有可操作性、稳定性和权威性,因此,我国应注重并完善促进就业税收优惠法律体系的建立。

从域外经验角度而言,许多国家的就业优惠政策,基本都是通过立法的形式予以贯彻实施。例如,1967年德国颁布的《促进经济稳定与增长法》,专门把充分就业、经济增长、通货稳定和对外经济平衡规定为宏观调控的四大目标。1969年,德国政府颁布的《就业促进法》规定将最高所得税率由原来的53%降至39%,免征企业所得税的标准由原来年收入

[①] 参见刘剑文、刘静:《"十三五"时期税收法治建设的成就、问题与展望》,载《国际税收》2020年第12期。

1.2 马克提高至 1.3 马克。① 2007 年,我国通过了第一部关于劳动就业的法律《就业促进法》。但是,《就业促进法》只是对促进就业的原则、方法作出了框架性的规定,对优惠的税种、税率等方面未作出具体详细可操作的规定。2013 年党的十八届三中全会指出,税收优惠政策统一由专门税收法律法规规定,清理规范税收优惠政策。2015 年修正的《税收征收管理法》也规定,税收的开征、减免等要依照法律执行。为此,税收法治是我国的必由之路,要对现行部分促进就业的税收优惠政策规定作出清理。2014 年 11 月 27 日国务院发布了国发〔2014〕62 号②,其目的是维护公平的市场竞争环境、落实国家宏观经济政策、严肃财经纪律和深化财税体制改革。由于各级各类执行情况复杂,短期内难以全面清理和规范,在经济下滑的趋势下,国务院于 2015 年 5 月 10 日发布了国发〔2015〕25 号文③,对于已经实施的优惠政策,有规定期限的,按照此期限执行,期望缓解国发〔2014〕62 号文带来的矛盾和冲突。由于现行大部分促进就业的税收优惠政策针对的是特定人群、特定企业,或者是为了配合其他政策的实施而出台的,有些政策与公平性原则相违背,因此,应以"公平"原则为指导,对现行促进就业税收优惠政策规定进行清理。不能恶意增加税收优惠,减少纳税人的税收负担,损害国家合法的税收权益和国家法治的尊严,扰乱国内经济秩序。④ 应当在清理税收优惠政策的基础上,逐步以法律的形式确定具体的税收优惠政策,建立完备的促进就业税收法律体系,切实维护自身的利益,促进企业的健康、可持续发展。

2. 扩大促进就业税收优惠的范围

现行规定主要针对弱势群体给予税收优惠,这固然应当是促进就业的重要方面,而面对当前经济下行带来的各个领域的失业压力已经陡然上升,对受惠企业进行企业类型、经营行业等方面的限制,与税收公平原则不相符。因此,立法时应当调整税收优惠的对象范围,扩大适用的主体范围和行业范围。

---

① 参见苏明:《财政现实问题研究》,经济科学出版社 2008 年版,第 90 页。
② 《关于清理规范税收等优惠政策的通知》(国发〔2014〕62 号)。
③ 《关于税收等优惠政策相关事项的通知》(国发〔2015〕25 号)。
④ 参见黄志雄、徐铖荣:《税收优惠政策清理的价值取向、政策评估与顶层设计》,载《财经理论与实践》2020 年第 6 期。

（1）扩大受惠主体范围

现阶段，我国促进就业的受惠主体范围主要是残疾人、军转干部、随军家属、城镇退役士兵、登记的失业人员以及毕业年度内的高校毕业生。由此看来，受惠的主体范围狭窄，高校毕业生也不应该仅仅限定在毕业年度，因为他们是具有更大创业潜能的群体。由于前期启动资金的缺乏等困境，创业的过程必将步履蹒跚，但是一旦创业成功，企业进入正轨，在实现个人就业的同时，还能够创造更多的就业机会带动他人就业。此外，受惠的主体也应当进一步扩大。随着城镇化建设规模的日益扩大，失业农民越来越多，政府也应该根据实际情况提供一定的税收扶持，将失地农民工纳入受惠的主体范围。

（2）提高税收优惠幅度

根据现行促进就业的税收优惠政策综合来看，优惠的税种范围过窄，主要包括增值税，还有为了鼓励改制企业解决职工就业安置的问题而给予企业优惠的契税。现行的政策对增值税的优惠范围适用较少，只有残疾人的就业优惠中包括增值税优惠。此外，对于个人独资、合伙企业的个人所得税也没有优惠，这些限制一定程度上不利于充分发挥税收促进就业的激励作用。因此，应当扩大减免的适用范围，进一步提高优惠的幅度与力度。

3. 建立促进就业税收优惠的长效机制

现有促进就业的税收优惠法律制度，主要是针对特定人群、特定事项短期内通过直接减免税收的手段来促进就业的，比如下岗失业人员、地震灾区等。从某种意义上说，偏重治标，弱化治本，缺乏一个长效机制，可以从以下几个方面加以完善：

（1）实行多样化的税收优惠方式

我国现行促进就业的税收优惠手段主要是减税、免税的方式，没用充分利用加速折旧、延期纳税等其他税收优惠手段，现行优惠方式过于单一，应当建立多样化的税收优惠方式，充分发挥税收促进就业的最大效应。例如，在当前"大众创业、万众创新"的背景下，对于创业、就业的人员来说，企业刚刚处于发展起步阶段，可以采取减免税或者延期纳税的优惠方式，在自身就业问题解决后，随着企业慢慢壮大，将来也可以创造更多的就业机会。对于科技人员个人所得税可以适当考虑教育成本，实行税前扣除的优惠方式，为避免重复征税也可以采取税收抵免的优惠方式等。此外，对于安置军转干部、随军家属就业的企业的税收优惠，在这类人员

第三章　发展理论指导下的财税法制度完善

的安置比例上仍然有着一定的要求,在一定程度上打击了企业安置此类人员就业的积极性。总之,要综合、全面、科学地运用税收优惠的方式,提高企业吸纳就业的积极性,鼓励创客通过自身创业就业,发挥就业税收优惠的作用。

(2)实行差别税收优惠制度

在设计具体的促进就业的税收优惠法律制度时,既要考虑受惠对象的税负公平性,又要充分发挥税收政策针对性强的功能。所以,应当对特定产业、特定地区等给予更多的政策倾斜。

其一,特定产业主要是第三产业。其原因在于,第三产业与其他产业相比来说能够吸纳更多的劳动者就业,应当对第三产业和非公有制经济实行更加优惠的税收制度。增值税是各国普遍都设置的税种,相对于发达国家来说,我国第三产业发展程度较低,具有较大的调整空间,应对第三产业实行差别税率,实行更低的增值税税率,降低税赋。对于处于创业阶段的第三产业应当给予比减税免税的优惠更多的优惠。① 另外,应特别加强对第三产业中非公有制经济形式企业的政策倾斜。非公有制经济吸纳就业潜力巨大,对于在初创阶段的非公有制经济应当给予更多的税费减免优惠待遇。

其二,应当给予中小企业更多的税收优惠政策,加大政策扶持力度。现行促进就业立法对促进中小企业发展没有作出专门的规定,只是分散地规定在相关的税收法律法规及规章之中,建议立法时应当对中小企业税收优惠进行专门的规定。我国已将增值税由生产型转变为消费型,减少了重复征税,并将小规模纳税人的增值税税率降低为3%,有利于减少中小企业的税赋,提高中小企业吸纳就业的能力。在此基础上,应当进一步扩大对中小企业的优惠力度,比如对于中小企业信用担保的机构,在一定期限内免征营业税,对于中小企业投资的社会投资者所获得的利息给予适当减免所得税等,促进中小企业的不断发展,提高中小企业吸纳就业的长效性。

其三,对于农村、中西部地区、灾区等地区实行倾斜的税收优惠制度。为了促使农村富余人员就业,应当充分利用税收优惠的手段,吸引社会资本向农村地区转移,大力鼓励发展种植业、养殖业、畜牧业等农副产品,开

---

① 参见刘峰:《基于税收视角的第三产业发展思考——以陕西省为例》,载《税务研究》2016年第6期。

办工厂鼓励农产品就业加工,促进农产企业向规模化发展,以实现农村富余劳动力充分就业,减轻向城市转移就业的压力。此外,对于中西部、少数民族以及地震的灾区,应当给予更大的税收优惠,发挥地区优势,促进区域经济的蓬勃发展,增加就业机会,吸引人才,实现产业升级和创新。

4. 延长税收优惠期限

我国现行的促进就业税收优惠的实施期限大都为3年,对于从事个体经营或者创业的受惠主体来说,大部分对于税收政策没有一定的了解,属于知识经验不足的群体,加上市场风险复杂多样以及初创企业的发展也同时需要一个相对长期的过程,3年的政策审批期过于短暂。为了进一步让更多地创业就业者以及企业享受税收优惠的政策,应当延长政策的审批时限,至少与国民经济规划期间5年保持一致,这也一定程度上提高了税收优惠制度的稳定性。

(四) 完善促进创新的政府采购制度

政府采购在发达国家的创新政策体系中扮演着重要的角色,如欧盟委员会发布的《里斯本战略》(2000)、《巴塞罗那战略》(2002)和《支持创新的公共采购手册》(2007)均将政府采购作为一项重要的支持企业技术创新的政策。我国将政府采购作为支持企业技术创新的政策工具经历了一个渐进过程。我国的政府采购始于提高公共资金使用效率、深化财政支出管理体制改革。自1996年试行政府采购制度以来,财政部门一直强调因管理效率提高而带来的财政资金节省,即"节支率",并将其作为评价各地区政府采购工作绩效的主要标准,而忽视公共政策目标。2002年,我国颁布了《政府采购法》,该法考虑到了政府采购的公共政策目标,即"政府采购应当有助于实现国家的经济和社会发展政策目标",但仅明确列举了"保护环境,扶持不发达地区和少数民族地区,促进中小企业发展"这三项目标。《政府采购法》修正之后,"促进创新发展"依旧未被明确列入政府采购目标。但正如学者所述,以公开招标为主要方式的政府采购在客观上也发挥了鼓励创新型企业通过竞争脱颖而出的作用。[①] 2006年,我国提出了自主创新、建设创新型国家发展战略。国务院随后发布的《国家中长期科学和技术发展规划纲要(2006—2020年)》及《实施〈国家中长期

---

① 参见邵颖红、程与豪:《政府补贴与政府采购对企业创新的影响效应》,载《统计与决策》2021年第3期。

科学和技术发展规划纲要(2006—2020年)》的若干配套政策》正式提出将政府采购作为自主创新的激励政策之一。由上可见,目前我国政府采购制度在促进创新发展方面并不完善,随着当前创新驱动发展战略的实施以及政府采购规模的不断扩大,确有必要从促进创新发展的角度对我国政府采购制度进行完善。下文将从政府采购在推动企业科技创新中的作用出发,探讨政府采购存在的局限性,提出对具体政府采购制度的完善方案。

1. 政府采购在推动企业科技创新中的作用

政府采购制度在推动企业科技创新中发挥着有效的推动作用。熊彼特假说认为,企业创新能力与规模、市场势力呈现正相关关系。有学者也指出,企业的创新能力由预期利润来推动,换言之,技术创新能够产生的未来利润折现值越大,所能够形成的市场规模越大,创新动力就越充足。因此,创新动力与市场规模呈现正相关的关系。[1] 从政府采购法的角度而言,政府采购即是通过降低创新的不确定性,构建、维持或拓展创新市场结构和规模,或者引导市场主体改变创新市场规模和结构,从而发挥推动企业科技创新的作用。

具体而言,政府采购在推动企业科技创新中的作用主要包括以下几个方面:其一,政府通过采购维护并拓展现有创新市场,即政府的适应性采购。其原理在于,政府充当市场购买者的角色购买现有的科技产品,从而帮助企业达到降低交易成本、缓解市场风险的效果,对于一些市场空间有限、外部性和外溢性较强、技术生命周期快速变动的科技成果市场,政府采购的数量和结构具有高度稳定性,能够为市场主体提供一个稳定清晰的市场预期。例如,对于一些尚未被市场认可的新兴产品,通过政府采购政策的适当扶持能够加快该等新兴产品的市场实现,起到对该等产品的正面推广效果,从而拓展新型终端产品市场。又如,对于一些需要大量投入资源但本身市场空间就有限的重大创新科技项目,譬如数控机床、大型干线飞机中的某些核心技术等,政府对该等产品的采购有助于该类型市场的稳定。

其二,政府可通过采购制度构建新的创新市场。政府不但可以作为科技产品化后的购买者,还可以成为企业创新技术研发阶段的推动者。

---

[1] 参见邵颖红、程与豪:《政府补贴与政府采购对企业创新的影响效应》,载《统计与决策》2021年第3期。

具体而言,政府采购可以对科技创新过程中获得的中间研究成果、关键技术等进行预先招标采购,帮助企业克服初期面临创新产品未成型导致的资金不足困难,保护该类创新企业和创新市场的生存和发展。

其三,政府的采购行为在一定程度上发挥着引导市场主体、改变创新市场规模和结构的作用,从而间接促进创新发展。政府采购行为背后有着强大的国有资金支撑,通常能够大规模地对某一产品进行采购。对于创新型企业而言,政府的采购扶持能够有效助其克服创新产品成本高、外溢性强等困境,增强创新型企业发展的动力;对于非创新型企业而言,一方面,政府采购扶持能够吸引潜在的创新型企业向现实的创新型企业转型;另一方面,政府采购行为也将强化其他市场投资者对科技创新效果的理想预期,增强其他市场投资者对创新科技成长的信心,从而加速市场对创新企业及创新产品的认可。

2. 政府采购制度在促进创新发展过程中的局限性与完善

政府采购制度并不是万能的,其在促进创新发展过程中同样存在局限性问题。首先,政府采购易形成限制市场竞争的格局。在发展理论中,政府实施采购的行为促进创新发展是运用了政府的发展权力,政府权力在行使的过程中具有易被滥用的特点,从而使产业扶持滑向保护主义,限制市场竞争。一方面,对于处于被保护范围内的市场主体而言,因政府采购扶持获得的优势使之不再需要与其他市场主体在同一行业内进行竞争,因此也较少考虑通过创新降低成本,提升企业竞争力的问题,企业创新积极性将大大降低;另一方面,对于处于被保护范围之外的市场主体而言,因政府保护主义的行为,该等企业同样需要面对技术创新的不确定性,理性的风险规避者将会减少研发活动,同时在保护主义模式下,市场主体因其公平、正义价值得不到实现,通常不会再选择继续在一个显失公平的市场行业内继续经营。久而久之,被保护的行业将会因为创新动力的严重缺乏而陷入不发展或缓慢发展的局面。

其次,政府采购可能会因缺乏合理明确的科技发展规划和完善的采购配套措施而导致对创新发展的忽视。就政府采购目的而言,可划分为一般性采购和专项性采购。对一般性政府采购,具体采购部门通常更多关注的是现货购买,单纯考虑价格,因此容易忽视采购对象中的高科技含量;而对专项性政府采购,如果没有科学且明确的政策导向,极易产生以个人好恶进行采购的情况。

最后,由于政府采购的确定性与企业科技创新的不确定性之间的矛盾,有可能产生对科技创新的误导性影响,反过来又会导致政府采购政策的选择性失误。科技发展有多种路径,尤其是在其发展的早期。而政府采购具有一定的事实强制性,其规模效应和引导效应常常会放大科技发展路线的偏差,进而挫伤企业科技创新的积极性。企业的科技创新水平下降,不仅会导致政府采购政策的盲目性,而且还会降低政府决策的科学性。[1]

3. 完善促进创新发展的政府采购具体制度

首先,应明确市场竞争是政府采购的基石,树立政府采购不应成为保护主义正当化理由的观念。此种观念是在经济法促进创新发展观念下形成的。如前所述,经济法促进创新发展观念要求发挥市场主体对创新的决定性作用,尽可能减少政府对市场的干预,政府只需维护市场良性竞争以激发市场主体的创新潜力,并为市场主体提供创新发展的基础公共服务。在财税法中,这意味着一方面,所制定税收标准应合理,其合理性的最低标准在于不妨碍国民、企业等参与财政活动的市场主体在经济活动中的创新发展权利。另一方面,财政支出政策应注重鼓励市场主体创新能力的培养,并为创新型市场主体提供必要的财税倾斜。这涉及政府权力和市场主体权利之间的平衡和协调。具体到政府采购法中,应当认识到政府不能成为决定市场创新的决策者,而应当是市场创新的维护者和引导者,因此,政府不能通过滥用其政府采购权力对某一市场进行保护,一般而言,是否在某一行业内发展,选择以何种方式发展是市场主体自由发展经济权利的体现。政府在行使采购权力时应公平对待所有卖方,对本地和外地企业一视同仁,为所有企业的创新活动提供同样的激励,那么,本地积极进取、敢于冒险、嗅觉灵敏的企业家就能在政府采购的创新激励下获取创新收益,最终提高本地企业的创新能力和市场竞争力,从而形成企业开展技术创新→政府采购扩大创新产品的市场需求和降低创新的不确定性→企业获得创新收益→企业进一步开展技术创新的良性循环。如果所有地区的政府采购市场都能对所有企业一视同仁,则全国统一的政府采购市场得以形成,政府采购对技术创新的激励效应将会提高。反之,市场主体的创新动力都趋于下降。而一旦一个地区形成地方保护式的政府采购潜规则,在财政分权体制下,其他地区也会竞相采用,从而

---

[1] 参见陈志刚、吴丽萍:《政府采购、信贷约束与企业技术创新》,载《科技管理研究》2021年第6期。

难以形成全国统一的政府采购市场。同时,如果各个地区地方保护主义盛行,导致地区市场规模缩小,则企业的生产可能性边界拓展受到限制,创新资源的配置效率会降低,从而不利于技术创新。[①] 因此,完善促进创新的政府采购具体制度,首先应明确市场竞争是政府采购的基石,树立政府采购不应成为保护主义正当化理由的观念。

其次,在政府采购政策的规划层面上,一方面,应将政府采购纳入国家创新体系,将促进创新发展目标作为国家采购的制度目标,从政府采购总规划层面予以创新发展保障;另一方面,应注重对产业共性技术和关键技术的政府采购进行规划。从国际立法层面来看,为了将社会上的各种资源导向国家急需的重点技术项目,从而贯彻国家的产业政策和科技政策,很多国家的政府都根据本国的实际情况,选择出重点发展的关键技术和共性技术项目,特别是其他国家垄断的核心技术和转让费用极高的技术以及涉及国家安全的技术,然后进行采购。通过公共技术采购,政府可以在全社会技术的发展中发挥极大的引导作用。在对产业共性技术和关键技术的政府采购进行规划时,应注重采用将开发导向型采购和适应性采购相结合的方式进行。开发导向型采购是为了某种特殊的技术和社会目的而进行的采购,重在开发新技术,如涉及国际竞争的核心技术,促进技术跨越和系统集成的关键技术,促进环保、公共卫生等公益事业的技术等,如瑞典产业技术发展委员会在20世纪90年代初为降低氟污染,对低氟利昂技术冰箱实行采购计划;而适应性采购是国家引进现存的技术产品或系统,通过部分的研究开发活动使这些引进产品和系统适应本国条件,提升本国产业应变能力的过程。政府部门采购国内企业改造后的国外软件产品是这方面最典型的例子。[②] 采用开发导向型采购和适应性采购相结合的方式进行政府采购,能够最大程度地提升一国促进创新发展的效率,不仅发挥自身的能力促进创新发展,同时可以"站在巨人的肩膀上"实现创新发展。

最后,应注重有效利用国外技术产品带动本国企业创新。依据新发展理念,创新是发展的原动力,而开放作为创新理念的第二层级,是实现创新的重要路径。要构建促进创新的政府采购制度,其中一个最为重要

[①] 参见邵颖红、程与豪:《政府补贴与政府采购对企业创新的影响效应》,载《统计与决策》2021年第3期。

[②] 参见周波:《发达经济体政府采购制度借鉴及启示》,载《中国财政》2015年第13期。

的手段即是对外开放,充分利用国外技术带动本国企业创新,这一点在WTO《政府采购协定》中也有充分体现。就具体操作而言,当外国企业的先进设备中标时,应该要求中标的外国产品有一定的技术转让,或者要求中标的外国企业与本国科研机构共同制定研究计划或共同成立研究发展中心,或者为本国培训人才。其原理在于,全球化已成为当前世界发展不可逆转的重要趋势,在这一背景下,各国在发展之中都难免需要对外国货物、工程、服务、技术等进行采购,但对外采购在一定程度上将影响本国国内企业的发展,有损公共利益和国家利益,基于此,设立政府采购补偿交易,要求中标外国供应商必须给予本国必要的补偿,已成为当前国际的通行做法。购买国内产品的比率、转移技术等都是政府采购补偿交易的具体形式。美国、加拿大、澳大利亚、以色列等均有类似的规定。如澳大利亚规定,如果外国企业的产品在政府采购中中标,则中标的外国供应商与本国企业或科研机构应就符合国内需求且具有持续性的研究项目,共同制定研究计划或共同成立研究发展中心;或者要求中标的外国供应商就国内欠缺的管理、运行、检测等技术提供培训服务,为国内企业实现技术升级、提高产品质量培训专业人才。[①]

三、促进绿色发展的财税法制度完善

(一)财税法促进绿色发展的基本逻辑

党的十八大报告首次提出"着力推进绿色发展、循环发展、低碳发展",党的十八届三中全会继续对此进行强调,绿色发展理念在当代社会有着重要的地位。[②] 绿色发展,实质是强调经济增长与环境保护、经济建设与生态文明建设的协调发展。财税法促进绿色发展的制度构建,既依靠经济发展中的结构调整权等综合性的权力和权利,又依赖于经济法主体的调制权和对策权等基本权力和权利。财税法促进绿色发展的逻辑起点源于经济学上的概念——"外部性",同时也是法学问题的关键所在。外部性是一个中性的概念,一般认为,外部性是指一个人或一群人的行为对另一个人或一群人产生影响。若这种影响是积极的,可称之为正外部

---

① 参见周波:《发达经济体政府采购制度借鉴及启示》,载《中国财政》2015年第13期。
② 参见沈满洪:《促进绿色发展的财政制度改革》,载《中共杭州市委党校学报》2016年第3期。

性;反之,产生消极影响如环境污染时,就可称之为负外部性。法学所处理的社会问题是外部性为负的情况,并且根据个案的严重程度适用不同的法律,例如轻度的人身伤害通过侵权法来解决,而严重时即需动用严厉的刑法进行惩治。作为宏观调控法重要组成部分的财税法,其所解决的问题即是阻碍经济发展的外部性为负因素。在绿色发展领域,往往体现为经济结构所导致的环境污染。

财税法促进绿色发展的例子最早可以追溯至 20 世纪 20 年代的"庇古税",其内容是当环境污染产生时,由政府介入对污染者征税,从而消除"私人成本"与"社会成本"的差额。从外部性的角度来说,庇古税是将负外部性转为污染者(往往是企业)的税负,即将外部成本转化为内部成本,这也是环保税的原型,由 19 世纪英国的经济学家庇古所提出。1970 年经合组织(OECD)提出了"污染者付费"原则,并逐渐衍生出"受益者付费"原则、"使用者付费"原则、"双重红利"假说,共同构成了传统环保税的理论基础。[1] 科斯对政府干预的观点提出了质疑,他认为通过庇古税并不能解决外部性问题。在现实中,政府对污染环境者征税之后,污染行为并不能得到控制,民众仍然忍受着脏乱差的环境。科斯认为,这种所谓的外部性问题事实上是正常的经济活动中存在的因素,应当通过市场调节的方式进行解决。科斯定理指出,在产权清晰的情况下,若"交易费用"为零则可以由私人达成协议解决外部性问题。该理论不失为解决环境污染的预防性方法,但是却对市场机制提出了较高的要求,在市场机制并不完善时,科斯定理对环境污染的控制并不能达到理想效果。

财政是国家治理的基础和重要支柱,财税体制改革非常重要。财税法的发展也应当吸收并且践行绿色发展理念,在绿色发展理念的指导下不断完善财税法制度,以最终发挥财税法促进绿色发展的功能。本部分将首先从立法现状、局限性以及改革方向三方面对我国现有生态环境领域内的财税法制度进行分析,从宏观上把握我国生态环境领域内的财税法制度的整体情况,接着对财税法促进绿色发展的具体制度的构建提出建议,其中重点对环境财政转移支付制度的完善,以及环境税收法律制度的完善这两项内容进行论述。

---

[1] 参见马蔡琛、苗珊:《后哥本哈根时代全球环保税制改革实践及其启示》,载《税务研究》2018 年第 2 期。

第三章　发展理论指导下的财税法制度完善

（二）生态环境领域的财税法制度分析

财税制度作为经济的重要调控手段，在我国的生态环境建设中发挥着重要的作用。深化财税体制改革，一方面要加大财政投入，加大财政支出力度；另一方面，要实施减免税收、差别利率等税收优惠政策，实现财政、税收双管齐下，构建财税联动机制，强化对生态工程和循环型经济项目的支持力度，增强财税对生态建设和循环经济建设的支持和调节功能，这将是未来我国在生态环境领域内财税改革的主导方向。

1. 生态环境领域的财税法立法现状

财税政策对环境资源具有重要的调节作用，主要体现在：一是通过税收留成、补贴、优惠政策等减免税措施，对环境资源"市场失灵"造成的效率损失，以税、金、费等形式进行适当的补偿，削弱效率障碍，以扶持有利于环境保护的产业、企业和经营活动，鼓励企业开展资源综合利用，刺激环保主体增加环保投入。二是国家通过课以罚款、征收资源补偿费和环境税等增税方法和限制性手段，阻止自然资源的开发程度和利用强度。

近年来，我国的财税体制改革，强化了生态环保因素，在环保活动中发挥了积极的调节和引导作用。主要表现在：其一，现行税制按照中央和地方的事权划分，严格划定了中央政府与地方政府间的环保职能，从而强化了国家承担宏观环保的职责，提高了税收在国民收入中的比重，加强了国家进行宏观配置环境资源的财力。其二，现行税制明显增强了对煤、油、盐、土地等环境资源的征税力度，把环境要素纳入了依法征税的轨道。如《资源税暂行条例》明确对经营油、气、矿等征收资源税，并列入地方税种，归地方管理，调动了地方发展资源产业的积极性。国家税务总局等部门颁布的《关于加强土地税收管理的通知》，通过宏观调控进一步突出土地税收在土地资源管理中的作用。《通知》的颁布是部门之间协作的有力依据，使土地能实现最大化的节约和集约，并以此促进国民经济健康发展。[①] 其三，对一些规模小、污染严重的工业项目，明令禁止。其四，现行税制保留和扩充了环境保护的税收优惠政策，从而使环境资源综合利用的税收优惠政策得到进一步明晰。其五，突出了能源、交通、港口等与环境保护工作密切相关的基础设施优惠政策。如我国原《外商投资企业和

[①] 参见辛思伽：《土地税在土地资源管理中的作用及完善策略》，载《产业论坛》2021年第9期。

外国企业所得税法》(现在已被《企业所得税法》替代)曾规定,属于能源、交通、港口或国家鼓励的其他项目,可以按 15% 的税率减征企业所得税;为鼓励企业对环境污染进行治理,财政部规定,对严重污染扰民的企业可实行厂址有偿转让,进行搬迁改造。此外,还对有利于环境保护的技术研究、开发活动给予明确的税收优惠。例如,我国原《外商投资企业和外国企业所得税法实施细则》规定,为改良土地、充分利用自然资源、生产高效低毒农药、节约能源、防止环境污染等方面的专有技术所取得的使用费,可按 10% 的税率减征所得税,其中技术先进的或条件优惠的可免征所得税;对提供有关环境保护技术的固定资源投资实行零税率调节。财政部《关于促进企业技术进步有关财务税收问题的通知》明确要"改进技术贴息办法,将技改贴息直接贴给企业,重点用于治理环境污染等社会效益好的技改项目,合理确定贴息额度和期限,确保技改贴息资金及时到位"。

2. 生态环境领域的财税立法局限性

跨区域生态环境合作应在法律法规的调控和制约下进行,虽然,我国现行税制在鼓励"三废"综合利用、增加生态环境保护投入方面产生了积极的作用,但是明显还存在着许多不足。[①]

一方面,国家财政或政府对环保的投入力度仍明显偏弱。目前我国用于环保方面的治理资金渠道狭窄,主要来源于企业自筹或环保补助金,国家财政直接支持较少。另一方面,缺乏对综合性生态项目的具体财税优惠政策。如生态工程跨区域,涉及面广,综合性强,治理内容复杂,既包括防风固沙、水土流失、植树造林、退耕还林、还牧等活动,也包括城市绿化带建设、污水处理、垃圾处理再用等经常性环保活动。现行财税制度对这样的大型生态环境建设活动缺乏有力的政策支持和财力保证。从理论上讲,这样的大型综合项目,中央财政应承担更多的财力支持,因为这类项目的社会效益、生态效益和经济效益深远而具有共享性,其受益者难以按区域划分,不仅实施地方受益,整个中国甚至周边国家都会受益。然而,中央财力投入毕竟有限,更主要还要靠地方财税支持,而在现行分税体制下,地方无权出台优惠政策措施,尤其是国税和共享税。因而部门和地方的税收优惠调控能力很小,而中央的调控具有宏观性,相应优惠的宏观政策在落实中面临诸多约束。

---

① 参见党秀云、郭钰:《跨区域生态环境合作治理:现实困境与创新路径》,载《人文杂志》2020 年第 3 期。

第三章　发展理论指导下的财税法制度完善

3. 生态环境领域财政法体制改革的方向

目前,我国有关生态环境保护的财政政策十分有限,主要包括:扎实做好生态补偿、严格规范畜禽养殖、认真落实农业补贴、着力加强水体保护财政支持。[1] 在生态环境建设中,财政支持占有十分重要的地位,合理构建财政支持政策和运行机制,对生态环境建设投融资机制的运行起着决定性的作用。

第一,明确财政对生态环境建设的支持政策,构建政策支持体系。在现行财税体制下,运用财政政策支持生态环境建设,需要探索适应市场经济的新思路、新方法和新机制。充分认识生态环境建设的深远意义和影响,突出生态环境建设的长期效益,将改善生态环境作为支持生态环境建设的切入点,由中央牵头出台各项支持政策。中央财政要配合地方政府尽快制定科学可行的规划和实施方案,并积极调整财政支出结构,增加对生态环境建设的投入。建立以城市为核心,以周边地方财政为主力,以中央财政为支持的财政支持体系,中央财政和地方财政共同加大生态环境建设的投入力度。

第二,建立政府公共财政预算制度。在中央和地方政府财政支出预算科目中建立生态环境建设财政支出预算科目。各级政府要将生态环境建设和生态环境保护资金纳入财政预算,并逐步增加。政府投入主要用于重点工程建设,或用于银行贴息间接支持重点项目。

第三,逐步加大政府转移支付力度。一是通过制定有关法规,确定转移支付的基数,并随着中央财力的增长而相应增加,出台配套政策与操作措施。二是通过国家预算,加大对生态环境建设的专项补助范围和数额,包括对退耕还林还草的补贴、对公益性项目的配套补助、对治理和改善生态环境的专项补助以及扶持高新技术企业、循环型企业的贷款贴息等。三是充分发挥财政杠杆作用,动用一部分财政资金给投资于生态环境建设以及构建循环型企业予以投资补贴。四是通过政府担保、财政贴息的办法,发行绿色债券,建设绿色金融体系。[2] 五是将更多的外国政府贷款项目、世行贷款项目和双边、多边援助项目引入生态环境建设和循环经济

---

[1] 参见黄晨曦:《关于生态环境保护的财政政策研究——以冶金工业园(锦丰镇)为例》,载《经济研究导刊》2020年第27期。

[2] 参见巴曙松、丛钰佳、朱伟豪:《绿色债券理论与中国市场发展分析》,载《杭州师范大学学报(社会科学版)》2019年第1期。

构建之中。

第四,应以财政支持为基础,推动建立投资来源多渠道、投资主体多元化的生态环境和循环经济的投融资体制。同时,中央财政要支持地方培育自我开发能力,通过实施 BOT 投资方式、贷款担保、财政贴息等政策,鼓励和引导民间资本和外国资本向生态环境工程和循环型经济项目流动。

4. 生态环境领域税法体制改革的方向

一方面,通过制定法律法规,确立税收支持政策。税收优惠是推动生态环境建设投资的一项重要措施。国际上通行的做法是实行差别税率和对投资实行减免税等。通过制定相关法律法规,对生态环境建设和循环型经济实施税收优惠和差别利率,调动生态环境项目和循环型经济项目投资主体的积极性。未来中央及地方财政应对生态环境工程和循环型经济项目实行全面的税收优惠政策,税收优惠幅度应低于其他行业平均水平,并且,在税制设计上应强调税收优惠的独享性,以鼓励和刺激该项目的投资。另一方面,采取切实可行的税收支持措施,确保生态环境工程建设的顺利进行。(1)在一些重点地区设立生态环境工程和循环经济的保税区,增加这些项目的诱惑力,吸引国内外投资者参与该区域的项目建设。(2)放宽征税条件。对污染少、资源能源消耗低、生态友好型的循环型企业,放宽增值税、所得税的征收条件,使企业得到税收实惠。(3)先征后返。对生产绿色食品或资源开发企业实施免征或全额返还资源税,免税或返还部分作为国家投资,继续用于资源开发和保护;对生态经济或循环经济协作项目,在税收上也可以采取先征后返的优惠措施。(4)退耕还林、还草、还牧的农民从事其他经营性活动的,给予免税或减税;对治理荒山、承包造林等行为给予税收减免。

财税支持是生态环境建设的基础,深化财税体制改革,一方面要增加财政投入,加大财政的支持力度;另一方面,要实施减免税收、差别利率等税收优惠政策,实现财政、税收双管齐下,强化对生态工程和循环型项目的支持力度,增强财税对生态建设和循环经济建设的支持和调节功能,这将是未来我国财税在这方面改革的主导方向。

(三)我国环境税法律制度的完善

随着可持续发展理念的不断加深,各国对生态、环境逐步重视,开始从法律层面对污染环境、破坏生态的行为进行规制。环境税制度便是环

第三章　发展理论指导下的财税法制度完善

境保护立法的重要内容。我国法学界和财税学界自20世纪90年代初开始对环境税进行立法研究,环境税立法逐渐被提上中央议事日程。2008年,财政部、环境保护部和国家税务总局等部门开始酝酿环境税立法方案。2003年中共中央《关于全面深化改革若干重大问题的决定》要求,"推动环境保护费改税""用严格的法律制度保护生态环境"。《2014年政府工作报告》和《2014年中央和地方预算草案的报告》明确表示要"加快推动环境保护税立法工作"。2016年12月25日,《中华人民共和国环境保护税法》正式颁布。2017年,国务院发布《环境保护税法实施条例》,对环境保护税法中的具体问题作了进一步的细化。2018年,伴随着国务院机构改革,政府职能部门发生变化,《环境保护税法》基于此也进行了相应的修改。环境税法从财税法的角度促进了生态文明建设,是促进绿色发展的重要手段,我国当前虽设立有《环境保护税法》的相关实施条例,但从我国环境税法律制度的整体现状来看,仍然存在许多有待完善之处。本部分将从环境税法的功能入手,明确环境税法与促进绿色发展之间的关系,并最终落脚于对我国环境税法具体制度的完善提出建议。

1. 绿色发展理论视阈下环境税法的功能

对于环境税法的功能,主流观点认为可以分为环境规制功能和财政税收功能两项,其中规制功能是环境税法的首要功能,而收入功能也不应被忽视。具体而言,环境税法的环境规制功能是指通过设立环境税收负担,改变纳税人的污染行为,从而达到环境税法规制之效。一个值得探讨的问题是,环境税法应在多大的范围内发挥其规制的功能,这关系到环境税法的调整范围。对于这一问题的解决思路之一是重新回到财税法的原始功能,如前所述,分配功能一直是财税法的原始功能,在发展理论视阈下,应保证财税法分配功能符合促进发展的目标。基于此,环境税法的规制功能最主要体现的是如何进行分配以促进发展。而在分配结构的构建和完善中,最为关键的是对收益分配权的配置问题。我国税权配置的整体格局是横向分权、纵向集权。[①] 而权利(权力)表现为权利(权力)享有者有权依法作出或不为一定的行为,行使权利(权力)所表现出的行为必定是合法行为。从这一角度来看,环境税法调整的范围应限于主体的合法行为。同时,应该认识到,不是所有的污染行为都可被归于违法行为,将

---

① 参见侯卓、黄家强:《中国税权配置的内在逻辑与规范理路》,载《中共中央党校学报》2020年第2期。

污染行为完全归于违法行为意味着污染行为应被完全禁止,但对于需要经济发展的现代社会而言,这并不可能实现。将部分污染行为归于合法行为才能实现生态环境和经济的协调、可持续发展。因此,环境税能够调整合法的污染行为具有逻辑合理性。但同时应该认识到,违法的污染行为并非财税法的调整范围,这意味着惩罚性功能并非环境税法或财税法的主要功能,通过课以重税禁止违法污染行为并不具有现实可能性,一方面这与财税法量能课税的原则相违背,另一方面也使得财税法与行政法、刑法等角色相混淆,打乱了环保制度之间的分工。

另外,环境税法具有收入功能。环境税法的收入功能是指通过适度征收环境税,为环境治理筹集资金,从而增加环保投入。因此,环境税法的收入功能不单单强调国家财政的增加。环境税既具有财政功能也具有环境保护功能,在财政收入上具有"双重红利"的效果。[①] 在认识环境税法的收入功能时应避免两个极端:其一,应避免"零税收论"。该理论错误地理解了环境税法功能,将环境税作为惩治非法污染行为的工具,以追求完全遏制污染为目标。其二,应避免过度夸大环境税法的收入功能。如前所述,收入功能并非环境税法的主要功能,环保税的收入功能以规制功能为前提。过度强调收入功能将扭曲环保税设立的原意,环保税的功能将无法真正地发挥。因此,对于环保税的规制功能与收入功能的关系,正如有学者所总结的,一方面,规制功能与收入功能互相依存,收入功能以规制功能为前提,规制功能则以收入功能为载体,两者相得益彰,共同致力于实现环境税法的多重制度红利。另一方面,要区分两项功能的地位,不能简单地将两者等量齐观,收入功能不宜超越规制功能的价值位阶。[②]

2. 完善我国环境税法律制度的建议

我国颁布环境税法,实现环境保护领域的"费改税",是环境保护制度构建的重要内容,但结合环境税法的功能特点,我国环境税法律制度仍有需要完善之处,主要体现在以下两方面:

其一,以促进绿色发展的眼光界定合理的环境税征税范围。绿色理念在经济法的永续发展理念中已经有所体现,永续发展以可持续发展为

---

① 参见李小强:《我国环境税法检讨及其完善建议》,载《兰州财经大学学报》2021年第1期。

② 参见何锦前:《论环境税法的功能定位——基于对"零税收论"的反思》,载《现代法学》2016年第4期。

核心,可持续内在要求绿色发展,绿色发展以在发展的过程中保护好环境和建设好生态文明为内在要求。随着经济社会的不断发展,人们对于环境保护与环境污染的定义也将有所变化,因此需要时刻以绿色发展的眼光审视环境税征收范围的合理性。例如,一些早就存在但未被发现或未受重视的重要污染因子可能因为科学技术的发展而逐渐被发现;又如,随着新兴产业的发展,新的重要污染因子也将可能随之出现。就目前我国的环境税立法而言,所规制的征税范围仍然十分有限。依据《环境保护税法》第3条,该法仅对大气污染物、水污染物、固体废物和噪声四种类型的污染物征收环境税,而对于碳排放污染、光学污染、热污染、温室气体污染等均未纳入,这大大限缩了环境税法功能的发挥。故应在现有立法的基础上,基于我国现实环境、生态情况,对环保税的征税范围作进一步的扩展,但应注意到环境税收入功能并非主要功能,因此应注重环境税制与诸如所得税制等传统税制的调整同步,在增加环境税的同时减少传统税收,从而确保从整体上不加重宏观税负。

其二,设立环境税收收入的使用规则。如前所述,环境税的收入功能并不仅仅强调国家税收的增加,而更多的是利用所征收的税收改善环境。目前我国《环境保护税法》并未明确环境税收收入的使用规则,其隐含了将环境税收收入纳入一般公共预算统筹使用的立法态度,这一做法不仅难以保证环境税"事先污染者负担"的社会矫正功能,也无法为清费立税后换班资金的筹措提供法治保障。[①] 因此,应在环境税法中专章明确环境税税收收入的使用规则,如可明确环境税收入的单一归属或央地分享比例,对环境税收收入的用途、收入使用程序等方面进行构建。这在一方面能够增加公众的可接受性,另一方面也确保了环境税法收入功能的实现。

(四) 我国生态补偿财政转移支付制度的完善

财政转移支付制度是由于中央和地方财政之间的纵向不平衡和各区域之间的横向不平衡而产生和发展的,是国家为了实现区域间各项社会经济事业的协调发展而采取的财政政策,可分为纵向转移支付模式、横向转移支付模式以及混合转移支付模式。我国现行的政府间转移支付制度是1994年实行分税制改革时建立起来的,我国生态补偿财政转移支付以纵向转移支付模式为主,根据我国财政部公布的《2021年中央对地方转

[①] 参见叶金育:《环境税量益课税原则的诠释、证立与运行》,载《法学》2019年第3期。

移支付预算表》,2021年中央对地方进行生态补偿财政转移支付预算数主要包括:重点生态功能区转移支付881.9亿元,资源枯竭城市转移支付222.9亿元、林业草原生态保护恢复资金488.86亿元、林业改革发展资金550.5亿元、农业资源及生态保护补助资金369.06亿元、海洋生态保护修复资金40亿元等一般性转移支付,以及重点生态保护修复治理专项资金119亿元这一专项转移支付。其中,又以重点生态功能区转移支付作为我国生态补偿财政纵向转移支付的典型。2008年以来,中央财政开展对国家重点生态功能区转移支付试点,即上级政府向下级政府拨付生态环境保护专项资金用于我国生态功能恢复和建设,目前我国已基本形成了重点生态功能区的绿色纵向转移支付制度。根据2020年《联合国生物多样性峰会中方立场文件》相关数据,我国2008—2019年中央财政累计下达转移支付资金5235亿元对国家重点生态功能区进行建设,年度转移支付金额覆盖818个县。

虽然纵向转移支付具有较强的针对性和方向性,但也容易出现资金分配不合理、利用效率低下等问题,特别是随着绿色发展理念的提出,以财政性资金支持生态文明建设为目的的绿色财政支出理论也随之提出和发展,转移支付制度作为财政支出的重要方式之一也被赋予了新的内容和要求。下文将通过对绿色发展理念下环境转移支付制度新内涵的分析,明确现阶段我国环境转移支付制度的不足和缺陷,从而提出完善建议。

1. 绿色发展理念指导下生态补偿财政转移支付制度的新内涵

绿色发展理念对财税法提出了新的要求,对于财政支出而言,从内容上讲,一方面要求财政支出继续发挥环境污染防治、环境质量改善的功能,另一方面还要求财政支出应扩展到生态建设、能源节约利用等方面;从结构上讲,一方面应平衡经济与生态环境保护的关系,坚持"既要金山银山又要绿水青山""绿水青山就是金山银山"的生态文明思想,另一方面应在不减少财政支出总量的基础上,更加注重支出结构的调整和优化,平衡公平原则和效率原则的关系,以最大限度促进空间均衡发展;从支出机制上讲,应由政府作为资金供给主体转化为政府作为制度供给主体,发挥政府的引导作用,吸引社会资本参与,建立"政府引导、社会协同、公众参与"的市场化、多元化生态环境保护机制。财政转移支付作为财政支出的重要方式之一,发挥着促进区域协调发展,实现社会公平的重要作用,也是国内外最为广泛使用的生态补偿途径。例如,美国20世纪80年代实

第三章　发展理论指导下的财税法制度完善

施的"保护性储备计划",实行有计划的退耕休耕并对退耕休耕农民进行补偿;德国1991年设立生态补偿横向转移支付基金等均属生态补偿财政转移支付。

目前,我国形成以纵向一般性转移支付为主的生态补偿财政转移支付制度。然而,地方政府横向生态补偿机制和市场补偿机制的不完善,使得生态补偿资金主要依靠中央财政,补偿资金来源过于单一,也易出现资金分配不合理、利用效率低下等问题,有违生态补偿"受益者补偿、污染者付费"原则,不利于实现生态补偿促进生态保护、环境污染外部成本内部化、经济可持续发展的目标。因此,就我国生态补偿财政转移支付制度完善而言,确有必要优化财政支出结构,建立以生态补偿纵向转移支付制度为主,横向转移支付为辅的财政转移支付体系,从而实现我国各区域间生态环境全面、协调的发展。

我国目前关于生态补偿横向转移支付制度建设仍处于设立试点的摸索发展阶段。生态补偿横向转移支付在我国的实践最初起步于省际层面的全国对口支援三峡库区建设。有数据显示,截至2017年年底,各省市区累计对口支援重庆三峡库区资金达1250亿元左右。经过近三十年的发展,跨流域地区之间逐渐在进行省内政府间的生态补偿横向财政转移支付试点。2011年,浙江省与安徽省启动我国首个跨流域横向生态补偿试点——新安江生态补偿试点;2013年,党的十八届三中全会通过《关于全面深化改革若干重大问题的决定》,第一次提出"推动地区间建立横向生态补偿制度"。2014年、2015年的政府工作报告均明确提到跨区域的流域生态补偿机制。2015年5月,中共中央、国务院印发的《关于加快推进生态文明建设的意见》,提出建立地区间横向生态保护补偿机制的要求。同年9月,中共中央、国务院印发的《生态文明体制改革总体方案》要求"制定横向生态补偿机制办法"。2016年2月,中共中央办公厅、国务院办公厅印发的《关于加大脱贫攻坚力度支持革命老区开发建设指导意见》也要求逐步建立地区间横向生态保护补偿机制。同年,国务院办公厅印发的《关于健全生态保护补偿机制的意见》,同时提出不断完善转移支付制度,探索建立多元化生态保护补偿机制的要求。党的十九大报告正式提出,加大生态系统保护力度,建立市场化、多元化生态补偿机制。2018年,国家发改委、财政部、水利部等9部门联合印发《建立市场化、多元化生态保护补偿机制行动计划》,进一步提出建立政府主导、企业和社会参与、市场化运作、可持续的生态保护补偿机制,激发全社会参与生态保护的积极性,建立绿色利益分享机制,鼓励生态保护地区和受益地区开展横向生态保护补偿,并提出"到2020年,市场化、多元化生态保护补偿机制初步建立,全社会参与生态保护的积极性有效提升,受益者付费、保护者得到合理补偿的政策环境初步形成。到2022年,市场化、多元化生态保护补偿水平明显提升,生态保护补偿市场体系进一步完善,生态保护者和受益者互动关系更加协调,成为生态优先、绿色发展的有力支撑"的目标。由此,建立横向生态保护补偿机制在内的市场化、多元化生态保护补偿制度,是我国未来建立绿色财政制度的重要目标。

2. 完善我国生态补偿财政转移支付制度的建议

(1) 完善财政转移支付立法

2014年,全国人大常委会表决通过《全国人民代表大会常务委员会关于修改〈中华人民共和国预算法〉的决定》,以法律的形式明确规定国家实行财政转移支付制度。财政转移支付制度作为分税制的重要一环,涉及财政资金的分配、转移、使用,以及中央与地方政府之间、地方政府之间财权与事权的划分。然而我国目前尚未对财政转移支付在法律层面进行专门立法,这使得我国财政转移支付制度欠缺规范性和透明度。特别对于横向转移支付而言,我国现行横向财政支付转移更多地依赖地方政府间的协商谈判,具有较强的主观性和随意性,地方政府间进行横向转移支付的积极性不高,财政资源配置效率低下。

《预算法》的修正,意味着我国在一定程度上开始构建规范化的政府间财政转移支付体系。随着社会主义市场经济的发展,政府财政在推动国家供给侧结构性改革、调节社会公平、提高资源分配效率、缩小社会贫富收入差距等方面发挥着关键的作用。面对日益扩大的政府间财政支付,《中华人民共和国国民经济和社会发展第十四个五年规划和二〇三五年远景目标纲要》提出了"加快建立现代财政制度,完善财政转移支付制度,优化转移支付结构,规范转移支付项目"的发展目标。为实现上述发展目标,必须以法律形式明确财政转移支付的基本制度,将保护生态环境、促进绿色发展作为财政转移支付的重要内容,同时以法规政策等形式明确相关制度配套设施,建立科学有效的决策机制、监督机制和激励机制,形成体系化的财政转移支付法律政策体系,提高财政转移支付的透明度,降低地方政府间的协商谈判成本,最终实现我国财政转移支付制度的法治化。

(2) 建立横向转移支付生态补偿基金

因生态补偿纵向、横向财政转移制度有着各自的优势,将二者相互结合有助于构建起一个较为合理的生态补偿体系,把中央、省级、市(县、区)等多个层级、多个地区的政府连接在一起,形成一个由补偿主体、客体组成的利益共同体,共同承担起生态利益关系密切区域(流域)环境保护共建共享的事权和相应的支出责任。

生态补偿是我国现行的横向财政支付转移方式之一,然而我国横向转移支付生态补偿在目标定位、资金来源、运作模式等方面均有待完善。就具体操作模式而言,可借鉴德国州际财政平衡基金模式,建立横向转移支付生态补偿基金。就目标定位而言,生态补偿横向财政转移支付制度的初衷主要是解决目前地方政府,特别是省际政府之间生态效益或成本外溢所带来的外部性问题,即横向转移支付制度通过在生态关系密切的区域建立生态服务的市场交换关系,从而实现生态服务的外部效应内在化。[①] 结合我国的实践经验,应将生态补偿横向财政转移支付制度定位于纵向财政转移支付制度的有益补充,并以进一步实现经济、社会与生态环境协调可持续发展,最终实现代际间公平作为生态补偿横向财政转移支付制度的主要目标。就资金来源方面而言,横向转移支付生态补偿基金除了包括中央对该区域内生态环境保护拨付的财政资金以及生态收益区、生态提供区等地方政府的地方性财政资金外,还包括企业缴纳的环境保护税等其他社会资金。就具体运作方面而言,其一,应设立生态补偿基金委员会,负责对基金适用范围、基金规模、基金使用程序、基金使用方案等关涉基金使用、运转等重大事项进行决策、协调、管理和监督,委员会由诸如官员、学者、区域居民代表等利益相关方组成。其二,可招标选择或委托具有专业资质和经验的第三方企业或机构负责资金的日常运作。其三,应建立监督机制,一方面包括生态补偿基金委员会的内部监督,如聘请权威监测机构等第三方专业机构对生态环境数据、生态效益、社会效益等进行考核评估;又如聘请第三方审计即对拨付使用的基金进行审计等。

(3) 完善生态补偿纵向财政转移支付

我国生态补偿财政转移支付一直以纵向转移支付模式为主导。中央、省级纵向转移支付具有资金规模较大、资金来源相对稳定的特征,适

---

① 参见杨晓萌:《生态补偿横向转移支付制度亟待建立》,载《国土资源导刊》2013年第8期。

宜于保障生态提供区近中期急需的大头支出及基础性支出,包括污染治理、生态建设、乡镇政权运转、民生工程、生态产业发展的初期投入等支出①。完善生态补偿纵向财政转移支付制度,一是应加强财政预算管理,科学分配资金,保证资金分配精准性和效率,提高资金管理的规范化水平。二是应继续推进中央和地方生态环境财权和事权相匹配的财政体制机制改革,明确支出责任划分。三是应建立生态环境质量改善绩效导向的财政资金分配机制,以各地区内生态环境质量改善作为中央纵向财政转移支付激励考量标准。

---

① 参见郑雪梅:《生态补偿横向转移支付制度探讨》,载《地方财政研究》2017年第8期。

第四章　发展理论指导下的金融法制度完善

金融是市场经济运行的"血液"。市场经济语境下,金融是社会发展过程中社会资源与生产要素配置的重要方式,金融渗透到了社会生活的各个方面,是国家综合治理的中心环节。我国经济由高速增长阶段转向高质量发展阶段,处于转变发展方式、优化经济结构、转换增长动力时期,在这一过程中,金融会发挥更为重要的作用。健全的金融制度有助于控制通胀水平、实现充分就业以及持续健康的经济增长,进而促进经济与社会的良性运行与协调发展。而健全的金融制度又离不开金融法治的支撑,因此需要对金融法在理论和制度上进行完善。现阶段我国金融领域存在着监管不妥、"脱实向虚"、系统性风险隐患、金融资源分配不均等问题。从全球视野观测,并从国内角度出发,全球化、经济社会发展以及科技进步等因素又对金融体系提出新的要求与挑战。对待这些问题,金融法在理论讨论上难以清晰解释和分析,在制度构建上难以有效回应和应对。

自近代以降,中国社会往往先是理念润物细无声的传播,其后跟进制度的探索与变革。制度在理念的"催化"下,步步跟进。理念与制度紧密相连、相互作用,成为中国社会变迁的主旋律。以新发展理念为指导,运用经济法基础理论对金融法相关问题进行检讨和反思意义重大。作为经济法当中的重要部门法,金融法有其独特的价值理念,完善金融法律制度要思考金融法的基本矛盾,合理疏解金融法核心价值间的协调性问题。金融业态的复杂性与技术性,决定了金融法律不完备程度较高。鉴于金融抑制问题突出,监管机构应在取得剩余立法权的同时,注重从适度原则和绩效原则角度进行协调平衡。我国是银行主导型的金融体系,银行金融机构是金融监管、金融交易与金融组织的核心,在制度构造中,应当受到特殊重视与规制。在主体理论上,金融法不仅要权衡宏观调控和市场监管的流动性和安全性考量,也要重视对新兴主体的讨论与主体差异性带来的金融监管问题,对个体私权进行保护,并进行相应的"权义结构"调整与责任分配。通过"问题发现—理念转变—理论更新—制度完善"的路径,以理念推动理论,以理论指导制度,从而解决金融国情与机制、法律三者之间的融合问题。

一、发展背景下金融改革与制度"破冰"

发展产生的问题,最终须借由发展解决。新常态背景下,国家进入改革深水区,经济模式转变、社会矛盾疏解、人与自然和谐等命题都摆在眼前。解决发展问题的第一步,是了解发展的背景。回首历史,我国的金融发展历经千辛,也走过弯路,但是在金融领域依然取得了巨大的成就。总结经验与教训、梳理发展中的重要节点有助于下一步的金融改革。从金融结构上看,我国属于银行主导型金融体系,受到自身治理、地方政府与国有企业的影响,金融机构的效率有待进一步提升。由于政府压制金融的现象在一定程度依然存在,金融市场的灵活性优势没有充分发挥,市场在资源配置中的作用有待进一步提升。在金融资源配置方面,我国金融发展面对传统和现代、东部与西部、城市与农村、正式与非正式、官方与民间等多个维度的逻辑断裂。在城乡之间、大城市与小城镇之间、大型国企与中小微企业之间存在资源虹吸问题。解决这些问题与矛盾,是深化改革和全面改革的重要任务。金融发展中,充满着风险,无论是金融风险,还是由此引发的经济和社会风险,都应该进行理论研究的深入讨论和制度构建的慎重思考。

(一)回望金融改革:历史的逻辑与轨迹

改革开放以来,中国金融制度改革与金融法治发展取得长足进步。制度方面,初步形成了现代金融体系、规范化的央行制度、多层次的资本市场。法律方面,初步建成了现代金融法律法规体系。中国特殊的时空背景决定了金融制度变迁的基础、路径有别于其他国家。正是在这一现实背景下,中国的金融制度蓬勃发展。回望历史,新中国建立以来,既有从一片废墟迅速进入到有条不紊的计划与建设的成功经验,也有"十年动乱"后摸索过渡的匍匐前行,中国的金融发展不断在重要的转折点上面临抉择,梳理这些重要时段发生的重要事件,有助于在宏观层面上对中国金融的发展路径有一个清晰的认知和了解。

1. 起点:计划经济时代的金融

1949年,经过艰苦卓绝的奋斗和百折不挠的努力,新中国成立。中国金融体系也随之拉开序幕。为了恢复经济,中央政府采取了一系列的金融措施。为了统一货币,在合并华北银行、北海银行和西北银行的基础上,中国人民银行发行了首套人民币。为了遏制严重的通货膨胀,中央政

第四章　发展理论指导下的金融法制度完善

府在上海、北京、天津打击黑市活动、投放粮食等生活必需的紧缺物资。为了抑制金融投机、整顿金融秩序,天津、北京与上海的证券交易所先后被查封关闭。为了构建新的金融体系,政府对官僚资本主义的银行进行接管,对外国资本银行进行取缔,对民族资本主义银行进行改造。建立制度统一的人民币汇率,增强国家整体的对外金融实力,建立了外汇指定银行与人民币、外汇和金银的进出国境管理制度,建立新的国际清算机制。①经过各方努力,一个崭新的金融体系孕育而生。

新中国成立后,我国开始进行社会主义改造,1956年年底三大改造基本完成,我国进入社会主义社会。随着国民经济的逐渐恢复,在参照和学习苏联模式的基础上,结合我国国情,开始建立高度集中的金融管理体制。具体包括将公私合营银行纳入中国人民银行体系,成为其领导下的专业银行,建立高度集中的金融机构体系。对全国信贷进行"统存统贷"管理,建立高度集中的信贷计划管理体制。统一所有的存款和贷款的利率管理,建立集中统一的利率管理机制。将各单位和个人的外汇收入,交售中国银行,全国外汇收支计划由国家计划委员会负责汇总和综合平衡,建立高度集中的外汇管理体制。②随后的"大跃进"时期,金融管控有一定程度的放松。十年"文革",金融工作的基本制度和管理基本被抛弃,金融业务处于混乱状态。总体而言,从新中国成立到"文革"这段时间,我国实行的是高度集中的计划金融体制,该体制以一元化垄断为特征。在经济结构上,1949年到1978年间,国有企业创造的工商税收与利润是财政收入的重要来源。企业需要资金,由国家统一管理拨付。国家所有,按照计划生产,有利润上缴,有亏损补贴,国家实行"统收统支"成为这一时期经济管理的重要特征。

2. 破冰:走出全面的计划经济

1978年,党的十一届三中全会召开,对于计划经济和商品经济的认识发生了变化③,国家的工作重心转移到经济建设上,国家开始探索现代意

---

① 参见王国刚等:《中国金融70年》,经济科学出版社2019年版,第2—3页。
② 参见同上书,第3—4页。
③ 中共中央《关于经济体制改革的决定》提出:"改革计划体制,首先要突破把计划经济同商品经济对立起来的传统观念,明确认识社会主义计划经济必须自觉依据和运用价值规律,是在公有制基础上的有计划的商品经济。商品经济的充分发展,是社会经济发展的不可逾越的阶段,是实现我国经济现代化的必要条件。只有充分发展商品经济,才能把经济真正搞活,促使各个企业提高效率,灵活经营,灵敏地适应复杂多变的社会需求。"

义的经济制度。金融是现代经济体制的核心构成,现代意义的金融制度迎来破冰。然而,理念上开始以经济建设为中心,但是受到经济结构和所有制的影响,在当时而言,发展经济绕不开的一个问题就是解决计划经济时代遗留下来的国有企业的问题。"改革开放之初,承担工业化主体任务的国有企业成为改革的重心。大中型国企在改革初期普遍存在的问题就是亏损严重,盈利能力较低"[1],有关制度难以维系。对于国企的资金需求,改革的思路是从计划经济的拨款改为商品经济的贷款。为了经济体制改革的需要,要对金融体系进行恢复与重构。隶属于财政部,兼具央行和商业银行职能的中国人民银行,成为一个独立的部级单位,由国务院直接管辖。中国农业银行、中国银行、中国工商银行、中国建设银行等各国有银行开始恢复或成立,各种股份制银行也开始涌现。此外,保险业务开始恢复,成立了中国人民保险公司;设立了国家外汇管理局负责外汇管理。

这一阶段,在城市,首要解决的经济问题就是国有企业问题。经营不善的国有企业曾是一个巨大的历史负担,而对于国企的资金支持,由原先的财政拨款资金,转变成为通过银行进行贷款(拨改贷)。然而,仅仅依靠新生的银行体系无力独自承担这一重任。为了让国有企业更好地改革,留给国企缓冲时机,也为解决企业融资问题,还需另辟蹊径。除了从银行角度进行拨改贷,继续探索新的路径解决中国国企所面临的问题也相当重要。"历史上中国的体制转轨中,银行和股票市场其实沦为政府的两大融资工具,承担了相当一部分的体制转轨成本,为'改革'和'发展'提供了财力上的支撑。"[2]债权融资与股权融资是西方企业融资的两种重要形式,而"……中国资本市场的设计就是为解决中国国有企业融资问题"[3],中断了三十余年的中国金融市场开始恢复。随着20世纪80年代国债和股票恢复发行,金融市场重新开启,证券买卖和转让逐渐恢复和兴起。政府通过股票发行的行政审批和额度控制,分配证券市场资源,为国企进入证券

---

[1] 丁骋骋:《中国金融改革的内在逻辑与外部绩效1979—2009》,载《经济学家》2010年第9期。

[2] 陈敏娟:《中国金融系统性风险及其宏观审慎监管研究》,中国社会科学出版社2014年版,第48页。

[3] 同上书,第128页。

市场提供便利。① 形成了以银行为主的间接融资与以证券为主的直接融资并立的局面,证券市场迎来前所未有的发展契机。

3. 探索:政府与市场关系的初步磨合

1992年,国家确立了建立社会主义市场经济体制的改革目标,拉开了经济发展的崭新篇章。这一时期的目标,是探索建立市场经济制度,在这一过程中,政府与市场关系进行了初步的磨合。发展市场经济,需要一个更健全的金融体制,这一时期金融改革的重点是确立强有力的中央银行宏观调控体系;建立政策性银行;把国家专业银行办成真正的国有商业银行;建立统一开放、有序竞争、严格管理的金融市场;改革外汇管理体制,协调外汇政策与货币政策;正确引导非银行金融机构稳健发展;加强金融业的基础建设,建立现代化的金融管理体系。②

经济发展催生出了对金融制度的强烈需求,而一个更为健全的金融体制离不开法律的保障。立法工作开始不断推进,在此期间,一系列涉及金融的重要法律,如《中国人民银行法》《商业银行法》《保险法》《证券法》《票据法》等出台。金融法律的陆续出台成为一个标志,我国的市场经济开始依托法治进行保障,改变了过去无法可依的情况。这一时期,政策性的银行与商业银行分离。为了解决商业银行的不良贷款,分别为中国工商银行、中国农业银行、中国银行、中国建设银行四家国有银行成立对应的金融管理公司,剥离不良贷款。设立专门的金融监管部门,例如中国证监会和中国保监会等,实行分业经营和管理。③ 随着我国加入世贸组织,金融面临国际的调整,金融的发展也更加国际化。从制度的成熟度上看,我国的金融改革法度过了破冰的制度初建期,由于需要建立更健全的金融制度,对于法律产生了需求,开始迈向更为完善的法治化时期。

4. 征途:政府与市场关系的深度融合

经历了初步的磨合后,政府与市场关系开始深度融合。伴随着市场在资源配置中起决定作用这一理论的提出,在金融领域政府与市场关系进一步进行了调整。市场在金融资源配置中的主导地位,有助于实现金融发展的可持续性,调动社会各方参与金融改革创新。这一时期,出现了

---

① 1978年前,我国实行以中国人民银行为核心,中国银行、中国建设银行、中国人民保险公司以及农村金融机构为组成的、高度集中的金融机构体系。中国人民银行兼顾货币发行、金融管理以及经营业务三个职能。
② 参见国务院《关于金融体制改革的决定》(国发〔1993〕91号)。
③ 参见王国刚等:《中国金融70年》,经济科学出版社2019年版,第12—13页。

科技创新带来的金融创新,随着金融新业态的兴起,互联网金融如雨后春笋,这既带来了新的生机与活力,但也引发了一系列的乱象与矛盾。未来的改革,是让市场在资源配置中起决定性作用,让各市场主体参与到市场竞争中,因此,从效率优先兼顾公平,到同时注重效率与公平,成为主题。有序引导民营资本进入市场,发展民营银行,以实现金融公平。同时,发挥金融的激励和杠杆作用,鼓励和撬动民间投资,缓解政府财政压力。

让利率与汇率进一步浮动,建立并完善存款保险制度,健全金融监管框架,加快对外开放步伐。随着人民币被纳入国际货币基金组织特别提款权,金融国际化进行势必加快。未来,要让金融发展受益大众,加快发展普惠金融,但也要防范金融风险,特别是重视系统性的金融风险问题。今后,金融法治化的进程会不断加快。金融法与金融制度是法治国中相伴相生的概念,金融制度发展的兴盛与金融法发展的滞后成为一段时期中国金融领域的基本特征。随着市场经济的逐步成熟,政府与市场关系深度融合,国家治理和社会经济发展产生了对金融法治的强烈需求,金融法的整体精神将决定性地影响金融制度变革。

(二) 金融结构视角下的中国金融

金融结构,是指构成金融总体的各个组成部分的状态,也可以简单理解成为金融资产的结构。一国的金融结构是处于动态变化过程中的,受经济发展阶段与国民收入水平等因素的影响和作用。中国金融的基本情况可以从机构、市场、政府三个维度切入。从机构维度看,我国金融制度在结构上以银行为核心。金融理论一般按照金融结构不同,把金融体系分为银行主导型金融体系和市场主导型金融体系,我国属于银行主导型金融体系。受到自身治理、地方政府与国有企业的影响,机构的金融效率有待进一步提升。从市场维度看,金融市场的灵活性优势没有充分发挥,市场在资源配置中的作用有待进一步提升。从政府维度看,政府强而有力的"左手"常常不当干预金融,发展中国家普遍面临的金融抑制现象在我国也一定程度存在,导致地区间与城乡间的资源分配不平衡现象加重。以整体的金融结构观之,探索最优金融结构十分必要。[1]

---

[1] 最优金融结构理念在金融法原则上的映射是金融市场优先原则,要求国家在进行金融宏观调控和金融监管的过程中,将金融结构作为调控和监管的中介目标,保持对金融市场机制的充分尊重和敬畏。参见刘辉:《金融禀赋结构理论下金融法基本理念和基本原则的革新》,载《法律科学》2018年第5期。

第四章　发展理论指导下的金融法制度完善

1. 机构之维：以银行为中心的金融体系

"各国的金融体系一般都由两个部分构成,一部分是银行机构,另一部分是非银行机构。"①中国银行业金融资产占比超过 80%,在整个国家金融体系中,占有绝对性地位。"我国的金融结构是典型的银行主导型金融结构,是世界上金融市场规模占金融体系的比重最低的国家之一。"②从金融国情维度看,银行是我国金融体系的核心。考虑到国情的因素,"中国正处于劳动密集型产业为主的发展阶段,形成以银行为主的金融体系是具有合理性的。"③然而,银行有其自身的特性和运作规律,会产生信息不对称和专业化问题。从信息角度看,银行资产负债表对投资者并不透明。信息的不对称,投资者和存款人对于银行活动的监督十分有限。基于专业性的原因,小额存款人和投资者也无法进行有效监督。

银行有自身的逐利性,因此有规避监管的动机。以理财产品为例,"尽管在过去十几年的发展中,银行理财经历了多次与监管的'猫鼠游戏',但始终不变的'资金池+刚性兑付+预期收益'的投资运作模式,让其在历次监管浪潮中历久弥新。"④以银行为主体的金融机构,在管理控制和股东方面都有不同于一般公司的治理风格和模式。银行的风险转移和风险聚集使得监管变得更加困难。因此,除了特定的金融监管之外,从金融稳定性的角度出发,还需要针对银行的特定公司治理。作为高杠杆率的商事主体,银行资产负债表上的负债权益比率高。债务的重要组成是流动性高的活期存款,而从银行的资产角度看,银行所拥有的资产又相对缺乏流动性。一方面是对流动性输出的巨大需求,另一方面是自身资产流动性不足,银行的流动性风险由此产生。

银行业呈现出系统性的外部性,其偿付能力和对系统整体稳定性的影响备受关注。从银行维度看,"……微观审慎监管和宏观审慎监管措施在内的银行监管体系……所有监管的目的都指向防止因为信用杠杆的原因导致基于银行清偿不能引起的挤兑危机和引发系统性风险!"⑤在以银

---

① 张守文:《经济法原理》(第二版),北京大学出版社 2020 年版,第 323 页。
② 彭俞超:《金融功能观视角下的金融结构与经济增长——来自 1989~2011 年的国际经验》,载《金融研究》2015 年第 1 期。
③ 张杰、杨连星:《中国金融压制体制的形成、困境与改革逻辑》,载《人文杂志》2015 年第 12 期。
④ 李奇霖、刘文奇、钟林楠:《大资管时代:危机与重构》,上海财经大学出版社 2018 年版,第 65 页。
⑤ 郑彧:《论金融法下功能监管的分业基础》,载《清华法学》2020 年第 2 期。

行为主的间接金融结构主导下,金融领域的关系可以化约成"政府—市场—银行"的倒三角结构。政府与市场的二元分析框架,在这种情况下,可以被解释成"机构(银行)—政府—市场"的分析框架。"某些金融机构具有系统重要性,这些金融机构与其他金融机构之间具有一定的规模和联系程度,他们的失败或可能性会导致市场信心的丧失,继而威胁金融体系的安定与健全。"①因此,要加强金融机构的风险预警研究,推动商业银行开展压力测试。

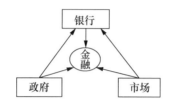

2. 市场之维:没有充分利用灵活的"右手"的优势

从市场之维观察,我国金融市场的效率有待提升,灵活度优势有待进一步发挥,要让金融市场在金融资源配置中发挥更大的作用。"金融市场,是以金融商品为交易对象而形成的供求关系及其机制的总和。金融市场可以分为货币市场、资本市场、外汇市场和黄金市场等。"②金融资源通过市场配置,可以投入到新兴的行业和部门,当有潜力的公司和行业受到金融支持,会加快行业和公司的发展,进而提升经济活力,促进经济效率的提高。因此,灵活有效的市场,常常在金融资源配置中起到重要作用。一个完善的金融市场需要交易层面的交易主体、交易对象、交易工具和信息传递;监管层面的监管机构、信用机制;法律层面的法律框架、法律规则与纠纷解决机制等各方面要素配合。可以说一个统一开放、有序竞争、配置合理的金融市场需要诸多要素协同配合。

"金融市场是一个复杂的系统,既可以视为金融商品交易的场所,也可以视为金融资产交易和确定价格的机制,还可以视为金融资产供求关

---

① Eric J. Pan, Understanding Financial Regulation, *Utah Law Review*, Vol. 2012, No. 4, 2012, p.1897.
② 徐孟洲:《金融法》(第三版),高等教育出版社 2014 年版,第 3 页。

第四章　发展理论指导下的金融法制度完善

系的总和以及债权与股权关系的总称。"①对金融市场的压制会影响配置效率,并扭曲资源配置。金融市场的价格机制中,利率是核心因素。"当前金融市场价格机制的严重扭曲是导致目前银行体系竞争为数量竞争而不是价格竞争、中国银行体系'金融脱媒'严重、影子银行盛行、货币市场期限结构严重错配、互联网金融疯狂崛起、融资结构不合理、房地产泡沫严重等问题的根源。"②随着金融改革的深化,金融市场化程度不断提高,利率作为金融市场的价格机制,正逐步实现市场化。

一般理论认为,市场是资源配置的上佳方式,但现实中,由于存在公共物品、自然垄断、集体行动难题、交易成本、外部效应、信息不完全等一系列问题,市场远没有在理论上看起来那么奇妙和高效,单独依靠市场会引发一系列的经济问题。"在宏观审慎的背景下,金融领域至少有五个导致市场失灵的原因需要法规予以纠正:复杂性、冲突、自满、变化和公地悲剧。"③市场的局限与金融的特殊性,决定了我们不能将金融问题解决的全部希望寄托于市场。"在金融系统环境中,即便是最严厉的事前监管措施也不能阻止金融系统免遭周期性危机。由于金融系统具有交互复杂性与紧密耦合性,决定了它如所有此类系统一样,会遭受失灵。而且,由于系统要素作用的不可预测和迅速传递,金融系统偶尔会出现惊人的市场障碍。"④因此,一方面需要让市场这只"右手"更灵活,另一方面,要加强对市场不足和失灵的认识,避免和减少市场失灵。

3. 政府之维:过度与不当地使用有力的"左手"

我国现阶段仍然存在一定的金融抑制现象。金融抑制即政府对真实利率的抑制,表现为政府通过控制利率的方式,在事实上将稀缺的信贷资源分配给其意愿分配的部门、行业和企业,属于政府过度与不当干预市场的行为。货币是一种特殊的商品,借用货币有其价格,这就是利率。决定利率的理想方式是通过市场供需,然而在金融抑制的情况下,政府为了保护银行和国有企业,往往干预利率。这一方面造成金融效率的降低,另一

---

①　〔美〕弗雷德里克·S. 米什金、斯坦利·G. 埃金斯:《金融市场与金融机构》,张莹等译,机械工业出版社 2008 年版,第 2 页。

②　易宪容:《中国利率市场化改革的理论分析》,载《江苏社会科学》2015 年第 2 期。

③　Steven L. Schwarcz, Securitization and Post-Crisis Financial Regulation, *Cornell Law Review Online*, Vol. 101, 2015-2016, p. 115.

④　〔美〕伊曼·安纳布塔维、斯蒂文·施瓦茨:《事后监管:法律如何应对金融市场失灵》,许多奇、桂俪宁译,载《交大法学》2016 年第 1 期。

方面对于作为债权人的储户不公平,相当于一种隐形的税收或者财富转移。金融抑制降低了金融的资金配置效率,扭曲了资金的分配,因而会损害经济长期健康的发展。"政府一直保留着对金融体系的深度干预,无论是价格方面(如利率决定)还是数量方面(如信贷配给)。"①

长期健康的经济发展,应当避免政府过度与不当地干预金融市场。当然,由于市场不是自然生成的,恰当的监管和政府作用也是必不可少的。在制度设计上,特别是当金融市场不健全和不完善的时候,更好地发挥政府作用显得尤为重要。"市场失灵是政府干预的起点,监管要随着金融市场发展进行策略性改变,包括融资机制、风险分散和信息审查,监管对金融市场的影响则包括技术供给、需求创造和投资回报机制等。"②眼下,从政府主导过渡到政府和市场共治是金融制度变迁中的一条难以避免的路径。一方面要避免政府这只有力的"左手"的不当干预,让市场对资金的配置起决定性作用,另一方面要善于利用政府这只强有力的"左手",克服金融体系中的不稳定性与高风险性。"金融市场变得更为灵活,监管也必须以灵活予以回应。然而,许多改革的建议依然落后于市场。"③因此,政府监管要与时俱进,跟随市场变化的节奏。金融体系是经济中受政府管制最严格的领域之一。政府干预金融由来已久,无论是从金融稳定、财富公平与发展效益的宏观角度,还是从保护公民经济利益和就业机会的微观视角都是必要的。

(三) 金融发展的挑战:多元风险叠加

金融领域,"风险"是一个经久不衰被反复提及与商讨的主题。"金融体系结构的关键在于具有高系统性风险的特征。高风险系统容易引发事故,它们倾向于保持长期的稳定,而偶然爆发灾难性危机。"④金融监管可以有助于减少危机发生的机率,降低风险,也可以在危机发生后,帮助减轻损害的后果。前者主要以预防为主,属于事前监管,后者主要以减损为

---

① 纪洋、谭语嫣、黄益平:《金融双轨制与利率市场化》,载《经济研究》2016年第6期。
② 沈伟、李术平:《迈向统一监管的资管新规:逻辑、工具和边界》,载《财经法学》2019年第5期。
③ Charles K. Whitehead, Reframing Financial Regulation, *Boston University Law Review*, Vol. 90, No. 1, Feb., 2010, p. 1.
④ 〔美〕伊曼·安纳布塔维、斯蒂文·施瓦茨:《事后监管:法律如何应对金融市场失灵》,许多奇、桂俪宁译,载《交大法学》2016年第1期。

第四章　发展理论指导下的金融法制度完善

主,属事后监管。"事实上,各国的实际情况表明,正是由于金融领域的过度创新、过度竞争,加之国家的监管较为松弛,金融领域的失序和失范问题较为普遍,从而形成了较高的金融风险。"①

1. 金融风险

金融业是一门与风险密切相关的行业。无论从宏观维度还是微观维度出发,理解风险、预防风险以及化解风险都是金融法重要的任务。"2008年全球经济危机后,国际需求持续低迷。这对中国此前高度依赖出口的经济增长模式产生了根本性冲击……由此埋下了'脱实向虚'、金融杠杆攀升等金融风险的根源。"②现阶段,我国金融体系的风险以资本不足风险和透明度风险为主。中国以银行为主的金融体系,造成了金融风险聚集于间接金融体系上,一旦银行出现问题,会对金融基本面产生巨大影响。金融的一次"脱媒"和二次"脱媒",风险的表现也发生了变化,从表现为以资本不足风险为主,转变为以信息不透明风险为主。对于信息透明度的监管成为重点规制的对象。健全金融监管体系,守住不发生系统性金融风险的底线,要从以下两方面出发:

第一,防范资本不足。银行业的风险,主要表现为资本不足风险。"目前,中国宏观金融风险仍集中于国有商业银行。"③银行业由于盈利模式主要还是吸收存款发放贷款赚取利差,收入结构单一。银行业存在两个集中的问题,一是银行资产集中于国有银行,二是信贷的集中。信贷集中又体现在放贷的主体和融资的主体集中。银行信托的信贷业务主要集中在国有银行,而融资的主体主要集中在国有企业或与地方政府密切相关的融资平台。地方政府相关的融资平台多以土地作为融资的抵押资产。当房地产市场产生危机,将直接导致风险传导到银行体系,引发金融风险。

第二,提高信息透明度。无论是证券市场监管还是金融新业态的监管,都把信息透明度放在首位。金融市场里,资金需求方是信息优势的一方,资金富裕方是信息劣势的一方。对于信息风险防控的失灵和透明度的不足,导致机会主义盛行与市场操纵频发,同时造成信用评级机构对风

---

① 张守文:《金融危机的经济法解析》,载《法学论坛》2009年第3期。
② 钟正生、张璐:《中国金融改革:经验、困境与未来》,载《国际经济评论》2017年第5期。
③ 陈敏娟:《中国金融系统性风险及其宏观审慎监管研究》,中国社会科学出版社2014年版,第42页。

险进行错误评估。资本市场中,投资者根据信息判断上市公司的情况,以此评估上市公司的股票价值并进行投资。而金融新业态,本身存在"二次脱媒",对影子银行和互联网金融等的监管,注重对资金需求方的信息披露。因此,"相比其他行业,金融业具有战略的重要性和公众信息的维系性等特征。"[1]不同金融工具所带来的风险形式有所不同,对不同风险进行防范和预防的监管手段也应不同。[2] 但是核心不变的,是对信息的披露与监管。

2. 经济与社会风险

当代,金融制度具有高度联结性、复杂性与技术性。众多经济现象直接或间接与金融相关,并以一定程度和方式在金融面予以显现。作为中国经济制度大厦的重要根基,金融承担着社会治理的重要任务,这种模式又深刻影响着经济与社会的发展。经济与社会在发展过程中的矛盾回流到金融制度上,影响着金融系统的运行和发展。金融风险具有溢出效应,金融问题引发经济和社会问题,经济与社会问题激化金融问题。金融制度的改革要适应这种环境,注意经济与社会风险。

(1) 金融风险诱发经济风险

经济危机,是指在生产过程中周期性爆发的生产相对过剩的危机。经济危机一般表现为商品积压、生产降低、工厂倒闭、出现失业潮,并引发一系列的信用危机,整个社会经济陷入混乱和瘫痪中。传统意义上的经济萧条是由于供需脱节导致的生产相对过剩。由于金融的发展,金融危机引发经济危机的概率增加。信用扩张带来过度需求,货币资本的投入与取得在时空上相互分离,任何一个阶段出现的不确定性和矛盾都足以导致货币资本运动的中断,资本投资无法收回,从而出现直接的货币信用危机。金融发展到一定阶段,由货币信用危机引发实体经济危机的概率加大。一方面激化了生产和实体领域的矛盾,另一方面也激化了需求端的收入矛盾。当金融风险发生,生产和需求端的资金都可能出现问题,引发生产相对过剩现象。当这种不确定性和矛盾在较多的生产领域中出现时,生产过程便会因投入不足而无法继续,从而造成产出的严重下降,引致经济危机。

---

[1] 韩龙:《美国金融危机的金融法根源——以审慎规制和监管为中心》,载《法商研究》2009年第2期。

[2] 参见郑彧:《论金融法下功能监管的分业基础》,载《清华法学》2020年第2期。

第四章　发展理论指导下的金融法制度完善

（2）金融风险诱发社会风险

对于金融风险的防控不当，会直接催发或加剧社会性风险的生成。市场经济诞生以来，人类社会的运行机制发生了显著改变。社会运行不断嵌入经济运转中，经济影响了社会的关注与目标，社会机体在受到内部运转规律深度影响的同时，也受到外部经济逻辑的强烈作用。强大的经济引力，推动社会不断进行由外至内与由内至外的塑造。"金融功能异化使得逆向选择叠加道德风险，大量社会风险积累……在金融领域由于缺失公共政策目标的约束与有效的法律规制，尤其是与现代金融功能定位相适应的法律调整制度的缺失，使得道德风险如脱缰野马。"[①]近年来，由于实体经济、企业以及居民的金融利益的不断增加，以及金融机构不断进行的金融创新，金融监管和金融风险问题增加。城乡二元与东西部地区以及政府主导等国情问题，既放大了原本金融领域的问题，又加剧了这些方面的社会风险。金融风险会传导到社会各层面，其中的典型事例，例如理财产品、互联网金融、P2P暴雷等现象，都在一定程度上，增加了社会矛盾，引发某种社会风险。

二、新发展理念下的金融法理论更新

金融是现代经济的核心，其本质是信用活动与货币活动。作为一种社会经济活动，金融是人们社会经济生活中的重要组成部分。对金融活动的规范指引和金融关系的调整，需要借助以规范为中心的社会控制手段。法律调整是社会控制体系中最有效和最权威的手段，通过权利义务与权力责任的分配，达到调整社会发展的目的。金融法随金融活动的发展而产生，是调整金融活动中所发生的社会关系的法律规范的总称。现代意义的金融法是进入资本主义社会后逐渐产生和发展的。法律在金融活动中扮演着举足轻重的作用，是金融基础机制的重要组成，决定金融运行质量与金融安全的重要因素。而制度因素的法律对金融有较大影响，各国金融业差异的关键在于不同的法律制度安排。[②] 作为转轨国家，我国

[①] 徐孟洲、杨晖：《金融功能异化的金融法矫治》，载《法学家》2010年第5期。

[②] 来自美国哈佛大学、芝加哥大学的四位学者 La Porta、Lopez-de-Silanes、Shleifer 和 Vishny（LLSV）于1998年曾发表著名文章《法和金融》。该文章以实证分析的方式比较了不同法律制度对金融活动的影响，继而得出，制度因素的法律对金融有较大影响，各国金融业差异的关键在于不同的法律制度安排的结论。

有着与众不同的历史文化积淀与制度发展历程,特殊的国情决定了我国的金融法与金融制度发展与西方国家的路径不同。金融法理论应立足于国情,调整货币流通与信用活动所发生的金融关系,构建公法视角下的调控与监管,着力解决个体营利性与社会公益性矛盾,实现金融法效率、安全与公平的价值实现。

(一) 金融法的一个基本问题:个体营利性与社会公益性

"人类的欲望分为两类,即私人欲望与公共欲望。"① 这两类欲望构成了欲望的公私二元结构,直接影响金融法基本矛盾的生成。私人欲望与公共欲望相互交替影响。"一方面,私人欲望与私人物品是相对应的,从对私人物品的私人欲望来看,人们总是希望实现利润最大化或效用的最大化。"② 私人欲望的事实基础考量使得我们在设计金融制度时强调个体营利性,力求效率。"另一方面,人们还存在着对公共物品的公共欲望,还存在着一些共同的价值追求,而在这种群体性的或称整体性的欲望中,由于涉及横向的关系,相关主体有共同的利益,因而必然要追求公平,并要求确保社会公共利益。"③ 因此,从个体角度看,要追求个体营利性与效率;从公共角度看,要追求社会公益与公平。基于人的不同需求,形成了金融法的基本矛盾,即个体营利性与社会公益性的矛盾。金融主体的私人欲望是实现资金的聚集、效益最优和风险的转嫁,其基于个人原因和私人欲望而产生的外部性问题,对全社会金融风险和稳定产生巨大影响,同时,他人对金融利益的追求最大限度和风险的规避与转嫁也会影响到自己。因此,主体从个人角度看,要追求个体营利性,力求资金回报最优和风险最低;从整体上看,又希望别人在金融回报和风险上,顾及自己利益,从而产生了社会公平性的要求,强调公平,形成了主体在金融制度上的矛盾心态,即个体营利性与社会公益性的矛盾。

1. 个体营利性的金融法风险防范

从个体营利性角度看,各类金融市场主体,包括金融机构、投资人、消费者等是追求经济利益的理性经济人,以利益最大化的实现为其金融活动的目标。通过复杂的金融机制、多样化的金融工具并借助新兴的金融

---

① 张守文:《经济法总论》,中国人民大学出版社2009年版,第18页。
② 同上。
③ 同上。

业态,从事着大量的金融交易、创新与投资投机行为,这些都是追求个体营利性的表现。金融领域的个体营利性表现突出,市场失灵问题较大,金融风险不能小觑,处理不当会给经济和社会造成系统性冲击。诚然,在金融市场主体追逐个体营利的过程中,不能全然否定其利他性或立足社会总体利益考量的行为动机,但是这些考量往往是第二位的。可以说,在事实上,金融风险和不断出现的金融危机,至少在一定程度上,源于市场主体对个体营利性的过度追求与其行为决策的愈发"贪婪"。一方面是技术手段和行为模式愈发复杂和隐蔽,另一方面是利益刺激和市场投机带来的巨大经济诱惑。总的看来,金融机构和金融市场其他主体为了追求个体利益最大化,不计社会成本和行为带来了系统性风险。"在美国次贷危机中,由于信息不对称,很多金融机构高层管理人只顾冒险追求利润,却完全忽略了其委托人股东和存款人的权益。"①金融主体行为的盲目性和危害性影响了整体的金融情势。此外,由于金融全球化,国际资本大鳄往往推波助澜,利用一国金融体系的问题大做文章。资金管理的哲学也从风险和收益平衡变成了重收益表现、轻风险规避,大量利用杠杆工具和金融衍生品,加剧了个体营利性的强度。因此,金融法要从个体营利性角度对风险进行防范,针对不同金融市场主体进行差异性规制和分类处理,充分进行风险披露,并设计合理的权义结构。

2. 社会公益性的金融法权利保障

个体在追求利益的过程中,既存在投资的个别风险,也存在系统性的风险。而系体性风险的出现,会直接影响投资者和金融市场主体的利益,反映在金融的回报上,从社会公益性角度看,金融市场主体产生了对社会公平性和风险防范的需求,"……必须关注社会公益性,应从供给物品提供和降低社会成本的角度,从金融安全、金融稳定乃至经济安全、经济稳定的角度,来全面认识金融活动"②。金融活动容易导致逐利,更加需要公益与公平,个体营利性和社会公益性的矛盾在金融领域更为突出。2008年发生的金融危机,无论是央行还是市场监管当局,在很多金融问题上,表现并不佳。"在一个高度组织化的社会里,那些行使政府职能的人,从部长下至地方机构中最低级的雇员,都有他们自己的私人利益,这些利益

---

① 陈敏娟:《中国金融系统性风险及其宏观审慎监管研究》,中国社会科学出版社2014年版,第4页。

② 张守文:《金融危机的经济法解析》,载《法学论坛》2009年第3期。

和社会利益是绝不可能一致的。"① 政府会出现失灵,效率低下或者决策失误,金融市场的危机一触而发,社会公益性的保护很难实现。此外,集体主义精神本身对于公益性有更高的要求,要实现更普遍的金融资源共享和更公平的金融公平。对于社会公益性的保护,不能寄希望于市场主体,政府在其中也可能会产生规制失灵。因此,对于社会公益性的保护应借由金融法进行。金融法是经济法之一部,经济法的调整目标就是协调个体营利性和社会公益性的矛盾。② 通过金融法的理论研究和制度构建,从权利维度切入,可以对社会公益进行法律保护,以金融法疏解公益性问题。

(二) 金融法的基本内涵:公法视角下的金融调控与监管

广义上的金融法主要由金融交易法、金融调控法和金融监管法组成。金融交易法主要是调整平等民事主体之间的关系,"在金融交易关系中,各主体之间法律地位平等,所享有的权利和应履行的义务也是对等的。"③ 从调整对象上看,金融交易法具有更多的私法属性,一般归为民商法。而金融调控法和金融监管法,"两者皆是国家动用公权力对金融业、金融业中的金融主体、金融业务等进行规制或干预而产生的,目的在于解决个体营利性与社会公益性之间的矛盾,兼顾效率与公平,促进金融业的良性循环和协调发展"④,因而具有更多的公法性质,被归为经济法的范畴中。⑤ 公法视角下的金融法重点关注两种关系,一种是金融调控关系,所谓"金融调控关系是金融主管机关运用各种金融杠杆调节货币供给总量和结构,在全社会配置货币资金,进而影响非货币形态的经济资源之配置和市场主体的经济行为所形成的关系"⑥;另一种是金融监管关系,"金融监管关系是金融主管机关针对金融机构的市场准入与退出,以及在对金融业务进行监督与管理过程中所产生的各类监管关系"⑦。

---

① 〔英〕伯特兰·罗素:《权威与个人》,储智勇译,商务印书馆 2012 年版,第 57 页。
② 参见张守文:《经济法总论》,中国人民大学出版社 2009 年版,第 21 页。
③ 朱崇实、刘志云主编:《金融法教程》(第四版),法律出版社 2017 年版,第 4—5 页。
④ 同上。
⑤ 对于调整平等主体间关系的金融交易法,不是本课题研究的主要内容。经济法视阈下,金融法主要调整两种关系,本课题也重点关注这两种关系。
⑥ 朱崇实、刘志云主编:《金融法教程》(第四版),法律出版社 2017 年版,第 4—5 页。
⑦ 同上。

第四章　发展理论指导下的金融法制度完善

1. 金融调控

金融调控主要是指央行根据经济发展状况和社会总产品及其增量,运用货币政策工具对货币供应和信贷进行数量与结构的调整与控制。"金融调控主要是通过金融政策和金融法律来引导各类主体的金融活动,来实现其调控目标的。"①调控的核心与实质是对货币进行控制。金融调控的法律法规有《中国人民银行法》《商业银行法》《银行业监督管理法》《外汇管理条例》等。中央银行是金融调控的主要机构。中央银行的独立性是一项重要的制度设计,保证货币供应的控制免受不合理政治因素的干预与影响。经过不断的实践摸索和理论探讨,我国金融调控形成了维护币值稳定和促进经济增长的双重目标。金融调控机构(政府)导致的失灵所造成的负面影响可能不亚于市场失灵。由于区域间和行业间的发展不充分和不平衡,货币政策在制定过程中考量因素众多,需要持续性地根据经济环境的这种不平衡进行调整。

"金融是宏观经济调控的重要经济杠杆"②,是国家治理经济的工具,欠妥的金融调控会引起巨大的危机。以美国大萧条为例③,"1929—1933年,美国经济衰退,大量工人失业,美联储不仅未能及时向市场注入流动性,反而收紧银根,致使一些基本面尚属健康的商业银行破产倒闭;银行系统的瘫痪使美国经济陷入混乱,形成长达 10 年的经济大萧条。"④适当与有效的干预至为重要。"有时,政府干预金融货币体系造成了经济紧张时期,以及金融和政治危机。"⑤我国宏观调控的众多重大政策都是通过金融制度进行传达和执行的。政府对于金融信息掌握的有限性、对金融情况认知的局限性、在金融政策制定中缺乏有效的外部监督与内部平衡机制、金融与财政聚集巨大的利益等诸多因素,导致了政府失灵问题在金融

---

① 张守文:《经济法原理》(第二版),北京大学出版社 2020 年版,第 319 页。
② 张守文主编:《经济法学》(第七版),北京大学出版社 2018 年版,第 164 页。
③ 在大萧条的问题上,过去主要强调大萧条是由于市场失灵所导致的,而对于政府在大萧条中的作用,主要关注罗斯福新政对于结束大萧条的积极意义上,形成了对大萧条的亲政府认知。"有证据表明,这种对大萧条亲政府、反市场的解释更多地强调了市场失灵,而忽视了政府政策的失误,这正是导致大萧条产生的更深度和广度的原因。大萧条一个理智的平衡观念需要认识到政府政策的重要性,特别是美联储的政策。"参见〔美〕托马斯·卡吉尔:《金融部门、金融监管和中央银行政策》,韩汉君、徐美芳译,上海社会科学出版社 2019 年版,第 27 页。
④ 〔美〕维托·坦茨:《政府与市场:变革中的政府职能》,王宇等译,商务印书馆 2014 年版,译者序第 11 页。
⑤ 〔美〕托马斯·卡吉尔:《金融部门、金融监管和中央银行政策》,韩汉君、徐美芳译,上海社会科学出版社 2019 年版,第 237 页。

领域的集中爆发。避免金融调控中的市场失灵和政府失灵成为金融法重点关注的话题。

2. 金融监管

金融监管是对金融经营者的准入与退出及其进行的金融业务活动的监督与管理。我国金融监管的主要机构有国务院金融稳定发展委员会、中国银行保险监督管理委员会、中国证券监督管理委员会、地方金融监管局等。金融监管可以分为审慎监管与合规监管。"英国经济学家泰勒将审慎监管与合规监管的差异形象地描绘为审慎监管者类似于'医生'……而传统的合规监管者更像是'警察'。"[1]"审慎意为谨慎从事以避免风险和不良后果。随着经济金融化和全球金融一体化程度的加深"[2],金融监管要根据自身金融制度的特点有所侧重,以金融服务实体经济作为出发点,确保资金向实体经济倾斜,防止虚拟经济过度膨胀和资金在金融体系内空转和自我循环。"金融自由化使得旧有的带有金融抑制痕迹的金融管制措施被逐渐抛弃和修正,但是对银行行为进行有效监管的法律框架以及自由化的金融体系所需要的其他法律环境却没有及时建立,因而引发频繁而严重的金融体系危机和动荡。"[3]我国是银行主导型的金融体系,"监管的重点在于精确识别系统中不良贷款的水平,并确保它们不会危害整个系统。"[4]

对于信息的监管应当予以足够重视。"当代金融的复杂性范式的特征是,监管者和被监管者之间的信息不对称性不断扩大。"[5]需要加强对被监管者的规制,加快建立和完善金融领域的信息披露。金融监管要平衡长期效果与短期效果。从各国改革经验上看,金融危机推动金融改革,金融危机为金融监管提供动力。危机的到来,往往是金融监管模式变革的重要时间点。但是应对金融危机的措施可能是仓促的,在追求短期危

---

[1] 邢会强:《金融法的二元结构》,载《法商研究》2011年第3期。

[2] 韩龙:《美国金融危机的金融法根源——以审慎规制和监管为中心》,载《法商研究》2009年第2期。

[3] 王曙光:《金融自由化中的政府金融建管和法律框架》,载《北京大学学报(哲学社会科学版)》2004年第1期。

[4] Douglas J. Elliott, Living in Two Worlds: Chinese and U. S. Financial Regulation, in Daniel Remler, Ye Yu(eds.), Parallel Perspectives on the Global Economic Order, Center for Strategic and International Studies, 2017, p. 21.

[5] Robert F. Weber, New Governance, Financial Regulation, and Challenges to Legitimacy: The Example of the Internal Models Approach to Capital Adequacy Regulation, *Administrative Law Review*, Vol. 62, No. 3, Sum. ,2010, p. 783.

应对的良好效果上,是有针对性的。这些应对措施往往考虑并不周到,对于负面影响和长期的金融制度发展,可能产生负面效果,正确评估金融监管的长期和短期效应,不同时期和情况下的监管衔接显得非常重要。

(三)金融法的核心价值

效率、公平与安全是金融法的三大核心价值,这三大核心价值构成了金融法的价值体系。金融法价值体系的运转,就是三个价值不断的互动过程。金融法的核心价值在效率、安全与公平三者之间进行选择。"总体而言,金融安全、效率和公平已经成为各种不同学说的基本共识,这三大价值面向已被确立为金融法价值分析的基础工具……这些价值目标在本质上都是一个金融发展的问题。"[1]

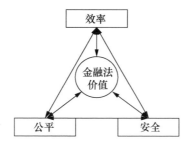

1. 核心价值之效率

效率是金融市场的核心价值。金融法要维护和促进金融效率,促进经济增长和金融发展。实现金融效率,应当鼓励适度的金融创新。金融效率的提升可以分为新机制推动、新工具推动以及新业态推动。金融法对机制、工具以及业态的规制,采取积极的鼓励引导与限制禁止结合的策略,提高金融效率,实现金融市场的资源配置最优与效益最大化,促进经济社会的发展。我国金融市场的效率较低,金融产品和制度创新不平衡,对于新的金融业态监管不力,运作不规范,国际竞争力不足,这与对金融市场的监管和规制不当有关。金融法效率价值目标的强调,应提高金融市场主体的自由空间,促进积极性和创新性的金融活动,以规则的合理明晰降低交易成本,增强金融效率。在金融法的规制中,应注意金融的适度

---

[1] 刘辉:《论金融法的结构理性——基于金融禀赋结构理论视角》,载《西安交通大学学报(社会科学版)》2019年第5期。

创新,有助于提升金融效率,但也可能借助创新的名义,过度自由化与空转,进而损害效率。因此,金融法促进和鼓励效率,要注意对金融创新的监管和规制,引导主体积极健康地发展。

2. 核心价值之公平

金融法强调公平价值更具有制度上的现实意义与迫切性。在我国,由于客观原因,金融市场发展不均衡,金融资源在行业间、地区间和群体间存在一定程度的结构不合理与分配失衡。由于存在结构性失衡,金融市场发展不平衡、不完善,金融越发展,引发的公平问题越多。主体间、地区间、城乡间的金融不公平现象依然存在且明显。金融资源和融资向大中型企业和国有企业倾斜,中小企业与民营企业融资压力大。金融市场的运行,对社会公平、收入分配以及金融发展都有巨大的影响。公平价值主要体现在制定交易规范的公平、主体参与金融活动的公平以及权利和救济的公平保护。过去,金融监管中,"数量管制应对正规市场的失衡,让部分企业优先融资,将其他企业挤到非正规市场。"①因此,在金融法的价值中,应当强化公平。此外,政府对于系统性安全的强调,也可能降低公平价值的实现。在金融风险引发的危机来临之际,政府往往有多套应对方案。救助金融机构是克服金融风险引发危机的关键内容之一。然而,如果仅仅是对金融机构的救助,可能可以收到一时之功,而潜在的问题依然存在,并会引发新的问题。这种方案的其中一个弊端是,社会将会承担大部分的损失,而金融机构过去的行为并没有受到有效的惩罚,而且,由此产生的收益可能更多地被金融机构攫取。这种不公平的现象,会引发社会在公平维度的强烈不满。

3. 核心价值之安全

安全是法律重要的价值取向,在金融领域对安全价值的追求更为凸显。金融是国家重要的核心竞争力,金融安全是国家安全的重要组成部分。安全是指法律在调整利益关系时,为了实现安全利益,法律应尽可能阻止危险因素的干扰,并发挥救济和帮助的功能,以实现法律追求的重要价值。随着金融系统复杂化与金融国际化,风险因素不断上升,金融安全的重要性也日益突显。金融法治强调交易安全与系统安全,避免由于金融刺激性政策和强利益共同驱动引发的市场利令智昏、盲目投机与冒险。"金融是高风险行业,为防范化解金融风险,特别是防范系统性金融风险,

---

① 纪洋、谭语嫣、黄益平:《金融双轨制与利率市场化》,载《经济研究》2016年第6期。

第四章　发展理论指导下的金融法制度完善

需要强化金融监管,加强宏观审慎管理制度建设,加强功能监管和行为监管。"①风险时代,加强金融调控与监管的安全是一个世界性难题。金融法既关注市场主体的金融交易安全,也关注金融组织和金融监管下的金融系统安全。而适度的监管与风险防范,有利于维护金融业的安全稳定,是金融业健康发展的重要指标,也是金融机构的重要目标与金融法的价值追求。金融法的安全实现,应从不断发生的金融事件中汲取监管经验与教训,更应当侧重于系统性安全。金融具有一定的逐利性,对市场投资主体的安全,更多的是进行风险披露和信息透明,引导其进行合理的风险管理,而对于国家面临的系统性安全,则需要从金融机构的整体和整个金融市场出发,加强和完善金融监管,防范或降低风险,实现金融安全。

(四) 新发展理念下金融法价值、主体与权义理论

鉴于全球宏观经济失衡引发的治理失败以及再治理过程中不断积累的系统性风险,整个金融市场的调控与监管哲学被打破,并亟待重塑。传统的法律结构被日益更新的金融机构和不断发展的金融市场所持续挑战,跨部门的商业模式和全球金融市场中跨境运营的复杂现实,让金融监管变得雪上加霜。金融法的理论急需更新,而理论更新的前提是在理念上进行调整。

1. 新发展理念下的金融法价值理论:价值的协调性研究

创新、协调、绿色、开放与共享的理念有助于实现金融领域的效率、公平和安全。金融法的价值之间此消彼长,常常由于失衡而陷入协调性的难题。价值层面观察,金融法的设计和改良应该兼顾三大核心价值。西方国家一般认为,"金融法具有其鲜明的独特性,因为它需要遵守证券交易所特有的要求,即效率和市场安全。而这两者又是相互依存的关系:效率本身需要安全;同样,如若没有市场信心,市场也无法正常运作。证券市场法律规则的制定必须遵循这些规律。"②回归到我国的国情,在改革开放初期,从计划经济向市场经济过渡,市场因素尚不成熟,为了发展,提出"效率优先,兼顾公平"的发展策略。这一策略的核心是,在处理发展过程中面临的效率与公平问题时,效率是第一位的,公平是第二位的,当两者发生冲突,公平价值应当让位于效率,或者说为了效率,可以暂时牺牲公

---

① 张守文:《经济法总论》,中国人民大学出版社 2009 年版,第 165 页。
② 〔法〕安娜·多米尼克·梅维尔:《法国金融法》,姜影译,法律出版社 2014 年版,第 2 页。

平。然而,随着改革的深化和经济社会的进一步发展,牺牲公平产生了非常多的问题,也引发了一些矛盾。

现阶段,我国社会的主要矛盾已经转化为人民日益增长的美好生活需要和不平衡不充分的发展之间的矛盾。发展的不平衡成为主要矛盾的重要表现,因此,公平价值,成为制度设计时需要重点考量的价值。就我国而言,公平价值应当与效率和安全价值一样,成为金融法的核心价值。公平价值引入后,金融法的核心价值从两个变成了三个,价值之间的协调难度加大。做好价值之间的平衡和完善,需要面对更大的挑战。金融领域存在特殊性,因此价值之间的冲突也有其特殊性,并引发调控和监管难题。从机构维度看,复杂的大型银行组织不断涌现,大的不能倒的金融机构在满足安全价值的时候,对效率和公平价值的冲击越来越大,继而带来整个金融监管原则的改变。从政府维度看,"就功能而论,中央政府与地方政府在金融事权上有着不同的分工,中央政府管理的是全国范围内的金融事项,并以金融安全为宗旨,地方政府管理的是区域内的金融事项,并以金融效率为目标"[1]央地关系下,不同政府关注的价值有所不同。对于价值与目标的协调,一方面可以通过立法,在目的和规范中加以规定,另一方面可以借助法院裁判,在个案中加以强调和实现。理念的引入可以对价值协调起到重要作用。效率、公平和安全之间的冲突,以创新推动效率,以共享促进公平,以协调落实安全,并通过开放的外部动力和压力,推动内部机制的良好发展和温和改良。通过新发展理念缓解价值的冲突和矛盾,协调价值间的平衡。

2. 新发展理念下的金融法主体理论:主体的分类化研究

金融法上的制度安排,其目的是规范金融法主体的行为,调整主体之间的社会关系,保护主体的合法权益,并承担相应的义务和责任。"金融法主体是指从事金融经营服务或接受金融服务消费或管理金融活动的具有权利能力和行为能力,并能独立承担法律责任的主体,是金融法律关系的直接参加者。"[2]传统金融法以金融分业监管下的分业为类型化的基础,将金融法分为商业银行法、证券法和保险法,相应地,金融法的主体也被分成作为银行法主体的银行和客户,作为证券法主体的证券公司、上市公司与股东,作为保险法主体的保险公司和投保人与受益人等。从金融交

---

[1] 吕铖钢:《地方金融权的法律配置》,载《现代经济探讨》2019年第4期。
[2] 徐孟洲:《金融法》(第三版),高等教育出版社2014年版,第19页。

第四章　发展理论指导下的金融法制度完善

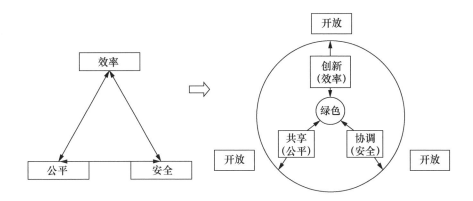

易的角度看,金融消费者和金融机构是在法律上的平等主体。然而,在事实上,不同的金融市场参与主体之间的差异性非常大。"随着金融创新的深化,由于金融交易客体复杂化和专业化而从投资者中分离的金融消费者主体,与金融机构形成不平等的交易关系。"[①]以"原油宝"事件为例,在事件刚开始,银行方面以将欠款纳入征信系统为手段,试图通过将全部风险转嫁给客户的方式解决问题。这反映了金融机构和金融消费者在契约中的不平等地位。在新发展理念指导下,应当注重对于金融主体差异性的考量,在法律制度设计上,应当顾及对弱势金融主体的保护。只有对主体差异性有充分的考量,才能做到协调、减少发展不充分和不平衡带来的矛盾。新发展理念下的金融法理论,要重视对金融法主体具体类别的分析与识别,对于差异性的主体进行类型划分,对症下药,有的放矢。根据主体的特征和地位,给予分类化研究,注重对金融弱势主体的保护,以普惠金融为指导,增进金融利益的共享。

3. 新发展理念下的金融法权义理论:权义的结构性设计

法学研究中,权利与义务(权力与责任)是法律制度的结构核心。"权义结构"是各类法律研究中不能回避的核心问题。不同的部门法领域,因其主体结构不同,导致对应的"权义结构"有其特色。金融法的"权义结构"中,"权"是指主体享有的权利和权力(职权),"义"是指主体承担的义务和责任(职责)。新发展理念下,金融法在价值协调与主体分类方面的理论拓展,必然推动金融法理论在"权义结构"研究方面的调整与结构再

---

① 杨东:《论金融法的重构》,载《清华法学》2013年第4期。

设计。"权义结构"要在价值理论和主体理论的基础上,进行回应性调整。金融法理论,在关注政府维度的视角时,也应当重视对市场维度的讨论和重视。从公权角度看,金融法不仅要从"职权"角度出发,注重经济维度和宏观层面调控效果和监管效果的价值实现,对流动性和安全性等要素的关注,也要从"职责角度"出发,关注从公权维度如何有效约束公权,通过职责设计和行为规范,避免由此产生的政府失灵问题。在金融监管上,要进行相应的"权义结构"调整与责任分配,加强约束机制研究,以此达到适度和有效的调控与监管。从私权角度看,对个体私权的保护仍有待加强,对于金融消费者,应分配更多的权利。在"权义结构"的设计上,要赋予金融消费者更多的权利,对应地金融机构应当承担更多的义务。

三、发展理论指导下的金融法制度优化

金融发展是人类历史发展的一条故事主线。受不同理念的影响,金融的发展也会遵循不同的轨迹前进。自近代以降,中国社会往往先是理念润物细无声的传播,其后跟进制度的探索与变革。制度在理念的"催化"下,步步跟进。理念与制度紧密相连、相互作用,成为中国社会变迁的主旋律。无论是从全球视野观测,还是从国内的角度审视,全球化、经济社会发展以及科技进步等因素都改变着金融体系。日益密切的全球化和日新月异的金融创新,让金融系统中的系统性风险显著提升,风险可以从一国迅速传导到另一国,从一个领域迅速传导到其他领域,从金融系统的一个环节扩散到其他环节。金融、投资和贸易相互影响,深度作用。

与世界主要发达经济体渐进式的发展模式不同,中国的经济发展模式有其独特性,浓缩的经济成就之下,也并非没有问题。伴随着经济发展,我国也积累了一定程度的社会问题。在经济增速放缓,经济进入新常态的今天及日后一段时期,我国的经济与社会矛盾在一定阶段内与一定程度上,也可能呈现多发态势。而金融层面上,经济与社会矛盾将更为复杂。我们应该以新发展理念为指导,对金融法理论进行反思与调整,进而指引金融法的机制设计与政策制定,结合金融法的规制特点,将积极的鼓励与消极的限制禁止相结合,通过新的金融法理念深刻影响金融法理论,并作用于金融法构造,形塑金融法律的制度。

第四章　发展理论指导下的金融法制度完善

（一）金融法的现状与问题

思考和观察金融法的现状可以从理论与制度两个维度切入。在理论层面，金融法受到两方面的影响，一方面受到现实中的制度影响，另一方面受到其他学科，特别是经济学和金融学的影响。在新环境和形势下，金融改革需要持续进行，改革的内容要以修法和金融规则更新为基础。这一背景下，金融法理论依托法学学科，其话语权不断加大，地位不断上升。金融法独立的逻辑生成非常重要，理论需要主动回应调控与监管中出现的问题。在制度层面，当前不确定性和系统性金融风险仍有发生可能，应当审时度势地主动调整，塑造一个更好的金融调控与监管框架，以应对金融市场面临的挑战、提升监管水平、降低反应过度引发的风险。金融法应持续关注金融市场的失灵和政府失灵，以及由此引发的风险问题，正确处理金融国情与机制、法律三者之间的融合问题，以正确的理念作为指导，持续进行理论重构与反思，在理论上进行独立性思考。在法律制度设计上加强预见性与系统性思维，同时注意弥补理论深化与制度发展两者之间的裂缝。

1. 理论之维：强化金融法逻辑

金融是市场经济运行的"血液"，金融也是风险聚集的领域，宏观调控和市场监管，注重对流动性和安全性等宏观要素的关注，以保障"血液"流畅和风险的可控。金融决策和机制的设计也都是从宏观维度的效率与安全角度进行的。"长期以来，人们只关注了金融法的经济功能而忽视了金融法的社会功能，这是导致金融法难以在规制收入分配扩大过程中发挥作用的一个重要原因。"[①]金融法理论在研究上偏重于经济视角与经济维度，学科自身的问题形成意识有待加强，法学分析框架和法学问题提炼仍然不足，受其他学科的理论影响过度。经济与社会矛盾折射到金融制度上，加剧了金融问题的生成速度与强度，金融的内生矛盾也会传导到经济与社会的其他领域，激化经济与社会的矛盾。从经济与社会两个维度出发，通过法律逻辑疏解经济与社会矛盾正是金融法理论的当然使命，也是其迫切需要解决的问题。

金融法理论，要着眼于金融问题，加强法学的解释力和回应性。一方

[①] 冯果、李安安：《收入分配改革的金融法进路：以金融资源的公平配置为中心》，法律出版社2016年版，第16页。

面要加强对于其他学科理论的吸收与借鉴能力,另一方面要加强对于法学理论的提炼,减少受其他学科的过度影响。金融法理论对于其他相关学科,要从被动影响逐步过渡到主动吸收和选择性借鉴。法学理论与新的研究范式相结合,能够真实地描述金融市场和政府中发生的法律问题。对金融行为和金融功能失调进行法律和金融思考,可以为监管政策提供有效建议。"金融法需要在金融改革政策的基础上完成政策法律化、原则规则化并进一步拓展和更新金融法理论。"[1]法律是金融矛盾转化消解的关键,法律制度是金融问题解决的重要机制。金融法的重要任务是解决和纠正市场失灵与政府失灵。通过法律问题生成和法律制度构建,将法律原则细化和制度化,可以真正有效解决政府与市场失灵。

2. 制度之维:注重综合制度考量

在进行金融制度构建与改良时,应当重视综合的制度考量。即便是在法治理念主导下,依然会产生制度上的设计与落实问题。金融制度的变革应当持续跟进与保持回应性。金融领域的很多问题,不是直接的金融问题,最终却会以金融问题的形式显现出来。作为基础性的制度,金融领域的改革路径选择与制度优化设计对整体的制度走向影响重大,金融制度的设计和改良需要综合考量。金融制度承载的多功能性天然决定了金融问题不仅仅是一个涉及经济发展的经济问题。金融是经济面向的核心层,关乎国家的综合治理。金融制度是中国经济制度大厦的重要根基,深刻影响着经济与社会的发展,经济与社会在发展过程中的矛盾又会回流到金融制度上,这就是说金融问题会引发经济和社会问题,经济与社会问题又会激化金融问题。"监管政策每强化一步,都会给社会带来后果,而这些后果不可能只是好的。在监管政策的制定过程中,必须权衡利弊,特别是在利显而易见但社会成本并不直接可见的情况下,更不能只看利而忽略负面社会后果。"[2]

综合考量也反映在制度设计对有关情况的总体把控上。在相关制度设计上,应避免僵化性与被动性。法律本身的稳定性特点,决定了对于金融领域的新情况可能估计不足,难以适应不断出现的新问题。在制度构建与完善中,要避免法律制度落入一方面既缺乏必需的稳定性与安定性,

---

[1] 冯果、袁康:《走向金融深化与金融包容:全面深化改革背景下金融法的使命自觉与制度回应》,载《法学评论》2014 年第 2 期。

[2] 陈志武:《金融的逻辑 2:通往自由之路》,上海三联书店 2018 年版,第 201 页。

第四章　发展理论指导下的金融法制度完善

另一方面又缺乏适时适度的灵活性的泥淖中。"金融规制的经济社会根源就在于金融市场失灵和金融业的特殊性。"①实践中,金融监管机制可能被市场主体以不同的方式绕开。在金融法律制度构造方面,对立法、行政以及司法之间需要保持一定程度的协调。"金融监管的有效运行依赖于健全的法律体系。当前,除继续完善主体法律体系外,还亟待建立一套完整的与主体法律体系相配套的实施细则。"②对于金融调控和监管,更依赖于行政机构的贯彻和司法机构的落实,更加注重现实层面的矛盾在制度层面的疏解,并减少法律规制的空白。金融政策法律化过程中,在政策主导的同时,应加强其法律属性。制度层面要建立健全有效机制,应避免静态的法律制度在变动的金融问题面前回应性不足。

3. 理论与制度:弥合两者间的断裂

金融法的理论与制度方面,存在一定程度的断裂。由于金融业态的复杂性与技术性,决定了金融法律不完备程度较高,金融机制与金融法治之间尚缺乏有效融合。理论上对于金融法治的研究和制度上对于金融机制的设计应当统合处理。鉴于金融抑制问题突出,政府之手易"左倾"的特性,理论上在讨论剩余立法权及其配置问题的同时,也需要从制度方面切入,针对具体的制度惯性和历史因素,设计有关制度。如将制度面临的问题回归到理论层面进行讨论,并通过理论完善指导制度再改良。金融法理论与现实机制之间既存在交集,也存在一定冲突。"……一个功能健全的金融体系要依赖于法律环境和制度体系,因此,法律体系的建立是金融体系功能发挥的保障。"③在金融体系的法治化水平有待进一步提高与完善的今天,金融法理论—金融法律制度—金融体系与机制之间需要建立更紧密的关系。

在融合理论与制度断裂的同时,应当继续厘清两者的思路。我国金融法体系在改革开放中逐渐形成与发展,从框架性的角度看,《中国人民银行法》《商业银行法》《银行业监督管理法》《证券法》《保险法》等法律先后颁布和修订,一系列金融相关的法规和规范性文件也不断出台,我国已经建立了基本的金融调控与金融监管法律体系。金融法理论也是根据金

---

① 韩龙:《现代金融法品性的历史考察》,载《江淮论坛》2010年第4期。
② 吴晓求等:《中国金融监管改革:现实动因与理论逻辑》,中国金融出版社2018年版,第85页。
③ 黄宪主编:《中国宏观金融调控体系研究——基于针对性、灵活性、前瞻性和协调性的视角》,人民出版社2018年版,第252页。

融法的制度,进行基本的区分和研究的。但是随着分业监管到功能监管的路径转变,金融法理论在研究对象的内部划分问题上需要进一步重视。然而,金融制度会从分业监管过渡到功能监管,对于金融法理论的研究需要同时关注分业监管和功能监管。理论的深化将有助于推动制度的优化。"虽然有了法律制度的保障,但制度的执行能力不足,金融调控与金融监管的手段仍然落后"①,因此,理论层面的探索至关重要,并借由理论带动法律制度的细化和整体机制的磨合。

(二) 金融法的规制逻辑:新发展理念的五个面向

以新发展理念的五个面向为切入点,梳理金融法的规制逻辑,可以把金融法规制分为强化、放松和改良。从整体的趋势看,"随着时间的流逝,所有国家都朝着放松管制的方向迈进,并总体上趋向于放松管制。"②金融自由化的呼声此起彼伏,金融自由化有助于改善金融抑制。然而,从金融抑制到金融深化的转变中,需要注意调整规制策略和手段。"金融自由化所抛弃的仅仅是妨碍金融发展和经济增长的金融抑制政策,而不是放弃所有正当而必需的金融游戏规则。事实上,要使得金融自由化导致真正的金融发展和经济增长,必须有一整套完善有效的法律规范和市场规则,以此来支撑金融体系的自由化过程。"③金融法对金融关系的调整要从静态监管向动态规制转变,并通过强化、放松和改良,实现金融法的价值。

1. 创新金融的金融法规制逻辑:放松与改良

创新金融的法律规制逻辑以改良为主,着重解决由于不平衡引发的效率与公平问题。由于国情和发展阶段影响,我国经济社会发展的众多领域都存在不平衡问题。在金融创新领域,也存在着不平衡的问题。金融创新的不平衡,表现为金融创新既存在不足,又存在过度。创新是推动金融发展的重要动力,创新不足,金融发展水平过低,产生效率问题,对资金的配置无法起到积极作用。创新过度,金融发展水平过高,脱离实体经济,形成金融空转,在金融体系内部循环,形成"脱实向虚",产生公平问题,抑制实体经济发展。金融创新,包括金融制度创新、金融工具创新和

---

① 朱崇实、刘志云主编:《金融法教程》(第四版),法律出版社 2017 年版,第 15 页。
② Thomas Philippon & Ariell Reshef, An International Look at the Growth of Modern Finance, *The Journal of Economic Perspectives*, Vol. 27, No. 2, Spr., 2013, p. 73.
③ 王曙光:《金融自由化中的政府金融建管和法律框架》,载《北京大学学报(哲学社会科学版)》2004 年第 1 期。

第四章　发展理论指导下的金融法制度完善

金融业态创新等。创新会导致风险的发生,风险的积累达到一定的时间和烈度,就会引发系统性的问题,这是金融市场失灵的重要原因。面对创新压力和利益的驱动,市场主体会逃避监管以获取更大的利益。因此,针对创新,在监管上要进行持续性的改良。

金融创新有助于满足市场主体对资金流动性的需求。制度创新有助于宏观层面的金融设计,为增强市场活力提供制度保障;工具创新有助于细化金融机制,降低金融风险;业态创新,有助于融合新科技和新模式,降低成本并提高效率。"创新是驱动金融改革的根本动力,也是破除发展瓶颈、顺利推进改革的手段,需要进行理念创新、制度创新和方法手段创新。"[1]创新伴有运气和概率的因素,高利润往往更能刺激创新者。金融市场不断衍生出新的金融工具和机构,如特殊目的实体、对冲基金、私募股权基金等等。随着科技进步,以互联网为代表的新金融业态不断发展。对于创新,金融法一方面要放松规制,鼓励创新,为创新提供足够的空间;另一方面,要引导创新,改变过去要么放任、要么严惩的规制手段,进行规制改良,设计合理的权义结构,避免创新引发金融风险,适度有效地惩罚不当的金融创新。

2. 协调金融的金融法规制逻辑:强化与改良

协调金融主要解决发展中的不充分和不平衡问题,朝着全方位立体均衡的方向迈进,以实现国民经济不同产业与部门及其内部子系统之间、不同区域之间的均衡发展水平。我国的金融国情是,金融结构以银行为主,银行以国有为主,集中在几大国有银行。金融资源集中问题较为严重。要协调发展,就要从多维度出发,转向商业性金融、政策性金融与合作性金融协调发展。从个体营利性与社会公益性的分析框架可知,商业金融追逐个体利益最大化,有限的金融资源往往投入高收益低风险的发达地区,并向发达产业聚集。因此,过度依靠商业金融容易造成马太效应。

当前在我国广义货币持续性增加的背景下,金融资金存在金融系统内空转的现象,欠发达地区和低利润性、高公益性的产业无法得到有效的资金供给。协调金融需要强化规制,增加政策性的介入力度,推广合理有效的政策性金融与合作性金融,提高政策性金融和合作性金融总量占比。政策性金融从宏观面出发,回归政策性,增加注册资本金并扩大其金融总

---

[1] 陈元、黄益平主编:《中国金融四十人看四十年》,中信出版集团2018年版,第17页。

体结构比例,解决区域间、产业间的金融资源失调问题;合作性金融注重微观层面,解决城乡间与个体间差异。通过对政策性金融和合作性金融的规制,引导资金对"三农"、小微企业、贫困地区等领域进行重点支持,提高金融服务实体经济的效率。金融法要对商业性金融、政策性金融、合作性金融分类处理,针对性地进行主体监管和权义结构调整。

3. 共享金融的金融法规制逻辑:放松与改良

金融所具有的虹吸效应可以拉大不同地区的差距。"……国有银行到各个乡、各个县吸收存款以后,把这些存款大部分抽回到城市,尤其是北京、上海、天津等全国性大城市使用,其必然的结果是:不同地区间,尤其是那些大城市和其他省份之间的经济发展差距越来越大。"①金融资源分配在国企与民企间、大企业与小企业间、地区间也存在较大差距。"……在我国金融体系中,大型国有银行始终是企业融资的首选,但小企业难从大银行获得金融服务是一个普遍的现象。"②上述这些持续扩大的差距不利于共享的发展。金融是人民大众的金融,既要服务大城市、大企业、大项目,也要服务"三农"与中小微企业。因此,需要树立共存共赢共同繁荣的金融理念,分享而非独享,平等互利而非截留透支。

建立共享金融,让金融普惠。普惠金融坚持金融为最广泛社会大众服务,摒弃过去金融发展单一注重技术性扩张,一味注重盈利能力而忽略金融发展本身价值的发展途径。普惠金融发展方式的转变需要从金融结构的层面作出创新性调整,突破口为规范地方银行、城镇银行和农村信用合作社的发展,信贷资金供给能切实服务地方经济发展。"……发展普惠金融制度应当提高金融市场参与程度、明确各主体的行为责任、提高信息披露水平、落实风险行为的法律责任。"③注重解决社会公平正义问题,坚持全民共享、全面共享、渐进共享,推进全体人民实现共同富裕。避免金融排斥,构建金融包容。金融服务以可承受的成本回馈弱势的社会阶层,分享经济增长成果。金融法一方面要针对特定主体进行放松规制,给予普惠金融更多发展空间;另一方面又要进行规制改良,明晰不同金融市场主体的法律责任,建立健全信息披露和风险防范机制。

---

① 陈志武:《陈志武说中国经济》,山西经济出版社2010年版,第129页。
② 刘辉:《论金融法的结构理性——基于金融禀赋结构理论视角》,载《西安交通大学学报(社会科学版)》2019年第5期。
③ 何德旭、苗文龙:《金融排斥、金融包容与中国普惠金融制度的构建》,载《财贸经济》2015年第3期。

4. 绿色金融的金融法规制逻辑:改良

绿色金融通过引导金融资源的配置向自然友好型经济发展,有效促进环保和绿色目标的实现。"绿色金融是指为支持环境改善、应对气候变化和资源节约高效利用的经济活动,即对环保、节能、清洁能源、绿色交通、绿色建筑等领域的项目投融资、项目运营、风险管理等所提供的金融服务。"[①]我国是全球第一个将"绿色金融体系"写入最高级别战略性文件的国家,构建绿色金融体系成为国家战略。近年来,我国绿色金融发展迅猛,普遍认为,中国金融业在绿色金融方面处于国际领先。[②]"建立健全绿色金融体系,需要金融、财政、环保等政策和相关法律法规的配套支持,通过建立适当的激励和约束机制解决项目环境外部性问题。"[③]由于绿色金融项目存在投入与获益的时间差,且时间差往往较大,脱离法律的激励性规制,难以通过行业自发的方式进行和发展。因此,需要政府引导和政策扶持。绿色金融有典型的个体营利性与社会公益性的矛盾,因此,金融法规制绿色金融的思路主要是通过激励性规制的方式,鼓励商业银行开展绿色信贷、满足绿色项目的融资需求、在央行对金融机构的宏观审慎评估系统中纳入鼓励银行持有绿色债权的内容、扩大对绿色企业的担保、贴息支持等措施引导流动性进入绿色环保行业。[④] 将绿色金融存在的外部性受益问题通过激励性的金融规制进行内部化奖励,给予绿色金融更多激励规制。

5. 开放金融的金融法规制逻辑:改良

随着对外开放广度和深度的不断拓展,我国对外开放逐步从制造业向金融业延伸,金融成为我国推动经济全球化、深度融入世界的新领域。以开放促改革,以开放优化结构和促进效率。金融开放,金融领域的壁垒会逐渐放开,国际的竞争者会加入金融市场的竞争中。国际经验表明,外资金融机构的进入可以提高该国金融行业效率、提升金融监管水平、增强金融机构的国际竞争力,在新一轮的竞争中,资源会趋向优化配置。但是,在开放金融的同时,也应当注重金融风险。"大量的跨国资本流动是无法改变的事实,且外国投资者都是机会主义者。外国投资者在时机好

[①] 中国人民银行等七部委:《关于构建绿色金融体系的指导意见》。
[②] 参见陈元、黄益平主编:《中国金融四十人看四十年》,中信出版集团2018年版,第405—410页。
[③] 中国人民银行等七部委:《关于构建绿色金融体系的指导意见》。
[④] 参见李路阳:《绿色金融已渐成金融发展的主流趋势》,载《国际融资》2018年第11期。

的时候会让大量资金很快流入,在麻烦即将来临之时以更快的速度抽回资金。"[1]从全球范围内看,发达国家容易以金融为工具,通过制造流动性,造成流动性的相对过剩和利率扭曲,再配合利率汇率等手段,引导资金流入流出,以"制造泡沫—刺破泡沫—抄底—制造新泡沫"的方式实现对一国金融资源和市场资源的虹吸和洗劫。超前与无序的金融开放会削弱本国金融业竞争力,诱发金融不稳定。随着国际竞争激烈,贸易保护主义抬头,国际经济格局重构,要强化制度自身,防范外部金融风险。开放背景下,金融法规制要进行持续性改良,注重将国际监管规则与本国监管情况进行深度融合。对于新兴市场主体和外国机构的监管,在落实公平原则的同时,也要加强安全意识,注重外部金融风险内部化问题的防范。在持续吸引国际金融资本的同时,应注意防范国内金融风险与国际金融风险。

(三)新发展理念下的金融法:理论与制度的双向反思

发展产生的问题,最终须借由发展解决。新常态背景下,国家进入改革深水区,经济模式转变、社会矛盾疏解、人与自然和谐等命题都摆在眼前。市场在资源配置中起决定作用,需要一个健全的金融体制作为支撑,对金融法在理论和制度层面进行反思与设计迫在眉睫。从理论维度看,有效的金融规制,不仅是一个中国的理论难题,也是一个全球的理论难题。但是传统法学理论在解释力与指导力上显得不足,需要引入新问题与新方法,方能攻坚克难、抓准要害。从制度维度看,在金融法律制度的设计与研究中,无论是本国还是其他国家失败的金融规制教训虽具有十分重大的借鉴意义,但是由于国情不同、发生时间不同或者有新要素新情况出现,不足以支撑后续的制度变革。一方面是发展面临瓶颈,另一方面是改革需要方向。一次由"理念"带动"理论"和"理论"推动"制度"的金融改革,显得尤为重要和珍贵。新发展理念引发对金融法理论的思考,是"先思"与"深思",由金融法理论推动的制度变革,可"后行"与"践行"。新发展理念下的金融法,在理论与制度上,可以有如下的拓展。

1. 基本矛盾维度:理论上构建"三元分析",制度上区分"失灵"

政府与市场的二元分析结构,是经济法分析问题的基本结构,也是经济法理论在构建中的特殊之处。"市场与政府作为整体资源配置系统的

---

[1] 〔澳〕罗斯·巴克利、〔美〕道格拉斯·阿纳:《从危机到危机:全球金融体系及其规制之失败》,高祥等译,中国政法大学出版社2016年版,第20页。

第四章　发展理论指导下的金融法制度完善

两个子系统……保障两个配置系统各尽所能,是当代法治的重要使命。"①现代法学研究的重要课题之一就是通过一系列的法律设计与制度安排,防范或者缓解市场失灵与政府失灵,实现政府与市场关系的法律调整。不断理顺政府与市场关系,持续解决市场失灵与政府失灵是国家治理面临的重大难题,也是中国金融法治建设的重要使命。"迄今为止,所有的金融法都是规范金融行为和市场秩序,以维护社会稳定、发展经济,其中现代社会金融法的突出特征是政府干预之法。"②在保持政府和市场的二元分析结构时,应当引入一个子系统,用以分析经济法的子部门金融法中存在的诸多问题。

我国是银行主导的金融体系,银行机构在金融体系中扮演着非常重要的角色。在分析金融法的基本矛盾时,可以把对于银行机构的分析,纳入金融调控与监管哲学的整体性反思。对机构法律规制的强调在应对金融领域政府失灵与市场失灵中会起到重要作用。过去,将金融机构统归于市场主体,因此,政策制定中,有时候对于金融规制的放松规制,也意味着对于金融市场的放松规制。然而,对于金融机构进行结构性的放松规制,这种放松的规制策略会被其他金融市场主体迅速识别,凭借其对资本和利益的追求,套利和规避审慎监管的手段不断演进和发展,内生性的风险不断冲击既有的金融市场,造成风险的累积和信息的扭曲等多重因素叠加。"放松机构监管结合严格市场监管—繁荣市场"的监管逻辑被篡改为"放松机构监管与放松市场监管—市场失灵—部分的金融市场主体套利"的监管困局。在利用信息技术的力量将复杂的建模技术迁移到金融领域,并与新兴的法律结构结合,产生了越来越多的具有多种风险特征的金融衍生品。金融活动脱离了政府,压制了市场。

对于失灵,要区分哪些失灵是市场或政府自发因素引发的,哪些失灵是由人为因素导致的。人为因素导致的失灵中,无论是政府失灵还是市场失灵,可能是市场利用了政府的失灵,进行投机,也可能是政府放任了小的问题与市场微观的失灵,导致了大的市场失灵;有的时候,甚至是政府的错误和主动行为,带来市场失灵。"在握有新权力、新知识和新技术的背景下,规制者们曾经信誓旦旦地认为,在维护金融市场中公共利益的

---

① 张守文:《政府与市场关系的法律调整》,载《中国法学》2014 年第 5 期。
② 蓝寿荣:《论金融法的市场适应性》,载《政法论丛》2017 年第 5 期。

任务面前,他们的能力绰绰有余。"①然而,监管机构对整个金融监管机制在设计和执行中,出现了决策的失误。而这些问题并非是悄无声息突然来到的。以 2008 年美国爆发的、波及全球的金融危机为例,事实上,在危机发生之前,就有信息表明,可能会产生金融危机。因此,在设计制度时,对于金融法视阈下的失灵问题,应先进行区分,而后再进行制度改良和机制设计。

2. 价值维度:理论上强化安全(风险)认知,制度上注重公平实现

理论层面要强化安全价值与风险认知。金融风险日益成为金融规制中重要的考量因素。随着一系列新的技术和业态的发展,金融领域的风险话题被持续地提及与关注。风险社会或者风险国家的主题中,金融安全被放置在一个重要的维度上权衡。从价值维度考量,价值间的协调需要有效疏导,也需要进行识别。面对日益复杂的金融环境和背景,化解金融风险、经济风险和社会风险及其之间传导至关重要。因此,需要在理论上,强化安全(风险)认知。"金融法价值论问题回答金融法研究以及金融法律制度和实施应当关注哪些价值目标。"②作为基础性的制度,金融领域的改革路径选择与制度优化设计至关重要。经济与社会矛盾折射到金融制度上,加剧了金融问题的生成速度与强度,而法律是金融矛盾转化消解的关键,法律制度因此成为金融问题解决的重要机制。风险是政府介入市场的正当化根据,对金融法风险规制的研究有助于金融端矛盾的消解和规制效果的实现。

制度层面,在金融制度设计上,需要结合现有金融矛盾,特别注重缓解公平价值制度化不足导致的金融关系和经济社会关系的紧张。金融法律制度要兼顾经济效果和社会效果,特别是对于金融不公平的情况要利用制度予以疏解。有学者认为,国有商业银行体系计划色彩依然浓重,而这是造成地区间经济发展状况扭曲和不平等的原因之一。③ 应当将金融领域的公平问题法律化和法治化。金融问题的法律化以及金融治理法治化,既十分迫切又富有挑战。金融法的目标选择中融合复杂的利益关系和法律关系,因此法律设计中不断面临价值的选择与协调。而公平问题

---

① 〔英〕科林·斯科特:《规制、治理与法律:前沿问题研究》,安永康译,清华大学出版社 2018 年版,第 320 页。

② 刘辉:《论金融法的结构理性——基于金融禀赋结构理论视角》,载《西安交通大学学报(社会科学版)》2019 年第 5 期。

③ 参见陈志武:《陈志武说中国经济》,山西经济出版社 2010 年版,第 128 页。

第四章　发展理论指导下的金融法制度完善

成为制度化构造的核心,应当从制度上下手,实现公平的金融机制。

3. 目标与原则维度:理论上注重目标协调,制度上注重绩效与适度

理论层面上,应注重对于金融法目标协调的研究。"金融调控主要是通过金融政策和金融法律来引导各类主体的金融活动,来实现其调控目标。"① 金融法的目标是多元化的。一般而言,金融法通过将金融调控和金融监管纳入法治化轨道,实现货币稳定与促进经济增长、提高市场资金使用效率与促进资金周转良好运行,维护金融消费者的合法权益和社会公共利益等。与金融法的价值协调一样,金融法诸多目标之间,也存在协调问题。例如,在特定环境下,促进经济增长可能需要央行采取刺激经济的政策,然而刺激经济的政策可能会引发通货膨胀,有违货币稳定目标。因此,在理论上要继续厘清目标之间的关系。

制度层面看,在金融法律制度的设计上,存在着一定的僵化性与被动性,金融政策法律化过程中,政策主导,法律属性偏弱。这导致法律制度既缺乏必需的稳定性与安定性,又缺乏适时适度的灵活性,静态的法律制度在变动的金融问题面前回应性不足。由于金融业态的复杂性与技术性,决定了金融法律不完备程度较高。鉴于金融抑制问题突出,政府之手易"左倾"特性,监管机构取得剩余立法权的同时,应注重从适度原则和绩效原则角度进行协调平衡。"在经济法制度成长的过程中,如果片面强调经济法的变易性,赋予调控和规制部门更多的权力,则市场主体就会缺少稳定的预期,其权益可能会受到较大损害;如果片面强调经济法的稳定性、确定性,则经济法应有的回应性又可能受到影响。"② 传统对于金融行业的监管采取分业监管的模式,然而由于实际上的混业经营和金融业态的创新,分业监管的模式日益显示出不足和缺陷。应从分业监管过渡到功能监管,而在功能监管中,要从绩效和适度原则出发,注重监管的实际效果。要保持金融法"稳中有变,变可预见"。让金融法律既可以回应现实需求,又可以保持安定性。

4. 主体维度:理论上关注新兴主体,制度上完善主体差异化

理论层面,全球商业规则和商业结构正在发生巨大的变化,这直接影响了金融市场与金融体系。金融市场与金融体系的变化会产生新的金融

---

① 张守文:《经济法原理》(第二版),北京大学出版社2020年版,第319页。
② 张守文:《改革开放与中国经济法的制度变迁》,载《法学》2018年第8期。

法主体。"依据角色理论,同一主体,由于受不同的法律规制,因而其角色可能会有所不同……这些市场主体,可以有多种角色,参加到不同的法律关系中,成为不同的法的主体。"① 新技术和新业态带来了新的角色,参与到新的金融法律关系中,成为新的金融法主体。在金融法理论上,要关注新主体,重点需要研究这些主体与传统主体之间的相同和区别,以及这些主体的特点和可能产生的规制问题。理论上对于新兴主体的关注,有助于对主体行为和权义结构设计的理论讨论。新兴金融主体最容易面对的问题有两个,一个是对其规制过度的宽松,导致其他主体和这些金融主体之间形成不公平的地位;另一个是对其规制过度严苛,导致新兴主体难以健康发展,进而影响金融效率。金融法理论对于新兴的金融主体应当进行关注,并根据主体之间的差异性,在制度设计和责任上作出针对性的应对。

制度层面,随着跨国企业的竞争加剧,大型机构迅猛发展与崛起,在体量上不断膨胀。一方面,传统的金融机构跨界进入新的领域;另一方面,其他领域的大型机构由于掌握了巨额的资金和庞大的网络,借助科技优势,进入金融领域。金融机构和非金融机构的分野开始模糊,并难以分辨,并且互联网技术加剧并放大了这种现象。"近期美国和 20 世纪 90 年代日本的金融危机为今后的金融法规制提供了两个教训。其一,缺乏对大型和复杂金融机构有序的解决机制,这造成了严重的问题。其二,区分各个金融机构的健康状况和整个金融体系的稳定性非常重要。"② 基于上述分析,制度的差异化构建主要变现为两个维度。第一,对于银行这个特殊主体,继续探索对其的规制。作为以银行主导的金融体系,对于银行的监管应当采取不同的激励措施和战略设计,避免对银行的监管流于形式和静态化,应当善于捕获银行与整个市场之间的互动,并对银行业建立审慎细致的监管,保持充足的流动性与储备资产。"监管机构可能无法预计银行的反应,这会导致在进行规模监管时难以预见的金融创新。"③ 对于银行的规制要结合事前与事后一起进行。第二,对于新兴的业态和技术,加

---

① 张守文:《经济法总论》,中国人民大学出版社 2009 年版,第 125 页。
② Takeo Hoshi, Financial Regulation: Lessons from the Recent Financial Crises, *Journal of Economic Literature*, Vol. 49, No. 1, Mar., 2011, p. 120.
③ Antoine Martin & Bruno B. Parigi, Bank Capital Regulation and Structured Finance, *Journal of Money, Credit and Banking*, Vol. 45, No. 1, Feb., 2013, p. 87.

第四章　发展理论指导下的金融法制度完善

强主体差异的规制。新兴的业态和技术,可能是在其他行业处于优势的机构和公司介入,这些机构和公司往往体量巨大,对整个金融市场的影响力不可小视,在对其进行规制时,要注重协调理念,防止其过度膨胀导致的安全、效率与公平问题。新业态和技术也可能催生一些小公司和行业,对于金融领域有积极作用,这个时候需要采取积极的鼓励和保护的规制策略和制度设计。

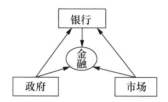

5. 权义与调控维度:理论上关注公权约束,制度上加强私权保护

金融法在理论层面需要关注公权约束。金融调控和监管的惯性逻辑是促进宏观层面的流动性和注重金融系统的安全性,金融法理论研究既要理解金融调控和监管的逻辑,也要将其更好地与法治相结合。因此,在理论上,金融法要关注从公权维度如何有效约束公权,以实现金融法安全、效率和公平的目标,避免由此产生的政府失灵问题。在金融监管上,要进行相应的"权义结构"调整与责任分配。无论是个体权利还是社会公益性,金融法的理论研究更应当加强从政府维度切入约束机制,以此达到适度和有效的调控与监管。在价值选择上,传统金融法理论注重讨论安全与效率。对公平价值的研究近年来逐渐兴起,而加强公权约束的理论讨论,可以减少受到宏观调控和市场监管思维引力影响,避免由于过度强调流动性和安全性等宏观问题的讨论而忽略对个体私权的保护。在权力约束机制上,"宏观金融事务要集权,微观金融事务要分权"。[①]

制度层面,应该加强对市场主体在权利维度的讨论和重视。传统金融法以金融分业监管下的分业为类型化的基础,将金融法分为商业银行法、证券法和保险法,相应的金融法的主体也被分成作为银行法主体的银行和客户,证券法主体的证券公司、上市公司与股东,保险法主体的保险公司和投保人与受益人等。"金融消费者由于专业知识局限、信息不对称

---

① 吕铖钢:《地方金融权的法律配置》,载《现代经济探讨》2019 年第 4 期。

和协商能力较弱等因素,与金融机构处于不平等的地位。"[1]金融消费者和金融机构在法律上是平等主体,但是在事实上具有差异性。我国是银行主导型的金融体系,银行金融机构是金融监管、金融交易与金融组织的核心,应当受到金融法的特殊关注。金融创新加深了消费者与机构在事实上的不平等地位。因此,在重视主体差异性带来的金融监管问题,并进行相应的"权义结构"调整与责任分配的同时,对于金融消费者,应当分配更多地权利。

---

[1] 杨东:《论金融法的重构》,载《清华法学》2013 年第 4 期。

第五章　发展理论指导下的计划法制度完善

一、计划法律制度与发展

(一) 计划法与发展理论

党的十九大报告提出,我国经济已由高速增长阶段转向高质量发展阶段,正处在转变发展方式、优化经济结构、转换增长动力的攻关期,建设现代化经济体系是跨越关口的迫切要求和我国发展的战略目标。2020年,党中央更进一步作出我国已进入新发展阶段,必须坚持贯彻新发展理念,加快构建新发展格局的重大战略判断与部署。而加快构建"以国内大循环为主体、国内国际双循环相互促进"的新发展格局正是"十四五规划"的新目标、新任务。无论"大循环"还是"双循环",须以新发展理念作为指挥棒和驱动器,才能有效运转起来。新发展理念不仅标明了发展的价值指向,更为加快形成新发展格局提供了方法论,能够破解发展难题、增强发展动力、厚植发展优势、牢塑发展未来。共识表明,促进经济与社会稳定发展是国家不可推卸的责任,由此也促进了法律的发展,法律对促进经济与社会稳定发展有着独到的优势。"从经济法的规范论来看,从主体的行为,到主体的权义结构及其责任等各类制度,都与一定的发展观有关"[1],因而,要将新发展理念融入具体的经济治理工作之中,就必须解决通过经济法要追求什么样的发展、如何实现在发展的历史进程中的功能定位等的核心命题,大力发挥经济法对国家经济治理的引领、规范和保障功能。

一般认为,现代性法律中具有促进型结构的规范类型的集合,可以概括为"促进型法"。英美法系国家限制干预型立法以"稳定"促进发展,大陆法系国家依法调控型立法以"鼓励"促进发展。[2] 计划调控法即是这样的一种稳定繁荣、促进发展的法。计划调控法并非是传统的法律部门,而

---

[1] 张守文:《"发展法学"与法学的发展——兼论经济法理论中的发展观》,载《法学杂志》2005年第3期。

[2] 叶姗:《促进稳定发展的法律类型之比较研究》,载《现代法学》2009年第2期。

是与现代国家的发展路径一起成长、丰富起来的法律体系。甚至,相较于西方国家,计划调控法之于我国而言尤显重要和特殊——计划调控是具有鲜明中国特色,且深刻嵌入我国国家治理模式和体系之中,用以实现国家经济和社会发展任务的重要制度。当然,毋庸讳言,我国的计划调控法的法制化、制度化水平还很不够,总体而言还是呈现"政策治理"的方式。同时,法律的实施,达成法律设定的法秩序目标确实并不是一个简单的事,尤其在经济法这样的现代法律部门,作为"回应型法"[①]和"促进型"法,发展规划要时刻回应经济与社会的变迁而具有一定的变动不居、因时而变的特点,所以法律的实施恐怕都需要在博弈均衡和制度设计间取得一个最优点,从而求得制度绩效的最优解。另外,还需要清醒地认识到的是,经济与社会发展中出现的法律问题,并非针对某一部门法而来的,单纯研究某一制度内部的一个法律问题都难免有失偏颇,尤其是发展规划作为国家宏观调控的骨干和核心机制,必然牵涉财政、金融、产业、对外投资和贸易等多种政策与法律,因而相关财政、税收、金融、货币等的体制机制的联动也必然是应有之义。总之,不难理解,计划(规划)在中国,其实远远超出一个政策文本或一个封闭的政策过程,是中央和地方多层次、政府与市场多主体之间通过各种互动模式,不断协商、起草、试验、评估、调整经济与社会政策的循环过程。通过规划体制机制,各个层级、不同领域的政策主体相互链接成为一个庞大的网络,输出不计其数的规范文本,主动引导或干预市场经济主体的活动,塑造或制约各级政府的行为。依循经济法学中的发展理论"发展问题—发展手段—发展目标"的理论框架,本部分将重点对计划调控法的目标,以及作为发展理论中核心范畴的发展权与计划调控的制度联结进行阐述。

1. 促进发展是计划法的核心目标和主要功能

计划法的核心使命和价值就是引领、服务、促进发展。在计划调控法的立法目的和法律调整目标中,无论是经济目标抑或社会目标,其实都是包容于"发展"之下的具体内容,并由此形成计划调控法上的发展目标。从国际看,和平、发展、合作仍是时代潮流,世界多极化、经济全球化深入发展,世界经济政治格局出现新变化,科技创新孕育新突破,国际环境总体上有利于我国和平发展。同时,国际形势面临百年未有之大变局,全球

[①] 详见〔美〕P. 诺内特、P. 塞兹尼克:《转变中的法律与社会:迈向回应型法》,张志铭译,中国政法大学出版社 2004 年版。

第五章　发展理论指导下的计划法制度完善

政治经济结构发生深刻变化,气候变化、能源安全、粮食安全等问题也使得我国的外部环境更加复杂。如何实现我国和平发展的战略目标显得尤为关键。对此,我国仍应坚持把改革开放作为加快转变经济发展方式的强大动力。坚定扩大经济、文化、社会等领域的开放,加快构建有利于科学发展的体制机制。实施互利共赢的开放战略,与国际社会共同应对全球性挑战、共同分享发展机遇。

从国内看,经济、政治、社会、文化、生态五大方面都有一定进步和改善。但同时,我国发展中依然存在很多不平衡、不协调、不可持续的问题,如经济增长的资源环境约束强化、投资和消费关系失衡、收入分配差距较大、科技创新能力不强、产业结构不合理、农业基础仍然薄弱、城乡区域发展不协调、就业总量压力和结构性矛盾并存、物价上涨压力加大、社会矛盾明显增多、制约科学发展的体制机制障碍依然较多。必须科学判断和准确把握发展趋势,充分利用各种有利条件,加快解决突出矛盾和问题。

由于发展兼具目标性和手段性,新发展理念无疑将会贯穿规划制定与实施的始终,而对于制度来说,新发展理念引领下将影响经济法发展理念的内涵升级、经济法发展主体的关系拓展和经济法发展权的内容转向。"发展计划作为实现发展目标的重要手段,它通常会融合各类促进发展的措施,并以相关目标和指标的形式加以呈现"[①]。

以计划调控法中的核心和支柱制度——"五年规划"为例,它是连接国家发展总目标和具体实施计划的纽带,为有计划、分阶段、稳扎稳打地推进市场主体的自我发展权、个体发展权的实现,确立了中长期指导思想、目标方向、基本要求和实施举措。我国从1953年到2001年,每5年制定一个国家层面的发展计划,对国家经济、文化、社会等各方面发展进行谋篇布局。自2006年起,改"计划"为"规划",并在制度上实现了从具体、微观、指标性的发展计划向宏观的国民经济和社会发展规划的转变。到目前为止,中国已经连续制定了十三个国民经济和社会发展计划或规划。尽管"五年规划"会随着当时的国情、世情、政策导向的不同而不尽相同,但是其主要任务、基本目标的核心追求——发展,是基本一致的。

2. 计划法与发展权

"经济发展权是法律与社会发展动力系统中最活跃的因素,是国家、民族要求建立公正合理的经济秩序,决定并调整经济结构和发展政策的

[①] 张守文:《经济法学的发展理论初探》,载《财经法学》2016年第4期。

权利。"[①]计划调控法其实就是搭建了一个国家的、整体的、政府的发展权力和国民的、个体的、市场的发展权利以及共生共荣、互相保障、互相促进的法治框架。

政府享有的制定规划的权力的法制基础，主要体现在我国《宪法》及其宪法性法律（即各级政府的组织法）之中。换言之，我国宪法和相关组织法都规定了政府具有经济管理的职能和职责，尤其都专门规定了"编制和执行国民经济和社会发展计划"的职权。从法律性质和功能上来说，作为现代法的计划调控法，一方面是设权法，它通过各种经济政策和经济手段的法律化来赋予政府及具体的调控机构以权力来调控引导市场主体的行为，弥补市场本身的缺陷；另一方面它又是限权法，即通过权力法定、通过各种实体的、程序的制度设计来限制和约束政府调控权力的任意性和政府行为的短视化短期化，以弥补"政府之手"本身的缺陷。当然遗憾的是，就经济法中关于宏观调控制度的立法情况而言，我国关于发展规划法或者计划法的制定一直滞后于财税法、金融法等方面，这不仅直接影响了我国整个宏观调控制度的体系完整性，而且也对我国依法调控带来了于法无据的困扰。编制和实施规划是政府的重要工作，也是将执政党的政策转化为国家政策的重要途径，因此，必须具备极强的严肃性，应当纳入法治的轨道。

在经济上法可归属于需要政府积极支持的促进发展权、国家发展权和整体发展权。当然，从计划调控的目标来看，无论是经济规模和总量的增长还是经济结构与质量的提升，其目的最终都是为了更好地保障市场主体发展权利的实现。

从政府的计划调控权的功能上看，主要表现为以下四个方面：

一是引导资源的合理配置，促进经济持续、快速与健康发展。现代的各类规划体系是建立在市场经济基础上的，它并非是为了取代市场，而是为了补充市场，弥补"市场失灵"，彰显政府宏观调控的作用，引导社会把有限的资源投入到计划所确定的目标上，达到资源的合理配置，实现经济总量的平衡和重大结构的优化，促进经济持续、快速和健康发展。

二是协调政府各调控机关的行为，提高调控效率和绩效。在政府参与市场与社会活动呈现多样化、扩大化和复杂化的时代，如果政府缺乏计划性孤立地、单独地实施活动，相互之间便很容易产生摩擦或冲突。但如

---

① 张守文：《经济发展权的经济法思考》，载《现代法学》2012年第3期。

第五章　发展理论指导下的计划法制度完善

果在取得各机关机构共识的情况下,制定出一个科学、合理的计划,引导各机关机构围绕计划所确定的中心目标规范自己的行为,无疑可防止各自为政,避免工作的盲目性和随意性。并且还有助于有效地调动、整合各种资源,整体性、协调性地推进各种活动,从而更有利于高效地实现政策目标,增强整体政策效果。

三是指导市场主体的行为,保障市场主体的各类权益,尤其是发展权利得以实现。政府通过制定计划,设定一定的指示性的政策目标,引导市场主体的行为,为其指明行动方向。同时,计划还能为市场主体提供经济和市场运行的综合信息,开阔其视野,增强其对自身利益的可预期性,帮助他们更好地进行行为选择和活动安排。并且,由于指导性计划是非强制的,它采用了激励机制,其执行主要依靠利益驱动机制的诱导,而不是依靠强迫命令,这便可以减少不稳定因素,使政府的指引与市场主体的期待有机地统一起来,充分调动市场主体行动的积极性,最终既有利于社会的和谐、稳定与发展,也有利于保障市场主体的各项权利。

四是增进社会公益。现代社会,政府不再仅是消极意义上的维护市场秩序,发展理念和理论要求政府增强引导、服务、扶持、协调等职能,而计划正是此种职能的绝佳制度工具。此外,本应由私人进行的社会活动、经济活动,现在也常常在客观上要求政府机关制定计划予以引导和调整,以推动社会系统的健康、有序发展,增进社会公益。

(二) 计划法的制度构造

一般认为,计划调控法的主要制度包括计划实体法律制度、计划程序法律制度、产业调控法律制度、投资调控法律制度、区域规划法律制度和对外贸易调控法律制度等。① 计划实体法律制度和计划程序法律制度构成计划调控法的主要内容,而产业调控、投资调控、区域规划、对外贸易调控等则共同组成了计划调控的主要配套制度和作用领域。总的来说,计划调控是一种更为综合的一种宏观调控,反映着国家对本国经济和社会事业发展所作出的预测和所希望实现的政策目标,发挥着预测引导、政策协调和宏观调控的基本职能,对于防止和解决经济失衡有着十分重要的意义。② 以发展规划为"龙头"的各类各层次规划体系虽然描绘与构造了

---

① 参见《经济法学》编写组:《经济法学》(第二版),高等教育出版社 2018 年版,第 249 页。
② 参见张守文:《经济法原理》(第二版),北京大学出版社 2020 年版,第 345、365 页。

我国经济政策从制定到实施的基本蓝图与脉络,然而在实际上,从规划的编制到实施,都还存在各种法律问题和制度缺陷,亟须在新时代背景下,立基于新发展理念的高度厘清各种复杂的关系,设计科学合理的规则,完善各项制度体系。

在法学研究中,虽然各种规划是一个有机整体,但由于法律部门的分野所致的研究视角和重点的不同,而大体区分为行政法学所关注的行政规划(主要包括城乡规划、土地利用规划与国土资源规划)与经济法学所讨论的政策性规划(主要指发展规划)。有别于行政法学将行政规划视为一种具体行政行为而强调相对人利益保护的视角,经济法学一般认为发展规划是国家宏观调控的重要手段①,并认为发展规划是将政策与法律耦合并用所形成的调整经济与社会利益关系的基本框架②,进而赋予其对宏观经济发展的调控和对具体经济产业和社会事业的促进与规范的功能。在此意义上,经济法学对发展规划的研究无疑属于"发展法学"的领域。此外,基于软法理论研究发展规划也颇具启发意义。③

1. 发展规划

发展规划是一种由一定组织机构负责制定和实施的关于经济和社会事业发展的预测及目标的相互协调的政策性措施。规划中的预期性指标和产业发展、结构调整等任务都是为了促进经济社会发展的国家和人民意志的重大举措和方式。在域外,无论是发达的市场经济国家还是新兴工业型国家其实都有发展规划,大体都包括产业结构升级、空间布局优化、公共服务和社会民生、生态环境保护等内容,如日本编制的产业振兴计划、美国制定的互联网战略规划、德国制定的工业4.0、欧盟制定的欧洲空间发展战略(ESDP)以及俄罗斯、印度等国编制的经济社会发展规划,等等。在我国的规划实践中,也逐步形成了非常丰富而独特的覆盖国民经济和社会发展方方面面的各层级、各类型的发展规划体系(如表5.1发展规划体系),其中值得说明的是,经过近年的规划体制改革,主体功能区规划已被纳入空间规划体系,不再由发展改革部门主管,同时学界认为主体功能区规划应发挥统领各类空间规划的"顶层设计"的作用。而规划的

---

① 参见张守文主编:《经济法学》(第七版),北京大学出版社2018年版,第191页。
② 参见徐孟洲:《论经济社会发展规划与规划法制建设》,载《法学家》2012年第2期。
③ 发展规划也被认为是一种重要的软法表现形式。

第五章　发展理论指导下的计划法制度完善

法律渊源形式亦体现为具体的法律、法规或规范性文件,并具有法律约束力[①]。

表 5.1　发展规划体系

类型	层级和领域	说明	实例
国民经济和社会发展总体规划	国家级、省级、市县级	全国或某一地区经济、社会发展的总体纲要,是具有战略意义的指导性文件。统筹安排和指导全国或某一地区的社会、经济、文化建设工作。	《国民经济和社会发展"十三五"规划纲要》
专项规划	国家级重点专项规划;产业发展专项规划;科教文卫事业专项规划;社会事业专项规划;生态保护专项规划	是以国民经济和社会发展特定领域为对象编制的规划,是总体规划在特定领域的细化,也是政府指导该领域发展以及审批、核准重大项目,安排政府投资和财政支出预算,制定特定领域相关政策的依据。	《全国电子商务物流发展专项规划(2016—2020年)》
区域规划	区域经济发展规划;灾后重建规划;革命老区振兴发展规划;资源型城市可持续发展规划	以区域经济社会发展为对象编制,旨在细化落实国民经济与社会发展总体规划,指导区域发展,制定区域政策,编制区域内总体规划和专项规划的重要依据。	《成渝经济区区域规划》
年度计划	中长期规划的年度实施规划	是中长期发展规划在年度中的体现,并根据规划实施中的情况、问题以及年度经济运行要求确定目标任务和政策措施,包括关于上一年度计划执行情况与本年度计划安排、各种综合计划和配套的专项计划。	《关于2015年国民经济和社会发展计划执行情况与2016年国民经济和社会发展计划草案的报告》

众所周知,我国一直都有通过规划手段调控经济的历史传统。经过长期的理论积累与实践探索,我国发展规划的科学性、民主性和规范性愈发加强。我国发展规划的突出特点是在松散的制度化基础上,在一个可

[①] 参见郝铁川:《我国国民经济和社会发展规划具有法律约束力吗?》,载《学习与探索》2007年第2期。

塑的、不断调整适应的政策过程中,重新组合各种治理方式而初步形成的一种良性治理机制。在这个机制之中,政府通过营造政策环境、配置公共资源、实施有效规制等方式与市场、社会互动,促进市场和社会的发展。发展规划具有信息指示、政策协调、宏观调控等功能,"规划作用的领域越发拓展。规划不仅是解决市场机制缺陷的一个方法,更转变为协调公共政策实施一种方式。"①其实施模式具体可见表5.2发展规划的实施模式。

表 5.2 发展规划的实施模式

类型	内容	实例	制度基础
指令型	主要涉及以政府和国有企业为基础的公共物品供给	铁路建设、城乡基本养老保险覆盖人数等	行政命令、政府和社会资本合作(PPP)框架协议等
合作型	中央与地方政府合作,地方政府跨区域合作,或者政府与企业合作	科技创新领域、产业重组,甚至还有如《粤桂合作特别试验区总体发展规划》(2014)等	行政协议、行政协调机制等
指导型	政府通过各种措施诱导某种市场行为	鼓励企业海外投资,推动发展混合所有制经济等	行政指导、具体宏观调控措施等

总之,发展规划的实施逻辑可概括为"宏观政策—具体建设项目—资金安排与支持",即规划描绘基本政策蓝图,相关主体在"施工图"下开展具体经济社会建设项目,所需资金则来源于政府和(或)市场的投入与筹措。规划中有大量的"促进型法"规范。②

2. 发展规划法律制度

"计划与法律之间存在着一种本质性的内在关联。计划是一种旨在实现某种经济规制目的、限制权利的非极权性和非强制的经济法规制标准,通常采用诱导、劝告、资金促进和税收优惠等手段来实现其约束力,其法律意义在于以立法的形式限制非科学性的、恣意性的行政活动,并在法律上成为经济法规制标准的前提。"③在实然上发展规划本身与发展规划法会有一定程度的互相融合与交叉,但在应然上二者是可以区分的不同概念。毕竟,"计划的法律意义在于,它是现代经济工业国家规划调整社

---

① 〔美〕莱斯特·M.萨拉蒙:《政府工具:新治理指南》,肖娜等译,北京大学出版社2016年版,第507—508页。
② 参见张守文:《论促进型经济法》,载《重庆大学学报(社会科学版)》2008年第5期。
③ 〔日〕金泽良雄:《经济法概论》,满达人译,中国法制出版社2005年版,第64页。

第五章 发展理论指导下的计划法制度完善

会经济关系的重要手段,也是实现国家影响经济生活的重要措施——通过制定经济计划来积极调整经济生活,使相关经济领域系统协调发展,避免国家或市场主体由于信息不对称而导致的决策错误。"① 发展规划法制定的目标是规划的法治化,而结果则体现为规范意义上的发展规划法。

那么,何为发展规划法? 一般认为,发展规划法既包括实体性规范,即规划管理体制、规划的目标与政策体系、规划主体的权义结构与法律责任等方面;也包括程序性规范,即规划的编制、审批、执行、调整等方面。在域外法制中,尤其是较为注重市场经济的大陆法系国家,形成了依法调控型立法以"鼓励"促进发展的"促进型法"。规划作为一种指导经济的形式,亦被认为具有"发展经济法"的色彩。② 具体如德国的《经济稳定与增长促进法》、法国的《经济现代化法》、日本的《经济成长战略大纲》等,便是"促进型法"的典型实例。在英美法系国家,通过法院判决或(更经常是)立法,确定了规划是一种指导区域变化或其他行为的"临时宪法"③。总之,由于发展规划本身的指导性、动态性和政策性,专门的规划立法只能以程序性为主,而不可能是具体的、实体性的。因而本书所指的发展规划法,是调整制定并组织实施经济和社会发展规划和其他各类政策性规划过程中所发生的社会关系的法律规范系统,体现在规划编制、审批、下达、执行、调整、检查和监督等各个环节上,是我国经济法体系中宏观调控法律基本制度。需要说明的是,它应包括规划管理权限、审批、执行和监督等"体制法"内容,进而与宪法和规划的实体法相衔接。

那么,我国发展规划的法制化进展如何呢? 遗憾的是,目前缺乏狭义法律位阶的专门立法。20 世纪 80 年代末、90 年代初曾存在一个关于《计划法》研究的集中期。当时的一些经济法学者在此期间还起草了《计划法》的专家稿,而《计划法》专家稿的内容也主要是明确规划主体的权利义务关系、规划制定的原则与宗旨、规划的管理职权、规划的范围与分类、规划的执行程序、规划的调整、规划的监督以及法律责任制度等,以程序性

---

① 〔德〕罗尔夫·施托贝尔:《经济宪法与经济行政法》,谢立斌译,商务印书馆 2008 年版,第 432 页。
② 参见〔德〕沃尔夫冈·费肯杰:《经济法》,张世明等译,中国民主法制出版社 2010 年版,第 718 页。
③ See E. J. Sullivan, Recent Developments in Comprehensive Planning Law, *Urban Lawyer*, 2010, Vol. 42, No. 3, p. 665.

内容为主的法律制度。① 同时,正如"规划纲要"与"发展规划法"的关系就如"预算"与《预算法》的关系,两者共同构成了规划法治或者预算法治的主要内容②,然而体现为规划纲要的五年规划主要规定发展规划的实体性内容,其中程序性事项和体制性内容比较简略。因而实际上,相较于发展规划本身的庞杂和丰富,虽然其实从最高位阶的宪法到各级人大和政府的组织法,再到各级人大的议事规则,都有关于发展规划的编制与执行及相关职权与程序的零碎规定;但是总体而言,正式的规划制度供给是非常碎片化且低层级的,主要散见于几部国务院规范性文件中,法律位阶低且并不健全。主要有:国务院《关于加强国民经济和社会发展规划编制工作的若干意见》(国发〔2005〕33号)(对发展规划体系、编制程序、规划间的衔接等提出了系统要求);国家发展和改革委员会《关于印发〈国家级区域规划管理暂行办法〉的通知》(发改地区〔2015〕1521号)(对国家级区域规划的编制、审批实施和评估修订作了规定)。国家发展和改革委员会《关于印发〈国家级专项规划管理暂行办法〉的通知》(发改规划〔2007〕794号)对国家级专项规划的编制、审批和实施等作了规定。而国务院《关于编制全国主体功能区规划的意见》(国发〔2007〕21号)属于工作任务已完成而被宣布失效的规范。③ 此外,若干地方探索开展了发展规划的法制化工作,较有代表性的如2010年《江苏省发展规划条例》颁布实施,开创了全国发展规划地方立法的先河,之后昆明市(2011年),无锡市(2012年)等较大市,还有新疆维吾尔自治区(2012年)、云南省(2013年)等都制定了发展规划条例,提供了较好的制度范本。

(三) 计划法的制定与实施

"法治取决于一定形式的正当过程,正当过程又主要通过程序来体现"④。如前文所述,目前我国发展规划领域则缺乏专门的"发展规划法"加以统领,同时,体现为规划纲要的五年规划主要规定发展规划的实体内

---

① 预算和规划都具有预测性,其制定和执行都是各种利益及其政治力量博弈的过程。而且,规划的落实需要预算的配合,预算是落实规划的一种重要的、切实的手段。参见史际春:《论规划的法治化》,《兰州大学学报(社会科学版)》2006年第4期。
② 参见肖江平:《中国经济法学史研究》,人民法院出版社2002年版,第365页。
③ 国务院《关于宣布失效一批国务院文件的决定》(国发〔2015〕68号)。
④ 〔美〕约翰·罗尔斯:《正义论》,何怀宏、何包钢、廖申白等译,中国社会科学出版社2009年版,第225页。

第五章　发展理论指导下的计划法制度完善

容,其中程序性和体制性的内容比较简略。相较于发展规划领域的制度现状,空间规划领域则由于有《城乡规划法》《土地管理法》等专门法律加以调整,相关配套的行政法规、规章和规范性文件也相对较为完善,故空间规划的管理体制比较健全。例如,关于城乡规划方面,我国《城乡规划法》及其实施条例对城乡规划的编制机构、实施、修改、监督检查以及法律责任等都作出了明文规定。有关城乡规划的地方性法规,如各省(自治区、直辖市)、较大市和经济特区地方人大常委会审议通过的城乡规划条例,对本地区城乡规划的编制主体、依据、内容、审批和监督机制作出了明文规定。[①] 总之,在发展规划法制基础匮乏的当下,空间规划制度体系和管理体制亦为发展规划提供了借鉴和实践中类比适用的经验。

1. 规划的编制

国家级国民经济和社会发展总体规划由国务院组织编制,国家发改委会同国务院有关部门负责起草,省级和市县级国民经济和社会发展总体规划由本级人民政府组织编制,本级人民政府发展改革部门会同有关部门负责起草。

全国主体功能区规划由国家主体功能区规划和省级主体功能区规划组成,分国家和省级两个层次编制。国家主体功能区规划由全国主体功能区规划编制工作领导小组(以下简称领导小组)会同各省(区、市)人民政府编制,并通过中期评估实行滚动调整;省级主体功能区规划由各省(区、市)人民政府建立主体功能区规划编制工作领导小组,组织本辖区内的市、县级人民政府编制。

国家级、省级和市县级专项规划由各级人民政府有关部门组织编制,编制前要对编制规划的必要性、可行性进行研究,提出编制建议,经本级人民政府发展改革部门统筹协调后报本级人民政府批准。国家级专项规划的编制领域受到严格限制,原则上限于关系国民经济和社会发展大局、

[①] 目前有省一级地方,如黑龙江省、内蒙古自治区、广东省、云南省、山东省、西藏自治区、浙江省、吉林省、河北省、四川省、湖北省、安徽省、上海市、江西省、江苏省、甘肃省、山西省、天津市、重庆市、贵州省、海南省、北京市、陕西省和较大市,如广州市、淮南市、齐齐哈尔市、石家庄市、鞍山市、武汉市、唐山市、贵阳市、成都市、合肥市、洛阳市、南京市、徐州市、邯郸市、宁波市、哈尔滨市、无锡市、沈阳市、杭州市、海口市、青岛市、大同市、银川市、贵阳市、苏州市、西安市、长春市、呼和浩特市、昆明市、包头市、成都市、大连市、济南市以及汕头、珠海 2 个经济特区以地方性法规的形式颁布了城乡规划条例。

需要国务院审批和核准重大项目以及安排国家投资数额较大的领域。[①]地方专项规划的编制领域,可以由不同地方的地方性法规具体规定。[②]

目前我国仅对国家级区域规划的编制管理由部门规范性文件加以明文规定,除了上述提到的五年规划和国务院相关规范性文件作出的一般性规定,以及五部地方性法规的具体规定之外,绝大多数省级以下区域规划的编制管理仍处于无法可依的状态。国家级区域规划由国务院发展改革部门会同国务院有关部门和区域内省(自治区、直辖市)人民政府组织编制。国家级区域规划的规划区域包括跨省(自治区、直辖市)级行政区的特定区域、国家总体规划和主体功能区规划等国家层面规划确定的重点地区、承担国家重大改革发展战略任务的特定区域三类。国家级区域规划的编制对规划的科学性有明确的要求,应当认真做好数据收集、实地调研、信息分析、专题研究等基础性工作,深入论证规划涉及的发展目标、功能定位、区域布局、资源环境承载力、重大项目、政策措施、特定事项等重大问题。

省一级区域发展规划,一般由本级政府发展改革部门组织编制,按照职权和程序报指定机关批准。省以下地方区域规划由区域规划所在地的共同上一级人民政府发展和改革部门组织有关部门和区域内县级以上人民政府编制。跨州(市)行政区域的省级区域发展规划,由省发展改革部门组织编制;跨县(市、区)行政区域的州(市)级区域发展规划,由州(市)发展改革部门组织编制。省以下区域规划的编制由区域内有关人民政府联合提出立项申请,经区域内共同的上一级人民政府批准立项,或者由区

[①] 主要包括:农业、水利、能源、交通、通信等方面的基础设施建设,土地、水、海洋、煤炭、石油、天然气等重要资源的开发保护,生态建设、环境保护、防灾减灾,科技、教育、文化、卫生、社会保障、国防建设等公共事业和公共服务,需要政府扶持或者调控的产业,国家总体规划确定的重大战略任务和重大工程,以及法律、行政法规规定和国务院要求的其他领域。参见国务院《关于加强国民经济和社会发展规划编制工作的若干意见》(国发〔2005〕33号)之规定。

[②] 例如,《新疆维吾尔自治区发展规划条例》规定的专项规划编制领域为:国民经济和社会发展总体规划确定的重大战略任务和重大工程;关系国民经济和社会发展全局的重要领域和薄弱环节;需要国家、自治区审批或者核准的重大项目以及申请国家和自治区投资且数额较大的领域;涉及重大产业布局、行业发展或者重要资源开发的领域。《云南省发展规划条例》规定的专项规划编制领域为:基础设施建设;重要资源的开发利用和保护;生态建设、环境保护和防灾减灾;公共事业和公共服务;产业发展和结构调整;体制改革和对外开放;法律、法规规定和县级以上人民政府确定的其他领域。《江苏省发展规划条例》规定的专项规划编制领域为:农业、水利、能源、交通、通信等基础设施建设;土地、水、海洋、矿产等重要资源的开发利用和保护;环境保护、生态建设和防灾减灾;科技、教育、文化、体育、卫生、社会保障等公共事业和公共服务;产业发展和结构调整;体制改革和对外开放;法律、法规规定的其他领域。

域内共同的上一级人民政府直接立项。① 目前,仅有一部地方性法规规定了地方区域规划的编制领域:国民经济和社会发展总体规划确定的重点开发区域或者保护区域;对区域发展总体战略或者布局有重要影响的地区;经济和社会发展联系紧密的城镇密集地区;以中心城市为依托的经济圈、经济带;省一级人民政府确定的其他地区。② 此外,有一部地方规范性文件明文规定了省以下地方区域规划的编制领域:对经济社会发展联系紧密的地区、总体规划确定的重点地区、主体功能区规划确定的各类区域、对全市发展总体布局和区域发展总体战略有重大影响的地区。③

国家级年度计划由国务院组织编制,国家发改委同国务院有关部门负责起草。省级和市县级年度计划由本级人民政府编制,本级人民政府发展改革部门会同有关部门负责起草。

城市的控制性详细规划由城市人民政府城乡规划主管部门根据城市总体规划的要求组织编制,经本级人民政府批准后,报本级人民代表大会常务委员会和上一级人民政府备案。镇的控制性详细规划由镇人民政府根据镇总体规划的要求组织编制,报上一级人民政府审批。县人民政府所在地镇的控制性详细规划,由县人民政府城乡规划主管部门根据镇总体规划的要求组织编制,经县人民政府批准后,报本级人民代表大会常务委员会和上一级人民政府备案。城市、县人民政府城乡规划主管部门和镇人民政府可以组织编制重要地块的修建性详细规划。修建性详细规划应当符合控制性详细规划。我国《土地管理法》第17条第1款规定:"各级人民政府应当依据国民经济和社会发展规划、国土整治和资源环境保护的要求、土地供给能力以及各项建设对土地的需求,组织编制土地利用总体规划。"全国土地利用总体规划,由国务院土地行政主管部门会同国务院有关部门编制。省、自治区、直辖市的土地利用总体规划,由省、自治区、直辖市人民政府组织本级土地行政主管部门和其他有关部门编制。省、自治区人民政府所在地的市、人口在100万以上的城市以及国务院指定的城市的土地利用总体规划,由各该市人民政府组织本级土地行政主管部门和其他有关部门编制。其余各层级的土地利用总体规划,由有关

---

① 参见《江苏省发展规划条例》第12条、《云南省发展规划条例》第17条、《新疆维吾尔自治区发展规划条例》第18条之规定。
② 参见《新疆维吾尔自治区发展规划条例》第11条之规定。
③ 参见《咸宁市"十二五"规划编制工作方案》(2010年4月23日发布)。

人民政府组织本级土地行政主管部门和其他有关部门编制;其中,乡(镇)土地利用总体规划,由乡(镇)人民政府编制。土地利用总体规划应当包括下列内容:现行规划实施情况评估;规划背景与土地供需形势分析;土地利用战略;规划主要目标的确定,包括:耕地保有量、基本农田保护面积、建设用地规模和土地整理复垦开发安排等;土地利用结构、布局和节约集约用地的优化方案;土地利用的差别化政策;规划实施的责任与保障措施。乡(镇)土地利用总体规划可以根据实际情况,适当简化。

2. 规划的审批

根据宪法与相关组织法的规定,国民经济与社会发展总体规划,以及国民经济与社会发展年度计划,由县级以上各级人民政府报本级人民代表大会审议批准。

专项发展规划草案的审批。关系国民经济和社会发展全局、需要国务院审批或者核准重大项目以及安排国家投资数额较大的国家级专项规划,由国务院审批;其他国家级专项规划由国务院有关部门批准,报国务院备案。省级重点专项规划由同级人民政府批准,其他专项规划报同级人民政府发展和改革部门备案;国民经济和社会发展总体规划中确定的专项发展规划,以及其他需要经县级以上地方人民政府批准的专项发展规划,经同级发展规划行政主管部门审核后,报送本级人民政府批准;其他专项发展规划,由同级发展规划行政主管部门或者其他有关部门按照各自职责批准。法律、法规另有规定的除外。

国家级区域规划由国务院发展改革部门报请国务院批准后印发实施。跨省级区域规划由国务院批准。省区域发展规划,由省发展规划行政主管部门报送省人民政府批准。省以下区域规划由规划所在地的共同上一级人民政府批准。

3. 规划的实施

发展规划和空间规划(行政规划)的实施机制存在较大的差异。发展规划的实施机制与一般政策实施机制类似,一般包括目标责任制、定期报告制度、规划评估制度、监测预警制度等具体制度。而城乡规划和土地利用规划的实施管理则呈现出高度的行政化特点,完全依靠行政许可和行政审批,以及上令下从的行政命令来完成规划的具体实施工作。在此,我们主要归纳发展规划的一般实施机制。

(1)目标责任制

规划实施的目标责任制,主要是根据不同类型的发展规划,及时制定

第五章　发展理论指导下的计划法制度完善

实施方案,分解主要目标和任务,明确责任分工,确定时序进度,落实具体措施。下一级的发展规划,也是同类型的上一级发展规划的目标分解和任务细化。所有的分解目标和细化任务都将落实到具体的行政部门和责任人员身上。例如,国民经济与社会发展年度计划,就是国民经济与社会发展总体规划的实施计划。全国主体功能区规划的实施,也要经由规划地区的行政部门来实施相应的财政、投资、产业、土地、人口管理和环境保护政策。《国家级区域规划管理暂行办法》第19条第1款规定:"国家级区域规划经批准后,规划实施主体应当及时对规划的主要目标和任务进行分解,提出贯彻实施规划的具体方案或意见,明确责任分工,保障规划顺利实施,并报国务院发展改革部门备案。"规划目标和规划任务的完成进度,是考核行政部门工作人员工作绩效的重要标准。《云南省发展规划条例》第28条第1款规定:"发展规划确定的约束性指标完成情况,应当作为县级以上人民政府绩效评价和综合考核的重要内容,并依法公开,供公众查阅。"

（2）定期报告制度

例如,《国家级区域规划管理暂行办法》第19条第2款规定:"国家级区域规划实施主体应当定期向国务院发展改革部门报送规划实施情况报告。国务院发展改革部门负责核实汇总国家级区域规划整体实施情况,并向国务院报告。"《云南省发展规划条例》第25条前半段规定:"县级以上人民政府应当向本级人民代表大会及其常务委员会报告发展规划实施情况。"《江苏省发展规划条例》第30条前两款规定:"发展规划的实施中期,发展规划编制机关应当组织评估,并向原批准机关报送评估报告。国民经济和社会发展总体规划的中期评估报告、国民经济和社会发展年度计划的半年执行情况报告,应当报送本级人民代表大会常务委员会审议。"

（3）规划评估制度

例如,国务院《关于加强国民经济和社会发展规划编制工作的若干意见》第五部分中规定:"规划编制部门要在规划实施过程中适时组织开展对规划实施情况的评估,及时发现问题,认真分析产生问题的原因,提出有针对性的对策建议。评估工作可以由编制部门自行承担,也可以委托其他机构进行评估。评估结果要形成报告,作为修订规划的重要依据。有关地区和部门也要密切跟踪分析规划实施情况,及时向规划编制部门反馈意见。"《国家级区域规划管理暂行办法》第21条规定:"国务院发展改革部门应视国家级区域规划实施情况,组织开展国家级区域规划后评估,具体可采用自评估、第三方评估、自评估与第三方评估相结合等方式。……"《云南省发展规划条例》第 27 条规定:"县级以上人民政府及其发展改革等有关部门应当建立发展规划评估制度,对发展规划的实施情况进行评估,并及时向发展规划批准机关提交评估报告。"其他有关发展规划的地方性法规也有类似规定。

(4) 监测预警制度

例如,《全国主体功能区规划》规定:"建立覆盖全国、统一协调、更新及时、反应迅速、功能完善的国土空间动态监测管理系统,对规划实施情况进行全面监测、分析和评估。"《云南省发展规划条例》第 28 条规定:"……发展改革等有关部门应当对发展规划实施情况进行全面跟踪监测分析,对预计难以完成的约束性指标、重点任务和重大项目及时预警,并同时向本级人民政府报告。"

4. 规划的调整

目前,我国《城乡规划法》以专章规定了城乡规划的修改;《土地管理法》也明确规定了土地利用规划的修改及其法定程序。而发展规划的修改方面,目前出台的五年规划纲要、国务院相关规范性文件和地方性法规,也作了比较明确的规定,不过其缺点在于,规划纲要的规定过于原则,可操作性方面尚有欠缺,而国务院规范性文件和其他地方性法规的规定相对具体和详细,但也存在位阶比较低,以及相互之间不统一的问题。我们通过提取公因式的方法,从中归纳出有关规划调整和修改的基本原则和基本内容,也可作为未来"发展规划法"中制定相关条款的参考方案。

(1) 规划法定

上述法律、法规、规范性文件对于规划的修改,首先强调了规划法定的基本原则,禁止任意修改规划,规划的修改必须要有法定事由,而且必须由法律授权的主体进行,并经过法定的评估论证和审批公布程序。例如,我国《城乡规划法》第 47 条明文规定了可以修改城乡规划的五种法定事由;《土地管理法》第 26 条规定,未经批准,不得改变土地利用总体规划确定的土地用途。《"十二五"规划纲要》规定,国家级的国民经济与社会发展总体规划的调整,应当由国务院在需要对本规划进行调整时提出调整方案,报全国人民代表大会常务委员会批准。《云南省发展规划条例》第 22 条、《新疆维吾尔自治区发展规划条例》第 36 条、《江苏省发展规划条例》第 31 条均明文规定,发展规划经批准后,未经法定程序不得调整或

第五章　发展理论指导下的计划法制度完善

者修订,确实存在规定的法定事由需要修改的,也必须经过法定的评估论证、审批公布程序。国务院的相关规范性文件也规定,严格土地利用总体规划修改,严禁擅自修改下级土地利用总体规划,符合法定条件,需要调整的,必须报国务院批准。

规划法定,一方面它是调控权法定的体现,也就是说,规划权只能由法律授权的主体依法定程序行使;另一方面,也是法律确定性的体现,规划一经作出,则应当保证其确定力,未经法定程序,不受任意修改,有利于实现国家意志和保证相关主体权力责任的稳定性,也可以有效保护受规划影响的利害关系人的信赖利益,保障国家的公信力。

(2) 调整的事由

目前,相关法律、法规和规范性文件都规定了规划调整的法定事由。归纳起来有以下几种:

一是规划涉及的特定领域或区域发展方向等内容有重大变化。主要是国民经济与社会发展总体规划应当根据该事由加以调整。

二是经济社会发展和资源环境承载能力的变化。主要是主体功能区划可以根据该事由加以调整。但是,主要是重点开放区域可以调整为优化开发区域,相关的主体功能区范围禁止调整。

三是规划实施的外部条件发生重大变化。主要是国家级区域规划和省一级区域规划根据该事由进行调整或修订。

四是国家和省发展战略、发展布局进行重大调整。各类发展规划都应当根据该事由进行适时调整,但调整前应当经过科学的评估论证。

五是经评估确需进行调整修订。在规划实施过程中,相关职能部门应当根据对规划实施状况的监测预警和中期评估状况,确定是否需要对规划加以调整。但是,该事由一般针对的是时间序列的战略性规划,如国民经济与社会发展规划及其年度计划、专项发展规划;针对空间的方位规划,如主体功能区规划、区域规划和土地利用规划,一般不根据该事由进行调整。

六是上一级规划或者综合性规划经过了调整或修订。省一级规划和省以下规划应当根据上一级规划的调整进行相应调整,同时,专项规划、区域规划和年度计划应当根据国民经济与社会发展总体规划和主体功能区规划的调整进行相应调整,其目的主要在于保证下一级规划与上级规划的协调性和有效衔接。

总之,调整的法定事由可分为客观事由、外部事由和规划内部事由。

除法定事由外，相关行政部门不得为部门利益和个人私利，恣意行使规划调整权力，否则即构成违法调整行为，相关主体应当承担法律责任。

（3）调整的程序

A. 评估论证。规划评估是相关法律、法规和规范性文件都规定了的规划调整的第一道程序，一方面在于评估规划实施状况，另一方面决定是否需要根据评估状况对规划进行调整。规划评估既是启动规划调整的原因，也是规划调整的依据之一。评估包括正常的中期规划实施评估，以及外部条件发生重大变化时临时启动的评估。专家论证是指对规划调整方案的科学性和可行性论证。例如，国务院《关于加强国民经济和社会发展规划编制工作的若干意见》对专家委员会的组织形式、组成人员、论证过程和论证报告都作了规定，同时明文规定："除法律、行政法规另有规定以及涉及国家秘密的外，规划经法定程序批准后应当及时公布。未经衔接或专家论证的规划，不得报请批准和公布实施。"其他的法规和规范性文件也都规定了专家论证作为规划调整和修订的必要程序。我们认为，评估论证应当成为规划调整的必经法律程序，因为规划涉及全国和特定规划区域经济和社会发展的整体战略、产业布局和发展方向，必须保证规划调整的必要性和调整方案的科学性和可行性。

B. 征求意见。规划的调整应当充分发扬民主，广泛听取意见，这是保障民主和公共参与的制度体现。各级各类规划应视不同情况，征求本级人民政府有关部门和下一级人民政府以及其他有关单位、个人的意见。除涉及国家秘密的外，规划编制部门应当公布规划草案或者举行听证会，听取公众意见。审批或者报批规划调整方案时，还应当听取本级人民代表大会、政治协商会议有关专门委员会的意见。通过规定的形式征求意见，扩大公众参与，有利于保证规划调整的公开性和透明性，进而赢得公众对规划调整行为和调整以后的规划的信任和自觉遵从。

C. 审查批准。审查批准程序应当明确审批的权限和审批的内容。审批的权限应当同规划编制的审批权限一致。审批的内容应当包括规划调整的评估报告、专家论证报告、人民代表大会和政治协商会议的专门意见、规划调整方案及其详细说明。

D. 公布。除涉及国家机密的内容之外，经过调整的规划应当以法定方式进行公布。我们认为，鉴于社会信息渠道的多元性，《发展规划法》应当明文规定法定的公布渠道、公布媒体和公布形式。

第五章 发展理论指导下的计划法制度完善

(4) 违法调整的责任

目前,相关法律、法规和规范性文件对于发展规划的违法调整都只规定了相关主体的行政责任。例如,《江苏省发展规划条例》第34条规定:"按照本条例应当编制发展规划而未编制、违反法定权限和程序编制发展规划,或者擅自调整、修订发展规划的,由发展规划批准机关责令改正;情节严重的,对负有责任的领导人员和直接责任人员依法给予行政处分。"《新疆维吾尔自治区发展规划条例》第42条规定:"违反本条例规定,超越法定权限和程序编制发展规划,擅自调整、修订发展规划的,由发展规划批准机关责令改正;情节严重的,对直接负责的主管人员和其他直接责任人员依法给予行政处分。"《云南省发展规划条例》第30条规定:"应当制定发展规划而未制定,或者违反法定权限和程序制定发展规划,以及擅自修改发展规划的,由上级机关责令改正,并通报批评;逾期不改正的,对直接负责的主管人员和其他直接责任人员依法给予处分。"

其实,仅规定行政责任是不够的。其一,那些因为违法调整而导致国家经济与社会发展遭受严重损失,或者使人民群众的生命、财产遭受严重损害的相关主体,其行为具有严重的社会危害性,已经构成犯罪,因此,《发展规划法》应当以指示性法律条款规定,相关主体的违法调整行为涉嫌犯罪,应当承担刑事责任。其二,有些违法调整会给相关利害关系人造成重大的经济损失,而一些规划调整行为属于抽象行政行为,相对人无法提起行政诉讼维护自身的合法权益。基于此,《发展规划法》也应当以指示性法律条款规定,规划的违法调整给利害关系人造成重大经济损失,或者使利害关系人的基本生活得不到保障的,利害关系人有权依法获得国家赔偿。

5. 规划的监督

目前,我国《城乡规划法》规定了城乡规划的行政监督、立法监督和公众监督制度。例如,我国《城乡规划法》第51条、第53条、第55条、第56条、第57条规定了行政监督,也就是政府部门的内部监督机制,明确了县级以上人民政府及其城乡规划主管部门对城乡规划的监督检查权,包括城乡规划主管部门的处分建议权、上一级人民政府的责令处罚权和撤销权。第52条规定了立法监督机制,规定地方各级人民政府应当向本级人民代表大会常务委员会或者乡、镇人民代表大会报告城乡规划的实施情况,并接受监督。第54条规定了公众监督制度,监督检查情况和处理结果应当依法公开,供公众查阅和监督。但有必要指出的是,我国《城乡规划法》的监督制度侧重于行政机关的内部监督,公众监督极为有限。相比之下,上文提及的《江苏省发展规划条例》《新疆维吾尔自治区发展规划条例》《云南省发展规划条例》三部地方性法规对公众监督机制的规定更加完善。

而在发展规划法方面,并没有明确的监督机制。对此,应当综合《城乡规划法》和上文提及的三部地方性法规各自的优点,来规定发展规划的监督机制。行政机关内部监督和立法监督可以借鉴《城乡规划法》的做法。而公众监督则可以借鉴上文提及的三部地方性法规的做法,明文规定,"公民、法人和其他组织认为专项规划或者区域规划与总体规划、下级政府发展规划与上级政府发展规划,以及专项规划之间存在矛盾的,可以向发展和改革部门或者其他有关部门提出意见,发展和改革部门或者其他有关部门应当予以处理。未按本条例规定编制、实施和管理发展规划的行为,任何单位和个人有权举报、控告。有关部门在接到举报、控告后,应当及时处理并予以反馈。"

二、协调发展与计划法制度的完善

发展经济学认为,经济增长与经济发展不同,经济发展更加强调经济结构演进和变化。而协调发展理念则更加具体地立足中国这样的发展中大国,从发展的阶段、发展的任务和目标、发展中面临的问题,系统指出了发展必须更加注重城乡协调、区域协调、经济与社会同步进步等重大议题,拓展了传统上关于"发展"的内涵和外延,深化了对经济增长与经济发展这对基本概念体系的认识和理解。协调发展立足于唯物辩证法,认识到无论是政治、经济、社会、文化、生态等各个宏观大系统,还是在财政、金融、规划等经济生活的子系统内,既然各系统都是普遍联系的有机统一体,那么就有必要通过"协调"处理好各种关系,以避免发展的不均衡。新发展理念认为,协调既是发展手段又是发展目标,同时还是评价发展的标准和尺度。协调意味着从系统性、整体性、全局性的视角来看待和处理问题。

在法律体系中,具备社会利益本位性和对社会经济发展的调控功能的经济法历来非常重视平衡协调的方法论[①],亦尤为强调发挥法律制度促进经济社会衡平发展的社会功能,并将经济与社会的良性运行和协调发展树立为经济法所欲追求的最高目标。[②] 可见,协调发展理念与经济法基

[①] 参见叶姗:《经济法学研究的方法论问题》,载《经济法研究》2015年第1期。
[②] 参见张守文:《经济法原理》(第二版),北京大学出版社2020年版,第96—97页。

第五章　发展理论指导下的计划法制度完善

础理论之间是深度契合的。当然,理念的先行和理论的提升,最终还应落实到对具体制度的革新和改造上。从计划调控法的角度来说,落实协调发展应致力于通过制度完善来更好地"调结构、补短板",比如,空间规划的内容和体系实际上就存有很多需要构建和完善之处。但正如前一部分所指出的,相较于财税、金融、竞争等经济法的其他子部门,尽管现实中计划调控一直是政府履行经济职能的重要手段,实践中亦早已形成较为固定的模式与程序,也积累了十分丰富的经验,但计划调控法制方面至今仍未有成熟完备的立法,更遑论计划调控法治了。在新时代,现有计划调控法律制度暴露出诸如各类计划之间"打架冲突"、区域之间规划"各自为政"等种种不协调的问题,已不符合协调发展理念的要求,因此亟须以协调发展理念指导计划调控法律制度的反思、补足和完善,并进而在此基础上推动发展规划法、计划调控法,乃至更高层次的宏观调控基本法的统合立法的进程。

（一）规划之间的协调问题

如前部分所述,改革开放以来,我国已经形成了以发展规划、土地资源利用规划、城乡规划为主体的一整套规划体系,有效助力了国民经济和社会的高速发展。并且,自2014年起,国家推动开展市县级"多规合一"试点和实践探索；之后在2018年十三届全国人大一次会议上,自然资源部被批准成立,并授权其将主体功能区规划、城乡规划和土地利用总体规划整合成为空间规划体系。至此,标志着现阶段我国规划制度体系模式的基本定型:即从原来相当分散、"多规分治"的格局调整转变为以更具统合性和协调性的,以经济社会政策为主的发展规划和以土地利用为核心的空间规划"两元共治"的体系结构。具体来说,发展规划主要涉及国民经济发展方面、社会的总体发展规划以及产业规划,在规划中必然或多或少涉及土地、城市、乡村等空间因素。而空间规划是围绕空间资源,目的在于其合理保护和有效利用,并解决国家城镇化进程中的空间治理能力问题,主要分为各种土地功能区、城市空间、实际土地利用规划等(如图5.1)。

在国内,学界和实务界对统合协调规划体系的普遍关注始于对解决长期存在的多规并行、纷乱复杂而又常相互"打架"的现实问题的积极探索。当然,由于规划改革仍处于探索阶段,相关的体制机制改革虽然已取得一定的积极成效,比如从规划编制与管理的主体入手,通过将原先分散在发展改革部门的主体功能区规划、国土资源部门的土地利用规划、住房

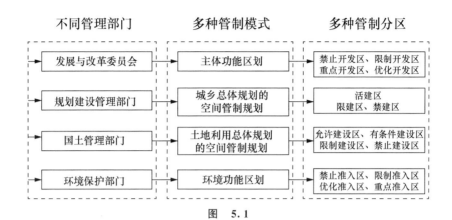

图 5.1

建设部门的城乡规划以及其他各部门的多种规划编制进行合并,新设立独立的"规划委员会",进而在相当程度上改善了政出多门而又数量众多、自成体系、衔接不畅的各类规划。[①] 但是,仍然不难发现,由于现有的改革进程选择较为平稳的"渐进主义",并未能"一步到位"真正做到"多规合一"。与此同时,在规划体系的法制基础方面,《城乡规划法》《土地管理法》等还仍未有相应的、体现最新共识和改革成果的修订,而《发展规划法》更是依然停留在研究草拟阶段,并未进入全国人大的立法程序。可见,总体而言,规划体系的法制基础仍然相当的薄弱,缺乏规范和保障能力,因此仍有较多基础性、根本性问题难以解决也就并不奇怪了。

1. 发展规划与空间规划的"二元分治"下的不协调问题

如前所述,由于目前的规划体系改革主要是在空间规划体系内进行整合,而发展规划和空间规划之间则依然沿用二元并行模式,因此二者之间的割裂问题其实并未得到根本解决。2018年国家机构改革后,发展改革系统仍保留编制国民经济与社会发展规划的职能。我们知道,发展规划是着眼宏观调控的中短期的、指导性的规划,侧重短期项目部署和经济目标调控。理论上,发展规划具有战略性、纲领性,应当成为空间规划的指导原则和编制依据,而空间规划是发展规划在国土空间上的具体落实。然而实际上,由于发展规划与空间性规划的性质确有不同,加之目前编制

[①] 据统计,生态及资源环境约束类规划:共计 23 项,如生态环境保护规划、土地利用规划等约束内容;国民经济、社会事业、产业发展类的规划:共计 44 项,如国民经济社会发展规划、部门事业规划及产业发展规划等;开发建设类的规划:共计 68 项,如国际旅游岛建设发展规划纲要、城乡规划、基础设置规划等。

主体不同、功能分野时有交叉,导致两者在内容和功能上易不相协调:首先,发展规划与空间规划内容对应性较差。两者的编制领域重叠、编制形式不同,致使规划内容难以得到很好对应,增加了衔接难度。其次,发展规划与空间规划编制过程独立、程序适应性弱。发展规划以行政区划为范围界线,而空间规划界线不统一。空间规划一般强调远景与长期性,是着眼于优化空间开发、建设美丽国土的长期性、控制性规划,具有空间约束性,规划期较长,编制程序复杂、审批时间较长;而发展规划一般为5年期或为年度计划,编制时间固定,周期较短。可见,从规划主体到规划程序、规划的具体内容,发展规划与空间规划之间的不协调问题在未来一段时期内仍然难以消弭。

2. 治理体制致使规划体系的不协调问题。

(1)"中央—地方"关系下的规划体系及其不协调问题

新中国成立以来,我国的中央与地方关系发生了多次重大变化。规划的制定与实施当然需要置于中央与地方关系的大背景之下进行讨论。根据经济学、社会学等学者的总结,我国治理模式呈现出政治组织上集权,但在经济治理上却高度分权的模式,从而以此充分调动地方的积极性,表现为地方竞争的"锦标赛模式"。从制度上而言,当前地方政府仍无需对规划不当的负外部性支付成本(问责情形极罕见),中央政府、地方政府(甚至地方各层级之间)的博弈必然存在,而地方经济与社会发展政策与当地的土地空间资源是"企业化"的地方政府通过公共权力可以直接干预、有效组织的重要竞争资源,规划自然就成为各级政府博弈的焦点。因此不难发现,在中央与地方政府博弈过程中产生的规划,有的代表国家利益,而有的则代表地方利益。由此各级各类规划中存在或明或暗的矛盾、抵牾、冲突也就不难理解了。

(2)部委分工下的规划体系及其不协调问题

根据现行法律法规的设计,在规划实施的过程中,国务院各部委和省级政府各职能部门是各类规划的主管机构,他们可在实际工作中通过规划以及据此展开的管理活动来保障有序推进规划落实。简言之,各行政部门在经济、城市建设、土地、环境资源等政府事权分立的情况下进行规划管理。部门管控一方面在事权分立的背景下实现了国家意志的纵向传递,也为编制和实施各类规划提供了基本的实践逻辑;另一方面也从部门职责出发强化了本部门利益、加强了本部门权威。不管是发展规划还是空间规划,在很大程度上,其实都是具备相当的综合性与全局性的——这就使得各部门编制的规划常常需要协调超越本部门职能的内容。就业务技术角度而言,由于各部门展开规划研究所使用的基础数据不同、实施与管理的技术手段不同,对某一具体空间或者经济问题的判断也存在差异,这是造成多个规划彼此冲突问题的重要原因。值得注意的是,这种差异还会在事权分立的背景下导致部门对规划权力的争夺,使部门事权一再扩张,"空间规划的冲突实际上就是部门根据各自行政权力和利益取向围绕土地发展权博弈的结果"[①]。实际上,各类规划所依凭的法律,其立法过程就直观地反映了这些部门职责的扩张过程及其间的冲突。国土与资源部门主管的土地利用规划经过几轮规划实践和对《土地管理法》的修订,从最初侧重耕地保护向注重经济发展和生态建设的协调统一转变,对建设用地的控制在不断加强。而住房与建设部门主管的城乡规划在最初制定城镇体系规划、确定结构布局、制定总体规划、确定中心城区增速与规模的基础上,持续增加空间管制内容,而《城乡规划法》的制定更明确了这种全域管控的态势。因此,由于政出多门,多规重叠与冲突明显,地方政府在规划的编制、实施中难免要花大量精力去协调各种规划。

总之,部门之间的博弈、中央与地方之间的博弈,产生于治理体制的"条条分割"与"条块分离",由此引发的规划重叠与冲突给地方政府带来了诸多麻烦,但实际上却并不会阻止地方政府在现有法规体系下寻求解决方案。相反,由于地方政府的目标总是一致的,即发展地方经济是地方官员任期内的第一要务,地方官员总有足够的热情去寻找一切方法来协调冲突、推动地方发展,导致"任期机会主义"的出现。尽管这只是地方政府的无奈之举,但亦加剧了规划"纸上画画、墙上挂挂",规划制定好就被束之高阁或者遭遇实施梗阻的尴尬境地,从而大大折损了规划的价值和权威,造成了规划的实施困境。[②]

3. 完善规划之间协调的体制机制

(1) 从治理现代化高度推进规划之间的协调

首先,在发展规划和空间规划的协调方面,应当认识到,从规划的性质定位上看,尽管发展规划与空间规划难免有交叉或者互为需要,但两者确有本质区别。在我国目前的治理体制下,也并不宜将着眼于中短期经济社会发展调控的指导性规划与着眼于长期空间优化的约束性规划进行

[①] 林坚、许超诣:《土地发展权、空间管制与规划协同》,载《城市规划》2014年第1期。
[②] 参见董学智:《论发展规划法中的实施机制》,载《经济法论丛》2018年第1期。

第五章　发展理论指导下的计划法制度完善

简单合并。但在市县级的相对"小"尺度上，经济社会发展的目标任务和项目部署其实最终都需要进行"落地"，一些地方的市县级国民经济与社会发展规划中也增加了重点发展区、重点保护区等空间属性的图件，但也主要是空间发展格局、生态保护格局等示意性的空间布局，不能满足实施空间管制的需求，也没有涵盖空间规划的全部内容。未来的制度修正方向显然应是加强两者的衔接，解决二者可能的不协调问题：发展规划应当服从于空间规划的长期空间发展战略和空间格局，空间规划应当做好发展规划的空间需求、资源保障和生态支撑。特别是在市县级层面，应当在当地党委政府的统一领导下加强统筹协调，从全局的视角协调编制好发展规划和空间规划，避免总体规划的部门化。

其次，我们更应当认识到，既然符合治理现代化要求的规划体系还未完全建成，随着规划体系改革向纵深推进，当前也面临一系列瓶颈和掣肘有待突破：现有的"多规合一"实质上是一种地方事务性的规划协调工作，当中央政府将各地经验总结出来向全国推广时，却制造了新的问题。举例来说，海南省作为省级空间规划改革试点，通过"三规合一"规划将土地规划权上收到省级政府的"规划委员会"。实践的结果却是这个"地级市规模"的省，由于规划技术路线以自上而下为主，其过细、过于技术主义、刚性的"省域"规划，使得负责推动发展的市、县政府苦不堪言，一筹莫展。[①] 还有新闻报道称，试点地区规划改革呈现典型的地方主官驱动特征，一些地区力推改革的主官离任后出现改革进程停滞现象。造成这种尴尬实际上可能是将地方政府的技术协调工作直接交由更高级政府完成的必然结果。[②] 可见，目前各地普遍通过整合机构部门或者通过部门间协调等做法，来编制一个"整合规划"只是表层的技术工作结果，这或许能帮助地方政府在短期内缓解规划之间的矛盾，但对于更长远、更深层次的角度而言，更重要的是如何基于制度主义，从治理现代化的高度找到一种可以实现相关部门利益协调的制度方式，而这事实上有赖于治理创新。

总之，"多规合一"试点改革成果的制度化非常不足，现有规划协调大多由行政主导，地方规划职能重叠、边界不清的问题并未得到根本性解

[①] 参见袁奇峰：《自然资源的保护、开发与配置——空间规划体系改革刍议》，载《北京规划建设》2018年第3期。

[②] 参见张克：《"多规合一"背景下地方规划体制改革探析》，载《行政管理改革》2017年第5期。

决。而进一步深化改革亟须及时修订相关的法律法规。"多规合一"改革成果如规划期限、审批流程以及各类控制线和衔接协调机制,需要在《城乡规划法》《土地管理法》以及未来的《发展规划法》等法律法规中予以确认。

(2) 可行的具体操作路径

在发展规划体系自身内部,不同类型与级次的发展规划仍然缺乏制度化的协调制度,而亟须明确不同规划之间的衔接机制和具体操作程序,予以制度固定。衔接的目的在于使各类规划协调一致,形成合力。因此,衔接的基本原则是,一般要遵循专项规划和区域规划服从本级和上级总体规划、下级政府规划服从上级政府规划、专项规划之间不得相互矛盾的原则。由于不同政府之间层级,以及综合性规划与专项规划涉及领域的确定性,上下级规划、综合性规划与专项规划之间的衔接,并不存在法律上的问题。具体的操作程序是,下级规划草案在送本级人民政府审定前,应先送上级规划的编制起草部门与上级规划进行衔接;专项规划草案由编制部门送本级人民政府发展改革部门与总体规划进行衔接,送上一级人民政府有关部门与其编制的专项规划进行衔接,涉及其他领域时还应当送本级人民政府有关部门与其编制的专项规划进行衔接。相邻地区间规划衔接不能达成一致意见的,可由国务院发展改革部门进行协调,重大事项报国务院决定。同级专项规划之间衔接不能达成一致意见的,由本级人民政府协调决定。衔接意见应当以书面形式作出,并作为规划草案审定的依据。同时,不同规划之间进行衔接时,有必要明确其衔接关系与衔接重点。上下级规划之间的衔接关系应当借鉴上述既有法律、法规和规范性文件的规定。而不同规划类型的衔接,我们认为,应当根据具体内容的时间序列属性和空间方位属性,分别与基础性规划或者综合性规划进行衔接。

举例来说,下一级国民经济与社会发展总体规划与上一级国民经济与社会发展总体规划衔接时,主要应就其经济和社会发展方向、发展目标、生产力布局等重点方面进行衔接;而下一级主体功能区规划与上一级主体功能区规划衔接时,主要应就其区域功能、基础设施、生态环境、重要资源开发以及政策措施进行衔接。又如,产业发展规划在与国民经济与社会发展总体规划衔接时,主要应就其产业发展目标和生产力布局等重点方面进行衔接;而在与主体功能区规划衔接时,主要应就其功能定位、基础设施、资源开发和产业政策、投资政策等重点方面进行衔接。其他生态环境规划、社会事业规划等各自应就其对应的时间序列规划和空间方位规划分别与国民经济与社会发展总体规划、主体功能区规划进行衔接。

此外,我们认为,发展规划与空间规划的衔接,也应当遵循此规律。例如,城乡规划与土地利用规划主要应就其区域功能定位、资源开发、环境保护等重点方面与主体功能区划进行衔接;同时,主要应就其区域经济发展方向、发展目标、产业布局等重点方面进行衔接。只是需要注意的是,城乡规划和土地利用规划应当以国民经济与社会发展总体规划和主体功能区规划为依据,不得与两类规划的内容相抵触。其他专项规划和区域规划,也应相应地根据其规划内容的时间序列属性和空间方位属性,分别就其特定的重点方面与城乡规划和土地利用规划相衔接,并以之为依据。最后,需要指出的是,创新规划编制组织方式,广泛征求专家意见,创造条件促进公众参与,大力推动参与式规划,其实亦将大大有益于规划的协调。

(二) 区域规划中的协调问题

区域规划主要是指通过对一定区域范围内(包含跨行政区域)的发展和建设目标设立指标体系,在一定时期内通过对政府和市场资源进行整合和再分配而形成的总体安排。当然,由于自然条件、社会历史文化环境、经济基础和增长点等禀赋要素的千差万别,加之国家在不同时期为了达到既定战略发展目标而对不同地区实行不同的经济政策,因此区域经济差距成为大国经济发展中的普遍现象。但是,区域发展是否协调、能否互补是决定该国经济是否健康、可否持续增长的重要因素,只有将不同区域发展的差距平衡控制在适度的范围之内的适当"均等",才能使国民经济得到健康和持久的发展。因而,区域协调发展一直是国家发展的重要战略之一。习近平总书记曾深刻指出:"区域协调发展的三大目标是:实现基本公共服务均等化、基础设施通达程度比较均衡和人民生活水平大体相当。"[①]从1953年"一五"计划开始以来,我国已经制定实施了十三个五年计划(规划)。在这些计划(规划)中,区域协调发展问题并非一开始就得到强调,而是随着国民经济结构变动逐步被提出和关注,最终在国家总体规划中得以体现,并上升为国家战略。应当肯定,自从"八五"计划最

---

① 邱海峰:《高质量发展正扬帆:区域协调发展明确三大目标》,at http://finance.people.com.cn/n1/2017/1229/c1004-29735258.html,最后访问日期:2021年6月16日。

早明确关注区域协调发展问题,提出了四大地区发展的主要任务,强调要加强地区协作和联合;到"十三五"规划提出以区域发展总体战略为基础,以"一带一路"建设、京津冀协同发展、长江经济带发展为引领,形成沿海沿江沿线经济带为主的纵向横向经济轴带,塑造要素有序自由流动、主体功能约束有效、基本公共服务均等、资源环境可承载的区域协调发展新格局。我国对区域协调发展重要性的认识不断深化,区域协调发展的战略安排和政策措施也在逐步完善。

值得指出的是,"十三五"时期发展的"全国一盘棋"的胜利收官,协调发展可谓是"制胜要诀"。2018年中共中央、国务院颁行了《关于建立更加有效的区域协调发展新机制的意见》,提出要加速形成统筹有力、竞争有序、绿色协调、共享共赢的区域协调发展新机制,促进区域协调发展。近年来,区域合作在我国蓬勃展开,粤港澳大湾区、长三角一体化、京津冀一体化等地区的区域合作实践引起了学界广泛的关注,许多学者对区域发展规划的动力机制、基本功能、关系协调、机构构建、治理转型等重要问题进行了研究。

1. 我国区域发展失衡与规划调控现状

从2013年至今,每年官方都作出这样相似的判断:我国区域发展整体呈现出东部稳中有升、中部提升减慢、西部增速明显、东北缓中有忧的局势。当前我国区域协调发展过程中仍然存在明显的区域间产业结构趋同,区域间合作及交流不足、分工不明确等现象。同时,西部发展明显落后于全国平均水平,东北发展增速过缓,东西部、南北边发展差距不断扩大。有数据显示"十三五"开局头两年,我国区域总体差距有再度拉大的迹象,各省区市人均GDP的变异系数分别为45%和44%,高于"十二五"最后两年的43%。其中东部与东北地区的差距拉大,人均GDP的差距为1.7倍和1.8倍,显著大于"十二五"时期平均的1.4倍;京津冀和环渤海地区内部差距拉大,京津冀人均GDP的变异系数为38%和37%,大于"十二五"时期平均的36%,环渤海地区人均GDP的变异系数为43%,大于"十二五"时期平均的36%。[①] 可见,当前我国区域发展不平衡问题仍然较为突出,区域发展水平差距较大,促进区域协调发展的任务依然艰巨,亟须贯彻协调发展理念,推动落实有关规划,着力促进区域协调发展。

目前,关系我国发展全局的重大战略,除"一带一路"之外,还包括京

---

① 参见张婧:《区域协调发展在经济法视阈下的重构探究》,载《经济问题》2018年第5期。

津冀协同、长江经济带、长江三角洲区域一体化、粤港澳大湾区,即沿海的三大主要区域和沿江广大区域,构成了区域发展总体格局。

表 5.3　近年我国重大区域规划

年份	规划	编制机构	主要目标
2015	《京津冀协同发展规划纲要》	京津冀协同发展领导小组	核心是有序疏解北京非首都功能,要在京津冀交通一体化、生态环境保护、产业升级转移等重点领域率先取得突破。
2016	《长江经济带发展规划纲要》	推动长江经济带发展领导小组	形成"生态优先、流域互动、集约发展",提出"一轴、两翼、三极、多点"的格局。
2019	《粤港澳大湾区发展规划纲要》	粤港澳大湾区建设领导小组	进一步提升粤港澳大湾区在国家经济发展和对外开放中的支撑引领作用,支持香港、澳门融入国家发展大局,增进香港、澳门同胞福祉,保持香港、澳门长期繁荣稳定。
2019	《长江三角洲区域一体化发展规划纲要》	长江三角洲区域一体化发展领导小组	跨界区域、城市乡村等区域板块一体化发展达到较高水平,在科创产业、基础设施、生态环境、公共服务等领域基本实现一体化发展,全面建立一体化发展的体制机制。

2. 区域规划中的协调困境

显而易见,尽管区域经济发展活动日趋频繁与热烈,无论是国家战略层面的重大规划,还是地方自己出台的区域规划也可谓琳琅满目,但与规划"热闹"相反的却是,有关区域经济发展、协调、管理的相关体制、机制、制度尚大量空白。我国目前还依然依靠"XXX领导小组"的具有临时性、"一事一议"的治理模式作为规划的编制和落实,而在区域发展规划方面仍缺乏针对性较强的经济法律规范。政策、行政力量等代替经济法律始终作为规划制定和实施的主要手段,经济法律体系建设可谓十分滞后。实际上,域外经验早已证明了制度化的重要意义。如日本通过立法和设立开发计划,为开发落后地区提供了法律保障和方向指导。如在法律方面,出台了《国土综合开发法》《国土利用计划法》《北海道开发法》《东北开发促进法》等。在开发计划方面,制订了全国综合开发计划、都道府县综合开发计划、地方综合开发计划和特定地域综合开发计划等不同层次、针对性强的规划。

因此,在区域经济协调发展缺乏基本法和科学体系的情况下,当前的法制体系呈现出规范层级低下、效力不高、实施不具刚性的现状。同时，由分片分块、各自为政的分割式立法"唱主角"，而同类的地方立法可谓是琳琅满目，却往往都强调本地方利益与特色，而忽视了与其他相邻区域规定的协调统一。此外，正是由于区域协调法律制度的缺位已在区域经济发展活动中衍生出诸多问题，如中央政府和地方政府之间、地方政府之间以及政府与企业之间的关系其实并没有真正、切实地理顺，区域经济发展利益的冲突不断，各级各类区域利益主体难免陷入无休止的讨价还价、恶性竞争、消极落实规划之中。总之，缺乏科学、系统的区域规划法律法规体系的支撑，必然无法有效指导区域规划的制定和实施，区域协调发展的制度性阻碍也就无法真正消解，具体来说：

（1）促进区域协调发展高度依赖政策

首先，我国尚无协调区域发展的基本法，没有建立完备的相关法律制度体系。法律其实理应在协调区域发展中具有非常重要的功能和地位，如1933年，美国通过了《田纳西河流域管理局法》，成立了田纳西河流域管理局，由罗斯福总统直接领导，负责田纳西河流域的综合开发，使得田纳西河流域成功摆脱贫困。但是由于我国一直采取"成熟后再制定"的立法主义，使很多亟待规范的区域协调发展领域处于"真空"状态。在这种情况下，各地只能进行单独立法，这种低层次的立法往往是一事一议，适用范围较小、变动性大、协调功能有限，不仅造成立法资源的浪费，导致很多无谓试错，也是造成区域间立法冲突的根本原因。其次，在没有相关法律制度框架约束的状况下，我国区域协调发展主要依靠中央和地方的法规和政策性文件作为依据。然而，非法律性质的政策性文件的执行性较弱，易变性强，在没有高阶法律指导的情况下低阶政策文件之间经常出现衔接不顺、难以协调的现象，甚至彼此冲突。政策性文件的不统一也导致基层政府在实际操作时无所适从，文件精神难以贯彻执行。再次，政策性文件淡化了法律的功能。我国政策性文件层级繁多、总量较大，这种现象使区域发展战略一直过度受政策左右，而法律功能却被边缘化。虽然政策更具有灵活性，在解决重大问题时效果斐然，但是政策本身并不是万能的，其局限性也非常明显。在指导不同区域经济发展的方向、处理各区域发展过程中出现的冲突，非经济法层面的制度政策原则性较弱、随机性较强，获得效果具有较强的不确定性，适用范围较小，很难保证实施过程的公平公正公开，执行过程难以监督，也很难保证责任承担。最后，很多协调区域发展的条文分散在不同法规、政策性文件中，难以形成合力，使区

第五章　发展理论指导下的计划法制度完善

域协调发展很难落到实处。如2009年国务院发布的《落实东北地区等老工业基地振兴战略的若干意见》虽然在各方面提出了非常详细的指导性意见,但是对于具体实施却没有进行程序性部署,尤其在实施主体的权利、义务、责任方面没有进行规范性建构,这使得科学的部署在实际执行过程中难以充分实施,其可操作性和可预测性都很难保证。

(2) 促进区域协调发展的经济法不完备

首先,在利益最大化的驱动下,地方政府对经济的干预往往具有局部性,进而容易滑落演变为地方保护行为。在缺乏统一且稳定的经济法规范的情况下,各地区为促进发展的政策和举措往往具有浓烈的政府行为色彩,使行政区界限成为阻碍区域协调发展的重要因素,影响区域协调交流与合作。此外,在缺乏统一协调规划的情况下,各区域很难形成自身建设特点,如上海与江苏、浙江的产业结构相似系数分别为0.82和0.76,浙江与江苏则达到0.97。这使得很多区域间形成恶性资源争夺,在这种境遇下,区域间政府往往会通过市场封锁、恶性价格竞争、税收减免、财政奖励等手段使其达到利益最大化,而结果却大相径庭,这样只会使各区域间陷入负循环中,形成多输的场面,更不要说达到区域间的协调发展了。其次,我国已经进入转型的攻坚期,各个区域及区域之间的发展形势向着更为复杂的方向发展。区域间合作及竞争模式不能完全依靠各区域自身的摸索来完成,必须从法律层面对新型多样的区域合作方式进行认可,使当前合作的协议、意向书等从意向性的、不具实际操作性的初阶向高阶发展,成为在签订主体、法律效力、执行环节等全方位得到法律承认和保护的,具有违约成本和合法地位的高层次合作文书。只有这样,才能从本质上促进区域之间的深度发展合作,使区域协调发展不再流于表面。最后,不同区域的经济政策或法规彼此之间并不协调甚至相互冲突,提高了整体实施成本,降低了法规的实际效用。无论中央政府还是地方政府,出台规章制度都要至少经过一年以上的时间,需要调动的财力、物力、人力很大。在基本法缺失、下位法不统一的情况下各地区规章重复,照搬照抄相关法规、行政规定,很难形成系统而全面高效的法规制度,使区域发展处于权威性不足的法规保护之下,难以为区域协调发展保驾护航。

3. 可行的制度完善路径

如果单纯强调市场机制或产业发展,而忽视区域协调,则可能带来诸多不均衡、不稳定的问题,导致经济体系难以持续。因此,区域协调机制,是对现代市场体系及其内含的市场机制的重要补充,对于经济和社会

的持续、稳定发展非常重要。① 对此,具体可从以下几个方面着手:

一是中央可出台基本法。当前我国实行多层次的立法体制,理顺中央与地方立法的协调机制,是法律成为区域协调发展的有力保障。全国人民代表大会及其常务委员会拥有中央立法权,国务院拥有行政法规制定权,其对我国区域经济发展的立法有着最高的效力,对地方法规有着指导和约束的作用。因此,需要我国中央政府发布一部针对区域协调发展的基本法,以规范和协调不同区域各自为政的现象。该法律应从整体上规范政府宏观调控行为,兼顾社会整体效益和地方具体利益平衡。如德国出台了《联邦空间布局法》《联邦改善区域结构共同任务法》《联邦财政平衡法》等一系列法规,协调地区发展的不平衡。我国可以通过法律手段保证各区域经济发展决策与规划的科学性和有效性,通过法律强制性保障区域协调发展计划的实施,明确相关经济主体的责权利,以实现区域协调发展的整体布局。

二是地方可出台本土法规。虽然中央立法具有高阶性、宏观性和权威性,但是其成本较高且很难兼顾各区域内部的具体情况。因此在中央立法的框架下进行区域立法也是非常必要的。涉及区域协调发展的地方性法规主要包括三方面内容:为执行法律法规,根据区域特点和实际情况进行的具体规定的事项;需要地方性法规解决的地方性事务;在法律保留事项外,且中央未有明确法律法规进行规范的事项,地方性法规可以先行规定。可见,地方具体的区域协调发展法规是在国家宏观调控法律和政策的框架内进行的具体规定。地方可以进行创设性立法,这种方式可以充分发挥地方在进行局部调控时的灵活性并最大可能地调动地方的积极性。

三是进行区域立法协作。区域立法协作的目的是在不同区域之间建立协同机制,规范、约束彼此的立法行为和强化相互的协调能力,以达到更有效的协调发展效果。进行区域立法协作时,虽然要体现地方特色和考虑地方实际情况,但是也要防止其中藏有潜在性地方保护主义的现象存在,防止地方政府以区域立法协作的名义谋求区域立法垄断。特别需要注意的是,区域立法协作时要保证与上位法一致性,杜绝在本区域内形成与其他区域相比的不当竞争环境。区域立法协作应包括以下三个主要方面:第一,建立健全信息交流平台。几个区域间的立法机关应建立信息

---

① 参见张守文:《现代经济体制的构建及其法治保障》,载《政法论丛》2019年第1期。

交流平台,通过平台加强信息交流与反馈,使新制定的地方性法规与区域内总体经济发展规划相一致。例如,通过交流平台共同起草协作立法项目和协议、按照立法合作协议的法定程序进行单独立法、立法结果共享以统一标准并节约立法成本。第二,明确合作形式。传统立法是自上而下式的,但我国经济发展呈现出日益多元化的态势,对立法横向合作的需求逐步显现。在上位法的法律框架下,各省级政府乃至人大之间可以通过立法协作明确协作领域、法律效力及程序。第三,建立产业优化法律制度。首先,要通过法律的强制手段达到我国各区域的产业梯度转移,明确不同区域重点发展的产业,协调产业内重点行业与其他行业的发展排序。其次,要及时更新淘汰产业的判断依据,利用法律程序进行强制性结构转换。这两条的核心在于在法律层面上推动区域产业结构的整合和优化,最终实现我国各区域中优势产业和拳头产品的科学布局,降低区域之间内耗率。

此外,规划协调中还应要注重某些"特别区域"。我国各区域之间经济发展差异巨大,仅依靠基本法和区域间的立法协作是无法对某些特别区域进行重点的、具有针对性的调控的。如因承载力有限难以开发的民族地区、边远地区,以及西部落后地区、东北老工业基地等。想要实现我国整体的协调发展,就不能简单地将东部较发达地区的法律制度全盘照搬,可以借鉴美国《田纳西河流域管理局法》、日本《北海道开发法》的成功经验,根据特别区域具体情况和特点制定专门性的、具有前瞻性的协调性法律法规。如对西部地区进行协调性扶持时,一方面要通过倾斜性立法实现缩小西部与发达区域之间差距的目的,另一方面还要考虑到这种立法不能违背我国以公平竞争为主要形式的整体市场经济秩序。这需要特别区域的法律制度在两者之间找到恰当的平衡点,处理好特定区域扶持与自由竞争市场之间的关系。实际上,特殊区域在地理、基础建设、资金、人才、技术等方面的落后使其在市场经济的竞争环境下处于十分被动却又难以改变的境地,通过具有倾向性的法律法规帮助这些区域抓住机会弥补先天不足,使其与较发达地区处于较为平等的市场竞争地位,缓和因发展极为不平衡带来的潜在社会冲突,实现社会整体公平。

(三) 提高计划法制度的协调性

在我国改革开放后快速发展的同时,我国社会、经济等诸多领域不协调问题逐渐显现,并已成为阻碍未来发展的重要桎梏。例如,重复性建设突出、城乡协同建设远落后于总体经济发展等。另外,从宏观经济管理角度来看,由于供给与需求的不匹配,导致我国经济增长的旧引擎动力不足、新引擎仍待培育。在此背景下,如何尽快实现我国经济的协调、可持续发展,克服目前"增长困境"是摆在政府面前的重大挑战。我们必须认识到,只有通过将协调理念引入经济法学的发展理论,并将此新的发展理念指导计划调控法律制度的完善,才能进而通过制度带来发展的新机遇、新预期、新思路。

由国家投入大量人力、物力编制而成的科学合理的各级各类规划,是仅仅变成倡导号召的标榜檄文,还是能够真正成为我国经济社会发展的强大助力,需要我们深刻理解、运用协调发展理念,对规划体系性、结构性的协调问题予以清晰的识别和治本性的解决。而这关键的密钥即在于党的十九届四中全会所指明的治理的制度化、现代化之命题。

当前,我们不是说没有规划或者规划数量不多,问题反而是各级、各类规划依然体系林立,缺乏明确分工;不仅很多规划流于形式,而且多数规划内容也缺乏实质性衔接。因此,在做好规划之间的协调性的制度完善上,关键仍然一是厘清不同规划的职能,理顺规划主体的职权职责,畅通规划公众参与的机制和渠道,通过明确细致的制度规定,建立好协调机制;二是建立各级各类规划的位阶层级,比如下级规划、专项规划应服从和落实上级规划、总体规划,以实现规划体系内部的协调性;三是应优化各级各类规划的审查、批准的统筹与时间安排,在程序上使规划之间的协调得以保障,从而能够既在整体上、宏观上保证各类规划之间的有效衔接协调、各司其职,又可以在具体细节上、微观上保证对政府与市场权力(利)—义务(职责)配置的合理科学、不矛盾、不重叠。而在增强区域规划协调的制度完善上,应出台系统化的法律法规和设立专门的管理机构来明确区域协调政策主体,促进区域协调政策实施的规范性。加强立法,注重长远规划的制定,不断完善区域政策的实施机制,不仅要有坚实的法律基础、专门的区域政策工具,还要有严格的区域政策的运行机制;应建立健全区域协调互动专项法律制度,完善区域经济协调发展法律制定程序,并完善相关领域的法律制度。

应当认识到,规划法制的产生、演进与当时的社会经济发展水平和国家治理模式、体系、方式密切相关。我国的规划法制顺应了改革开放和社会转型进程中经济市场化、区域一体化、主体多元化的改革需求。而规划体系根植于特定的"规划文化""治理方式"和"制度技术",并且会随着经济社会发展不同阶段所面临的问题和治理任务进行调整。从发达国家发展历程和基本经验中,我们看到要做到协调发展离不开法律的保障和规范。通过加快法制化进程,从而迈向规划法治化,必将使我国经济社会发展更为协调、更加健康、更加欣欣向荣。

三、开放发展与计划法制度的完善

对外开放是我国的一项基本国策,我国开放型经济体系的建立和演进亦呈现出鲜明的中国特色,经历了从探索到深化、从局部到整体的发展历程。新发展格局不是封闭的国内循环,而是更加开放的国内国际双循环。更高水平开放是构建新发展格局的强大动力之一。在新时代背景下,我国全面开放的新格局已经形成并不断深化:通过加快自贸试验区和自由贸易港建设、提出共建"一带一路"倡议、新设重点开发开放试验区、构建开放型经济新体制等一系列重大举措不断深化、夯实全面开放新格局。有学者总结,在开放发展理念的指导下,中国经济对外开放顺应了经济全球化的历史趋势,实现了从政策性开放向制度性开放的嬗变,通过渐进式的开放经济政策与过渡性制度安排逐步消除贸易扭曲,逐步实现国内开放型经济发展的法律规则、制度、体系与国际相接轨。[①] 可见,在开放发展的要求下,国内的相关法律制度也亟须因应而变,经济法部门中的计划调控法律制度亦概莫能外。当然,如果说协调发展理念主要是具体影响规划法律制度的完善的话,那么开放发展理念则主要会对涉外产业和投资调控法律制度产生变革性意义,意味着我国涉外产业和投资管理体制的根本性变革,"用法律手段保障涉外政策稳定、透明度和可预期性,这将进一步提振外资对中国市场的信心,为新形势下进一步扩大对外开放、积极有效利用外资提供更加有力的法治保障,特别是在法律层面上保障中国更高水平开放有规可循、有法可依,推动中国制度型开放模式的发展。"[②]

制度型开放是我国进入新时代高质量发展的内在要求,是从强调商

[①] 参见余稳策:《新中国 70 年开放型经济发展历程、逻辑与趋向研判》,载《改革》2019 年第 11 期。

[②] 钟昌标:《〈外商投资法〉与中国对外开放模式的转型》,载《武汉大学学报(哲学社会科学版)》2019 年第 5 期。

品和要素的自由流动向聚焦规则与制度层面的更高提升,更是面对贸易保护主义和单边主义,推进全球经济治理体系变革的主动作为。"以开放促改革、促发展是中国改革开放 40 年来的经验和启示。"①接纳和参与国际通行规制的制定与完善是制度型开放的应有之义。经济法具有鲜明的规制性特征,即经济法调整方法既有消极的限制禁止,亦有积极的鼓励促进。②《外商投资法》和之前对外经济类法律法规(主要是《对外贸易法》以及相关经济类法律法规中的涉外条款)共同组成我国涉外产业与投资政策运行的基本法律框架。以《外商投资法》为基础架构的新一轮外商投资立法的特点表现为:以开放促改革,逐步把成熟的政策上升为法律;实现从"单独立法,双轨管理"向"内外资一致,并轨管理"转变;利用自贸区先行先试,从局部经验到全国推广;跟进国际投资规则的发展,吸收先进立法经验。③ 总之,在开放发展理念的指导下,围绕"制度型开放"这一新时代新阶段新格局的新命题,通过运用经济法的规制性思维与方法进行制度创新,一方面在外商投资和产业准入方面采取"准入前国民待遇+负面清单"模式,全面放松管制;另一方面,着力构造竞争中性环境,系统性地构建各种保护和促进制度和措施,实施"激励性"规制。

(一) 负面清单:放松规制的制度创新

外商投资负面清单管理模式,是各国(地区)开展国际贸易和制定涉外规则所流行的主要形式和核心内容。外商投资负面清单管理模式,已经成为国际上衡量一个国家经贸和投资自由化水平的重要标准。2013 年我国上海自贸区设立,并开始在自贸区实施外资准入负面清单制度。随后每年,自贸区负面清单制度都在不断升级完善。至 2018 年 6 月,国家发改委与商务部发布《外商投资准入特别管理措施(负面清单)(2018 年版)》,标志着外商投资准入负面清单制度正式从自贸区推广到全国范围。之后,为将积极促进外商投资、保护外商投资权益、规范外商投资管理法制化,2019 年 3 月,全国人大表决通过了《外商投资法》,其第 4 条明确规

---

① 刘鹤:《以开放促改革、促发展是中国改革开放 40 年来的经验和启示》,at http://news.hexun.com/2018-05-20/193052894.html,最后访问日期:2021 年 6 月 16 日。
② 参见张守文:《经济法原理》(第二版),北京大学出版社 2020 年版,第 56 页。
③ 参见刘志云、温长庆:《新一轮对外开放背景下外商投资立法的革新》,载《厦门大学学报(哲学社会科学版)》2020 年第 3 期。

定"国家对外商投资实行准入前国民待遇加负面清单管理制度"。由此，我国正式确立了新的外商投资管理模式，给予了外国投资者在实施投资之前及嗣后的国民待遇；同时，明确了国民待遇的例外，并对负面清单内的非禁止类例外情形实施准入管理。负面清单制度无疑是我国深化社会主义市场经济体制和外商投资法律体制的一个全新的尝试，也昭示着我国市场准入规制制度的改革方向。

1. 负面清单的原理与我国创制进程

外商投资准入实质上是东道国对是否允许外国资本进入本国实施的一系列措施。负面清单其实就是一种逆向的列举方式，但当它运用于市场准入领域和经济规制领域时，则具有了丰富且深刻的内涵。准入前国民待遇加负面清单管理模式，即是指在外资准入阶段，为了吸引外资参与本国经济建设，除了以列表的形式所列明的限制或禁止外资进入的涉及本国重点保护行业和领域之外，内外资享有相同的待遇。从 1995 年首次出台《外商投资产业指导目录》至 2019 年《鼓励外商投资产业目录》，我国利用外资的产业政策生动展现了从正面清单到负面清单的变化过程。

表 5.4 我国外商投资准入负面清单的制度试验进程

颁布时间	文件名称	颁布机构	适用范围	清单类型	特别管理措施数量
2013年9月	《中国（上海）自由贸易试验区外商投资准入特别管理措施（负面清单）》2013年版	上海市人民政府	上海自由贸易试验区	外商投资准入负面清单（针对外商投资主体）	190条
2014年6月	《中国（上海）自由贸易试验区外商投资准入特别管理措施（负面清单）》2014年版	上海市人民政府	上海自由贸易试验区	外商投资准入负面清单（针对外商投资主体）	139条
2015年4月	《自由贸易试验区外商投资准入特别管理措施(负面清单)》2015年版	国务院办公厅	上海、广东、天津、福建四个自贸区	外商投资准入负面清单（针对外商投资主体）	122条

(续表)

颁布时间	文件名称	颁布机构	适用范围	清单类型	特别管理措施数量
2017年6月	《自由贸易试验区外商投资准入特别管理措施（负面清单）》2017年版	国务院办公厅	自由贸易试验区	市场准入负面清单（内外资一致原则）	95条
2017年6月	《外商投资产业指导目录（2017年修订）》	国家发改委、商务部	全国	市场准入负面清单（内外资一致原则）	63条
2018年6月	《自由贸易试验区外商投资准入特别管理措施（负面清单）》2018年版	国家发改委、商务部	自由贸易试验区	市场准入负面清单（内外资一致原则）	48条
2019年6月	《自由贸易试验区外商投资准入特别管理措施（负面清单）》2019年版	国家发改委、商务部	自由贸易试验区	市场准入负面清单（内外资一致原则）	37条
2019年6月	《外商投资产业指导目录（2019年修订）》	国家发改委、商务部	全国	市场准入负面清单（内外资一致原则）	40条

负面清单是一种以清单的形式列出"不得为"的措施性立法，其背后的法理基础是"法无禁止即可为"。国民待遇则是东道国给予外国的商品或投资不低于或等同于本国商品或投资的待遇。准入前国民待遇加负面清单管理制度模式正是在有限的准入前国民待遇中设定限制条件。负面清单的内容包括特别管理领域和特别管理措施，体现了东道国对外资的进入既有投资领域的限制也有进入程序和形式的限制。但除了清单中列明的限制或禁止的事项外，外资企业均享有与内资企业相同的权利和法律待遇。就外资准入管制层面而言，在原有外资逐案审批制下，"一事一批、层层审批"的事前审查模式，平添了不少额外的外商投资行政许可环节，"正面清单"式的准入产业指导目录的思维方式、程序运作也无法适应全面扩大开放的现实需求。在此体制下所产生的"内外资有别"的"超国民待遇"及"非国民待遇"之双重掣肘，不仅不利于提振外商投资市场活力与经营效能，而且难以有效构建新形势下合理有序、公平竞争的外商投资市场秩序。由此，以负面清单、鼓励目录，取代过去的"外商投资产业指导

第五章　发展理论指导下的计划法制度完善

目录"。

由制度试验进程(见表5.4)不难看出,我国外资准入负面清单从2013年的上海自贸试验区"试点版本",到2018年"全国版本",清单长度越来越短,"试点版本"特别管理措施条目则从2013年版的190条缩减到2019年版的37条;"全国版本"特别管理措施从2018年版的48条缩减到2019年的40条。清单越短代表着开放程度越高,2018年负面清单开始在全国范围内实行,在第一、二、三产业全面放宽市场准入,涉及金融、交通运输、商贸流通、专业服务、制造、基础设施、能源、资源、农业等各领域,共22项开放措施。

2.负面清单制度的完善路径

(1)完善负面清单模式的法律体系

欧美等发达国家具有完善、细密的从国际法到国内法的"伞状"外资管制法律体系,而我国负面清单的制定和修正最初实际上主要依据的是《中外合资经营企业法》《中外合作经营企业法》《外资企业法》(以下简称"三资企业法")和《外国投资者并购境内企业的规定》《反垄断法》《外商投资产业指导目录》,缺乏完备的法律体系的支撑。毋庸置疑,完备的立法体系对于规则实施和开展涉外投资谈判无疑更有助益,也意味着负面清单更加公开透明,减少了外商进入的不确定性,增加了对外资的吸引力。我国《外商投资法》颁布后,改变了"三资企业法"造成的治理体系中规则繁杂、权责不清、执法混乱的局面,落实了负面清单原则下的市场公平、内外资一体的执法规则体系,重新明确了制度改革的市场化、法治化、便利化的战略定位。在负面清单准入模式的建立已经有了原则性的法律依据的情况下,还要使其运行具体化,更新规则,规范全流程的评估体系、制定主体和监督主体,在法律依据的基础上建立负面清单制定的指导规则。此外,借鉴国际上的通行惯例和做法,可以对从事自然垄断行业的国有企业、金融行业、中小微企业等特殊行业和特殊的市场主体区别化对待。例如,可以根据国际惯例,将特殊行业的负面清单分为两部分:一是制定对现有如金融行业保留的特别管理措施;二是对未来可能产生的新业态保有采取任何特别管理措施的权利。

(2)健全外资准入安全审查制度

实行外资准入负面清单制度,其中,一个非常重要也亟须的配套制度就是外商投资准入前的国家安全审查。统筹好安全与发展是因应当前世界百年变局之下的必然要求,应把安全发展贯穿国家发展各领域和全过程,防范和化解影响我国现代化进程的各种风险。而"开放"应尤为强调"安全",故"安全"是"开放"必须牢固坚守的底线。同时,"开放的市场必须提供透明的规则是市场经济的一项共识"[①],尽管我国的国家安全审查制度在早已施行的《对外贸易法》《反垄断法》等法律当中都有章可循,并且在 2015 年《国家安全法》中对国家安全审查制度再次予以明确,并作了原则性规定,为具体构建、完善国家安全审查措施奠定了法律基础;但是在具体细化规则和可操作性方面,现有的国家安全审查制度仍然存在着较多问题,主要如国务院办公厅 2015 年 4 月 8 日发布的《自由贸易试验区外商投资国家安全审查试行办法》存在着适用范围窄、效力层级低和审查内容过于宽泛等问题。完善现有的外资准入安全审查制度,可以从以下三方面入手:首先,推动国家层面正式立法,提高外资准入安全审查制度的稳定性和可预期性。其次,在制度设计上,配套《外资准入负面清单》的全国版本,安全审查制度的适用范围也应该相应扩大到全国范围。最后,安全审查制度的规定应该具有可操作性。根据我国外资准入的具体情况,相应地制定有针对性的分类别的安全审查措施。

此外,就立法技术而言,从负面清单版本的设计结构上看,我国的负面清单由三个部分构成:序号、领域、特别管理措施,除此之外没有对其他信息进行说明。对此,可加强必要的解释和实施细则,提高其自身的明确性。

(二) 竞争中性:激励规制的系统化

2001 年我国为了融入 WTO 被动修订的"三资企业法"以及以这三部法层面为主体框架构建的涉外管制规则显然不能满足如今我国全球化开放市场的需求。我国市场要以更加开放、包容的姿态积极融入全球化,并在全球资本、劳动力等生产要素自由流动的角逐中掌握话语权,就不能再停留在"三资企业法"时代,而是需要在自由贸易试验区先行先试、重构外商投资准入规则,需要全面地、系统化地设计保护、鼓励和促进规则。应当肯定的是,在开放发展理念的指导下,目前我国《外商投资法》与既有的"三资企业法"等法律法规,共同成为保护、促进和管理外商来华投资活动的有效指引和重要法律支撑。

---

① See Meinhard Hilf, Power, Rules and Principles: Which Orientation for WTO/GATT Law?, *Journal of International Economic Law*, Vol. 4, 2001, p. 119.

第五章 发展理论指导下的计划法制度完善

1. 外资激励规制的原理：竞争中性

我国《外商投资法》字里行间都依循"竞争中性"的思维。实际上，由于"竞争中性"原则在经济政策体系中所具有的基础性地位，因此无论是在国内更好促进公平竞争，还是接轨国际投资与贸易规则，竞争中性均具处于核心地位并起到引领作用。因此，激励性规制的法理基础即在于在促进制度型开放的语境下，将竞争中性原则的维护和落实制度化、体系化。

竞争中性实质就是政府与市场关系的矛盾处理问题，这个概念是由西方发达国家首先提出，但其具有悠久深厚的理论渊源，在学理上是一个相对中性的概念，实则体现了市场经济体制的内在要求。竞争中性并非禁止政府干预市场，而是限制政府对市场的歧视性干预，要求政府在干预市场过程中公平地向所有参与市场竞争的经营者提供交易机会。[①] 竞争中性也不禁止一国设立国有企业，而是反对任何企业依靠政府补贴和歧视性政策获得竞争优势，主张国有企业与其他各类企业、内资企业与外资企业平等地参与市场竞争。而内资、外资企业的公平竞争主要体现在国民待遇上，国民待遇可分为准入前的国民待遇和准入后的国民待遇。在《外商投资法》制定之前，一方面，我国和其他国家签订的多数国际投资和贸易条约只承认准入后的国民待遇，即外资企业在运营、管理、维持、使用、享有、出售、处分等方面与国内企业相同。而在准入条件、行政审批等方面对外商投资设置了较多限制，包括复杂的审批流程、持股比例限制等。[②] 另一方面，"三资企业法"毕竟只具备企业组织法性质，也无力对外商投资进行产业政策、行业引导以及对地方无序竞争进行管控与规范。总之，当前在对外开放领域，要进一步落实"竞争中性"原则，就要保证准入前和准入后的国民待遇，以利于内外资的公平竞争。

2. 外资激励规制的系统措施及其制度完善

（1）促进和保护措施创新

通过系统分析我国《外商投资法》的篇章结构及条文逻辑，不难发现，该法实质上是以实施"竞争中性"规制为切入点，以外商规制规则体系重构与外商治理体系统合为双线制度脉络，分别从投资促进、投资保护及投

[①] 参见刘戒骄:《竞争中性的理论脉络与实践逻辑》，载《中国工业经济》2019年第6期。

[②] 参见张晨颖:《竞争中性的内涵认知与价值实现》，载《比较法研究》2020年第1期。

资管理的三重面向展开①,具体而言:

就"投资促进"而言,其以公平竞争与平等待遇为主基调,通过11条规定,双线推进准入前公平竞争资格和准入后企业平等市场待遇建设,旨在充分贯彻内外资一致的原则及切实保障外资企业平等参与市场竞争的权利。具体包括政策普惠适用化、外企建言献策的制度化、外商投资政策(红头文件)与裁判文书的透明化、特殊经济区域和试验性政策措施的有序化以及赋予了外资企业公平参与政府采购市场竞争的权利,打破了政府采购"本国产品优先"的惯例。

在"投资保护"层面,《外商投资法》主要从三个维度为外商投资提供更有力的法治保障:一是以原则上排除征收、资金依法自由汇入汇出、强化保护知识产权及商业秘密等措施,加强对外商投资的财产权保护;二是以加强规范政府的规则制定、敦使地方政府重诺守约,为外商投资营造良好的营商环境;三是以建立外商投资企业投诉工作机制,创新外商投资争端专门化的疏导救济渠道。

在"投资管理"层面,则以负面清单管理、相关信息报告制度及国家安全审查制度等三大外商投资管理制度为基石,并辅之以相关法律责任体系的规定。尤其是国家安全审查首次在法律层面得以确立,而信息报告制度更可以说是《外商投资法》的制度创新,有利于在放宽准入门槛的同时,铺垫事中事后监管。

此外,我国应将更多精力集中于系统性地识别和发现新需求的制度发展过程,更加积极地参与全球经济治理体系建设,为制度型开放经济争取国际经济规则的话语权和制定权。

(2)制度完善

实现"制度型开放"是一项长期的系统性工程,我国《外商投资法》虽然为投资和计划调控搭建了基本的法律框架和支撑,但显然,现有的法律条文仍然较为粗糙和原则化,还需要秉承开放发展的理念,以精细化工作巩固与充实,避免调控和促进型法律最易出现的难题:经济法律与政策的模糊与法律的空洞化、政策化。由此,为保障我国《外商投资法》所规定的全新制度的功能发挥,亟待通过后续制定相关"实施细则"或是"法律解释"予以切实落地,其中尤应以制度运行规则的制定及条款概念的释明为

---

① 参见冯果、范鑫:《外商投资法治的时代要求与制度实现》,载《上海政法学院学报》2019年第6期。

核心要点。例如,围绕如外商投资信息报告等新规定制度,应就行为内容、职责权限及违规惩戒等方面展开深入制度构建,以具体实施规程保障制度落实。

同时,应以我国《外商投资法》为基础指引,对于外商投资予以产业性的引导,积极鼓励外商投资设立高新电子科技企业、高端装备制造企业及新型能源材料开发企业等高附加值上游主体。与此同时,一方面,严格限制或禁止高污染、高能耗及高排放等外商投资项目准入,促进来华外商投资产业结构不断优化调整;另一方面,大力配合"一带一路"、粤港澳大湾区、西部大开发、中部崛起等国家战略,充分发挥各地产业成本优势与自然资源优势,引导劳动密集型外资产业由东部沿海地区向中西部地区梯次转移,以兼顾不同地区发展质与量的配适,减小因产业落地需求与地区承接能力差距而选择给予政策优惠弥补的现实动因。

而就贯彻竞争中性原则,督促地方政府在政策和规则制定层面,公平竞争审查制度无疑是最重要的制度抓手,需要在涉外投资领域,进一步做好二者的制度衔接。在这一过程中,就外商投资领域的市场公平竞争,不仅应在市场准入标准方面予以一致准入待遇,更应为市场准入后的交易行为进一步创造平等空间。建立外商投资领域的公平竞争审查制度,就是对地方政府即将出台的各类外商投资政策文件是否有排除或限制市场竞争的政策条款进行自我事先审查,且着眼于外商投资的企业组织一般性与域外资本特殊性,分析政策出台后对于外商投资是否会产生"超国民待遇"或是"非国民待遇"的潜在影响,以确定后续制度修订方向。除此之外,基于外商投资治理的国际性,还应进一步强化外商投资公平竞争审查制度应用与国际通行标准的规则衔接,就制度审查范围、审查标准及操作规程等方面,不断契合国际先进理念和程式,以促进外商投资公平竞争审查制度本土实践性与域外经验性的有机融合。

(三)强化计划法制度的开放性

如今,作为全球第二大经济体的中国,早已深度融入世界经济,形成对外开放新体制,完善法治化、国际化、市场化的营商环境成为当前破解体制机制障碍,以进一步推动经济社会发展的突破点。世界银行在2020年1月8日发布的《全球经济展望》报告显示,面临债务增加和生产率增长放缓等挑战,受外部需求疲软、全球政策的不确定性、大宗商品价格下降等影响,再一次下调当年的经济增长预期。① 可见,当前及今后一段时期内,国际经贸发展预计仍将呈现国家间博弈加剧、全球经济增长乏力、贸易壁垒增多、金融风险上升等态势。"十四五"时期,我国仍需推进改革开放各项新举措、发展实体经济、扩大利用外资、积极拓展国际合作,部署好落实好"一带一路"、对外贸易、利用外资、对外投资、加强国际经贸合作、积极参与全球治理等方面的重点任务,努力拓展外向型经济发展新局面。

当前,落实开放发展的理念,加快推进双循环的新发展格局之形成,突破口正是制度创新。对此,一方面,要发挥自贸试验区的试验田作用,推动赋予自贸试验区更大制度创设的自主权,实施差异化制度创新。另一方面,要以制度集成创新建设高水平自由贸易港,对标国际最高样式,更大力度促进投资、贸易、金融等领域的自由化便利化,更大力度促进边境后规制改革创新,更大力度促进高端产业和新兴业态发展,建设新时代我国对外开放的规则引领区、压力测试区和国际对标区。此外,还要营造国际一流的营商环境。要全面清理负面清单外的限制措施,研究制定服务贸易负面清单,鼓励地方探索适应各地经济结构、产业结构的营商环境评价指标体系,为以更高水平开放构建新发展格局提供良好的制度和环境保障。

在开放发展理念要求下对"制度型开放"中的法治要义的探求,离不开对我国改革开放四十余年实践经验的深刻理解和把握,同时,亦需要围绕国际通行规则积极改革创新。于计划调控法律制度而言,践行开放发展理念的核心在于如何完善投资和产业调控方面的法律制度,充分打通国内国际两个市场、利用好国内国际两种资源,其关键就在于建立公平开放、竞争有序的现代市场体系。制度的演变始终需以实践的进程为遵循,放宽对外资进入的限制、强化对外资的保护,正成为我国计划调控法律制度不断发展变化的两大趋势:一方面,目前负面清单制度仍然处于探索与起步的阶段,不仅自身还有许多需要补充、完善之处,未来还将与国内市场准入法不断融合、发展,继而推动我国市场准入规制法律制度的全面转型升级。另一方面,围绕竞争中性原则的激励规制,对法治政府建设、司法公信力建设、行政审批改革、加强产权平等保护、打造内外资公平竞争

---

① 参见《世界银行发布〈全球经济展望〉报告》,at http://www.mofcom.gov.cn/article/i/jyjl/k/202001/20200102931683.shtml,最后访问日期:2021年6月16日。

第五章　发展理论指导下的计划法制度完善

的市场环境等方面提出了更高更严格的完善要求,从而完善开放经济体制的"制度性"内涵。

当然,最后还需要强调的是,在世界面临"百年未有之大变局",我国面对的外部形势更为严峻复杂、全球经济充满不确定性和风险的当下,我们在坚定地推进更高水平、更高质量开放的同时亦需更加注重国家经济安全的维护和保障。党的十九届五中全会将"统筹发展和安全"确定为"十四五"时期经济社会发展的主要原则,提出了"更为安全的发展"的总要求,对此,实际上,我国相关的涉外经济法律制度已经规定了诸如对外贸易预警应急制度、外资进入的国家经济安全审查制度、特定情形的进出口管制等基础性的制度建构,相信随着制度的进一步细化、应用和完善,在保证国家经济安全的前提下,我国开放发展的进程将会越来越向纵深前进。

第六章　发展理论指导下的竞争法制度完善

竞争是市场经济的内在要求,是经济发展的重要动力。竞争法制度作为经济法制度中的重要组成部分,直接关系着市场经济是否运行通畅、市场机制作用能否发挥充分。新发展理念以及在其指导下更新迭代的经济法学发展理论对于经济法具体制度的影响是普遍而深刻的。在竞争法领域,这集中体现为对竞争法学基础理论的影响、对反垄断法具体制度的影响、对反不正当竞争法具体制度的影响这三个层面。一方面,竞争法基础理论是对整个竞争法领域的理论提炼和总结,以市场主体的自由竞争权、公平竞争权为核心范畴,以有效、有序的市场竞争为目标,这是发展主体、发展目标与发展权利之间逻辑的具体表现。竞争与创新之间存在密切联系,竞争法的目的之一是推动创新,进而推动经济增长,这与创新发展理念的内涵十分契合。另一方面,反垄断法具体制度、反不正当竞争法具体制度是贯彻新发展理念,落实经济法学发展理论的具体安排和切实实践。在互联网、大数据、平台、人工智能、算法等新技术深刻影响商业模式的今天,面对瞬息万变的市场竞争环境和层出不穷的新型竞争模式,为更好地适应竞争变化、维护竞争秩序、实现经济发展,我国《反垄断法》和《反不正当竞争法》近年在新发展理念指导下陆续修订,将更好地指导竞争实践,提升市场经济发展质量。

2020年5月,中共中央、国务院《关于新时代加快完善社会主义市场经济体制的意见》出台,指出新的发展时代社会主义市场经济体制仍存在发展问题并提出了相应的发展意见。2021年1月,中共中央办公厅、国务院办公厅印发《建设高标准市场体系行动方案》,要求通过5年左右的努力,基本建成统一开放、竞争有序、制度完备、治理完善的高标准市场体系。在经济高质量发展阶段,我国市场体系还不健全,市场发育还不充分,政府和市场关系没有完全理顺,还存在市场激励不足、要素流动不畅、资源配置效率不高、微观经济活力不强等问题,存在不少体制机制障碍。必须在新发展理念的指导下,深化经济体制改革,加快完善社会主义市场经济体制,建设高标准市场体系,实现产权有效激励、要素自由流动、价格反应灵活、竞争公平有序、企业优胜劣汰,加强和改善制度供给,推进国家

第六章　发展理论指导下的竞争法制度完善

治理体系和治理能力现代化,促进更高质量、更有效率、更加公平、更可持续的发展。竞争机制是市场经济的核心,而竞争法律是保障竞争机制的重要工具,因此,在建设统一开放、竞争有序的现代市场体系过程中,竞争法律被寄予厚望,应当发挥更加重要的保障和促进作用。

一、逻辑和进路:发展理论如何指导竞争法治建设

竞争机制是市场经济的核心,竞争法治是竞争机制的灵魂。在由市场配置资源的过程中,竞争是提高效率的原动力。只有竞争,才会激发市场主体尽力发挥主观能动性,推动其降低成本、改革技术、推陈出新,从而实现整个社会的技术进步,促进国家整体的经济发展,保障消费者的合法权益。而竞争法治,则是规范竞争的一把利器。从世界范围来看,竞争法治滥觞于19世纪中后期。当时,伴随工业革命进行到一定阶段,生产的社会化趋势加强,垄断组织出现,垄断问题凸显,使中小企业和新企业几乎无立锥之地。在此背景下,美国1890年《谢尔曼法》应运而生,其立法目的是在商业竞争中制止妨害自由竞争和充分竞争的限制竞争行为,以保护贸易、生产自由及其带来的更低价格。① 德国1909年《反不正当竞争法》继而明确禁止行为人在商业交易中以竞争为目的而违背善良风俗的欺诈广告、商业诽谤、特价邀约等不正当竞争行为。② 自此,以反垄断法和反不正当竞争法为主要内容的竞争法治对规范竞争行为、保障有序竞争发挥了主要作用。对于我国而言,竞争法治则开端于社会主义市场经济体制初步建立之后的1993年,《反不正当竞争法》当年出台后经2017年、2019年两次修订,与2008年出台、当前正在修订的《反垄断法》一道,构成我国竞争法治的主要内容。与西方跨越百年的竞争法治相比,我国竞争法治尽管学习借鉴了其部分有益成果,但总体上仍处于建设和完善过程之中。我国面临的主要竞争问题与西方存在很大不同,因而竞争法治必须结合我国特色。今日的竞争场域、竞争激烈程度和竞争环境已非百年前可比,因此竞争法治还必须把握时代脉搏。在建设高水平社会主义市场经济体制的呼吁下,新发展理念以及在其指导下更新迭代的经济法

---

① See Spectrum Sports, Inc. v. McQuillan, 506 U.S. 447,458 (Supreme Court 1993).
② See Finch, James Arthur, Bills and Debates in Congress Relating to Trusts: Fiftieth Congress to Fifty-seventh Congress(First Session), U.S. Government Printing Office, 1902.

学发展理论可为新时代的竞争法治建设提供新的思路。

(一) 以发展理念引领竞争法治建设

"法律理念乃是正义的实现,正义要求法律实现既有条件下可能实现的社会生活最完美的和谐。"[①]经济法学发展理论中,传统上贯通的协调发展、永续发展、共享发展理念,以及新发展理念指导下融入的创新发展和开放发展理念,对于竞争法治建设发挥着引领性作用。竞争法律制度的完善,应当遵循发展理念的指引,更好地实现以竞争促发展。

1. 创新发展理念引领竞争法鼓励创新

2020 年 1 月 2 日,国家市场监管总局发布《〈反垄断法〉修订草案(公开征求意见稿)》,其中第 1 条增加"鼓励创新"之立法目的[②],这意味着,在创新发展理念的驱动下,《反垄断法》的作用更为明确,与新形势结合得愈加紧密。从鼓励创新的立场出发,结合知识经济时代技术日新月异的现实,有必要重新审视创新和竞争法之间的内在联系,协调相关体制机制难题,为我国现代化经济体系建设提供竞争法治保障。

创新和技术发展对于人类进步和经济增长至关重要。宪法的制定者意识到这点,因此授权国会"通过在有限时间内确保作者的著作权和发明者对发现的专有权,从而促进科学和实用技术的发展"[③]。这便是知识产权法出现的原因。事实上,竞争法和知识产权法在立法目的上有部分契合性,竞争法是鼓励创新的另外一个重要法域。关于垄断会促进创新还是阻碍创新的争议,已经持续了半个多世纪。[④] 例如,约瑟夫·熊彼特(Joseph Alois Schumpeter)认为,大企业的规模效应具有效率优势,垄断利润是对企业家创新的回报,这推动了技术进步和创新发展。[⑤] 而肯尼斯·约瑟夫·阿罗(Kenneth Joseph Arrow)则持相反观点,认为竞争会激励企

[①] 〔美〕E. 博登海默:《法理学:法律哲学与法律方法》,邓正来译,中国政法大学出版社 1999 年版,第 172—173 页。

[②] 参见反垄断局:《市场监管总局就〈反垄断法修订草案(公开征求意见稿)〉公开征求意见》,at http://www.samr.gov.cn/hd/zjdc/202001/t20200102_310120.html,最后访问日期:2021 年 6 月 16 日。

[③] U.S. CONST. art. 1, § 8, cl. 8.

[④] See Hon. Donald F. Turner, Patents, Antitrust and Innovation, *The Antitrust Bulletin*, Vol. 277, Issue 12, 1967, p.277.

[⑤] 参见〔美〕约瑟夫·熊彼特:《经济发展理论》,郭武军等译,华夏出版社 2015 年版,第 290 页。

第六章　发展理论指导下的竞争法制度完善

业家扩大研发投入以保持竞争优势,而现有的垄断者会阻碍新的竞争对手进入市场。这两种截然相反的观点,被称为产业组织理论中的"熊彼特—阿罗"争论。技术的本质是信息,是关涉用于生产新产品、提供新服务以及更有效地生产现有产品、提供现有服务的信息。任何技术信息上的增进,都将使社会更有效地利用现有资源。因此,技术进步会提高生产率、竞争力和消费者福利。与反垄断试图制止的限制性行为可能造成的损害相比,技术进步带来的经济福祉相当可观。反垄断法是自由经济的大宪章,从产生开始就被赋予了提高经济效率的历史使命。因此,对于反垄断法而言,对技术进步造成实质性损害的法律规定是不可取的,反垄断法在维护竞争的同时也应注意促进创新,至少不应阻碍创新。通过制止垄断行为和不正当竞争行为,维护市场秩序,竞争法可以保障和促进自由而公平的市场竞争,各类市场主体凭借自身能力获得竞争优势,从而推动科技创新和经济发展。

创新是经济发展的动力源泉,在创新发展理念的指引下,竞争法应树立鼓励创新之立法目的,更加重视发挥其鼓励创新的特殊功能。一方面,规制垄断行为,营造自由而公平的竞争环境,本身会为创新发展提供肥沃的市场土壤;另一方面,在具体反竞争行为的规制中,应强化创新概念的作用和影响,对于明显鼓励创新或者对创新具有重大影响的反竞争行为,可以考虑通过豁免等安排使其免于处罚;再者,还应处理好知识产权法和反垄断法的关系,找到二者之间的结合点和冲突点,在保护知识产权的同时,防止滥用知识产权对创新造成伤害。

2. 协调、共享发展理念引领竞争法保障公平

公平正义,是任何一个时代都必须保障的核心价值。公平竞争是公平价值在市场竞争中的体现,它要求市场主体在市场竞争中的横向公正和平等性。在很多国家的经济宪法中,都体现了公平竞争的相关内容。例如,俄罗斯联邦《宪法》第34条第2款规定:"禁止从事旨在垄断和不正当竞争的经济活动。"又如,克罗地亚共和国《宪法》第49条第2款规定:"国家保障任何经营机构在市场中享有平等的法律地位。禁止构成法律界定的滥用垄断地位的行为。"我国《宪法》第15条也隐含了公平竞争的基本原则。竞争法作为社会主义市场经济中维护竞争秩序的经济法子部门,是保障公平竞争的重要法域。

公平竞争也是发展理论的吁求之一,尤其体现在协调发展和共享发展两个方面。一方面,协调发展理念要求国家妥善处理好社会各方之间

的利益关系,实现两点论和重点论的统一,既要补齐短板,又要厚植原有优势,更加注重发展机会公平和资源配置均衡。当前我国社会主义市场经济的发展,一个突出问题即表现为偏向性竞争机会分布。市场中竞争主体日益多元化,各类主体可以获得的竞争机会并不平等。国有企业和民营企业中,国有企业与银行等金融机构、政府部门往往存在密切联系,更容易获得竞争机会;本地企业和外地企业中,本地企业往往受到本地设置的贸易壁垒保护,交易机会更加丰富。此类的交易机会不公平容易导致利益分配的失衡,导致社会发展的不协调。因此,公平竞争是协调发展理念在市场经济领域的重要要求。另一方面,长期利益失衡将会导致社会财富分配的失衡,不符合以人民为中心的永续发展要求,是对共享发展理念的违背。共享发展要求社会财富由全体人民共同享有、合理分配。不公平的竞争显然会使交易利润集中于特权一方,这也是一种行政性的垄断,长此以往会出现"富者连绵阡陌,穷者无立锥之地"的极端局面,不利于缩小贫富差距、实现社会财富的公平分配。

为贯彻落实协调发展理念和共享发展理念,竞争法应进一步加强对公平竞争的保护力度,营造公平竞争的市场环境。我国《反垄断法》第1条明确规定"保护市场公平竞争",《反不正当竞争法》第1条也强调"鼓励和保护公平竞争",均明确了公平竞争的立法目的。2016年出台和实践的公平竞争审查制度,也在公平竞争保障过程中起到重要作用,并已写入《〈反垄断法〉修订草案(公开征求意见稿)》。接下来,相关竞争法具体制度的完善应该以立法目的为向导,将公平竞争提升到制度设计和运行的重要位置。

3. 绿色发展理念引领竞争法重视环境保护

竞争法直接关涉市场主体的竞争行为,而市场主体正是贯彻绿色发展理念的重要主体,因此竞争法与环境保护之间也存在一定联系。从宏观角度看,国家或社会在一定阶段可能会开展以生态环境为代价的经济发展实践,这显示了环境保护和经济增长速度之间一定程度的矛盾性。从微观角度看,这种结果是由每一个市场主体不顾环境保护要求、一味追求企业业绩增长的每一次实践所造成的,这体现出企业用于环保的费用和企业整体效益的提高之间也存在一定矛盾性。这样来看,环保支出也成为企业之间竞争的一项重要指标,与市场竞争密切相关。

绿色发展理念是永续发展的必要条件,体现了人民对美好生活的向往。追求绿色发展,就是要解决好人与自然和谐共生的问题。重要的路

第六章　发展理论指导下的竞争法制度完善

径,是解决好工业污染、能源开采耗用、珍稀动物猎捕等与生态环境保护的关系问题。其中,治理工业污染,不仅需要从技术上分解污染物质,还应该从源头上增强企业保护环境的意识,使环保支出不再成为竞争指标,而是成为每个企业都必须付出的成本。只有企业认识到,污染环境并不能带来任何竞争优势,反而还会成为竞争劣势,企业才会自觉主动减少污染、购买技术设备减轻污染。通过法律制度安排使企业树立绿色发展理念,是治理污染、保护生态环境的治本之策。

在经济法中,通过影响市场主体竞争态势实现绿色发展的范例并不少见。例如,我国《环境保护税法》对我国境内及我国管辖海域内直接向环境排放应税污染物的企业事业单位和其他经营者征收环境保护税,此举的目的是使产品价格体现环境成本,污染环境的企业必须以提高成本为代价,引导企业减少污染物排放。这种宏观层面的经济举措确实可以引导每个市场主体的行为,实现保护和改善环境的效果。在微观层面,将环保作为一项影响竞争分析的特殊因素予以考虑,也会起到类似的引导效果。在我国,竞争法之前与绿色发展理念的结合,主要体现为《反垄断法》第 15 条第 1 款第 4 项"为实现节约能源、保护环境、救灾救助等社会公共利益的"之豁免规定。也即,即使经营者行为构成了横向垄断协议或纵向垄断协议,但因其目的是出于保护环境的社会公共利益,那么也不认定其违反《反垄断法》。这无疑是绿色发展理念的体现,但在直接关涉市场竞争的竞争法领域,仅此一条还很不够。竞争法应进一步贯彻落实绿色发展理念,着重从提高环境成本在市场竞争中的重要性角度,建立法律制度,保障绿色发展。竞争法应发挥其规制性,将鼓励和禁止相结合,对于污染严重的企业,在评估其竞争行为对消费者造成的影响时,应更加重视竞争行为中环保因素的影响;对于保护环境的企业,进一步健全完善我国的环境保护卡特尔豁免制度,鼓励保护社会公益;查处污染严重的反竞争经营者时,应加强竞争法与《环境保护法》的衔接配合,加强市场监管部门和环境保护部门的执法配合,节约执法成本,提高竞争执法和环境保护执法效率。

4. 开放发展理念引领竞争法开展国际合作

在世界信息互联互通的今天,进一步加强对外开放、积极开展国际合作的重要性自不待言,对于竞争法而言尤其如此。世界范围内,竞争法经过百余年的发展,已经依照美国、欧盟两大司法辖区形成了美、欧两大法律范式。我国主要参照欧盟竞争法进行竞争立法,在垄断行为和不正当竞争行为模式、具体内容设计、制度背景案例等方面都有很多借鉴。因此，我国竞争法本身就带有浓厚的域外色彩。在实践过程中，尽管我国的竞争环境具有一定特殊性，如独具本土特色的行政性垄断行为等，但总体上与域外有很大相似性。面对相似的竞争问题，我国还需要进一步加强对域外法条、案例、经济学原理的研究。同时，互联网、大数据等新经济形态对竞争法造成深刻影响，这种影响也是全球性的、同步进行的。对于新的竞争行为、新的竞争难题以及执法司法部门各自的理解认定、学界新的研究动态，都需要加强全球的互动沟通。

开放发展理念采取世界视野，要求国内经济发展必须考虑全球经济发展的背景，提倡主动顺应经济全球化潮流，坚持对外开放，充分运用人类社会创造的先进科学技术和有益管理经验。开放发展应是合作型发展，在开放发展理念的呼吁下，竞争法应当进一步加强国际合作，在全球视野下看待竞争问题，这符合当代竞争实践的需要，有益于借鉴国外经验，深化本土实践。同时，开放发展还应是竞争性发展，关注国际竞争形势是开放发展的应有之意。为进一步扩大对外开放，放松管制的国际竞争已是大势所趋。跨国企业在全球经营业务、竞争场域的范围变化，可能使竞争法成为国家之间竞争的工具。只有完善竞争立法，才能从容开展和应对国际反垄断调查；只有加强合作，才能推动国际市场在新时代走向繁荣。

（二）以基础的竞争法权利保障高位阶的经济发展权利

发展权利是经济法学发展理论中的重要范畴，在国内法领域，它是指经济法主体享有的一类重要的综合性权力或权利，其实现要以经济法主体各类基本权力或权利为基础，因而其位阶更高。经济发展权被公认为是发展权的核心，是社会发展权、政治发展权等其他发展权有效实现的基础，直接关涉一国国内的经济结构调整和经济发展，其实现尤其需要经济法的保障。经济法是促进发展之法，具有突出的规制性，在转变经济发展方式的过程中具有重要作用，其调整会直接影响相关主体的经济发展权和发展利益。基于经济发展权的多样性和多层级性，与之相关的法律保护也体现在多个层面。比如，在宏观调控领域，与金融调控和税收调控相关联的货币发行权和税款征收权，对国家和国民的经济发展权都有直接的影响；同时，在市场规制领域，企业的竞争环境和个人的生存状况反映了国民发展权、个体发展权、促进发展权、自我发展权的保护程度。要促

第六章 发展理论指导下的竞争法制度完善

进微观经济的发展,就必须保障企业的经营自由权和公平竞争权,为企业营造公平竞争的外部环境。① 因此,经济法保障经营者的自由竞争权、公平竞争权等竞争法权利,是在市场规制领域保障发展权利的现实体现。

1. 自由竞争权与自由的经济发展权

自由竞争权是指市场主体在市场经济中自主决定交易对象、交易价格、交易数量、交易时间、交易地点、交易方式及其他交易条件的权利。与自由竞争相对立的状态是不自由竞争,是指市场主体受到政府管制和国家计划等影响,不能自由地决定参与市场竞争的各项交易条件。自由竞争权的产生拥有悠久、深厚的理论渊源,已被公认为现代市场经济国家需要为市场主体保障的一项基本权利。

自从亚当·斯密(Adam Smith)提出"看不见的手"概念以来,政府和市场的关系问题成为国家经济治理永恒探讨的话题。古典经济学家围绕该问题开展研讨,产生了对立的两种思潮——自由放任主义和政府干预主义。对于政府干预市场的行为,经济学家无论持赞成还是反对意见,都潜在地陈述了一个命题:市场之所以能够有效配置资源,其内在逻辑是改变供给方和/或需求方之间的竞争关系,竞争是市场经济的内在机制。在自由竞争的地位方面,弗朗斯瓦·魁奈(Francois Quesnay)主张,自由竞争与自由选择、自由贸易一并构成经济自由的内容,自由贸易的实现依赖于自由竞争。② 在自由竞争的实现路径方面,雅克·杜尔哥(Anne Robert Jacques Turgot)认为,平等关税可以在国际贸易中实现自由竞争。③ 亚当·斯密也关注自由竞争在市场竞争中的作用机理,并在《国富论》中论述与了市场竞争相关的五个方面的问题。④ 之后,古典经济学家进一步强调了自由竞争的重要性,大卫·李嘉图(David Ricardo)关注通过政策工具实现自由竞争的问题。他肯定了市场经济的自动调节功能,认为应该在

---

① 参见张守文:《经济发展权的经济法思考》,载《现代法学》2012年第2期。
② 参见吴斐丹、张草纫选译:《魁奈经济著作选集》,商务印书馆1979年版,第338、415页。
③ 参见姚开建、杨玉生主编:《新编经济思想史》(第二卷),经济科学出版社2016年版,第341页。
④ 五个方面的问题分别是:第一,商品供需量与市场竞争、市场价格的关联;第二,垄断者高利润的原因;第三,同业组合的排他特权、学徒法规与垄断的关系;第四,高关税与国内市场的独占;第五,殖民地贸易独占的影响。参见〔英〕亚当·斯密:《国富论》,郭大力、王亚南译,商务印书馆2015年版,第425、564—632页。

国内实行自由放任的经济政策,对外国实行自由贸易政策,以推动自由竞争。① 让·巴蒂斯特·萨伊(Jean-Baptiste Say)提出了类似观点,认为自由竞争指导下的市场运行不会出现生产普遍过剩的现象。② 卡尔·马克思(Karl Marx)、弗里德里希·恩格斯(Friedrich Engels)也肯定自由竞争的价值,认为竞争是资本的内在本性③;在政治上,认为社会革命的目的不在于消除自由贸易和自由竞争的障碍,而在于从根本上推翻资产阶级统治。④ 经济学对自由竞争的肯定和推崇影响波及法学领域,衍生出竞争法上的自由竞争权概念。《反垄断法》被称为"自由企业的大宪章",是保障市场主体自由竞争权的重要法域。企业的自由竞争权利并不是绝对的、无条件的,而必须以尊重其他主体的自由竞争权为前提。反垄断法虽然在本质上属于国家的市场规制法,但其目的是规制限制竞争行为,防治垄断企业滥用自由竞争权,从而保障所有企业的自由竞争权利。正如学者们所说的那样,"只要存在对竞争的不正当限制,或者对消费中、购买中合理判断的严重障碍,那么,实际的政府干预就是必要的,这种社会的控制与其说是对自由企业体制本身进行限制,不如说是用来扩大企业在市场上的总体自由。作为基本的指南,反托拉斯法为商业的(市场)进入、扩展和存在提供了有效便利。"⑤

市场主体的自由竞争权利是一项基础的经济权利,可以保障作为高位阶权利的经济发展权——即市场主体的自我发展权。自由,也即个人在市场中按照自己需要和意愿从事生产、交易、消费、就业等经济活动,是人们追求的基本经济目标之一,也是《宪法》所赋予的至关重要的价值,每个主体都有权利从事正当合法活动,不受政府和其他主体的不当干预。从商业史来看,社会经济的发展,原本就起源于商品的自由流通。对于经济发展而言,无论是国家的经济发展,还是国民的经济发展,都离不开自

---

① 参见〔英〕大卫·李嘉图:《政治经济学及赋税原理》,郭大力、王亚南译,商务印书馆1962年版,第247—248页。
② 参见〔法〕萨伊:《政治经济学概论——财富的生产、分配和消费》,陈福生、陈振骅译,商务印书馆1997年版,第143—145页。
③ 参见中共中央马克思恩格斯列宁斯大林著作编译局编译:《马克思恩格斯全集》(第三十卷),人民出版社1995年版,第394页。
④ 参见中共中央马克思恩格斯列宁斯大林著作编译局编译:《马克思恩格斯全集》(第二卷),人民出版社1957年版,第624页。
⑤ 〔美〕马歇尔·C.霍华德:《美国反托拉斯法与贸易法规》,孙南申译,中国社会科学出版社1991年版,第4页。

第六章　发展理论指导下的竞争法制度完善

由竞争的市场环境。只有保障自由竞争权,市场主体才能在市场上发挥聪明才智和自身优势,根据市场供需关系的变化自主地决定商业行动;才会激发市场活力,鼓励市场主体提高劳动生产率,研发具有独特性的商品,锐意创新,从而增加个体财富,促进整个市场经济蓬勃发展,营造欣欣向荣的市场竞争环境。正因如此,保障自由竞争权利即是保障经济发展权利。从自由竞争权到自由的经济发展权,这是一个从国民发展权波及国家发展权、从个体发展权波及整体发展权、从自我发展权延伸到促进发展权的过程,有利于从微观到宏观、从部分到整体的经济发展。

2. 公平竞争权与公平的经济发展权

公平竞争,是指市场竞争中,市场主体之间一切以交易为目的之活动的横向公正性和平等性。政府应该通过经济立法和经济执法,及时调整和修正不符合竞争政策的宏观调控行为,加强规制已存在或将出现的限制公平竞争行为,司法机关应加强经济司法,共同营造符合法定程序和经济规律的竞争环境,以确保市场竞争健康运行,市场经济蓬勃发展,市场生态风清气正。公平竞争权,是指市场主体依法享有的在市场中公平竞争的权利。人生而平等,每个人都有权利通过自己的努力平等交易,凭借自己的实力公平竞争,依靠自己的劳动获取经济利益和财富,这是每个人辛勤工作的基本前提。如果失却了公平竞争的前提,那么投入和产出之间就会失衡,就难以产生人类发挥才能的创造性成就。这对于个人来说是可悲的,对于社会而言是不符合公共利益和长期发展要求的。因此,无论对于个人还是社会而言,公平竞争权都是一项很重要的发展权利。

早在我国春秋战国时期,农家徐行就认为,商品交换的双方应平等、公平合理,反对商业欺诈,这是早期公平竞争思想的体现。西方对于公平竞争的关注,则出现在对自由竞争的关注之后。19世纪中叶,约翰·穆勒(John Stuart Mill)倡导国家适当干预以确保社会的整体利益不受侵犯,强调政府的职能和责任在于维护市场的公平和竞争,这一观点提出了公平竞争的新要求。[①] 在生产社会化趋势加强的19世纪中后期,垄断组织出现,垄断问题凸显,一些新兴的经济学派开始辩证对待自由竞争理念,新古典经济学家从"完全竞争""不完全竞争""纯粹竞争""垄断竞争"等背景

---

① 参见〔英〕约翰·穆勒:《政治经济学原理及其在社会哲学上的若干应用》(下卷),赵荣潜等译,商务应书馆1991年版,第542—553页。

出发,或将"不公平竞争"作为垄断产生的一种方式予以提出[①],或从模仿竞争者产品的意义上提及了"不公平竞争"问题[②],或完全颠覆了古典经济学以"自由竞争"为前提开展的研究,开始以"不公平竞争"为前提进行分析。[③] 近十余年来,我国经济学家在探讨政府和市场关系相关主题时,明确提出国企改革应建立完善的市场公平竞争环境等观点。[④] 伴随着经济学对公平竞争的理解日益深化,竞争立法也吸收了相关观点,将公平竞争视为重要的立法目标,将公平竞争权视为市场主体重要的发展权利并予以保护。例如,2005年日本《禁止私人垄断及确保公平交易法》、2009年加拿大《竞争法》均明确提出了公平竞争的要求。我国《反垄断法》第1条规定:"为了预防和制止垄断行为,保护市场公平竞争,提高经济运行效率,维护消费者利益和社会公共利益,促进社会主义市场经济健康发展,制定本法",我国《反不正当竞争法》第1条也规定:"为了促进社会主义市场经济健康发展,鼓励和保护公平竞争,制止不正当竞争行为,保护经营者和消费者的合法权益,制定本法",均将公平竞争作为重要的目标。我国作为社会主义国家,与资本主义国家相比,竞争法更加强调竞争的公平性而非自由性,公平竞争在国家经济发展过程中占据重要地位。[⑤]

在发展理论看来,公平竞争权是一种保障公平的经济发展权。依据1986年联合国通过的《发展权利宣言》,"国家有权利和义务制定适当的国家发展政策,其目的是在全体人民和所有个人积极、自由和有意义地参与发展及其带来的利益的公平分配的基础上,不断改善全体人民和所有个人的福利。"[⑥]据此,一国之内的各类主体都应有权参与发展并公平分配

---

① 参见〔美〕弗兰克·奈特:《风险、不确定性与利润》,郭武军、刘亮译,华夏出版社2013年版,第137页。

② 张伯伦提及的"不公平交易""不公平竞争",均在模仿竞争者产品的意义上讨论,与现代意义的"不正当竞争"含义较为相近。我国也有学者提出了类似观点,认为反对限制竞争法和反对不正当竞争法存在不同的目的,前者追求的是自由竞争、反对限制竞争;后者追求的是公平竞争,反对不正当竞争行为。参见〔美〕爱德华·张伯伦:《垄断竞争理论》,周文译,华夏出版社2009年版,第285页;王晓晔:《反垄断法》,法律出版社2011年版,第33—35页;王晓晔:《竞争法中的自由竞争与公平竞争》,载《安徽大学法律评论》2005年第1期。

③ 参见〔英〕琼·罗宾逊:《不完全竞争经济学》,王翼龙译,华夏出版社2012年版,第4页。

④ 参见林毅夫等:《充分信息与国有企业改革》,上海三联书店、上海人民出版社1997年版,第68—169页。

⑤ 参见谭晨:《从自由竞争到公平竞争:竞争理念和竞争法理念的衍变与启示》,载《竞争政策研究》2019年第2期。

⑥ 参见联合国大会1986年12月4日第41/128号决议通过的《发展权利宣言》第2条第3款。

第六章　发展理论指导下的竞争法制度完善

发展利益,以不断改善整体和个体福利,这也是经济发展权的应有之义。①为市场主体营造公平竞争的市场环境,这是使各类主体公平参与第一次分配的重要举措。只有公平参与竞争,各类主体才能公平地享有发展机会,凭借智慧和劳动参与财富分配。因此,公平竞争权是公平分配权和公平发展权在竞争领域的具体化。为保障市场主体的公平竞争权,就必须使各类主体平等、公正地获得均等的发展机会,因此,必须保障其竞争参与权,规制违法的垄断行为和不正当竞争行为,整治经济领域不符合公平竞争要求的制度和做法,保障市场主体公平的经济发展权。

公平竞争权是经济宪法赋予公民的一项基本权利。从国际范围看,新加坡共和国《宪法》第12条对平等保护公民经济权利作出了规定,第2款中"不得仅仅由于宗教、种族、出生或出生地,而在任何法律中或……或进行贸易、商业、职业、行业或雇佣相关的法律时,对公民进行区别对待"②的规定,赋予公民经济平等权,保障公民的经济自由权利不受国家优待和歧视的影响,在商业竞争中一律平等。《欧盟基本法》第3条第1款和《欧盟基本权利宪章》第20条也对一般平等条款作出了规定。如果被规范的不同情况在种类和程度上不存在实质上的不同,那么不应当受到区别对待。平等条款也允许客观考虑之后的合理区分,国家只提供实现个人经济自由的法律起点平等。我国《宪法》也隐含地赋予了市场主体公平竞争的权利。《宪法》第33条第2款"中华人民共和国公民在法律面前一律平等"的规定,可作为公民享有平等参与市场竞争、应当受到平等待遇、不应受到任何方面歧视之权利的宪法依据;第51条"中华人民共和国公民在行使自由和权利的时候,不得损害国家的、社会的、集体的利益和其他公民的合法的自由和权利"之规定,可作为公民不得实施限制公平竞争行为之义务的宪法渊源。公平竞争权利和义务的具体配置,还需要在经济法治中落实和推动。宪法和经济法所共有的"经济性"是其存在密切关联的基础和纽带,经济宪法中公平竞争的实现有赖于经济法规范的制定和实施,这直接影响着宪法的生命力。③我国经济宪法对公平竞争权利和义务

---

①　参见张守文:《经济发展权的经济法思考》,载《现代法学》2012年第2期。
②　朱福惠、王建学主编:《世界各国宪法文本汇编》(亚洲卷),厦门大学出版社2012年版,第704页。
③　关于宪法和经济法的关系及其良性互动,以及经济管理体制调整、宪法修改与经济法变迁的关联,参见张守文:《宪法与经济法关系的"经济性"分析》,载《法学论坛》2013年第3期;张守文:《回望70年:经济法制度的沉浮变迁》,载《现代法学》2019年第4期。

的规定,意味着公平竞争作为宪法权利具有权威正当性,受到政府的绝对保障。立法机关应当保障而非剥夺公民的公平竞争权,执法机关应当维护而非损害公平竞争秩序,司法机关在处理竞争纠纷时应以保障和促进公平竞争为重要考量。经济宪法对公平竞争权的隐含规定,构成了经济法各部门公平竞争立法和建制的法律依据。目前,在相关制度体系尚未健全的情况下,司法实践中也可运用合宪性解释的方式帮助确定法律规范的含义。保障和促进公平竞争,就是实现根本大法赋予公民的基本权利,能够有力维护国家长治久安,实现经济和社会的良性运行和协调发展。

与公平竞争相对立的状态是不公平竞争,公平竞争权的保障力度不够时,就会存在权利受损的情况。事实上,目前我国市场经济中的公平竞争程度还不尽如人意:竞争法的规制尚不完善,还存在着多方面的局限。从市场准入的角度看,不同类型企业参与公平竞争的权利有时尚不能得到平等保障。例如,民营企业和国有企业在市场准入方面曾长期存在着事实上的不平等待遇,为了促进民营经济的发展,国务院继 2005 年出台《关于鼓励支持和引导个体私营等非公有制经济发展的若干意见》后,又于 2010 年出台了《关于鼓励和引导民间投资健康发展的若干意见》,尽管这些规定的总体精神和具体内容都很好,国家试图通过其有效实施来保障民营企业公平参与某些领域的市场竞争,但由于多种因素的存在,民企同国企真正全面进行公平竞争并非易事,上述规定真正落实到位还存在很大空间,这在经济结构调整过程中体现得更为突出。从法律调整的综合性和可操作性来衡量,国务院出台的这两个意见局限性是比较明显的,在某些现行的、具体的财政制度、税收制度、金融制度、产业制度、投资制度、外贸制度中,针对不同所有制、不同区域、不同规模、不同类型的企业,往往会有大量不同的规定,各类主体的实质待遇可能会有较大区别。就市场主体公平参与市场竞争而言,仅有竞争政策或者竞争制度是不够的,尤其需要加强竞争法与其他各类法律制度的配合,需要加强竞争法与经济政策的协调,因为财税制度、金融制度等都是影响市场主体公平参与竞争和实现自身有效发展的重要约束。[①] 为保障公平竞争权这项基础性权利,进而保障更高位阶的公平的经济发展权,应当进一步完善竞争立法,加强竞争执法,确立和坚持竞争政策的基础性地位,加强竞争政策和其他

[①] 参见张守文:《经济发展权的经济法思考》,载《现代法学》2012 年第 2 期。

第六章　发展理论指导下的竞争法制度完善

经济政策的协调,一体化促进公平竞争。

(三) 以基础的竞争法责任落实高位阶的经济发展责任

在市场竞争领域,无论是自由竞争权利还是公平竞争权利,最终都应落实到具体的竞争法责任之中,这是保障更高位阶的经济发展责任的基础。发展理论中的相关范畴,不仅包括发展目标、发展主体、发展权利或权力、发展义务等,还包括不可或缺的发展责任。发展责任是第二性的发展权利和义务,在发展主体逾越权利边界或者不履行义务的前提下,将产生新的权利和义务,通过惩罚、补偿、预防等功能保护第一性的发展权利和义务。竞争法责任作为保障竞争权利和义务实现的重要工具,其立法设置和具体落实直接关系到竞争法促进市场竞争的能力大小,也关系到发展责任保障经济发展的实际成效。

从理论上看,责任理论与主体理论、行为理论、权义理论环环相扣,共同构成经济法规范论的主要内容。经济法责任理论被视为影响经济法制度建设和经济法实效的一个重要问题,也被公认为是影响经济法理论"自足性"的重大问题。[①] 与传统的责任理论相比,经济法中的责任具有一定特殊性,这映射在发展理论之中,使发展责任带有鲜明的特点。发展主体既包括个人也包括国家,这使得发展行为既体现为个体的自我发展行为,又表现为国家的促进发展行为。在此情况下,经济发展过程中发展主体之间的权义结构设置具有差异性、层次性的特征,这决定着发展责任也是具有层次性的,呈现出国家责任和个人责任二元分布的状态。在竞争法中,一方面,国家为实现宏观经济发展目标担任规制主体角色,享有市场规制权利,承担市场规制义务;另一方面,市场主体为实现个体经济发展目标,享有自由竞争权利和公平竞争权利,同时作为规制受体角色履行公平竞争义务。与之相对应的,在权利和义务受损害的情况下,国家和市场主体也有着各自独立的竞争法责任,主要分为规制主体违法进行竞争执法的责任,以及规制受体违反竞争法和妨碍竞争执法的责任。

1. 规制主体的竞争法责任与发展责任

之所以按照承责主体的不同,将市场竞争领域的责任分为规制主体的责任和规制受体的责任,是因为这两类主体及其权义结构存在很大程度的区别,所承担的责任也各异其趣,有必要以二元结构假设为基础性框

---

① 参见张守文:《经济法责任理论之拓补》,载《中国法学》2003年第4期。

架来展开分析。在经济法中,国家或作为意志代表的政府是主导宏观调控和市场规制的主体。放在发展理论的框架之下,国家和政府也是推动宏观意义上经济发展的主要力量。在市场竞争领域,政府及其职能部门享有推动市场竞争的各项职权,如依法监督、检查、调查、处理各种垄断行为和不正当竞争行为、进行竞争倡导、弘扬竞争文化等,同时也履行相应职责,如不得滥用职权、玩忽职守、徇私舞弊、泄露执法过程中知悉的商业秘密等。规制主体职权和职责的特殊性,表现在权义配置的不均衡性、规范分布的倾斜性、权义对应程度的不对等性[①]等方面。在规范结构上,较之规制受体,规制主体的职权更加丰富,职责规定则相对较少。只有如此安排的权义结构,才能最大程度发挥政府推动市场竞争的能力,彰显经济法保障和促进发展的功能。相对应的,规制主体的发展责任主要包括两个方面:一是规制主体滥用发展职权,侵害发展主体合法权益应承担的责任;二是规制主体不履行发展职责,虚置法定义务应承担的责任。无论是哪个方面的发展责任,都必须落实到经济法规范中,由具体的经济法规则加以确定。

  行政机关和法律、法规授权具有管理公共事务职能的组织以及直接负责的主管人员和其他直接责任人员是市场竞争领域开展市场规制的主体,享有竞争法规定的权利,履行竞争法规定的义务,并承担相应的竞争法律责任。依循发展责任的框架体系,规制主体的竞争法责任主要集中于责任承担的第二个方面。在法律条文上的表现,如我国《反垄断法》第54条"反垄断执法机构工作人员滥用职权、玩忽职守、徇私舞弊或者泄露执法过程中知悉的商业秘密,构成犯罪的,依法追究刑事责任;尚不构成犯罪的,依法给予处分"以及《反不正当竞争法》第30条"监督检查部门的工作人员滥用职权、玩忽职守、徇私舞弊或者泄露调查过程中知悉的商业秘密的,依法给予处分"之规定。同时,对于我国而言,行政性垄断是一种特殊的垄断行为,政府滥用行政权力,制定含有排除、限制竞争内容的规定,可以视为规制主体滥用发展职权的体现,因此也承担相应义务,对于滥用行政权力的行为,由上级机关责令改正,并对直接负责的主管人员和其他直接负责人员依法给予处分。有职责则必有责任,对于竞争法中规定了规制主体职责而未规定相应责任的情况,应在法律修订过程中补足。同时,促进经济发展、促进公平竞争等既是政府的职权也是政府的职责,

---

① 参见张守文主编:《经济法学》(第七版),北京大学出版社2018年版,第67页。

如何衡量发展结果,以及如何将促进职责进一步落实为具体责任,则须进一步掘拓。

2. 规制受体的竞争法责任与发展责任

规制受体是市场经济中接受市场规制的对象,其享有一定的权利,如规制对策权等,但其权义更多地体现为义务,即依法接受规制的负担。规制受体的发展责任首先来源于其发展义务。从普遍意义上说,推动国家发展的主体主要是国家、或作为国家代表的政府。但同时,不可否认市场主体也能够并且应该通过自身发展推动国家发展,这种应然义务在市场竞争领域表现为两个方面:其一,市场主体应充分发挥法律所赋予的自由竞争权、公平竞争权,提高自身经济效益、实现自身经济增长;其二,市场主体不应利用自身竞争优势,或通过不合法、不正当的竞争手段制止、阻碍、妨害其他市场主体自我发展。这两个方面是市场主体实现发展的积极一面和消极一面,后者构成发展义务的主要方面。相对应的,发展责任主要发生在市场主体不遵循消极义务的时点。由于市场主体的行为具有多样性,对发展造成的危害也各不相同,因而发展责任的形式也呈现出丰富多样的特点,包括赔偿性责任或惩罚性责任、财产性责任或非财产性责任等。

在市场竞争领域,市场主体阻碍发展的主要方式是实施垄断行为和不正当竞争行为,因而竞争法责任是发展责任在该领域的具体体现。竞争法对市场主体设置法律责任,主要根据是反竞争行为的类型,主要衡量的是反竞争行为对经济效益、消费者权益损害的程度。对于《反垄断法》《反不正当竞争法》制止的反竞争行为,均规定了对应的竞争法律责任。与其他部门法相比,竞争法律责任还独具特征。一方面,竞争法律责任兼具静态性和动态性。前者表现在法律责任条文的安排和设置上,后者表现为竞争执法机构强制违法者履行责任,具有制裁方面的动态特征。另一方面,竞争法律责任还呈现出多元综合性的特征,民事责任、行政责任、刑事责任以及经济责任糅杂在竞争法律之中,使竞争法能够最大限度利用已有的法律资源,对不同类型的反竞争行为作出不同程度的惩治措施。再者,竞争法律责任还呈现出鲜明的层次性特征,从补偿性责任,到惩罚性责任,再到威慑性责任等,或者从对责任者财产利益的剥夺,到对责任者非财产利益的限制等,都体现了竞争法律责任的层次性。这种兼具静态性和动态性、多元综合性、鲜明的层次性的竞争法律责任,能够最大限度地涵盖发展责任的要求。在创新驱动发展的新时代,新的竞争行为层出不穷,为进一步保障经济发展,有必要进一步丰富竞争法律责任的形式和内容,完善多元竞争主体各个层次的法律责任。

二、发展理论指导下的反垄断法制度完善

在经济法学发展理论的指导下,反垄断法作为竞争法中的重要部分,必须贯彻新发展理念,保障发展权利和发展权力,落实发展责任,将发展理论融入具体的反垄断法律制度之中,推动发展理论指导下的反垄断法律制度完善。在新时代的背景下,为营造自由竞争和公平竞争的市场环境,更大程度激发市场活力,我国将在竞争政策顶层设计上实现新的突破。尤其是作为关键配套设施的《反垄断法》,其修订工作正在紧锣密鼓的推进之中。在《反垄断法》实施十余年之后的今天,国家市场监督管理总局已于2020年1月就《反垄断法(修订草案)》向社会公开征求意见,2021年10月,《反垄断法(修订草案)》提请第十三届全国人大常委会第三十一次会议初次审议,后于23日向社会公众征求意见。2021年相关立法立规活动如火如荼,国务院反垄断委员会《关于平台经济领域的反垄断指南》、国家市场监管总局等五部门《公平竞争审查制度实施细则》、国务院反垄断委员会《关于原料药领域的反垄断指南》、国家市场监管总局《企业境外反垄断合规指引》相继印发。中国作为欧美以外的第三大司法辖区,此次反垄断法修订关系到作为"经济宪法""经济自由大宪章"的《反垄断法》在下一个十年的遵从与实施,关系到公平竞争市场环境的建立与竞争政策基础性地位的确立,因而是经济法市场规制领域近年来最为重要的议题之一,在理论和实践方面都具有重要意义。目前,国务院反垄断委员会专家组已展开相关研究,并形成了相应的研究报告。在此背景下,以经济法学发展理论指导反垄断法律制度的完善,使《反垄断法》进一步作为保障自由竞争权和公平竞争权之法,切合时代焦点,具有十分重要的意义和价值。

(一)以发展导向指引竞争立法

1. 竞争政策在经济政策中的重要地位

竞争政策(competition policy)是一个全球通用的概念,美国通常称之为"反托拉斯政策",通常认为,它是指国家为保障和促进市场竞争而实施的法律和政策。从该定义可以引申出两个隐含的认识:首先,竞争政策的形式包括法律和政策。有研究者总结了竞争政策在三个层面上的使用:一为狭义使用,专指反垄断法;二为广义使用,指对经济发展具有促进性

功能的、为维持和发展竞争性市场机制所采取的各种公共措施;三为最广义使用,泛指一切与竞争有关的政策措施,既包括促进竞争政策,也包括限制竞争政策。① 现实使用多采用了范围适中的广义层面,且以竞争法律为核心。其次,竞争政策的目标是保障和促进市场竞争。具体而言,按照传统竞争法的观点,最首要的目标是经济福利,包括总福利即消费者剩余和生产者剩余的总和,以及消费者福利即消费者剩余。现代竞争法将公平竞争视为重要目标。此外,还有其他目标,如保护中小企业、促进市场一体化、经济自由、反通货膨胀等,社会、政治、环境、战略等因素也会影响竞争政策的制定和实施。② 这些目标可能发生冲突,需要针对具体情况衡量利弊,作出取舍。竞争政策的专题研究始于20世纪70年代末,有研究者归纳总结了美国联邦贸易委员会的竞争倡导措施[3],一些经济转型国家的学者为反对寻租、帮助改革,对有助于确立竞争秩序的经济政策展开了研究。[4] 21世纪开始,竞争倡导和竞争文化的研究日益丰富,各国越来越意识到反垄断执法以外的竞争政策也十分重要。[5]

在我国,学界对竞争政策早有关注,而国家层面第一次正式提出竞争政策是在《反垄断法》中,根据该法第9条,反垄断委员会的职责之一是"研究拟订有关竞争政策"。2015年,中共中央、国务院《关于推进价格机制改革的若干意见》明确提出"逐步确立竞争政策的基础性地位",要求加快建立竞争政策与产业、投资等政策的协调机制。从2019年开始,国务院和全国人大的表述改变为"强化竞争政策的基础性地位"[6],这意味着竞争政策基础性地位在我国的基本确立。而公平竞争审查制度被认为是

---

① 参见徐士英:《竞争政策研究——国际比较与中国选择》,法律出版社2013年版,第3页。
② 参见〔意〕马西莫·莫塔:《竞争政策——理论与实践》,沈国华译,上海财经大学出版社2006年版,第11—20页。
③ See Celnicker, C. Arnold, The Federal Trade Commission's Competition and Consumer Advocacy Program, *Saint Louis University Law Journal*, Vol. 33, Issue 2, Winter 1989, pp. 379-406.
④ See Rodriguez, A. E., Coate, Malcolm B., Competition Policy in Transition Economies: The Role of Competition Advocacy, *Brooklyn Journal of International Law*, Vol. 23, Issue 2, 1997, pp. 365-402.
⑤ See Majoras, Deborah Platt, State Intervention: A State of Displaced Competition, *George Mason Law Review*, Vol. 13, Issue 6, Spring/Summer 2006, pp. 1175-1188.
⑥ 参见第十三届全国人民代表大会第二次会议《关于2018年国民经济和社会发展计划执行情况与2019年国民经济和社会发展计划的决议》(2019年3月15日第十三届全国人民代表大会第二次会议通过);国务院《关于印发6个新设自由贸易试验区总体方案的通知》(国发〔2019〕16号);国务院《关于加强和规范事中事后监管的指导意见》(国发〔2019〕18号)。

"确立竞争政策基础性地位的关键一步"①。在此基础上,竞争政策的理念应贯穿于其他经济政策并约束其制定和实施。② 将竞争政策写入反垄断法,由竞争执法机关主要负责竞争政策工作,这实际上是竞争法的一次扩围;在经过严格立法程序的竞争法律之外,它将与市场竞争相关的所有经济政策纳入竞争法部门范围,这样竞争法也就突破了调整市场主体之间市场竞争关系的限制,从纯粹的市场规制法涉足宏观调控法中与市场竞争相关的领域。

2. 竞争政策与经济发展

2021年10月19日提请第十三届全国人大常委会审议的《反垄断法(修订草案)》第4条规定:"国家强化竞争政策基础地位,制定和实施与社会主义市场经济相适应的竞争规则,完善宏观调控,健全统一、开放、竞争、有序的市场体系。"这是我国首次在反垄断立法中明确"强化竞争政策基础性地位",意味着接下来竞争政策在经济政策中的作用将进一步加强,这有利于调节经济政策中产业政策和竞争政策之间的冲突问题,提高效率,实现国民经济进一步发展。

长期以来,产业政策和竞争政策的冲突是阻碍经济发展的重要原因。产业政策和竞争政策是国家实现经济社会发展的两种工具,前者强调通过计划影响特定产业,而后者突出市场应该经由竞争机制自行调节,因而二者之间存在一定冲突。为解决此问题,有必要以发展理念为指导,建立以竞争政策为主导地位,其他经济政策为补充或从属地位的"主体—补充"型经济政策结构。国家治理现代化要求各领域联动实现公平竞争,就狭义的竞争政策,即政府为实现一定时期内市场竞争相关目标而制定的具有鼓励或约束各经济主体活动、协调各经济主体利益关系的行为准则的总和而言,除了政府竞争主管部门发布的竞争政策以外,其他经济领域也存在着少量促进公平竞争的政策,而且根据治理现代化要求,其他领域的相关规范数量还将攀升。但是,从最初始的子部门分类出发,各子部门主要目标的不同决定了其在竞争政策体系中的分工存在区别。在越来越多的领域内强调公平竞争,并不意味着在其他领域制定越来越多促进公平竞争的经济政策,这有导致主次不分、目标混淆、矫枉过正的危险。适

---

① 参见吴敬琏:《确立竞争政策基础性地位的关键一步》,载《中国价格监督与反垄断》2016年第7期。

② See United Nations Conference on Trade and Development, The Relationship Between Competition and Industrial Policies in Promoting Economic Development, Intergovernmental Group of Experts on Competition Law and Policy Tenth session, Geneva, July 7-9, 2009.

应现代化要求的政策调整方向,应该主要通过调整现有的竞争法律和竞争政策体系来适应各领域内公平竞争的需要。面对政府职能部门制定的经济政策仅对本部门有效的适用局限问题,解决之道是建立更高效力层级的统一规范或者协调规范,使所有的经济政策都应符合其要求。

2015 年第十二届全国人大第三次会议指出,应在政策之间协同联动形成合力。坚持需求管理和供给管理并重,把产业政策和竞争政策有机结合起来,充分发挥财政政策、货币政策的主要手段作用,加强消费、投资、产业、价格、区域、土地、环保等政策手段的协调配合[①]。从广义的竞争政策,也即市场经济国家为保护和促进市场竞争而实施的一项基本政策[②]出发,在竞争政策与其他经济政策的关系处理中,实现竞争政策和产业政策的协调至关重要。一方面,产业政策和竞争政策之间并不是完全冲突的,国家对于某个产业的支持,主要影响的还是财政资金的分配流向,若受支持的产业中所有市场主体都获得了财政补贴,则各个产业内部仍然存在着自由竞争。另一方面,产业政策和竞争政策的冲突主要体现在产业政策与公平竞争原则以及与具体竞争政策相左方面。对此,除了完善《反垄断法》适用除外和豁免制度以外,应牢牢把握竞争政策为基础的定位,将产业政策往竞争友好型方向发展,对其进行竞争评估,将产业政策对竞争的损害降至最低。[③] 此外,还可运用比例原则考察产业政策是否符合竞争友好的要求。可判断其对竞争的限制是否符合特定目的,是否为达到目的的多种措施中对人民损害最小者,其对竞争所造成的损害是否与增进的社会利益相平衡。财政政策、货币政策等领域也应确立"必要—合理—公平原则",作为排查的依据和标准。例如,需要明确哪些财政补贴和税收优惠是必要的、合理的、不违反"实质公平"的。又如,货币政策领域,对不同类型金融机构存款准备金率、不同地区的 IPO(首次公开募股)政策进行区别对待,也应按照比例原则进行分析。[④]

(二)完善公平竞争审查制度保障整体发展

公平竞争审查制度是促进公平竞争的经济法体系的一大核心。我国

[①] 参见第十二届全国人民代表大会第三次会议《关于 2014 年国民经济和社会发展计划执行情况与 2015 年国民经济和社会发展计划的决议(2015 年 3 月 15 日第十二届全国人民代表大会第三次会议通过)》。
[②] 参见王先林:《WTO 竞争政策与中国反垄断立法》,北京大学出版社 2005 年版,第 18 页。
[③] 参见孟雁北:《产业政策公平竞争审查论》,载《法学家》2018 年第 2 期。
[④] 参见张守文:《公平竞争审查制度的经济法解析》,载《政治与法律》2017 年第 11 期。

当前最为严重和紧迫的公平竞争问题,即政府实施的限制公平竞争行为,绝大部分是通过出台规范性文件实现的。公平竞争审查是设置在规范性文件出台之前的一道关卡,以一夫当关的气魄阻止限制公平竞争行为的实施,是实现公平竞争十分有效且"成本—效益"较优的制度选择。针对公平竞争审查制度存在的不足,可以借鉴经合组织(OECD)竞争评估工具箱、欧盟单一市场和国家援助制度等经验,作出适当调整。同时,我国《反垄断法(修订草案)》增加第5条规定:"国家建立健全公平竞争审查制度。行政机关和法律、法规授权的具有管理公共事务职能的组织在制定涉及市场主体经济活动的规定时,应当进行公平竞争审查。"以法律形式确立公平竞争审查制度,符合发展理论的要求,有利于保障公平竞争权利,促进经济和社会的进一步发展。

1. 公平竞争审查制度是社会本位思想的实践

公平竞争审查制度起源于2016年6月国务院《关于在市场体系建设中建立公平竞争审查制度的意见》的出台。2019年2月,国家市场监督管理总局发布了《公平竞争审查第三方评估实施指南》,规定了更多细致规则。各级政府及其职能部门对公平竞争审查制度的贯彻实施,很大程度上促进了公平竞争,保障了市场主体的公平竞争权利,使市场经济环境优化,极大地实现了经济的创新发展。根据有关规定,行政机关和法律、法规授权的具有管理公共事务职能的组织(以下统称政策制定机关)制定市场准入、产业发展、招商引资、招标投标、政府采购、经营行为规范、资质标准等涉及市场主体经济活动的规章、规范性文件和其他政策措施,应当进行公平竞争审查。行政法规和国务院制定的其他政策措施、地方性法规,起草部门应当在起草过程中进行公平竞争审查。未进行自我审查的,不得提交审议。也就是说,政府出台的政策措施中,凡是可能影响市场公平竞争的,都不能出台,或者需要修订之后才能出台。这被誉为"我国确立竞争政策基础性地位的关键一步"。

一方面,公平竞争审查制度是经济法社会本位思想的具体实践。从历史角度看,19世纪末20世纪初,随着产业革命的推进,生产社会化趋势加强、垄断组织出现、垄断问题凸显,经济领域的变化引发了政治、社会、法律等领域的变革。法律社会化就是从这时候开始的。在自由资本主义时期,不论是宪法对"天赋人权"的确认,还是民商法对契约自由的保护,都体现了以个人权利为本位的法律精神。而进入垄断资本主义阶段后,拥有几十万人的大企业开始发展,各类社会成员的经济地位悬殊,处于实

第六章　发展理论指导下的竞争法制度完善

质不平等的境况。法律开始更加关注对弱势群体的保护、权利滥用的限制、维护社会秩序、保障社会公共利益等方面。具体表现为很多法律部门的变革。如民法对所有权绝对原则的限制，无过错责任的确立；公司法、行政法、工会法、反垄断法的出现等。其中，经济法和社会法的出现，意味着理论上私法和公法的划分界限被摇动，产生了融合私法和公法的"第三法域"。法律社会化是经济法出现的重要原因。最早的现代经济法，包括美国《谢尔曼法》、德国《反不正当竞争法》等，其出现都是经济、政治、社会、法律等多重因素影响的结果。其中，法律的社会化、专业化以及经济法对传统部门法的补漏等，也十分重要。因此，经济法天然地具有社会本位属性。正因为处于"第三法域"，因此经济法中一个重要的观念，就是权力和权利复合的观念。

另一方面，经济法助力国家经济社会治理与发展，也是社会本位的体现。经济法的调整对象与传统公法、传统私法都不相同，在调整政府与市场主体之间的宏观调控和市场规制关系时，无论是以政府为本位，还是以市场为本位，都不是很合适。以社会公共利益作为法益保护对象，契合经济法所须达到的效率、公平、正义等价值。同时，经济法所关注的国家经济治理是一盘大棋，每个部分都很重要，最终目的是使整体效益提高。只有以社会为本位，才能公平地合理规划、安排统筹，这符合大局意识和系统观念。任何以部分为本位、以个人为本位的做法都无法达到社会整体效益的帕累托最优。从政治上来讲，社会本位也是人民本位，符合中国特色社会主义的哲学。

当代市场竞争环境是复杂的，大企业和中小企业，国企和民企，本地企业和外地企业，既有企业和新进入市场企业，都处于竞争地位不均衡的地位。公平竞争是一种社会本位的追求。只有公平竞争，才能破除市场壁垒，焕发竞争活力，提高整体经济效益。公平竞争审查制度关注到了各级政府之间、市场主体之间、政府与市场主体之间的多重博弈，它并没有选择国家本位或者个人本位，而是站在了社会公共利益的立场之上。这有利于保护社会公共利益，实现经济和社会的发展。

2. 以法律形式确立公平竞争审查制度

公平竞争审查制度广泛适用于市场经济领域，是国家治理现代化和依法治国的重要体现，有必要以更具权威性的法律形式确立。从域外实践来看，对于废除或减少竞争中政策壁垒的制度，只有基于国家立法机构颁布的法律才能发挥最大效力。例如，欧盟在《欧洲联盟条约》《欧洲联盟运行条约》中这两大基础性文件中都规定了单一市场目标和国家援助制度,《单一欧洲法案》等具体立法细化了相关规定,这保证了各成员国对制度的遵守。

从必要性角度看,公平竞争审查制度和反垄断、反不正当竞争一样重要,由政府实施的限制公平竞争行为同样对经济发展产生严重负面影响,损害社会公共利益和消费者福利。因此,公平竞争审查制度应当作为我国特色的一项竞争规制制度,也由处于高效力层级的法律予以规定。考虑到政府限制公平竞争行为与市场主体限制公平竞争行为的表现形式和实质内容存在较大区别,且公平竞争审查内容较为丰富,执法方式也与反垄断、反不正当竞争执法截然不同,有必要以专门立法规定之,或者在统一立法中专设编章规定。这也有利于厘清公平竞争审查制度和其他制度之间的关系,明确各部门职权范围,突出公平竞争审查在促进公平竞争的经济法体系中的核心地位。

从重要性视角观察,将公平竞争审查制度以法律形式确立下来,有利于增强该制度的遵从度。公平竞争审查针对除国务院以外几乎所有行政机关的规范性文件出台问题,涵盖形式审查和实质审查,涉及面广,关涉重大,需要各部门各层级行政机关的配合遵从。单凭目前国务院《关于在市场体系建设中建立公平竞争审查制度的意见》这一国务院规范性文件不足以担此重任,必须由法律确认该项制度的权威性。同时,由法律规定调制主体违法应承担的法律责任,更加符合立法权限的逻辑。

2020年1月2日发布的《〈中华人民共和国反垄断法〉修订草案(公开征求意见稿)》增加了第9条内容:"国家建立和实施公平竞争审查制度,规范政府行政行为,防止出台排除、限制竞争的政策措施。"第10条增加了反垄断委员会协调公平竞争审查工作的职责。这预示了公平竞争审查制度将在我国竞争法立法中正式确立。这一举措将进一步推动公平而协调的经济发展,体现了协调发展理念、共享发展理念的观点。与此同时,公平竞争审查相关经济法规也应适当调整,进一步完善法律责任,以适应经济立法需求。

3. 协调公平竞争审查制度与行政性垄断制度

在协调发展理念的指导下,反垄断领域的各项法律制度应当实现系统论中的协调。公平竞争审查制度与行政性垄断制度存在诸多相似之处,同时也存在很大区别。在反垄断法系统中,应协调二者之间的关系,实现法律制度的和谐。虽然我国《反垄断法》第五章"滥用行政权力排除、限制竞争"之规定与公平竞争审查制度存在形式和内容上的诸多区别,但二者实质上均旨在实现同一个问题,即规制由政府实施的限制公平竞争行为。因此,二者的标准没有理由存在较大区别,为避免责任重叠或冲突的情况,也无须设置两套责任,有必要统筹二者的调整对象、权义结构,将二者整合为一项制度。制度整合有两种方式,其一为将滥用行政权力排除、限制竞争行为规制纳入公平竞争审查制度之中,其二则正好相反。

对于第一种方式,其作用机制是将滥用行政权力排除、限制竞争行为规制作为违反立法审查规定的后果。行政机关和法律、法规授权的具有管理公共事务职能的组织,甚至全国和地方人大及其常委会,在制定涉及市场准入、产业发展、招商引资、招标投标、政府采购、经营行为规范、资质标准等市场主体经济活动的法律、行政法规、地方性法规、部门规章、规范性文件和其他政策措施时,应当按照审查标准开展自我审查或第三方审查。经审查认为不具有排除、限制竞争效果的,可以出台;具有排除、限制竞争效果的,不予出台或者调整至符合要求后出台。如若未进行审查即出台政策措施,或审查后发现具有排除、限制竞争效果但仍出台,或者行政机关采取出台政策措施以外的其他方式,造成排除、限制竞争影响的,应由反垄断执法机构向有关上级机关提出依法处理的建议,由上级机关责令改正,及时补做审查或者停止执行、调整相关政策措施;对直接负责的主管人员和其他直接负责人员依法给予处分等。

对于第二种方式,其作用机制是将公平竞争审查标准(standards)调整为规则(rules)。对于法律形式应该采用标准还是规则的问题,学界已有诸多讨论。自杰里米·边沁(Jeremy Bentham)提出法律的最佳特异性(optimal specificity of laws)问题后,法理学者一直在试图制定应用于确定法律最佳特异性的原则,法律经济学家应用的工具包括最佳决策理论、公共选择理论、宪政政治经济学等。标准和规则可以被视为一维空间中代表法律精确度的两个极端。标准是法官在特定情况下用以裁判行为的法律或社会准则,它是灵活的、间接的、开放式、直观的;而规则是明确的、具体的、确定的。[①] 公平竞争审查制度使用的审查标准与滥用行政权力排除、限制竞争规制中的具体规则分别体现了法律灵活性和确定性,将标准转化为规则,将两项制度中的禁止性规则进行整合,是实现制度整合的另

---

① See Vincy Fon, Francesco Parisi, On the Optimal Specificity of Legal Rules, *Journal of Institutional Economics*, Vol. 3, Issue 2, 2007, p.148.

一种方式。

此外,若将公平竞争审查视为更具柔性的规则,将滥用行政权力排除、限制竞争行为规制视为更具刚性的规则,那么也可以为禁止性行为中限制、排除竞争影响较大的几种行为设置较重的法律责任。

4. 补充公平竞争审查例外规定情形

基于反垄断豁免与公平竞争审查例外规定在目的上的相似性,可考虑将为促进高新技术发展、为提高中小企业竞争力、为缓解经济不景气、为保障对外贸易中正当利益的行为列入例外规定行列,同时应用比例原则,政策制定机关须说明相关政策措施对实现政策目的不可或缺,且不会严重排除和限制市场竞争,并明确实施期限。借鉴欧盟国家援助制度的法定兼容和酌定兼容情况,还可考虑将促进文化遗产保护的限制公平竞争行为,以及促进特定经济活动和如自由贸易区等特定经济领域发展的限制公平竞争行为,一并纳入例外规定的补充情形。

5. 改善公平竞争审查效果

为改善公平竞争审查效果,可以考虑进行以下调整:一是增加审查动力。由于执法资源有限,可以仍保留由政策制定机关自我审查的方式。在此基础上,可以要求政策制定机关定期向同级竞争执法机关通报审查情况,而且同级竞争执法机关应不定期抽查其实施情况。违反公平竞争审查规定的,政策制定机关及其负责人员应当承担相应责任。二是加强审查能力。由同级竞争执法机关定期组织公平竞争审查培训会议,在各政策制定机关培养一批专业审查人员。强调专家学者、法律顾问、专业机构的意见以及竞争执法机关的咨询意见之作用。三是增强第三方评估的中立性。可以考虑由竞争执法机构或者公平竞争审查联席会议办公室聘用第三方评估机构进行审查,自我审查和第三方审查结论不一致的,由同级竞争执法机构综合判断。四是采用科学方法。应在实践中不断细化审查标准,增强公平竞争审查的确定性和认可度。借鉴域外审查方法尤其是经济学方法,如经合组织采用的 RIA(规制影响评价)等,增强审查的科学性。五是增强公众监督。政策制定机关进行公平竞争审查时向社会公众征求意见,审查结果向社会公众公开,有利于增强透明度、约束力和公众参与度。

6. 完善公平竞争审查责任制度和程序规定

为使公平竞争审查制度切实地贯彻执行,有必要调整责任规定,加重政策制定机关违反公平竞争审查义务的责任。政策制定机关在该制度中

第六章　发展理论指导下的竞争法制度完善

承担责任的方式,一是重新审查,二是由直接负责的主管人员和其他直接责任人员按照《公务员法》《行政机关公务员处分条例》等法律法规接受处分。加强责任、发挥威慑作用的方式,一是强调公平竞争审查部际联席会议的功能,定期召开公平竞争审查效果评比会议,对实施落实较好的单位和主管人员进行评奖和表彰,对审查效果较差的单位和主管人员提出批评,并在以后的工作中重点敦促。二是强调用制度管权管事管人。除了行政处分以外,还可使用党的纪律处分措施,有效和务实地惩戒严重违反公平竞争审查制度的行为。三是将公平竞争审查制度的贯彻落实效果作为官员政绩考核的要素之一。以经济指标为首的政治晋升锦标赛是官员推动限制公平竞争行为的主要动力,而将公平竞争程度作为另一项指标,可以中和经济要素的激励,使官员真正以人民利益为本开展经济治理。

另一方面,加强责任的同时也应注意责任适用的科学性,应给予责任承担者即政策措施的出台机关一定的质疑和抗辩权利。当政策制定机关认为其出台的政策措施符合公平竞争审查标准,而同级竞争主管部门持不同意见时,不应直接使用责任规定,政策制定机关可以向同级竞争主管部门提出质疑,或者向上级竞争主管部门提出抗辩,经上级竞争主管部门再次确认违反标准的,则适用责任规定。

(三)完善纵向垄断协议制度促进经济发展

规范的严密性是影响立法质量的重要因素,反垄断法是行为规范法,行为规制的不严密,将导致影响反垄断法对经济发展的促进功能。在垄断协议、滥用市场支配地位、经营者集中、行政性垄断这四大垄断行为之中,垄断协议规制尤其是纵向垄断协议规制是一大薄弱点。发生在产业链不同环节企业之间的纵向限制条款因其经济效果复杂性一直以来备受争议。我国现行《反垄断法》第14条对纵向限制条款的规定仅限于固定转售价格、限定最低转售价格以及国务院反垄断执法机构认定的其他垄断协议三类。尽管2019年9月1日起施行的《禁止垄断协议暂行规定》对其进行了扩充,但总体而言类型规制仍有所不逮,相关实践存在诸多争议。《反垄断法》修订专家意见稿增加了市场份额超过30%的协议方限制经销商实施被动销售的地域限制或客户限制以及限制经销商之间交叉供货的地域限制和客户限制规定[①],但修订草案公开征求意见稿中并未采

---

① 参见中国竞争法网:《〈中华人民共和国反垄断法〉专家修改建议稿全文对照》,at http://www.competitionlaw.cn/info/1138/26864.htm,最后访问日期:2021年6月16日。

用。面对市场竞争中仍旧广泛存在而复杂多样的纵向限制现实,以及由此带来的对竞争秩序、市场环境和消费者权益的严重损害,我国纵向限制的研究和法条修订已为急务。有必要以经济法学发展理论为指引,梳理纵向垄断协议的规则体系,并在此基础上调整制度,以规范完善促进创新发展。

1. 纵向垄断协议相关立法检视

目前,我国反垄断法律体系中与纵向垄断协议相关的条文包括《反垄断法》第14条、第15条;国务院反垄断委员会《关于滥用知识产权的反垄断指南(征求意见稿)》对知识产权许可相关协议中纵向限制竞争行为类型的细化规定;国家发改委《反价格垄断规定》第8条、《关于汽车业的反垄断指南(征求意见稿)》第2(3)条;国家工商行政管理总局《工商行政管理机关禁止垄断协议行为的规定》。2017年10月,国家发改委启动了《纵向价格垄断协议的执法指南》起草工作。总体而言,纵向垄断协议包括固定转售价格、限定最低转售价格以及国务院反垄断执法机构认定的其他垄断协议这三种形式。此外,汽车行业中地域限制、客户限制、通过保修条款对售后维修服务和配件流通施加间接的纵向限制等内容可能列入规制范围;知识产权领域上下游企业间的联合研发、交叉许可、独占性回授、不质疑条款、标准制定等内容可能纳入纵向垄断协议范畴。

根据经济法调制法定原则,反垄断执法机构只能对法定纵向限制行为进行规制。但是,现实情况纷繁复杂,上游生产商为下游经销商施加的诸多限制,如独家销售、独家购买、选择性销售、搭售、招投标中的限制等,既包括价格限制也包括非价格限制,在经销合同中屡见不鲜,却未得到立法正式规定。与欧盟纵向限制立法相比,我国目前立法对应《欧洲联盟运行条约》第101条第1款、第3款规定,还停留在较为原则的阶段。欧盟不仅通过《纵向限制集体豁免条例》对相关概念、豁免、不适用集体豁免待遇的核心限制、被排除的限制、适用除外、市场份额标准和营业额标准等内容进行详细规定,还颁布《纵向限制指南》以条例的适用范围、集体豁免的撤销与不适用、市场界定和市场份额的计算、个案执行政策等内容对条例进行补充,充分做到了有法可依。此外,立法体系内部也存在协调的问题。例如,我国《反垄断法》第14条与第17条的逻辑联系问题,还没有完全考虑。若在纵向垄断协议条款中规定选择性销售、搭售等行为模式,则需考虑反垄断法律责任竞合等问题。

2. 纵向垄断协议执法、司法思路梳理

由于我国《反垄断法》第 14 条仅规定了价格垄断行为,因而国家市场监督管理总局设立之前,纵向垄断协议执法权集中归于发改委。有数据统计整理了 190 件发改委反垄断执法案件数据,[①] 其中限定最低转售价格案件为 13 件,占 6.8%;固定转售价格案件为 9 件,占 4.7%。其中代表性案例可展示发改委执法思路的发展变化。2013 年 2 月,茅台和五粮液分别被贵州省物价局和四川省发改委处以 2.47 亿元和 4.49 亿元的罚款,这是发改委首次在纵向垄断协议方面作出的处罚。从行政处罚决定书来看,两执法机构均采取了"行为+效果+对应法条"的认定思路模式。同年 8 月,国家发改委查处了合生元、美赞臣等 9 家企业纵向垄断案,采取了"行为+对应法条+效果+豁免"的认定思路,在确定处罚金额时考虑公司违法行为的性质、程度和持续时间等因素,并对部分企业予以宽大处理。对此,执法部门指出,基于我国法律规定和执法适用的事实,纵向垄断协议适用"禁止+豁免"的原则,考虑违法性和合理性两个方面。个案分析中注重经济分析方法,具体分析其对市场竞争产生的损害、对消费者福利的减损等,论证违法行为的性质、严重程度,作为处罚的主要考量因素。此后,发改委陆续对全国各地各行业的纵向价格垄断行为进行了查处。2014 年对眼镜行业主要镜片生产企业限制下游经营者转售价格的纵向垄断协议、上海市物价局对克莱斯勒等汽车销售公司与下游经销商达成并实施固定转售价格和限定最低转售价格的纵向垄断协议、湖北省物价局对一汽大众等汽车销售公司与下游经销商达成并实施固定转售价格和限定最低转售价格的纵向垄断协议、江苏省物价局对奔驰等汽车销售公司与下游经销商达成并实施固定转售价格和限定最低转售价格的纵向垄断协议、2015 年上海市物价局对韩泰轮胎销售公司与下游经销商达成并实施限定转售价格的纵向垄断协议、2016 年上海市物价局对重庆海尔家电销售公司上海分公司等与下游经销商达成并实施限定最低转售价格的纵向垄断协议、上海市物价局对上海领鲜物流公司与经销商达成并

[①] 统计数据收集了自 2008 年 8 月 1 日至 2015 年 12 月 31 日期间三大反垄断执法机关发布的全部行政处罚决定书、公告、案件新闻,部分省级价格主管部门、省级工商部门官网公布的反垄断行政执法信息,以及其他媒体公开的较为详细的反垄断行政执法信息。共检索国家发改委反垄断行政执法案件 190 件,其中公开了行政处罚决定书的案件 125 件,未公开行政处罚决定书的案件 65 件。参见林文:《中国反垄断行政执法报告(2008—2015)》,知识产权出版社 2016 年版,第 3、140—143 页。

实施限定转售价格的纵向垄断协议、国家发改委对美敦力（上海）公司与交易相对人达成并实施固定转售价格和限定最低转售价格的纵向垄断协议等案件体现了发改系统对纵向垄断协议查处的经验累积过程，在证据、认定因素、论证、程序等方面的考虑也更为充分，尤其是在对美敦力（上海）公司的查处过程中，开始将垄断协议的竞争影响分析专列一段，分别分析了纵向垄断协议对经销商之间价格竞争、医疗器械行业品牌间竞争、终端购买者合法权益和消费者利益的影响。总体而言仍然遵循了"禁止＋豁免"的执法思路。

纵向垄断协议纠纷一方面可以由执法机关行政查处，另一方面也可以通过民事诉讼解决。我国《反垄断法》实施以来，司法机关审理的纵向垄断协议纠纷数量不多，仍可管中窥豹，总结司法裁判的逻辑思路。2010年至2013年的锐邦诉强生纵向垄断案中，初审法院采取了与审理民事侵权案件相似的思路，采用了法条解释的方法。初审法院认为，判定经营者承担实施垄断行为的民事责任，需要具备实施垄断行为、他人受损害、垄断行为与损害具有因果关系三个要件。终审法院对纵向垄断协议进行认定，首先，通过对"本法"的文义解释和体系解释、举重以明轻的类比推理，认为纵向垄断协议的认定应以具有排除、限制竞争效果为构成要件；其次，根据"谁主张、谁举证"的民事诉讼原则，上诉人应对案件限制最低转售价格协议具有排除、限制竞争效果承担举证责任；再次，通过相关市场竞争充分程度、经营者在相关市场中的市场地位、行为动机是否为回避价格竞争、行为的限制竞争效果与促进竞争效果对比的分析，认为本案属于排除、限制竞争的垄断协议；最后，认定被上诉人应对上诉人造成的损失承担赔偿责任。从而否定了一审判决。由上可见，两审法院裁判均符合"角色"理论，以法律适用为中心，采用法律解释方法，对纵向垄断协议的认定实际上采取了合理原则，要求协议具有"排除、限制竞争效果"，对竞争效果的分析上考量多种因素，具有开创意义。2016年6月，国昌诉晟世、合时纵向垄断案审结。与锐邦诉强生纵向垄断案不同，初审法院和终审法院均认为垄断协议需具备"排除、限制竞争"的构成要件。暂且搁置该判决引起的广泛争议，广州知识产权法院和广东省高级人民法院采用了率先判断行为是否构成垄断协议的思路，与行政执法中为保护公共利益而"达成但未实施垄断协议，可以处50万以下罚款"不同，该案法院以原告受损为认定纵向垄断协议的关键点之一。2015年8月，北京市高级人民法院公布的田伟军与雅培贸易（上海）有限公司垄断纠纷上诉案终审判决中,同样采取了直接认定是否存在垄断协议的思路,明确指出纵向垄断协议应以具有排除、限制竞争效果为必要条件。

从以上梳理来看,我国司法机关的裁判思路是一致的。在民事诉讼框架下,按照侵权行为认定路径裁判纵向垄断协议案件,需要符合三个要件:存在纵向垄断协议、当事人利益受损、纵向垄断协议与当事人利益受损之间存在因果关系。其中第一项要件之构成要素包括存在排除、限制竞争的效果。在举证责任方面,遵循"谁主张、谁举证"的民事证据规则,由原告举证证明存在固定转售价格协议、协议具有限制竞争效果、原告受到的损失以及垄断和损失之间具有因果关系。从数量上看,相关司法裁判案例并不多,且近十年来主要纠结于认定纵向垄断协议采"目的违法说"或"效果违法说"、举证责任分配等法律解释和程序问题,案件涉及的行为方式也均体现为供销合同中规定划分地域、限制转售最低价格等典型的纵向限制条款,未出现对行为方式发生争议或者深入到豁免环节的案件,因而经验尚待积累,对实体问题的思考也尚待总结。与行政执法经验相比,尽管执法机构也经历了适用"合理原则"或"本身违法原则"认定纵向垄断协议的思考过程,但很快确立了"禁止+豁免"的执法思路,主要集中于行为认定、效果分析等实体问题,对竞争影响要素进行总结。总体而言,两类主体对纵向垄断协议的认定思路基本相同,执法机关在处罚过程中还需考虑协议危害程度等因素。从细节上观察,两类主体认定思路的区别在于,法院认为个案中需对具体竞争状况进行分析,仅当消极影响大于积极影响时,方认定为垄断协议;行政机关通常认为,一旦品牌内竞争受到影响,则认定产生了排除、限制竞争效果,即可认定为构成纵向垄断协议,只有符合《反垄断法》第15条条件后才可以被豁免。这一冲突在第一起反垄断行政诉讼,即2017年12月审结的海南省物价局与海南裕泰科技饲料公司行政处罚案中得到了充分体现。

3. 发展理论下纵向垄断协议制度的完善

在比较法的基础上,立法方面,我国可考虑借鉴欧盟经验,从完善《反垄断法》立法和完善纵向垄断协议的执法指南两个方面完善我国纵向垄断协议相关立法。在修订我国《反垄断法》时,具体规定纵向垄断协议的行为模式,包括既有的固定转售价格、限定最低转售价格,增添搭售、地域限制、选择性销售、独家购买、独家销售、招投标中的纵向限制等类型,以国务院反垄断执法机构认定的其他协议兜底,既包括价格限制行为,也吸纳非价格限制行为。必要时可协调其他条款引入安全港制度。同时,辅以《指南》对重点问题进行阐释以指导实践。《禁止垄断协议暂行规定》第12条已经对《反垄断法》第14条进行了扩充,将固定转售价格扩充为固定转售商品的"价格水平、价格变动幅度、利润水平或者折扣、手续费等其他费用",在限定最低转售价格之外增加"通过限定价格变动幅度、利润水平或者折扣、手续费等其他费用限定向第三人转售商品的最低价格"的规定,但在纵向限制规制行为类型方面未作变动。参照欧盟《纵向限制指南》可吸纳以下内容:指南宗旨和目标;影响较小的协议和中小企业间协议、代理协议、分包等不适用《反垄断法》纵向垄断协议相关条款的内容;纵向垄断协议的具体形式及认定因素;安全港和豁免制度;市场界定和市场份额的计算;对滥用知识产权、汽车行业等特殊领域的纵向垄断协议按"参照其他法律、法规规定"的准用性规则处理。在法律内部协调方面,充分考虑横向垄断协议、纵向垄断协议与滥用市场支配地位之间的联系,协调《反不正当竞争法》《价格法》《招标投标法》中的相关内容,并在未来的法律修订过程中一以贯之,构建逻辑严密、交织融汇的行为认定体系。

在实践方面,由于学理上对纵向垄断协议竞争效果的争议由来已久,因此在认定过程中应注重分析其积极效果和消极效果,并对两种效果进行比较以决定是否豁免。对实体问题的分析还可借鉴外国案例中的两类方法:其一,结合经济背景分析问题。对零售商的合同限制表现为由排他条款组成的一系列分销协议,对这些协议的分析,不仅要从法律的角度进行,也应考虑到这些协议操作的具体经济背景以及经济环境和其他因素组合起来对竞争可能产生的累积影响。市场封锁率等方法可以为相关市场竞争状况、竞争影响等法律分析提供经济量化指标。其二,结合签订协议的其他因素分析问题。评估一项协议对竞争的影响,必须要结合协议的履行地点、可能与其他何种协议进行结合,以产生对竞争的累积影响。分销商虽然可以随时终止排他条款,但这并不会排除这些协议在被选择阶段的有效实行,因此在评估这些协议对相关市场的影响时,有必要考虑这些协议的有效持续时间。同时,为了评估带有排他条款的分销协议是否阻碍了市场竞争,有必要分析国际和国内将经营者联结起来的类似协议之性质和范围。这些合同网络对进入市场的影响,取决于与经营者相关或不相关的网点之数量、协议的期限和与这些协议有关的货物数量。

在执法和司法的协调方面,之所以呈现行政执法和司法裁判思路不一致的现状,根本原因在于相关立法不完善,执法和司法机关均为法律的实施、适用机构,属于平行的两套体系,缺乏系统协调的组织基础。借鉴欧盟经验,《欧盟纵向限制指南》在第五部分"个案的执行政策"中明确了对个案的分析框架,并分别对特定的纵向限制予以详细分析。对于我国而言,较为合适的做法是贯彻新发展理念,以经济发展为指导,协调各机构之间的关系,由国务院反垄断委员会尽快出台纵向垄断协议相关指南,集中解释疑难的理论问题,并充分征求包括司法机关在内诸多机构的意见。①

(四) 完善反垄断绿色豁免制度促进绿色发展

豁免是一种责任上的例外规定制度,符合豁免条件的主体虽然违反了法律规定,但由于特定原因,无须承担相应的法律责任。之所以设置豁免制度,是因为豁免情形所涉及的法益要高于违反法律规定所涉及的法益,有必要予以特定保护。因此,豁免是利益衡量的结果,即从经济效果和对限制竞争的影响进行利益对比,在"利大于弊"时,排除适用相应法律责任。在反垄断法上设置豁免制度,是大部分国家都存在的实践。《欧洲联盟运行条约》第101条第3款规定:"第1款的规定不适用于下列情形:企业之间的任何协议或者任何类型的协议、企业团体所作的任何决定或者任何类型的决定、任何协同一致的经营行为或者任何类型的协同一致的经营行为,有助于改进生产或者分销产品、或者促进技术或经济进步,同时使消费者获得相当程度的实惠,并且,(a) 有关企业所受的限制对于达到上述目标是不可缺少的;(b) 在所涉及产品的相当范围的领域内,有关企业没有可能排除竞争的。"该条款规定了垄断协议的豁免情形。正如该条款所展示的,大部分反垄断豁免主要是出于经济效率的考虑,同时也顾及这些限制竞争对竞争损害的程度,以及消费者是否能从中受益。也有一些国家的反垄断豁免会考虑社会公共利益,例如德国2005年第7次修订前的《反对限制竞争法》第8条规定,联邦经济部长可"在例外情况下出于整体经济和社会公共利益的目的",批准某些必须限制竞争的协议。② 还有一些国家设置反垄断豁免是出于豁免行为受宪法保护、免于适用反垄断法,或者被豁免的行业、行为需要受到某种特殊保护,而这种保护需要通过卡特尔的形式来实施等原因。常见的反垄断豁免类型,如欧

---

① 参见谭晨:《欧盟纵向限制裁判经验及启示——评 HB 冰淇淋公司案兼议〈反垄断法〉第十四条的修订》,载《河南财经政法大学学报》2020年第1期。

② 参见王晓晔:《反垄断法》,法律出版社2011年版,第116页。

盟豁免的研发卡特尔、标准化或专业化卡特尔、中小企业卡特尔、公共利益卡特尔、结构危机卡特尔、出口卡特尔等情形。又如美国根据宪法规定对三类行为设置反垄断豁免：其一，州主权行为、请愿行为、职业棒球运动；其二，农业、保险、银行合并、工会组织、对外贸易中的商业活动等；其三，证券交易商业活动。澳大利亚也设置了八种类型的反垄断豁免：包含卡特尔条款的合同、协议或谅解的豁免，合资企业的豁免，转售价格维持的豁免，间接抵制的适用除外，独家交易豁免，国际货物海运豁免，出口协议豁免，电信行业的豁免。

1. 绿色豁免制度及其特殊考量

在我国，《反垄断法》第15条规定了不适用于第13条横向垄断协议和第14条纵向垄断协议的反垄断豁免制度，其中，第1款第4项规定"为实现节约能源、保护环境、救灾救助等社会公共利益的"，同时第2款规定"经营者还应当证明所达成的协议不会严重限制相关市场的竞争，并且能够使消费者分享由此产生的利益"，这被称为我国的反垄断绿色豁免制度。节约能源、保护环境、救灾救助等涉及社会公共利益的行为，有利于社会的持续发展，有利于人民群众的利益，因此对该类涉及公共利益的垄断协议予以豁免。这一方面是考虑到《反垄断法》第4条中"国家制定和实施与社会主义市场经济相适应的竞争规则"的规定，符合我国国情；另一方面也是借鉴其他国家和地区立法经验的结果。例如，德国的公共利益卡特尔豁免允许联邦经济部长在例外情况下对出于整体经济和公共利益方面的重大事由对竞争进行限制的卡特尔进行豁免，而绿色豁免就属于该种情况。绿色豁免符合绿色发展理念的要求，强调人类经济发展与自然环境保护的和谐协调。禁止垄断协议，尽管是处于经济效率的考量，但是节约资源能源、保护生态环境、救灾救助等特殊情形所涉及的公共利益在一些情况下高于经济发展的需要，在此情况下，不应对处于该特定原因的经营者进行处罚，而应当发挥经济法的规制作用，将积极的鼓励促进和消极的限制禁止相结合，适当鼓励经营者贯彻落实绿色发展理念、保护生态环境，对其违反《反垄断法》的行为予以豁免。

事实上，反垄断与绿色豁免所保护的法益并不冲突，二者都指向社会公共利益和消费者合法权益。从长期来看，反垄断追求的经济发展与绿色豁免追求的环境保护并不存在冲突，反而相辅相成，存在一致性。《欧盟第五个环境行动计划》指出："谨慎地、有计划地实施竞争与环境保护的规则和原则不会冲突，也不会妨碍竞争或者破坏环境。相反的情况是：

第六章　发展理论指导下的竞争法制度完善

'生态产业'产品之间的竞争,从理论上说会达到更高层次的保护环境。"改善环境也是一种消费者福利,可以归结为一种非经济利益,一项集体福利。

　　绿色豁免在域外也有对应的相关概念和制度。在环境保护领域,自愿性环境协议(voluntary environmental agreement,VEA)是指公司、政府和/或非营利性部门之间签订的自愿性而非法律强制性的规定,其目标是改善环境质量或环境资源利用。① VEA 代表了一种新的环境政策方法,在美国和欧盟等国家和地区开始得到越来越广泛的适用。其形式是多样化的,并且包含了多种目标、激励措施和程序。其操作的主要方式是,立法机构或监管者设定好协议内容,包括环境目标、协调期限、履行方式、监督机制以及必要时的惩罚措施等,企业随后就这些内容作出同意的意思表示并开始履行协议。② 欧盟委员会 2001 年颁布的《横向合作协议指南》专设一章讨论环境协议问题,在当事人承诺按照环境法的要求减轻污染或者达成环境目标,尤其是达成《欧共体条约》第 174 条规定的环境目标时,委员会会持支持态度,只要该类协议与竞争规则相容。③ 由于环境协议与其他协议有着密切关联,因此委员会在 2010 年新的《横向合作协议指南》中将该章删除,并在研发协议、标准协议等章中增加了环境协议的例子。其中一个关于环境标准的例子中,欧委会列举了一个案例:在一家公共机构的鼓励下,占有 90% 市场份额的多家洗衣机生产商达成协议,约定不再制造不符合环保标准的某产品。该协议间接减少了第三方的产量,降低了产品多样性,可能升高产品价格。但是,欧委会认为,更新的、更有利于环境的产品在技术上更加先进,可以通过提供更多洗衣程序的方式给消费者带来更多质量方面的效率增益,也会因减少水、电等能源使用给消费者带来更多成本方面的效率增益。由于消费者获取的效率增益超过了成本上升所产生的限制竞争效果,且制造符合约定的环保特征的洗衣机在相关市场上仍然存在竞争,因此该协议满足《欧洲联盟运行条约》第 101 条第 3 款的豁免规定。

---

① See Panagiotis Karamanos, Voluntary Environmental Agreements: Evolution an Definition of a New Environmental Policy Approach, *Journal of Environmental Planning and Management*, Vol. 44, Issue. 1, 2001, p. 67.
② 参见焦海涛:《环境保护与反垄断绿色豁免制度》,载《法律科学》2019 年第 3 期。
③ See Guidelines on the Applicability of Article 81 of the EC Treaty to Horizontal Cooperation Agreements, OJ (2001) C3/2, p. 192.

2. 绿色豁免制度存在的问题及域外经验

我国《反垄断法》实施以来,还未有一例案件适用绿色豁免制度,甚至于反垄断豁免制度的现实运用也是十分罕见的。这一方面彰显了我国执法经验的匮乏,另一方面也与反垄断法豁免立法规定的不足有关。根据我国《反垄断法》第15条,经营者适用绿色豁免需要证明三个要件:一是协议的目的是实现节约能源、保护环境、救灾救助等社会公共利益,二是协议不会严重限制相关市场的竞争,三是能够使消费者分享由此产生的利益。但是,对于如何证明这些要件,需要证明到何种程度,则没有明确规定。总体来说,相关规定还停留在原则性的阶段,缺乏具体的实体规定,也没有相应的程序规定。2016年5月,国家发改委发布了《关于垄断协议豁免一般性条件和程序的指南》(征求意见稿),对反垄断豁免程序作了较为详细的规定,但未对绿色豁免的实体内容作具体规定,正式规定也还未出台。2019年《禁止垄断协议暂行规定》第26条至第28条对反垄断豁免制度进行了补充。根据该规定,认定可否适用反垄断豁免,应当考虑四个因素:一为实现该情形的具体形式和效果,二为协议与实现该情形之间的因果关系,三为协议是否是实现该情形的必要条件,四是其他可以证明协议属于相关情形的因素。此外,反垄断执法机构认定消费者能否分享协议产生的利益,应当考虑消费者是否因协议的达成、实施在商品价格、质量、种类等方面获得利益。程序方面,执法机构认定属于豁免情形的,应当终止调查并制作终止调查决定书。因情况发生重大变化,导致被调查协议不再符合豁免情形的,应当重新启动调查。2020年1月,国家市场监管总局公布了《反垄断法(修订草案)》公开征求意见稿,在绿色豁免制度方面增加了一项前提条件,即经营者除须证明达成的协议不会严重限制相关市场的竞争,并且能使消费者分享由此产生的利益之外,还应当证明协议是实现相关情形的必要条件。但是,对于什么是实现节约能源、保护环境、救灾救助等社会公共利益的必要条件,修订草案并未明确规定,这也会造成实务中的诸多分歧。随着新发展理念在法律领域的贯彻落实,绿色发展理念已经渗透到法律运行的方方面面。依据发展理论的绿色发展要求,有必要完善反垄断法中绿色豁免制度的具体内容,为执法和司法提供理论参考和规范依据。

将视野投向域外,自从欧洲竞争法在2004年提出"现代化"要求以来,欧盟委员会强调了"客观经济利益"对于适用《欧洲联盟运行条约》第101条第3款的必要性。关于能否依照《欧洲联盟运行条约》第101条第

第六章　发展理论指导下的竞争法制度完善

3款豁免违反第101条第1款的垄断协议,关键在于证明该条款带来的环境利益是否符合"客观经济利益"的要求。欧盟判例法中已有关于公共政策利益,也即非经济利益在豁免中考量的相关案例。在大都会电视台案[①]中,初审法院指出:"在整体评估中,委员会有权基于公共利益有关的考虑,根据《欧洲联盟运行条约》第101条第3款给予豁免。"判例中已经考虑的因素,包括就业政策[②]、废物管理关涉的环境保护[③]、缩小欧盟内部贫富差距[④]等。在对待竞争政策和其他政策关系的态度上,欧盟委员会采取了较为开放的方法,认为孤立地看待共同体的竞争政策和其他政策是错误的,竞争法和其他目标之间是一个双向过程,竞争政策有助于实现其他目标。[⑤] 在衡量客观经济利益时,欧盟委员会倾向于对豁免条款进行狭义解释,只允许产生改善经济效率效果的协议。也有观点认为,应当依据《欧洲联盟运行条约》第101条第1款进行消费者福利测试,衡量分配效率。[⑥] 总而言之,关于公共政策在《欧洲联盟运行条约》第101条第3款中的位置问题,仍然有着激烈的争论。竞争评估中对环境利益的考量,主要取决于以下条件:

第一,利益。即环境利益是否构成改善"商品生产或分配",或者促进"技术或经济进步"的要件。2004年以前,欧盟委员会的许多竞争政策文件都支持环境因素在反垄断豁免中的相关性。委员会在《竞争政策第二十五号报告》中指出,可以使用比例原则来衡量竞争限制和环境利益,改善环境是改善生产或分配,或促进经济或技术进步的要素之一。[⑦] 2001年《横向合作指南》中也肯定了这一观点,认为环境协议可能带来的经济利益超出其对竞争造成的负面影响。为了满足这一条件,与不采取任何行动的情况相比较,环境协议必须在减轻环境压力方面带来净收益。换句话说,预期的经济利益必须超出成本。[⑧] 从委员会的决策实践来看,环

---

① Joined cases T-528, 542, 543 & 546/93 Métropole Télévision and others v. Commission [1996] ECR II-649, p.118.
② See Case 26/76 Metro SB-Großmärkte GmbH & Co. KG v. Commission [1977] ECR 1875, p.43.
③ See Case 75/84 Metro II [1986] ECR-3021, p.65.
④ See Case T-17/93 Matra Hachette SA v. Commission [1994] II-595, p.179.
⑤ See The XXIth Report on Competition Policy 1991, p.39.
⑥ See C. Townley, *Article 81 EC and Public Policy*, Hart Publishing, 2009, p.254.
⑦ See XXVth Report on Competition Policy 1995, p.85.
⑧ 2001 Horizontal Cooperation Guidelines.

境所带来的利益只要能够被归为客观经济利益,就可以适用豁免规定,而并不要求降低个体消费者的直接成本。豁免的主要原因是使社会的整体成本降低。

第二,向消费者公平分享利益。这一条件也叫作"传递条件",经营者必须证明,环境利益有相当一部分会传递给市场上的消费者。"消费者"采广义的概念,涵盖了相关产品的所有直接和间接用户,包括将其作为原材料的生产商、批发商、零售商和最终用户。环境利益通常是分散的,不会专门针对特定相关市场的消费者。欧盟委员会认为,应当在经济评估中考量对所有相关市场的总体影响,环境协议应当增益集体环境利益,即便未能给单个购买者带来利益,也应该让消费者公平地分享利益。此外,环境利益的效果也可能不会立即发生,是否需要将后代纳入消费者概念也是需要考量的问题。委员会认为,给消费者带来的利益存在滞后性并不影响豁免条款的使用,但是,时间间隔越大,那么补偿该时间段内消费者损失的效率就应越高。

第三,必不可少性。为达成环境协议的目标,对竞争造成限制是必不可少的。按照比例原则的要求,申请豁免的经营者必须证明,为了实现环境保护的目标,没有其他在经济上可行的、不对竞争造成限制的办法。如果一项环境协议被视为具有不成比例的限制性,那么即使其环境目标是真实的,也不能适用豁免规定。例如,在 VOTOB 案中,欧盟委员会发现六家储罐经营者之间达成了一项协议,约定在存储联盟产品的关税中增加一项固定的环境附加费。委员会认为,该协议虽然有保护环境的动因,但统一了成本,排除了价格竞争,因此不能适用《欧洲联盟运行条约》第101条第3款。如若经营者达成的并非固定价格的横向垄断协议,则对竞争造成的限制会较少一些。[①]

第四,不消除竞争。该制度的最终目的是确保在相关市场中保持有效的竞争。保护竞争本身和竞争过程要优先于限制性协议可能带来的效率提高。企业之间的竞争是提高经济效率的基本驱动力,当竞争被消除时,带来的短期收益最终将被因缺乏竞争而导致的长期损失所抵消。因此,无论环境协议将带来何种经济效率和预期收益,均不得在任何情况下消除产品或工艺的差异、消除技术创新或市场准入等方面的竞争。

---

① See XXIIth Report on Competition Policy 1992,p.117.

第六章　发展理论指导下的竞争法制度完善

3. 绿色豁免制度的完善

借鉴欧盟关于环境协议能否适用《欧洲联盟运行条约》第 101 条第 3 款的实践经验,我国可对绿色豁免的相关规定进行完善。一方面,根据《欧洲联盟运行条约》的宪法结构,其第 101 条的适用必须考虑到环境因素。正是因为条约构成一个连贯的体系,因而需要采用整体主义视角考虑欧盟需要实现的每一目标。对于我国而言,反垄断是经济发展体系中的一个部分,其最终目的是实现经济发展的总体目标。绿色发展是发展理论的一个重要部分,绿色发展的要求应当在反垄断法中得到适当回应。因此,保留绿色豁免制度对于反垄断法贯彻绿色发展理念具有重要意义。另一方面,我国反垄断豁免制度还不够完善,反垄断绿色豁免的具体规则不明确,这导致了实务过程中的诸多困惑。对此,有必要细化相关规则,从程序和实体两个方面完善反垄断绿色豁免制度。

在程序方面,有必要完善我国的垄断协议豁免执法程序制度。应该通过出台实施细则或者反垄断豁免指南的方式,明确豁免程序的内容和具体时点:一是明确反垄断豁免申请的时间。经营者提出绿色豁免申请的,可以在反垄断调查启动之前或者之后提出,但应在反垄断决定之前提出。二是明确反垄断豁免申请应提交的材料。根据举证责任原则,经营者应当自行提供可以证明其符合绿色豁免的材料,提交给反垄断执法机关审查。三是明确反垄断审查的时限和结果。反垄断执法机关接收豁免申请后,应进行形式审查和实质审查,必要时可以邀请政府有关部门、行业协会、市场主体和专家进行听证,并在规定时间内作出予以豁免、不予豁免或者附条件豁免的决定,并以书面形式回复申请人。四是明确豁免申诉的程序。经营者对执法机构的豁免决定不服的,可以向上一级执法机构申诉。如果是国家市场监管总局作出的决定,则为最终决定,不得申诉。五是规定反垄断豁免的后续事项。当相关情况发生重大变化,或者经营者违反豁免所附条件的,执法机构有权中止豁免,重新启动调查。

在实体内容方面,有必要借鉴域外对环境协议的豁免安排,完善我国绿色豁免的实体规定。在判断是否要对经营者进行绿色豁免时,可以引入比例原则。比例原则是宪法和行政法的核心原则,德国行政法学家奥托·麦耶(Otto Mayer)将其阐述为"行政权追求公益应有凌越私益的优越性,但行政权力对人民的侵权必须符合目的性,并采行最小侵害之方法"①。一般认为,传统比例原则有三大派生子原则,即适当性原则、必要性原则、狭义比例原则。欧盟法通常认为比例原则测试有四个阶段:必须有合适的措施目标,措施必须适合于实现目标,为实现目标必须采取必要措施,必要措施必须合理且考虑到不同群体之间的竞争利益。② 在对经营者是否适用反垄断豁免的判断中,可运用比例原则,判断其签订的豁免协议是否符合环境保护的特定目的,是否与环境保护存在因果关系,是否是达到目的的多种措施中对人民损害最小者,其对竞争所造成的损害是否与增进的社会利益相平衡。同时,在反垄断豁免中,应当着重突出环境保护因素的重要性。根据欧盟实践,其对绿色豁免的考量主要还在于环境保护所能够带来的经济效益。但对于我国而言,环境问题十分严重,追求经济快速增长阶段造成的环境污染,对于当代人以及后代人的生存环境和长期发展都造成了严重影响。在环境保护价值和经济效率价值之间,后者适当让位于前者,符合当前绿色发展、协调发展和可持续发展的要求。因此,对于我国《反垄断法》第 15 条的解释应当适当从宽。经营者出于环境保护的必要而订立垄断协议的,如若垄断协议的内容为固定价格、销售数量等严重限制相关市场竞争的,则不适用绿色豁免,而对相关市场竞争造成较小影响的,则认定为"协议不会严重限制相关市场竞争";对于"能够使消费者分享由此产生的利益"的考量,不仅应考虑消费者获得的当前利益,还应当考虑其在不久的未来即将获得的利益;不仅应当考量消费者经济利益方面的得失,还应当将环境保护带来的生活质量提高作为一种非经济利益予以考虑。

(五) 完善知识产权滥用的规制促进创新发展

创新和技术发展对于人类进步和经济增长至关重要。出于经济和民主的需要,宪法制定者授予作者和发明者知识产权,以作为鼓励创新的激励措施;同时,竞争法禁止垄断和不正当竞争行为,营造自由和公平的竞争环境,以推动和促进科技创新。二者殊途同归,但也存在冲突情况,知识产权可能被滥用,造成对竞争的伤害。为了保持创新动力,实现创新驱动型经济发展,有必要在新形势下探究滥用知识产权的反垄断问题,使知

---

① 参见叶俊荣:《论比例原则与行政裁量》,载《宪政时代》1986 年第 3 期。
② See Paul Craig, Gráinne de Búrca, *EU Law: Text, Cases, and Materials*, Fifth Edition, Oxford University Press, 2011, p.526.

识产权和反垄断法协同互动。2020年1月2日,国家市场监督管理总局发布《中华人民共和国反垄断法(修订草案)》公开征求意见稿,其中第1条增加"鼓励创新"之立法目的,这意味着在创新发展理念的驱动下,《反垄断法》的作用更加明确,与新形势的结合愈加紧密。反垄断法与保护知识产权具有共同的目标,即保护竞争和鼓励创新,提高经济运行效率,维护消费者利益和社会公共利益。我国《反垄断法》第55条规定:"经营者依照有关知识产权的法律、行政法规规定行使知识产权的行为,不适用本法;但是,经营者滥用知识产权,排除、限制竞争的行为,适用本法。"对于经营者在行使知识产权或者从事相关行为时,达成或实施垄断协议、滥用市场支配地位、或者实施具有或者可能具有排除、限制竞争效果的经营者集中的滥用知识产权行为,需要反垄断法适当地发挥作用,实现保护市场竞争秩序与鼓励创新价值之间的平衡协调。

滥用知识产权的反垄断问题在国际上的立法和讨论最早可追溯至英国1907年《专利与设计法》(Patent and Design Law),一个世纪以来的立法和实践丰富了其理论内涵。而我国自2001年加入世界贸易组织以来,为满足与贸易有关的知识产权协定中"防止滥用知识产权"的要求,对该问题开始进行立法和理论探索。随着我国市场经济的发展和国际交流的深化,近年来滥用知识产权的案件频发,尤其体现在通信领域。全球行业竞争的核心在于标准之争,在于标准必要专利之争。2013年10月,交互数字通信有限公司(以下简称IDC)等与华为技术有限公司标准必要专利(SEP)使用权纠纷上诉案、IDC与华为技术有限公司滥用市场支配地位纠纷上诉案审结;2015年2月,国家发改委对高通公司滥用知识产权市场支配地位的行为开具了60.88亿元的罚单;以及小米在印度被爱立信起诉专利侵权案、苹果与爱立信专利纠纷案、高通与魅族专利纠纷案、苹果在美国和中国起诉高通专利许可问题等涉及SEP的反垄断案件不断增加,一方面对我国反垄断执法和司法提出挑战,另一方面在国际竞争策略层面提醒我国应加强对SEP等知识产权的保护,引导我国企业攻克行业制高点,提高规则制定话语权。

我国执法机关在规则制定方面已经作出了一些努力。2015年8月国家工商行政管理总局《关于禁止滥用知识产权排除、限制竞争行为的规定》出台;2017年3月国务院反垄断委员会《关于滥用知识产权的反垄断指南(征求意见稿)》公开征求意见,为我国滥用知识产权的反垄断规制提供了基本框架。理论研究领域,自2001年以来,尤其是2011年华为提起与交互数字通信有限公司的专利纠纷诉讼以来,我国相关研究文献数量开始增多,相关理论框架初步建立并获得较高程度认同,具体问题研究主要集中在 SEP 领域。国际上理论研究伴随相关案件和规则制定的需要而发展,近三十年的讨论较为集中。在此背景下,从鼓励创新的立场出发,结合知识经济时代技术日新月异的现实,有必要重新审视知识产权、反垄断和创新之间的内在联系,着力研究新形势下滥用知识产权的反垄断问题,协调相关体制机制难题,为我国现代化经济建设提供法治保障。

1. 知识产权法和反垄断法的关系

关于如何认识知识产权法和反垄断法的关系问题,欧美发达国家的立法一般都经历了从注重知识产权到强调反垄断法,再到重视知识产权,到 20 世纪末普遍强调二者并重的过程。[①] 美国司法部和联邦贸易委员会 1995 年《知识产权许可的反托拉斯指南》正式确立了三个基本原则:在确认是否触犯反托拉斯法时将知识产权与其他财产同样对待;不假定知识产权产生反托拉斯意义上的市场力量;承认知识产权许可行为一般是有利于竞争的。除此以外,欧共体 2004 年《772/2004 号规章》和《关于技术转让协议的指南》、日本公平交易委员会 2007 年《知识产权滥用的反垄断法指南》、加拿大竞争局 2000 年《知识产权领域竞争执法指南》等规定遵循共同的基本立场:权利人正当行使知识产权行为不适用反垄断法,但滥用知识产权排除、限制竞争行为适用反垄断法。

在理论研究层面,保护知识产权和促进竞争之间,既有相互一致的一面,又有相互冲突的一面。从一致性来说,知识产权可以鼓励基础创新、增强市场竞争力,更好地释放竞争潜能;保护知识产权可以使竞争者从其投资或成果中获利,也是保护了正当公平的竞争秩序;二者都可以实现保护消费者利益的目标。从冲突性来看,知识产权是一种排他性的独占权,即一种受保护的法律意义上的垄断;在一定市场条件下,知识产权可能成为构成经济垄断的重要因素;在滥用知识产权的情况下,会造成反竞争效果。同时,知识产权法和竞争法在实现有效竞争目标上存在离合。二者在促进竞争方面殊途同归,知识产权法主要运用私法的方法,反垄断法具有国家权力性、强制性的禁止、许可、承认等调整手段。但由于二者调整手段和目标重心的差异,以及知识产权本身为垄断权的性质,其经济权能

[①] 参见王晓晔、吴玉岭:《与知识产权相关的限制竞争问题研究》,载王晓晔主编:《反垄断法实施中的重大问题》,社会科学文献出版社 2010 年版,第 542 页。

第六章　发展理论指导下的竞争法制度完善

的行使与促进有效竞争的要求之间存在内在冲突。或者说,知识产权法和竞争法的目的具有一致性,即激发人们的竞争性活动,提高资源配置效率。但二者推动竞争的方式不同:反垄断法通过禁止限制竞争行为推动竞争;知识产权法通过保护权利人的专有权激发人们开展竞争。二者互为条件,有着相同和平等的地位。另一方面,知识产权作为财产权能够产生限制竞争的影响,应受到反垄断法的制约。作为法律制度的知识产权法和反垄断法需要机制的协调,如制定和知识产权有关的竞争政策等。

2. 滥用知识产权的一般理论

我国《反垄断法》第 55 条以及 WTO《与贸易有关的知识产权协定》(《TRIPS 协定》)中虽然都提到了"滥用知识产权"[①]的概念,但均未对其具体含义进行解释。禁止权利滥用是各国宪法和法律规定中的通例,应受到禁止权利滥用这一民法原则乃至一般法律原则的限制。对于知识产权滥用的认识,经历了一个过程。在英国 1907 年《专利与设计法》中,专利垄断权的滥用是指专利权人不积极实施专利技术。美国法官在审理专利侵权纠纷案件中,将专利权人"搭售"非专利产品等扩张专利权的行为视为对专利权的滥用,被告可以依据衡平法提出侵权抗辩,如果抗辩成功,法院将不对该专利权进行保护,这就是美国专利法中的专利滥用抗辩制度。随着判例的发展,"专利滥用"的含义不断扩充,并拓展到版权滥用和商标滥用等领域。

我国对滥用知识产权的理解,不应当局限于某个国家的具体规定,而应当从一般意义上与正当行使知识产权相对的概念来理解,它不仅是对知识产权法和反垄断法的违背,同时也与民法上公平、诚实守信和权利不得滥用等基本原则相左。知识产权滥用的范围不限于反垄断法,还涉及反不正当竞争法。知识产权的行使构成垄断行为时,必然构成知识产权的滥用;但知识产权的滥用不一定违反反垄断法。2017 年国务院反垄断委员会《关于滥用知识产权的反垄断指南(征求意见稿)》指出:"经营者滥用知识产权,排除、限制竞争的行为是指经营者在行使知识产权或者从事相关行为时,达成或者实施垄断协议,滥用市场支配地位,或者实施具有或者可能具有排除、限制竞争效果的经营者集中。"可见我国立法有对"滥

---

① 《TRIPS 协定》第 8 条第 2 款规定:"有必要采取适当措施,只要该措施与本协定的规定一致,以防止权利持有人滥用知识产权,或者防止其采取不合理限制贸易的或对国际技术转让有消极影响的行为。"

用知识产权"进行狭义定义的倾向,但仍不排除经营者不当行使知识产权,却不构成垄断行为的现实情形。

3. 知识产权滥用的规制路径:知识产权法、合同法、竞争法的交错

解决滥用知识产权问题时,合同法、专利法、反垄断法各自具有独特价值和局限,后两者相对而言作用更加明显,从而成为常见的法律路径选择。

(1) 知识产权法路径:以专利法为例

以专利法解决滥用知识产权问题有三种途径:第一,通过强制许可制度规制滥用知识产权行为。根据我国《专利法》第48条、第57条,对于怠于实施专利权的广义滥用知识产权行为,权利人可以依照《专利法》要求强制许可,此外,还可以通过强制许可制度确定合理的使用费,防止专利权人的不公平定价。但是该途径也面临着使用费标准不确定的问题。第二,在专利侵权诉讼中提出专利权无效、主张自己对涉案专利的使用构成侵权例外、现有技术抗辩、提起请求确认不侵犯专利权之诉等抗辩理由。专利法的立场是保护专利权人的合法权益,但在专利权人滥用专利权的情况下,权利人也可以适用《专利法》钳制对方。第三,通过专利权纠纷司法解释规制专利权滥用行为。涉及将专利纳入标准是否构成默示许可他人实施专利的问题,在理论上还存在争议。对于该问题最高人民法院的观点有明显的变化过程。从2008年最高人民法院民三他字第4号答复函、2009年最高人民法院《关于审理侵犯专利权纠纷案件应用法律若干问题的解释》、2012年最高人民法院民提字第125号民事判决书、2016年最高人民法院《关于审理侵犯专利权纠纷案件应用法律若干问题的解释(二)》来看,其态度还不确定,权利人是否能依据专利权纠纷司法解释对专利被纳入国家、行业或地方标准的专利权人无正当理由拒绝交易的行为进行抗辩,该问题还有待观察。

(2) 合同法途径

华为技术有限公司与IDC标准必要专利使用费纠纷案中,法院适用《合同法》对IDC不公平高价的滥用专利权行为进行了规制。法院认为,公平合理与非歧视原则(FRAND原则)既是知识产权政策,也是国际标准化组织普遍使用的一项知识产权政策,是作为国际标准化组织成员的标准必要专利权利人应普遍遵循的一项义务。而且,FRAND原则与我国原《民法通则》第4条及原《合同法》第5条、第6条规定相符。因此,IDC应当遵循FRAND原则对华为技术有限公司实施标准必要专利授权并收取

第六章　发展理论指导下的竞争法制度完善

合理的专利使用费。① 尽管法院通过判决肯定了专利权人订立 FRAND 原则承诺合同对第三人的法律效力,但理论上这仍是值得探讨的问题。对于 FRAND 原则承诺的法律属性和效果问题,在合同法上至少有四个方面的认定选择:其一,可以强制实施的为第三人利益合同;其二,对第三人的邀约;其三,无法强制实施的要约邀请;其四,对第三人的承诺,即未来要给作出 FRAND 原则许可的单方法律行为。广东省高级人民法院实际上选择了第二种认定方式。

(3) 反垄断法途径

以反垄断法对其进行规制拥有一定的优越性。一是可以绕开尚存的诸多争议,二是适用范围更加广泛,三是规制路径多样。但是同时也面临着相关市场界定、FRAND 原则的理解、难以解决专利费堆积、难以确定合理许可费具体数额的局限。知识产权滥用反垄断的理论和实践难题,涉及多个方面。在相关市场界定方面,我国目前立法、执法和司法采取了相似的思路:第一,依据《反垄断法》和国务院反垄断委员会《关于相关市场界定的指南》界定相关市场;第二,每一个标准必要专利构成单独的相关市场;第三,相关地域市场的界定需要考虑知识产权的地域性因素;第四,可能还会涉及相关技术市场的界定;第五,在进行替代性分析时,要考虑知识产权的特殊性。在反垄断法上,知识产权是一个特殊的市场,因此,在界定方法方面,需求替代指标应关注知识产权的物理弹性及相关用途、知识产品价格的差异、消费者的不同偏好、需求交叉弹性、初始知识产品的选择,供给替代指标应关注知识产品生产者之转产能力、生产者从原有产品生产转向其他产品生产所需之转换时间、其他知识产权生产者所产之产品数量大小等,以及地域市场的考量因素、知识产权相关市场中假定的垄断者测试(SSNIP)的适用等。在滥用市场支配地位的认定方面,结合知识产权市场特点,专利纳入特定标准后获得的市场力量有大有小,并非一定带来支配性市场力量,应合理评估专利权人的市场力量和市场地位。对于以何者为标准来界定知识产权市场的支配地位,可以借鉴西方经济学中的计量指标,勒纳指数、行业集中度指数、赫芬达尔—赫希曼指数的适用也具有一定合理性。在界定滥用知识产权的垄断行为方面,应厘清滥用知识产权垄断行为的种类,包括联合研发、交叉许可、独占性回授、不质疑条款、标准制定等垄断协议,没有正当理由拒绝许可、限定交易、搭

---

① 参见(2013)粤高法民三终字第 305 号民事判决书。

售、附加不合理条件、差别待遇、专利联营等,尤其应关注标准必要专利的许可费定价问题。在评估滥用知识产权对市场竞争秩序和消费者利益的影响方面,无论是域外的"合理原则"还是我国的"禁止+豁免"原则,都离不开对垄断行为的竞争影响分析。结合知识产权的特点,需要关注封锁效应和单边效应对竞争的影响问题。

事实上,反垄断法作为一项与时代紧密结合的法律,是伴随着时代发展而不断发展的。在当前互联网经济、数字经济等新经济形态浪潮下,科技变革日新月异,相关领域的技术和商业模式创新频仍、竞争激烈。现实中新的垄断行为和垄断形态不断出现,给现行法律制度带来了适用难题和新的挑战。与欧美等国一同面对这些竞争新问题,我国可以以发展理论为特色指引,建立发展导向型竞争立法,以此为契机实现竞争法理论和实践的新飞跃。

三、发展理论指导下的反不正当竞争法制度完善

在市场竞争领域,不正当竞争行为是另一种严重妨害自由竞争和公平竞争的不法行为,会严重影响经济发展,导致严重的不公正问题。市场主体公平地参与竞争凭借的是有目共睹的竞争力,即企业和企业家在适应、协调和驾驭外部环境的过程中成功地从事经营活动的能力。[①] 竞争力可以从多个角度考察,如现实竞争力、潜在竞争力、将潜在竞争力转化为现实的能力,静态能力、改善能力、进化能力、价值链、成本优势、差异化、技术优势、竞争对手选择,组织能力,核心能力,品牌、财务、质量、管理、服务等,总而言之,市场主体总是趋向于在法律允许的范围内调动主观积极性,推动自身往有利方向发展,获得比较竞争优势。市场主体在生产经营活动中,遵循自愿、平等、公平、诚信的原则,遵守法律和商业道德,这乃是秩序和道德的正面体现。然而,有一些市场主体并不是依靠自身努力,而是凭借不合法的不正当竞争手段获取交易机会。例如,不法地贬损竞争对手及其产品或服务,或者不实过誉自身,都属于竞争方式或手段的不公平,客观上也会导致竞争结果的不公平。这种行为对市场秩序的损害是显而易见的,实施不正当竞争行为的主体在市场竞争之中剑走偏锋,以不

[①] 参见罗国勋主编:《二十一世纪:中国中小企业的发展》,社会科学文献出版社1999年版,第177页。

公正的手段获得竞争优势。如果任凭不正当竞争行为肆虐而不制止,短期来看会影响部分交易公平竞争,长期来看将劣币驱逐良币,导致产品质量下降、市场环境恶劣、消费者福利削弱、公共利益受损,不利于经济和社会的长期发展。

在经济法学发展理论的指导下,反不正当竞争法应当坚持以发展为指引,以促进经济健康发展、社会稳定发展为己任,进一步完善不正当竞争行为的相关规则体系。我国《反不正当竞争法》在1993年颁布以后,经过2017年、2019年两次修订,体系逐渐清晰,与反垄断法的界限逐渐明确,各项制度规范也有很大进步,已经在促进发展方面迈出了重要一步。尤其是网络不正当竞争行为规制的提出,适应了互联网时代迫切的现实需要,使新时期的新型不正当竞争执法有法可依。时代是不断发展的,不断适应时代需求实现自我调整,是发展理论对经济法的重要要求。为此,有必要进一步完善互联网新型不正当竞争行为的规则体系,进一步实现创新发展理念指导下的经济发展。

(一) 以发展理论指导不正当竞争行为规制

不正当竞争行为所涉及的问题,乃是激烈的市场竞争中,市场主体可能实施不正当的手段误导消费者,导致竞争结果的不公平。学界对此类不当手段早有关注,并将各个阶段使用不当竞争手段的行为统称为不正当竞争行为。不正当竞争行为的分类有很多种,较为常见的分类,包括误导行为与敌对行为二分法,不当影响、不当阻碍和不当利用三分法,诱捕顾客、阻碍竞争对手、不当利用他人劳动成果、违法行为、扰乱市场秩序五分法[1],损害竞争者利益、损害消费者利益、损害公共利益三分体例,一般性市场干扰、直接绩效保护、非针对性贬损、榨取商誉、销路控制系统、无根据侵权警告函、违背交易义务、无视人类尊严的商业行动、其他零星种类九分法[2],等等。而从主流观点来看,我国立法和学界已经确立和认同的不正当竞争行为主要有以下几种:一为仿冒行为。其目的是使交易机会提供方误认为自己与他人或其产品存在特定联系,盗用他人苦心经营

---

[1] 参见邵建东:《德国反不正当竞争法研究》,中国人民大学出版社2001年版,第59—60页。

[2] 参见蒋舸:《〈反不正当竞争法〉网络条款的反思与解释:以类型化原理为中心》,载《中外法学》2019年第1期。

的声誉和影响力,长期来看会对市场秩序和消费者福利造成严重影响。二为商业贿赂行为,即经营者采用财务或者其他手段贿赂交易相对方的工作人员、受交易相对方委托办理相关事务的单位或个人、利用职权或者影响力影响交易的单位或个人。这将影响交易的公正性,使有能力影响交易的单位或个人在贿赂的诱惑下影响判断力,作出符合私人利益的决策。三为虚假陈述行为。目的是使交易机会提供方对虚假陈述者的竞争力作出错误的过高预计,从而给予其交易机会。四为侵犯商业秘密行为,不当窃取竞争者受法律保护的竞争优势。五为不当附奖赠促销行为,误导或诱导交易机会提供方作出不理性决策。六为诋毁商誉行为,使交易机会提供方对竞争对手作出错误的过低评价。此外,互联网经济时代一些不正当技术手段的运用,如通过不正当抄袭手段挪用智力成果[1]等,属于不当使用他人劳动成果的投机取巧行为,背离了平等、公平、诚实信用的原则和公认的商业道德,也构成了对《反不正当竞争法》的违反。

从不正当竞争行为的规制历程来看,20世纪中期以来,世界范围内的反不正当竞争法经过一系列观念和制度的变革,开启了现代化的进程。在我国,《反不正当竞争法》经两次修订,其定位更为明确,与反垄断法、消费者权益保护法、知识产权法的关系更加清晰。反不正当竞争法的现代性不仅表现在回应现实需求、反映时代精神方面,还表现在不正当竞争行为规制与经济发展的结合方面。

1. 商业秘密保护与创新驱动发展

商业秘密(trade secrets)是一种特定的商业信息,包括公式、实践、设计、工具、模式或信息汇编等,这些信息具有内在的经济价值,通常不为他人所知,并且所有者应采取合理的措施予以保密。根据《TRIPS协定》,商业秘密主要包括三个特征,分别是不为公众所知悉、赋予所有者经济利益、持有人尽合理努力进行保密。与专利等知识产权相比,商业秘密并未向社会公众公开,商业秘密持有人往往寻求特殊的处理程序以及技术和法律方面的安全措施来保护商业秘密免受竞争对手的侵害。法律上的保护包括保密协议、与雇员签订非竞争条款等。反不正当竞争法的保护是重要一环,它有利于有效保障市场主体的重要商业信息,激励市场主体研究开发新的制造工艺、产品配比、商业模式等,维护市场竞争秩序,推动创新经济蓬勃发展。

---

[1] 参见上海市第一中级人民法院(2014)沪一中民五(知)初字第22号民事判决书。

第六章　发展理论指导下的竞争法制度完善

我国 2017 年和 2019 年两次对《反不正当竞争法》的修订过程中,对于侵犯商业秘密行为的规定调整是一大重点。面对商业秘密保护不够到位的情况,一方面,2017 年修订时将经营者侵犯商业秘密行为之一的"以盗窃、利诱、胁迫或者其他不正当手段获取权利人的商业秘密"改为"以盗窃、贿赂、欺诈、胁迫或者其他不正当手段获取权利人的商业秘密"。将通俗意义上的"利诱"改成具有法律意义的"贿赂""欺诈",使得不正当竞争手段更为具象化,明晰了"利诱"的判断标准。2019 年修订时在第 9 条第 1 款中增加了以"电子侵入"手段获取权利人商业秘密的规定,结合了信息时代的技术特点,加强了互联网经济下商业秘密的全方位保护。另一方面,2019 年修订的《反不正当竞争法》将前第 9 条第 1 款第 3 项、前第 9 条第 2 款修改为第 9 条第 1 款第 3 项"违反保密义务或者违反权利人有关保守商业秘密的要求,披露、使用或者允许他人使用其所掌握的商业秘密"以及第 9 条第 1 款第 4 项"教唆、引诱、帮助他人违反保密义务或者违反权利人有关保守商业秘密的要求,获取、披露、使用或者允许他人使用权利人的商业秘密"。将违反约定特定化为违反保密义务,并将教唆者、引诱者和帮助者也纳入义务主体之列,既是对义务人的具体细化,也是对义务人范围的扩充和延展。此外,2017 年修订的《反不正当竞争法》还明确了第三人获取商业秘密的主体对象,规定第三人明知或者应知商业秘密权利人的员工、前员工或者其他单位、个人实施违法行为,仍获取、披露、使用或者允许他人使用该商业秘密的,视为侵犯商业秘密。关于员工能否成为侵犯商业秘密行为的主体,修订过程中存在争议。修订草案送审稿曾规定"商业秘密权利人的员工、前员工实施本法第 9 条第 1 款规定的行为",视为侵犯商业秘密的行为。法律审议过程中,一些部门和企业提出,《反不正当竞争法》规范的主体是经营者,商业秘密权利人的员工不属于经营者,因此不能列为侵犯商业秘密的主体。基于此,法律修订未采纳该规定。[①] 事实上,商业秘密权利人的员工、前员工是直接使用、接触商业秘密的主体,大量的商业秘密侵权案件的信息来源都是由员工、前员工泄露的。虽然《反不正当竞争法》规制的是经营者的竞争行为,但仍有必要将对雇员行为的规制纳入竞争规制之中。我国《劳动合同法》第 23 条规定了用人单位和劳动者可以在劳动合同中约定保守用人单位的商业秘密

[①] 参见《全国人民代表大会法律委员会关于〈中华人民共和国反不正当竞争法(修订草案)〉修改情况的汇报》(2017 年 8 月 18 日)。

和与知识产权相关的保密事项,第 24 条规定了竞业限制的范围和期限,防止员工在雇佣期间以及离职后泄露商业秘密。我国《公司法》第 148 条规定了董事和高级管理人员对公司的忠实义务和勤勉义务,其中规定不得擅自揭露公司秘密。为实现对商业秘密的全方位保护,我国 2019 年修订的《反不正当竞争法》在第 9 条中增加了一款,规定"经营者以外的其他自然人、法人和非法人组织实施前款所列违法行为的,视为侵犯商业秘密"。这样就扩大了侵犯商业秘密的责任主体范围,降低了侵犯商业秘密行为认定的门槛,对商业秘密的保护更为严格。除此以外,还应当将涉及商业秘密的相关法律体系结合起来进行考虑,明晰责任人的各类义务,并协调相关法律责任。

2. 消费者权益保护与共享发展

反不正当竞争法作为竞争法中的重要部分,对于保障市场主体公平竞争权利、促进社会主义市场经济健康发展、制止不正当竞争行为、保障经营者合法权益发挥着不可替代的作用。同时,反不正当竞争法的立法目的也包含保障消费者的合法权益,是消费者权益保护的重要阵地。2017 年修订的《反不正当竞争法》在第 2 条第 2 款中,将不正当竞争行为定义为"经营者在生产经营活动中,违反本法规定,扰乱市场竞争秩序,损害其他经营者或者消费者的合法权益的行为",增加了消费者这一内容,彰显了新法对消费者权益保护的重视。发展权利的主体具有广泛性和全面性,在市场竞争中,经营者是公平竞争和自由竞争等发展权利的享有者,同时消费者也是发展权利的享有者和经济发展的受益者。共享发展理念要求经济发展的成果由所有的社会成员共同享有,保障消费者的利益是共享发展的应有之意。

事实上,对一些不正当竞争行为的规制也是保障消费者合法权益的体现。例如,2017 年修订的《反不正当竞争法》对混淆行为进行了较大幅度修改。一是统一了混淆行为的共同要件,即引人误认为是他人商品或者与他人存在特定联系。这是对最高人民法院《关于审理不正当竞争民事案件应用法律若干问题的解释》第 4 条第 1 款"足以使相关公众对商品的来源产生误认,包括误认为与知名商品的经营者具有许可使用、关联企业关系等特定联系的,应当认定为反不正当竞争法第 5 条第 2 项规定的'造成和他人的知名商品相混淆,使购买者误认为是该知名商品'"的吸收和借鉴。直接规定混淆行为的含义和类型,从而明确了混淆行为认定的具体标准。二是将原法中"知名商品特有的名称、包装、装潢"等"知名"的

第六章　发展理论指导下的竞争法制度完善

限定修改为"他人有一定影响的"。2016年12月通过的最高人民法院《关于审理商标授权确权行政案件若干问题的规定》第23条第2款规定:"在先使用人举证证明其在先商标有一定的持续使用时间、区域、销售量或者广告宣传的,人民法院可以认定为有一定影响。"与此前的"知名商品"相比,"一定影响"体现了保护的实质和特性,将保护客体视为具有商业价值的商品化权益。三是在保护对象中增加了社会组织名称(包括简称)、姓名(包括笔名、艺名、译名等),以及增加了他人有一定影响的域名主体部分、网站名称、网页等。这是结合实践在原法律规定基础上的细化和扩张,有利于在更大范围内保障权益。四是增加了兜底条款,将"其他足以引人误认为是他人商品或者与他人存在特定联系的混淆行为"写入法条。这将之前的穷尽式列举规定修订为开放式的列举规定,总体而言扩大了规制力度。对混淆行为的规制,在保障经营者发展权利的同时,也是对消费者发展权利的保障。在良好的市场竞争秩序下,消费者得以不受混淆行为的干扰和误导,自由、放心地选择自己信赖的商品和服务,是对消费者权益保护法之外的其他权益的切实保障,有利于实现社会整体的共享发展。

(二) 网络新型不正当竞争行为的挑战和应对

互联网的双边市场、网络效应、创新竞争、用户黏性、动态竞争等特性在带来商业模式变革的同时也带来了一系列新的监管问题。我国《电子商务法》第5条规定"电子商务经营者从事经营活动,应当遵循自愿、平等、公平、诚信的原则,遵守法律和商业道德,公平参与市场竞争",在互联网市场上,原则上市场主体一律平等,公平竞争;市场主体非公益必要互不干扰,和平共处;网络用户自愿选择,自由切换。而以干扰、流量劫持、恶意不兼容为代表的网络不正当竞争行为则会打破市场的公平性和有序性。

1. 网络新型不正当竞争行为的表现

网络新型不正当竞争行为表现之一为互联网干扰行为,也即互联网经营者通过技术手段阻碍、干扰、修改其他经营者的互联网产品或服务使其产品或服务无法正常展示,或误导、欺骗、强迫用户修改、关闭、卸载其他经营者合法提供的网络产品或者服务。具体方式包括阻碍软件安装运行,如通过修改他人在先安装软件的注册表信息以阻碍在先安装软件的正常下载、安装和运行,诱使用户删除竞争对手软件的快捷方式;警示软件存在风险,如在竞争对手网站搜索结果页面上插入警告标识;屏蔽他人互联网广告等。

表现之二为流量劫持行为,恶意软件不正当地通过技术手段或商业模式进行技术接触,使得本应属于他人的网络流量被迫流入特定对象,具体方式包括强行进行目标跳转,如从事互联网服务的经营者在其他经营者网站的搜索结果页面强行弹出与搜索关键词和内容紧密联系的广告页面;插入链接,如未经许可强行在他人搜索页面上增加搜索导航的链接、缩略图及非本网站信息内容,用他人搜索引擎提供垂直结果导向自营网站[①]等。

表现之三为恶意不兼容行为,即恶意对其他经营者合法提供的网络产品或者服务实施不兼容。主要表现为强制用户"二选一",即要求被限制方只能与自己合作,或者不与特定的竞争对手合作。如"3Q大战"中,腾讯公司《致QQ用户的一封信》宣布在装有360软件的电脑上停止运行QQ软件,严重影响了360公司与用户的交易;又如京东指控天猫利用其在中国大陆B2C网上零售平台市场上的支配地位,通过与商家签订独家合作协议、公开宣布达成独家战略合作,限定商家"二选一"交易等。

这三种网络新型不正当竞争行为不但损害了用户的自主选择权,也使得交易机会获取方难以正常完成交易,增加了交易成本,减损了交易利润,甚至损失了大量用户,丧失了交易机会,严重影响了公平竞争秩序。由于这些不正当竞争行为在全世界范围内都是新近出现的,之前鲜少规制经验,此外,还与算法等互联网技术密切相连,给不正当竞争执法带来了新的挑战。

面对表现形式多样的互联网不正当竞争行为,2017年修订的《反不正当竞争法》增加了第12条,规定经营者利用网络从事生产经营活动,不得利用技术手段,通过影响用户选择或者其他方式,实施妨碍、破坏其他经营者合法提供的网络产品或者服务正常运行的行为,具体包括三种行为:一为未经其他经营者同意,在其合法提供的网络产品或者服务中,插入链接、强制进行目标跳转;二为误导、欺骗、强迫用户修改、关闭、卸载其他经营者合法提供的网络产品或者服务;三为恶意对其他经营者合法提供的网络产品或者服务实施不兼容;四为其他妨碍、破坏其他经营者合法提供的网络产品或者服务正常运行的行为。总体而言,这些类型化行为包括了目前较为普遍和严重的不正当竞争行为,但覆盖范围的周延性仍存在

---

① 参见北京知识产权法院(2015)京知民终字第557号民事判决书。

第六章　发展理论指导下的竞争法制度完善

质疑。① 网络新型不正当竞争行为的进一步规制,应当进一步关注网络电商的义务,加大对平台审查的力度,并对网络平台施加协助调查和提供相关证据的义务。还有必要推出年度评级制度,为消费者提供一个健康的网络消费环境。

2. 新形势下不正当竞争行为监管的革新

随着数字经济的发展,世界正处于一波又一波的创造性毁灭浪潮之中。互联网的双边市场、网络效应、创新竞争、用户黏性、动态竞争等特性在带来商业模式变革的同时也考验着法律规制的创新。为应对监管环境变化,世界各国已然开启探索进程。美国自 1998 年微软案后将新的执法方法应用于高科技市场、创新产业和创新实践。欧盟及成员国也积极倡导在线平台事前监管、平台中立义务、竞争执法的全面改进等。我国过去十年在互联网市场上开展的反不正当竞争司法实践也初具规模,引发了学术界和实务界对互联网经济理论与反垄断政策的热烈探讨。面对数字经济与传统经济的差异,美国依靠现代竞争法的灵活性以确保在线市场竞争性的做法值得借鉴。法律的发展与革新并不是放弃原有的标准和方法,这只会导致陷入主观主义的泥淖,而应在既有的制度体系基础上转换视角、调整方法。

在新发展理念的指导下,经济法学发展理论的指引对于数字经济下的不正当竞争行为监管同样重要。一方面,反不正当竞争法应牢记作为经济法促进经济和社会发展的目标,注重效率和公平两方面的价值,积极查处不正当竞争行为,减少违法数量,促进市场竞争环境风清气正;另一方面,应以新发展理念中的创新发展理念指引反不正当竞争法的变革。创新,是竞争追求的重要价值。当前反不正当竞争法面临的很多新问题,尤其是新型互联网不正当竞争行为,都是创新的结果,反过来会对创新产生阻碍作用。对此,监管创新的作用尤为重要。持续探索不正当竞争行为的规制新方法、新方式,会推动竞争领域的不断发展,有利于经济和社会的良性运行与协调发展。

---

① 参见蒋舸:《〈反不正当竞争法〉网络条款的反思与解释——以类型化原理为中心》,载《中外法学》2019 年第 1 期。

第七章　发展理论指导下的消费者权益保护法律制度完善

经济法是促进发展之法,这就要求经济法必须建构起一套较为科学、精致的发展理论,以帮助其更好地履行发展促进法的职能。经济法学的发展理论具有十分丰富的内涵,涉及发展理念、发展目标、发展主体、发展权利、发展义务、发展责任、发展利益以及发展秩序等诸多方面。[①] 深入研究该理论,不仅有助于丰富和完善相关领域的理论架构,"还有助于为相关发展政策、发展制度的制定和实施提供理论指导。"[②]在经济法领域中,存在着大量发展型制度,在这些制度生成和适用的过程中,若能有正确的发展理论加以引导,则其促进发展的功能就会发挥得更好。本章拟重点阐述的消费者权益保护法律制度就属于典型的发展型制度,因此,借助经济法学的发展理论,在该理论的指导下完善消费者权益保护法律制度是必要且可行的,这项工作具有重要的理论与实践意义。本章拟从发展理念、发展权利等核心范畴入手,深入考察消费者权益保护法的理念、消费者的权利构造等内容,并在此基础上进一步探究彰显绿色发展理念的绿色消费、体现共享发展理念的协同消费的深刻内涵,以及通过消费者权益保护法律制度促进前述两种消费形态的具体路径。

一、新发展理念下消费者权益保护法理念的拓补

发展理论对消费者权益保护法的理念产生了十分深远的影响,其中,创新、协调、绿色、开放、共享的新发展理念对消费者权益保护法理念的变迁、更迭影响尤巨,以新发展理念为切入点深入考察经济法发展理论对消费者权益保护法理念的拓补,不仅具有重要的理论意义,而且对消费者权益保护法律制度的完善也具有重要的指引作用。

[①] 参见张守文:《公共卫生治理现代化:发展法学的视角》,载《中外法学》2020 年第 3 期。
[②] 张守文:《经济法学的发展理论初探》,载《财经法学》2016 年第 4 期。

第七章　发展理论指导下的消费者权益保护法律制度完善

（一）消费者权益保护法的四大核心理念

立法理念是一部法律最基本的出发点，蕴含着该法的基本功能、定位和其意欲实现的核心目标，也是一法区别于他法的重要标志。[①] 每一部法律都有其独特的立法理念，消费者权益保护法亦不例外。我国《消费者权益保护法》第1条即开宗明义地指出，消费者权益保护法的立法目的是"保护消费者的合法权益，维护社会经济秩序，促进社会主义市场经济健康发展"，第5条亦规定："国家保护消费者的合法权益不受侵害。国家采取措施，保障消费者依法行使权利，维护消费者的合法权益。国家倡导文明、健康、节约资源和保护环境的消费方式，反对浪费"。由法律文本观之，消费者权益保护法的核心理念大体包括以下几个方面：

1. "以消费者为本"的理念

以消费者为本，切实维护消费者的合法权益是世界主要国家和地区消费者权益保护法的核心理念之一，如欧盟消费者权益保护指令（2011/83/EU）就确立了"以消费者为本"的立法理念，该指令第1条即规定，本指令的目的在于实现对消费者的高水平保护。[②] 日本《消费者基本法》也确立了"消费者自立"的基本理念。[③] 该法将消费者视为一类独立的社会群体，赋予其独立的法律地位并严格保障消费者的权利。我国《消费者权益保护法》第1条也初步确立了"以消费者为本"的立法理念。应当说，随着消费时代的来临，随着新零售的兴起，随着消费者群体的日益壮大及消费能力的日益增强，确立"以消费者为本"的立法理念早已是各国共识。然而，这一立法理念在我国《消费者权益保护法》上的立法表达是较为笼统的，指向不甚明朗，仍需进一步拓补其内涵。

2. 可持续消费理念

1994年，联合国环境规划署（UNEP）发表了题为《可持续消费的政策因素》的报告，首次将"可持续消费"（sustainable consumption）定义为一种

[①] 参见竺效、丁霖：《绿色发展理念与环境立法创新》，载《法制与社会发展》2016年第2期；高其才：《现代立法理念论》，载《南京社会科学》2006年第1期；刘风景：《立法目的条款之法理基础及表述技术》，载《法商研究》2013年第3期；刘治斌：《立法目的、法院职能与法律适用的方法问题》，载《法律科学》2010年第2期。

[②] Directive 2011/83/EU of the European Parliament and of the Council of 25 October 2011.

[③] 参见杨立新、陶盈：《日本消费者法治建设经验及对中国的启示》，载《广东社会科学》2013年第5期。

企业提供相关产品和服务以满足人类的基本需求为限,注重提高生活质量,同时使自然资源和有毒材料的使用量最少,使产品和服务的生命周期中所产生的废物和污染物最少,从而不危及后代需求的消费方式。[①] 近年来,经济可持续发展与资源有限之间的矛盾愈加突出,大至一国一城,小至一家一人都不得不对经济发展模式、消费理念、经济发展与生态保护之间的平衡关系作出反思。[②] 高质量发展理念、可持续消费理念等获得了政治高层与社会公众的广泛支持。

可持续消费理念是一种更注重节约、环保的消费理念,它不仅对消费者提出了更高的要求,对生产者亦是如此。就消费者一端而言,可持续消费理念要求消费者更新自己的消费观念,提高节约意识,对浪费行为保持警觉,自觉抵制过度消费、铺张浪费等行为,积极参与到可持续消费行动中去,并对周边的消费者起到正向的示范作用。由于生产对消费具有决定作用,企业在可持续消费理念的贯彻、落实中也扮演着十分重要的角色。就企业一端而言,企业提供产品或者服务应当以满足消费者的基本需求为必要,注重产品、服务质量,企业应不断改进生产工艺、引入先进技术并降低能源消耗,更多地使用可再生能源,减少污染与废弃物排放,避免危及后代需求。可持续消费和可持续生产是可持续发展不可分割的两个方面,当然,可持续消费的重点应放在产品的需求者——消费者一方。

在我国,可持续消费理念集中映射在《消费者权益保护法》第 5 条与第 37 条上,具体而言,我国《消费者权益保护法》第 5 条明确规定:"国家保护消费者的合法权益不受侵害。国家采取措施,保障消费者依法行使权利,维护消费者的合法权益。国家倡导文明、健康、节约资源和保护环境的消费方式,反对浪费"。此外,《消费者权益保护法》第 37 条也作了相

---

① See UNEP, "Sustainable consumption and production policies", Sustainable consumption and production refers to "the use of services and related products, which respond to basic needs and bring a better quality of life while minimizing the use of natural resources and toxic materials as well as the emissions of waste and pollutants over the life cycle of the service or product so as not to jeopardize the needs of future generations", at https://www.unenvironment.org/explore-topics/resource-efficiency/what-we-do/sustainable-consumption-and-production-policies, accessed on Apr. 11, 2020.

② 参见陈泉生:《可持续发展与法律变革》,法律出版社 2000 年版,第 200 页。

第七章　发展理论指导下的消费者权益保护法律制度完善

关规定。① 由此观之,可持续消费理念是《消费者权益保护法》始终遵循的重要立法理念之一,公权机关在进行执法、司法等活动时,必须充分考虑《消费者权益保护法》促进可持续消费的法律追求与价值取向,并在此基础上开展消费者保护的法律救济与具体制度建构。

3. 公平理念

公平理念是可持续消费理念的进一步延伸。从纵向的历史维度以及人与人之间的关系上说,消费的"可持续性"主要是指公平和公正消费。可持续消费不是介于因贫困引起的消费不足和因富裕引发的消费过度之间的一种折中调和,而是一种新的消费理念与模式。它深刻体现了公平与公正原则,即当代全球的每一位消费者,不论其国籍、种族、性别、身份,也不论其所在区域经济发展水平和文化等方面的差异,均享有追求生活品质、消费质量的权利,而且,居于后代的每一位消费者也应当同等地享有这一权利。任何消费者都不应由于其自身的消费行为而危及他人的生存与消费(即代内公平),当代人不应当过度消费而危及后代人的生存与消费(即代际公平②)。否则,失去相对公平、相对公正消费理念的社会犹如一座已经倾斜的危楼,同样是不可持续的。我国《消费者权益保护法》虽未直接、明文写入公平理念,但通过上文对可持续消费理念的分析可知,公平理念在我国的《消费者权益保护法》上也有着非常扎实的映射,是该法遵循的重要立法理念之一。

4. 安全理念

市场在培育竞争、提升经济效率的同时,也孕育了一些潜在的风险与不稳定因素。举例而言,一方面,实践中,一些经营者会盲目追求自身利益的最大化,规避甚至无视《消费者权益保护法》《产品质量法》《食品安全法》等法律规定,故意降低产品或者服务的质量,这会使得其提供的产品或者服务难以符合切实保障消费者人身、财产安全的要求,侵害了消费者

---

① 我国《消费者权益保护法》第 37 条规定:"消费者协会履行下列公益性职责:(一)向消费者提供消费信息和咨询服务,提高消费者维护自身合法权益的能力,引导文明、健康、节约资源和保护环境的消费方式……"

② 代际公平的概念源自美国国际法学家魏伊丝(Edith Brown Weiss)发表于 1984 年的论文《行星托管:自然保护与代际公平》。魏伊丝认为,"作为物的一种,我们与现代的其他成员以及过去和将来的世代一道,共有地球的自然、文化的环境。在任何时候,各世代既是地球恩惠的受益人,同时也是将来世代地球的管理人或受托人"。See Edith Brown Weiss, The Planetary Trust: Conservation and Intergenerational Equity, *Ecology Law Quarterly*, Vol. 11, No. 4, Dec. ,1983, p. 495.

的合法权益;另一方面,经营者与消费者之间的信息差越来越大①,信息鸿沟难以消弭,经营者借助信息优势,大量实施不正当竞争行为,如虚假或者引人误解的虚假宣传、混淆行为等,危及消费者的财产安全,这都要求《消费者权益保护法》《反不正当竞争法》《广告法》等法律及时、有力地遏制经营者的违法行为,维护消费者的人身、财产安全。

通说认为,消费者权益保护法所倡导的安全理念主要包括两个层面的含义:其一是人身安全,其二是财产安全。其中,人身安全尤为重要,其核心的要求包括使消费者免于遭受不合理危险的损害,使消费者免于遭受不卫生条件的损害以及使消费者的人身安全免于遭受损害三方面。目前,世界主要国家和地区的消费者权益保护法通常采取以下方式来践行消费者人身安全理念:第一,在法律文本中明确规定产品生产、销售各个环节以及服务提供方式等的安全性要求;第二,禁止不符合安全标准的产品进入市场,及时清除市场当中的安全隐患;第三,开展消费教育活动,提高消费者的认知能力和辨别水平,建立消费者信息扶助制度,最大程度避免不安全事件的发生;第四,通过与产品责任制度和其他救济制度联动,严惩经营者的侵权行为,并对人身安全和财产安全受到损害的消费者提供相应的法律救济。

我国《消费者权益保护法》及相关法律中基本含纳了上述保障消费者人身与财产安全的制度安排。安全理念在我国《消费者权益保护法》的文本中体现地十分明显,"安全"一词一共出现15次,涉及消费者人身安全、财产安全的条文有10条之多。② 综上,保障消费者的人身、财产安全具有重要意义,它是消费者权益保护法重要的价值追求之一。

(二) 新发展理念对消费者权益保护法四大核心理念的拓补

发展理论与消费者权益保护法的核心价值追求是一致的,发展理论中的很多范畴、内容都能够对消费者权益保护法的立法理念进行有益拓补,下文主要从发展理念、发展权这两个向度出发展开探讨。

---

① 参见刘俊海、徐海燕:《论消费者保护理念的升华与制度创新——以我国〈消费者权益保护法〉修改为中心》,载《法学杂志》2013年第5期。

② 详见我国《消费者权益保护法》第7条、第18条、第19条、第26条、第28条、第29条、第31条、第33条、第48条以及第56条。

第七章　发展理论指导下的消费者权益保护法律制度完善

1. 创新发展理念对"消费者为本"理念的拓补

创新是推动发展的关键力量,也是引领消费者权益保护法理念革新的重要智力资源。创新发展理念对"消费者为本"理念的拓补主要体现在,应当运用创新思维不断革新消费维权理念、维权机制以及监管方式、监管手段等,深化消费者维权机制改革,更加切实有效地保障消费者的合法权益,具体而言:

第一,创新维权理念。应当克服狭义的"以产品为中心"的、事后的、消极的消费维权理念,坚持广义的维权理念。这需要公权机关密切衔接《反不正当竞争法》《产品质量法》《食品安全法》《商标法》以及《广告法》等法律,加强各法律之间的联动与配合,织密消费者保护网,切实地把虚假宣传、商标仿冒等侵害消费者合法权益的行为纳入消费维权的重要范畴;另外,应将消费维权的"防火线"前移到消费信息扶助、消费教育、消费引导与消费警示等活动上来,采取事前的、预防的、积极的消费维权理念,加强对消费者的保护。同时,公权机关应当将个体维权与群体维权紧密结合起来,将消费维权与行业规范结合起来,将消费维权与营商环境的优化结合起来。通过更新消费维权理念来营造安心消费、放心消费的社会氛围,进一步释放消费潜力。

第二,创新维权机制。创新发展的理念要求公权机关构建新型消费维权制度体系和工作模式。实践中,可尝试在"诉转案"、区域消费纠纷处理一体化、消费民事公益诉讼以及强化农村消费维权和加强网购消费维权等方面寻求新的突破。[①] 这就需要进一步完善《消费者权益保护法》的配套法规规章,推出"诉转案"工作指导意见。同时,应重视消费领域中出现的一些新情况与新问题[②],对网络消费、预付卡消费以及服务消费等问题进行补充规定。

第三,创新监管方式、监管手段。在创新发展的理念下,公权机关应进一步加大维护消费者合法权益的效果和力度。近年来,网络消费发展

---

① 参见马正其:《坚持新的发展理念 营造良好消费环境》,载《人民日报》2016 年 7 月 13 日第 10 版。

② 2020 年 3 月,百度今日发布的《2020 年百度 315 搜索大数据报告》显示,过去一年消费者关于维权相关的搜索热度呈缓步上升趋势。在投诉相关搜索热度最高的八大行业里,网络购物和金融服务成了名副其实的"重灾区"。参见刘洋:《百度发布 3·15 搜索大数据报告》,载《北京晚报》2020 年 3 月 15 日第 5 版。

十分迅猛,与之相伴的是,网络消费投诉占比居高不下。① 因此,有必要创新监管方式,推动线上、线下一体监管,保障监管范围的全覆盖,精准发力网络消费投诉的频发问题②,依法查办侵权案件,促进平台企业、平台经营者诚信守法、依法经营,自觉承担社会责任,提高产品或者服务的质量。同时,要依托互联网,运用网络资源与网络思维,完善"国家企业信用信息公示系统"的相关功能,充分发挥公示系统所具有的信息归集、依法公示、联合惩戒、社会监督以及诚信建设等作用,发挥信用在消费维权监管、执法中的效能,不断提升市场监管水平。

2. 绿色发展理念对"可持续消费"理念的延展

绿色发展理念的内涵十分丰富,涉及绿色生产、绿色消费等诸多方面的内容,汲取绿色发展理念的智识有助于我们更深入、更全面地理解"可持续消费"理念,优化相关制度设计,引导消费行为朝着智能、绿色、健康的方向转变。

绿色发展理念对"可持续消费"提出了更高、更具体的要求。其中,最核心的一点就是应大力推行绿色消费。所谓绿色消费,是指以保护消费者的健康为主旨,符合人的健康和环境保护标准的各种消费行为和消费方式的统称。③ 绿色消费除了关注消费行为对环境的影响之外,也关注消费活动对消费者本身健康的影响,倡导消费者在消费时选择未被污染或有助于身体健康的绿色产品。这其实是对"可持续消费"理念提出了更为

---

① 2020年1月17日,中国消费者协会发布《2019年全国消协组织受理投诉情况分析报告》,该报告指出,2019年全年投诉数据分析体现出四大变化:(1)远程购物投诉在全部投诉中占比大幅度下降,从多年第一退居第三位,远程购物中电商所占比例最大,这个变化反映出电商放心消费环境得到优化。(2)经营性互联网服务首次成为服务类投诉第一,这是与数字经济、数字消费迅速增长成正比的,随着消费者数字生活比重的提高,经营性互联网服务的投诉数量及比重可能长期居于前列。(3)培训服务第一次进入服务类投诉前十位,且居第四位。与培训有关的关键词是"跑路",2019年,"预付式消费"已经从健身、美发美容、洗车、餐饮进入教育培训等领域,成为维权老大难。(4)消费需求侧出现变化,部分供给侧经营者跟进不力。2019年,自行车突然进入商品类投诉前十,名列第八。在中国进入高铁时代、汽车化生活、公共交通发达的形势下,自行车进入商品类投诉前十,投诉中高端自行车及配件产品占比明显,这是消费者健身、休闲娱乐需求对自行车从通勤代步的初级标准提高到运动时尚品质的要求,而自行车供给侧经营者没有做好相应准备。网络投诉问题之严重由此可见一斑。

② 参见陈兵:《有序升级消费者权益保护系统 新发展格局下扩大消费需求的关键路径》,载《人民论坛》2021年第4期。

③ 参见劳可夫:《消费者创新性对绿色消费行为的影响机制研究》,载《南开管理评论》2013年第4期;靳明、林星:《绿色消费行为与绿色消费替代的经济性分析》,载《浙江学刊》2006年第1期。

第七章　发展理论指导下的消费者权益保护法律制度完善

细致的要求。一般而言,为了更好地引导公众绿色消费,政府部门、消费者协会等应开展常态化宣传,培育绿色消费文化,形成全社会认同、践行绿色消费的良好氛围。同时,还应当在加强消费教育、普及绿色消费知识的同时,提供一定的物质激励,帮助消费者形成绿色消费自觉,持续推动社会公众的生活方式和消费模式向勤俭节约、绿色低碳、文明健康的方式转变。

3. 共享发展理念对公平理念的拓补

共享发展要求"发展为了人民、发展依靠人民、发展成果由人民共享"①。共享发展理念的上述核心价值追求有助于我们深化对《消费者权益保护法》公平理念的认知,完善相关制度设计。具体而言,共享发展理念以发展成果的共享为归宿,这就要求政府等公权机关将维护偏远农村地区、西部地区消费者的合法权益放在尤为关键的位置,最大限度地保障消费公平、公正,使国内各个地区的消费者都能够获得较为均质的消费待遇、消费体验,增强消费者对自身合法权益的获得感。

整体而言,较之经济发达地区的消费者,那些身处偏远农村地区、西部地区的消费者的受教育程度往往较低,辨识能力不强,掌握的消费资讯亦较少,一些经营者正是利用这一点,故意将一些质量不高甚至是假冒伪劣的产品输入到偏远农村地区、西部地区。② 这使得在上述地区,产品质量问题频发,消费维权纠纷数量多、难度大。总的来说,这些地区的消费者处于比经济发达地区的消费者更加弱势的地位,他们占有的资源较少,整体消费体验较差。在此意义而言,消费公平、公正在中国仍未很好实现。因此,十分有必要改进偏远农村地区、西部地区的消费维权工作,采取有针对性的措施,使城、乡消费者同步享受消费维权公共服务,切实保障消费公平、公正。比如,可以进一步完善 12315 投诉平台,目前,全国统一的 12315 投诉平台已经建立,但平台功能还有待进一步优化③,消费维权投诉平台的整合工作仍有待加强,应尽快建立、健全基层消费维权网

---

① 新华网:《十八大以来,习近平大力推进共享发展》,at http://www.xinhuanet.com/politics/2017-09/27/c_1121729865.htm,最后访问日期:2021 年 6 月 16 日。

② 这一直是市场监管部门重点关注的问题。例如,2018 年,国家工商管理总局(现国家市场监督管理总局)公布《关于开展 2018 年红盾质量维权行动的通知》。《通知》指出,严厉打击利用网络销售假冒伪劣商品违法行为,遏制假冒伪劣和不合格商品流向农村市场,加大家用电器、通讯器材、家具、汽车零配件等重点领域经营行为及售后服务的治理力度。

③ 目前,消费者可以通过四步完成投诉,分别是"选择投诉单位""填写消费者信息""填写业务信息""投诉完成"。但是,消费者看不到投诉事项的处理进度。

络,实现消费维权社会网络全覆盖。此外,还应当提高偏远农村地区、西部地区消费纠纷的调解效能,要创新消费纠纷调解工作机制,化解社会矛盾,维护社会稳定,保护消费者权益。①

4. 发展权对安全理念的拓补

发展权是经济法学发展理论的核心构成,发展权具有一种典型的二元结构:一是以抽象人为主体的整体发展权;二是以具体人为主体的个体发展权。② 系统阐释、解构发展权理论有助于深刻理解《消费者权益保护法》的安全理念,具体而言,为切实保障消费者的发展权,消费者权益保护法律制度应当从个体、群体两个层面维护消费者的合法权益,尤其应当关注消费安全问题。

发展权理论内核中的个体发展权与整体发展权具有十分紧密的关联,对消费安全会产生重大影响。从权利享有的维度来说,发展权应当公平地惠及所在区域内的每一位公民,它是个体权利与自由的组合体。比如,当消费者的安全权这一发展权得到保障之后,区域内的全体消费者都将受益。反过来,消费者个体的安全权得到切实维护,也有助于发展权在整体上、在更大范围上获得实现。如果《消费者权益保护法》等法律不能有效地保障整体发展权,则个体发展权也难以完满实现。可以说,随着发展权成为人权话语的重要组成部分,政府必须对此承担积极的义务,以确保发展权的法治化实现。而这对于我们更好地思考、落实消费者权益保护法上的安全理念、公平理念等具有十分重要的指示作用。③

除了创新发展、绿色发展、共享发展这三大理念以及发展权理论外,协调发展、开放发展等理念也有助于我们进一步深化对《消费者权益保护法》立法理念的思考,对此,学界、实务界已有一些较为深入的研究成果。④ 于此,不再过多赘述。

---

① 参见马正其:《坚持新的发展理念 营造良好消费环境》,载《人民日报》2016年7月13日第10版。
② 参见张守文:《经济发展权的经济法思考》,载《现代法学》2012年第2期。
③ 参见姜涛:《发展权的国内法属性及制度保障选择》,载《法治现代化研究》2019年第2期。
④ 参见张茅:《树立新理念 完善新机制 做好市场秩序的"守护神"》,载《人民论坛》2016年第4期;马正其:《坚持新的发展理念 营造良好消费环境》,载《人民日报》2016年7月13日第10版等。

二、绿色理念指引下的绿色消费法律制度构建

绿色消费是一种以适度消费、节约消费、健康消费为目标导向,崇尚自然和谐与生态保护,力求降低、避免对消费者的身体健康造成损害的、新型的消费行为和过程。绿色消费是环境保护运动与消费者运动共同催生的产物,旨在通过消费者消费行为的升级、转型来引导、扶植绿色产品的生产、加工与销售,从而淘汰那些在生产、销售过程中对环境造成污染的产品,以实现社会经济的可持续发展。[①] 目前,世界主要发达国家和地区均以绿色采购、税收减免等为主要制度手段,通过相应的法律安排促进本国绿色消费、绿色经济以及环境保护事业的发展。当下的中国,正面临着经济转型,正在迈向高质量发展阶段,因此,应当积极倡导、鼓励社会公众践行绿色消费,以此推动经济的良性运行和协调发展。经济法学的发展理论对绿色消费法律制度的构建与完善具有十分重要的指导作用。

(一) 消费理念的变迁

1. 农业社会与工业社会的消费理念

在人类社会的早期,受制于极低的社会生产力,以平均分配为鲜明特色的共同消费模式是人类生存与发展的唯一选择。但是,这种消费不是真正意义上的消费。当人类社会步入农业社会之后,农业的产生和发展使人类能够获得更多的生活资料,消费品的稳定供应逐渐有了保障,但此时的生产力发展水平仍然是较为低下的,消费方式主要表现为自给自足的消费方式。农业社会的时间跨度长逾千年,此间,生产力一直在缓慢发展,未有质的突破。直至17、18世纪,人类社会在近代科技革命和工业革命的推动下,生产力飞速发展,生产的快速发展引发消费活动的急剧扩张,人类社会由此正式进入大众消费时代,消费主义价值观成为人们社会行动的主导性因素,商业化的气息越来越浓厚,整个社会都弥漫在消费主义的氛围之中。此时,消费理念逐渐从节俭型消费方式向享受型消费方式转变。[②] 消费活动的无节制扩张导致了消费行为的异化,消费不再以满足有效需求为导向,无节制消费、以破坏自然和生态环境为代价的消费行

---

① 参见吴波:《绿色消费研究评述》,载《经济管理》2014年第11期。
② 参见江振国:《哲学视角下的消费方式转变研究》,中共中央党校2015年博士学位论文。

为大量出现,引发社会集体反思,世界主要国家和地区、国际组织和社会公众都逐渐意识到,消费主义的蔓延终将导致消费活动的不可持续。于是,在后工业社会,可持续消费与绿色消费等新的消费理念不断被提出。

2. 后工业社会的绿色消费理念

1944年,卡尔·波兰尼在《大转型:我们时代的政治与经济起源》一书中提出了"生态消费观"。他认为,消费异化是导致现代西方社会生态危机的根源之一。① 这一观点获得了广泛的肯认与支持,对后继学者提出绿色消费理论有很大启发。1962年,美国海洋生物学家蕾切尔·卡逊发表了《寂静的春天》,虽然这本书只是科普性质的读物,但一经推出旋即引发各国政府、公众对环境污染、生态破坏的深刻担忧。同样引发社会集体反思的还有1972年罗马俱乐部发表的《增长的极限》一书。西方发达国家高能耗、高污染、高排放、过度消费的经济发展模式和消费方式不断受到强烈质疑和批评。与此同时,以"降低能耗、保护环境与避免生态破坏"为主题的"绿色运动"开始在欧洲、美国、日本等发达国家和地区流行起来。如1968年,美国提出要进行生产和消费的"绿色革命",20世纪80年代,英国则掀起了"绿色消费者运动",这一运动对生产领域的绿色变革产生了重大影响。此外,瑞士推出了"环保服装",西班牙推出了"生态时装",法国开发出"环保电视机"等等。

随着实践的发展,绿色消费的内涵变得日益充实、丰富,绿色消费的外延也有了一定程度的拓展。1987年,英国学者约翰·埃里克顿和茱莉亚·哈里斯在《绿色消费者指南》一书中,率先为绿色消费划定了范围,从绿色消费的角度提示社会公众应当避免消费以下非绿色产品:

(1) 危害到消费者和他人健康的产品;

(2) 在生产、使用和丢弃时,造成大量资源消耗的产品;

(3) 因过度包装,超过商品本身价值或过短的生命周期而造成不必要消费的产品;

(4) 使用出自稀有动物或自然资源的产品;

(5) 含有对动物残酷或不必要的剥夺而生产的产品;

(6) 对其他国家尤其是发展中国家有不利影响的产品。

1999年,国际环境与发展协会(IIED)将绿色消费界定为:对产品的使用和处置以及对服务的选择等过程能够为社会和环境带来双重收益的消

---

① 参见岳小花:《绿色消费法律体系的构建与完善》,载《中州学刊》2018年第4期。

第七章　发展理论指导下的消费者权益保护法律制度完善

费行为。这一界定将绿色消费从消费者购买产品和服务延展至产品被使用和处置的整个流程。

在此基础上,本书认为,绿色消费主要包含四个层面的含义:其一,产品的绿色消费,即倡导消费者在消费时主动选择未被污染或有益于公众健康的绿色产品,其实,这对生产者也提出了更高的要求,生产者要严格控制附着在产品上的污染物的种类、含量等,使其达到符合人体健康要求的程度;其二,在消费过程中,消费者应注重对产品包装物、废弃物的处置和利用,尽可能循环使用,减少对环境的污染,企业应尽可能使用可降解的环保材料来生产产品和包装物等;其三,为了更好地保护稀有动物、稀缺资源,企业在生产产品时应注意减少对稀缺资源、稀有动物的不必要消耗;其四,引导消费者逐步转变消费理念,帮助消费者树立崇尚自然、追求健康的消费理念,劝导其在追求生活质量、消费体验的同时,注重环境保护,节约资源,实现绿色消费。① 综上,绿色消费有如下几项特征:第一,绿色消费的核心要求是选择绿色产品或者服务,即消费者选择的产品或者服务应对环境和公众健康有益。第二,绿色消费强调全过程贯彻绿色理念。绿色消费不是一次性购买绿色产品或者服务的行为,而是在产品或者服务的消费过程中以及消费后都应注重资源节约和环境保护。第三,绿色消费的主体十分广泛。除个人消费者外,绿色消费的主体还包括政府部门、企事业单位以及社会团体等。第四,绿色消费具有更高的价值追求。② 绿色消费是理性的、和谐的、适度节约的消费,是能够实现可持续性的消费。

(二) 绿色消费的价值追求

绿色消费具有自己独立的价值追求,主要体现在保障消费者健康、保护生态环境、促进经济高质量发展等方面。

1. 保障消费者身体健康、生命安全

保障消费者身体健康、生命安全是绿色消费的核心价值追求之一。近年,实践中还存在不少背离这一价值追求的行为。比如,受不良饮食文化的影响,一些消费者对"食用野生动物能滋补身体"的说法深信不疑,加之野生动物的稀缺性,吃野味成了"有面子"的消费。然而,当前一些消费

---

① 参见刘建钢、王小明:《论我国的绿色消费及其法律保障》,载《河北法学》2012年第8期。
② 参见李映红:《论消费范式及其生态学转向》,载《云南社会科学》2010年第3期。

者食用的野生动物,大多数生存环境不清、来源不明,其中暗藏着很多安全隐患,这些安全隐患如果在猎捕、运输、饲养、加工以及食用过程中扩散、传播,很容易引发传染病等疫情。滥食野生动物会给人类健康带来无尽的威胁和伤害。无论是2002年SARS病毒的流行,还是2020年新冠肺炎的全球爆发,都与人们对野味的非理性消费需求和对传染病风险的无知紧密相关。新冠肺炎疫情期间,《求是》杂志刊发了习近平总书记的重要文章——《在中央政治局常委会会议研究应对新型冠状病毒肺炎疫情工作时的讲话》,他强调:"我们早就认识到,食用野生动物风险很大,但'野味产业'依然规模庞大,对公共卫生安全构成了重大隐患。再也不能无动于衷了!"①2020年2月19日,《人民日报》专门刊发消费警示,提醒公众拒绝"野味",远离病毒。②除了食用野生动物,还有一些背离绿色消费理念的消费行为也会对消费者的身体健康、生命安全造成巨大危害,如世界卫生组织发布的《2017年世界卫生统计报告》称,迄今为止,全球仍有约30亿人在取暖和烹饪时使用固体燃料(即木材、农作物废料、木炭、煤炭等)。这种室内空气污染造成了全球数百万人死亡。室内空气污染时,妇女和儿童等群体的患病风险更高,占此类污染所致死亡总数的60%。

总之,不合理、不科学、不健康的消费方式会损害消费者的身体健康、生命安全。绿色消费就是在反思、拒斥上述这些消费理念的基础上产生的,它要求消费者减少直至摒除那些非理性的、过度的消费行为与消费习惯,主动去选择健康的、符合环保要求的绿色产品,它以保障消费者的身体健康、生命安全为核心价值追求。

2. 保护生态环境、节约资源

近三百年来,地球生态环境遭受的人为破坏比以往任何历史时期都要多。在经济迅猛发展的同时,地球生态环境面临着巨大的压力,生态环境承载力已临近界点,除非人类能够在短期内找到一颗适宜居住的类地行星并完成星际移民,否则,人类唯一的出路与选择就是保护环境,停止不计后果的掠夺性开发行为。保护生态环境也是绿色消费理念的核心价值追求之一。绿色消费理念通过引导、约束消费者的消费行为来实现这

---

① 习近平:《在中央政治局常委会会议研究应对新型冠状病毒肺炎疫情工作时的讲话》,载《求是》2020年第4期。

② 参见齐志明:《拒绝"野味" 远离病毒》,载《人民日报》2020年2月19日第19版。

第七章　发展理论指导下的消费者权益保护法律制度完善

一目的。具体而言,在人类的各项经济活动中,消费处于下游。消费行为本身具有较为显著的"下游效应",减少消费的直接影响就是会使资源投入呈几何级数地减少。① 在下游减少一个单位的产品消耗,在上游就能相应减少数倍、数十倍甚至数百倍的资源投入。正是基于这一效应,德国学者魏茨察克提出了"生态包袱"的概念,即每单位产品重量所需要的资源投入总量。譬如,一个10克重的金戒指,"生态包袱"是3500公斤;一件170克重的衬衫,"生态包袱"是226公斤等。② 因此,在生态系统最下游减少一个单位的产品消耗,不仅可以有效降低资源的投入,还可以减少大量的污染排放。这对于保护生态环境,实现可持续发展意义重大。此外,消费还具有弹性效应,增加消费会在一定程度上抵消提高生产效率的效能。详言之,消费数量的增加,通常会抵消在生产环节提高生产效率、节约资源投入的效果。实践证明,绝大多数产品都可以通过实施清洁生产、循环经济提高资源利用率,减少资源消耗量和污染排放量。但是,如果消费数量明显增加,这种效果就会被显著削弱,如节能空调的使用会减少电力的消耗,但空调安装数量的增多依然会增加用电量;又如,改进汽车发动机技术可以降低耗油,减少尾气排放量,但汽车消费数量的大幅增加很容易就会抵消这种效果;再如,改进建筑材料(节能环保材料等)可以有效降低建材的消耗、节约能源资源,但建筑面积的显著扩大会轻而易举抵消这种效果。消费的弹性效应表明,控制盲目的、非理性的、不环保的消费需求,对于保护生态环境十分重要,对于建设资源节约型、环境友好型社会意义重大。当然,这并不是说要一味控制消费数量,而是强调不应过度消费,对于尚处于贫困状态的人群来说,精准扶贫,提升其收入水平与消费能力仍然是十分必要的。

近年,我国消费者的消费理念相较之前有了很大进步,消费行为趋于理性,但就总体而言,消费理念仍显落后,一个重要的表现是,在实践中,消费者往往更关注产品或者服务的"性价比",在做消费决策时价格是第一位的考量因素,而较少考虑自身的消费行为对生态环境可能产生的影响,更难以主动肩负起自己作为消费者应当承担的保护生态环境的义务。在此意义而言,推动绿色消费仍然任重而道远,但这却是一项不得不做的工作。

---

① 参见钱易:《以绿色消费助推生态文明建设》,载《人民日报》2015年6月11日第7版。
② 同上。

3. 推动经济高质量发展

根据国家统计局2021年1月份公布的最新数据,2020年,消费对经济增长的贡献率为54.4%,拉动经济增长2.6个百分点,已经连续七年成为经济增长的主要动力,消费仍然是经济稳定运行的压舱石。① 我国经济增长已经实现由主要依靠投资、出口拉动转向依靠消费、投资、出口协同拉动。有学者预计,2050年的中国,消费将达到GDP的70%左右,届时人均消费水平将达到4万美元左右,与欧美等发达国家和地区的平均水平基本持平。②

当下,中国经济增速正从高速增长转向中高速增长,经济发展更加注重质量和效益。在这一新阶段,消费依旧是拉动经济增长的核心动力,是推动经济高质量发展的关键动能。应当注意到,由于消费规模、消费结构等原因,传统消费理念下的消费行为已经对自然资源和生态环境形成了巨大压力,经济的持续、协调发展难以为继。作为传统消费理念升级版的绿色消费,旨在通过更新全社会的消费理念,升级消费行为,助力绿色生产和绿色发展,推动经济高质量发展。具体而言,绿色消费对绿色生产具有反作用,它能够引导企业加大对绿色产品和服务的有效供给。这种绿色生产与消费、绿色供给与需求的良性互动循环不仅是经济的新动能和新引擎,也是推动经济高质量发展的新增长极。同时,绿色消费可以引领新的社会风尚,有助于培育生态文化价值观和新的绿色行为与生活方式,这对于构建可持续的社会治理体系和推动社会绿色转型意义重大。③

(三) 绿色消费的困境及其成因

尽管绿色消费是一种先进的消费理念,但在我国深入推行绿色消费仍面临一些困境,造成这些困境的原因较为复杂,涉及多个方面。

1. 绿色消费面临的困境

尽管绿色消费理念具有先进性、合理性,但在实践中,深入推行绿色消费仍面临一些困境,首先,并非所有的消费者都愿意为绿色消费买单,

---

① 参见中国新闻网:《国家统计局:2020年最终消费支出占GDP比重达54.3%》,at https://www.chinanews.com/cj/2021/01-18/9390044.shtml,最后访问日期:2021年6月16日。
② 参见李稻葵:《2050年中国人均GDP将达到美国的70%》,at https://www.shijiejingji.net/redianxinwen/20180822/82743.html,最后访问日期:2021年6月16日。
③ 参见中国环境与发展国际合作委员会"绿色转型与可持续社会治理专题政策研究"课题组:《绿色消费在推动高质量发展中的作用》,载《中国环境管理》2020年第1期。

第七章　发展理论指导下的消费者权益保护法律制度完善

实践中,相当一部分消费者仍主要进行传统消费活动;其次,有时企业推行绿色生产的意愿并不十分强烈,尤其是一些资源消耗型企业、劳动密集型企业,这就导致绿色消费的上游并不"绿色",绿色产品的供给不足;再者,政府部门在推行绿色消费时也存在一定的困难,面临着来自企业等市场主体的博弈,政府的期望并不一定能够获得企业、消费者的配合与遵从。综上,实践中,绿色消费面临的困境是多重的,而且这些困境相互交织,成为绿色消费的沉重羁绊,对绿色消费的顺畅推行造成较大阻力。

2. 绿色消费困境的成因

实践中,绿色消费难以推行的原因主要包括企业的参与意愿较弱,消费文化惯性以及绿色消费的法律保障制度不足等几个方面。

(1) 企业维度——供给端向度的考察

第一,企业组织、开展绿色生产的动力不足,一定程度上制约了绿色消费的发展。对于企业而言,生产绿色产品所需的材质、包装材料等一般环保等级比较高,价格也相对较高,此外,绿色产品的循环利用以及生产绿色产品所需的技术研发等也都隐含着巨大的资金成本,这使得绿色产品的生产成本总体较高。上述成本都会被计算进产品的价格中并最终由消费者来买单。但问题在于,多数消费者倾向于选择具有价格优势的产品,而不愿意为额外的绿色支出付费,这直接降低了生产者的盈利能力和市场竞争力,并使其组织、开展绿色生产动力较弱。应当注意到,绿色产品的技术研发、节能减排的技术开发等往往需要经历一个较长的时间周期,前期资金投入量非常大,虽然从长远来这一工作可能具有丰厚的利润回报,但前提是,企业必须具有充裕、稳定的现金并保障资金的持续投入,很多企业不具备这一条件,而且,即便少数企业具备这一条件,它们也可能因为机会成本而放弃这一行动。企业是天生逐利的,如果绿色产品的开发、销售不能在合理的商业周期内为其带来可观的利润,那么,企业将用脚投票,理性回避绿色产品的生产、技术研发。由是可知,较高的生产成本、较长的研发周期是制约绿色产品生产,进而妨碍绿色消费推进的重要因素之一,冲破这一壁垒是促进绿色产品发展的必经之路。

第二,企业采取不正当竞争策略,扰乱绿色产品市场秩序,降低消费者的消费信心,这在一定程度上也会阻碍绿色消费的发展。如上文所述,较之普通产品而言,绿色产品的售价往往较高,实践中,一些企业为追求高额利润会违法实施混淆、虚假宣传等不正当竞争行为,宣称自己的产品环保、节能与无害,冲击绿色产品的正常销售,扰乱市场竞争秩序,损害守法经营企业和消费者的合法权益。自 2009 年始,《南方周末》每年都会推出年度"漂绿"①榜,揭露一些企业在环保方面的虚假宣传行为,其中,神华集团就曾两度上榜。在 2013 年 8 月 15 日,神华集团宣布其鄂尔多斯百万吨级煤制油项目实现全厂污水"零排放",处理后的水可以浇花养鱼,达到了"世界范围内化学污水处理的最高水平"②。此前,神华集团还曾宣称其煤制油项目"水耗很低"。在 2013 年 8 月 28 日至 30 日间,国资委新闻中心还组织了国内知名专家学者和 16 家主流媒体的记者到神华集团宣传其环保事迹。但国际环保组织绿色和平(Greenpeace)的实地调查结果显示,该项目存在超采地下水、污水违规排放等一系列问题,导致取水地生态退化,当地牧民生活受到很大影响。2014 年 1 月,中科院地理所发布的《神华鄂尔多斯煤化工项目水文生态影响评估报告》摘要部分也证实神华集团煤制油项目对生态环境造成了负面的影响。③ 综上,一些违法经营者的行为会扰乱绿色产品市场秩序,削减守法经营者从事绿色产品生产的积极性,这会进一步减少优质绿色产品的有效供给,供给的减少又会传导至消费,这使得绿色消费最终陷入一个恶性循环。

(2)消费者维度——需求端向度的考察

从消费者维度出发,笔者认为,绿色消费的困境形成主要有以下两个方面的原因:

第一,消费惯性的负面影响。所谓消费惯性,是指消费者在一定程度上不受外界影响和理性的支配而重复消费以前的产品或者服务的现象。从经济学的分析视角来看,消费惯性能够在一定程度上减少消费者在做出选择时的时间成本、信息成本等。详言之,如果消费者选择购买一款未知的产品,他需要先收集与该产品相关的信息来支撑其交易决策,如果不收集信息而径直购买,他将很可能承担购买失败的风险,产品越复杂,失

---

① 漂绿(Greenwash),意指一家企业宣称保护环境,实际上却反其道而行,实质上是一种虚假的环保宣传。
② 神华集团有限责任公司:《神华煤制油实现污水"零排放"》,at http://www.sasac.gov.cn/n2588025/n2588124/c3917223/content.html,最后访问日期:2021 年 6 月 16 日。
③ 2014 年 1 月 14 日,中科院地理所陆地水循环与地表过程重点实验室宋献方教授团队公布了《神华鄂尔多斯煤化工项目水文生态影响评估报告》阶段性调研摘要。摘要指出:利用数值模拟技术,建立了浩勒报吉水源地地下水数值模型,预测了水源地开采 30 年后地下水的动态变化趋势,结果显示:水源地集中开采 30 年后,浩勒报吉地区总体降深为 0—24.28m,漏斗中心最大降深是 24.28m,30 年年平均下降速度为 0.8m/a。开始 15 年水位下降明显,下降速度平均 1.45m/a;后 15 年水位下降幅度逐渐变缓并逐渐趋于稳定。

第七章　发展理论指导下的消费者权益保护法律制度完善

败的风险越高。那么,怎么能够既不用付出较大的时间、信息成本而又在一定程度上降低购买失败的概率呢?一个理性的策略是,购买自己此前已经购买过的产品或者服务。消费惯性会在一定程度上增强普通产品或者服务的黏性,减少消费者选择、体验绿色产品的概率。当然,当消费者习惯绿色消费后,消费惯性也能够产生正向的影响。这一点需要尤为注意。

第二,绿色产品辨识成本较高。信息收集成本、信息收集能力会显著影响个体行动的策略选择。① 在绿色消费的语境下,消费者准确辨识绿色产品的难度较高,这也会在一定程度上影响绿色消费的推行。实践中,对于一些产品,消费者即便花费很多的时间、精力也未必能最终确认该款产品是否是绿色产品,一些不法经营者正是觉察到了这一点,通常会利用消费者在信息占有、获取上的劣势,打着绿色产品的旗号出售普通甚至劣质产品。2011年9月,重庆市工商局召开新闻发布会,就重庆市沃尔玛超市渝北冉家坝店、沙坪坝凤天店、大渡口松青路店涉嫌以低价普通冷鲜肉假冒绿色猪肉销售一案进行了最新通报,沃尔玛三家分店将面临20万元以下的罚款。② 可见,实践中很多消费者自认为买到了绿色产品,其实并没有,购买绿色产品变成了购买"心理安慰"。久而久之,劣币驱逐良币的"柠檬市场"③现象就会出现,因为无利可图,那些真正生产、研发、销售绿色产品的企业只能选择遗憾离场。综上,信息不对称下绿色产品高昂的辨识成本也会给绿色消费的推行造成不小的障碍。

(3)公权机关的维度

从公权机关的角度观之,笔者认为,绿色消费的困境形成主要有以下三个方面的原因:

第一,绿色消费的法律制度供给不足,立法体系破碎。目前,我国关于绿色消费的法律制度设计较少,除《宪法》外,只有《清洁生产促进法》《可再生能源法》《节约能源法》以及《循环经济促进法》等少数几部法律零

---

① 参见蒋大兴:《信息、信任与规制性竞争——网络社会中二手房交易之信息传递》,载《法制与社会发展》2014年第5期。
② 参见王先知:《沃尔玛陷"猪肉门"绿色食品辨识难》,at http://www.chinatimes.net.cn/article/25193.html,最后访问日期:2021年6月16日。
③ George A. Akerlof, The Market for Lemons: Quality Uncertainty and the Market Mechanism, *The Quarterly Journal of Economics*, Vol. 84, No. 3, Aug., 1970, pp. 488-500.

星提及绿色消费,规范依据过少①,如此少量的法律条文并不能为全社会深入践行绿色消费提供足够的法律制度支持,因此,进一步加大立法层面的支持,加快制定与推进绿色消费相关的配套措施与规定,提高绿色消费相关法律规范的体系化程度势在必行。②

第二,对绿色产品或者服务的市场监管力度不够。近些年,为加快推进生态文明体制的建设,规范绿色产品标识使用,推进绿色消费深入展开,国家发改委、国家市场监督管理总局等单位做了大量的工作,但正如国家发改委社会司蔡长华副司长所说的那样,必须清醒地认识到,推广绿色产品,扩大绿色消费还存在一些问题,其中一个重要的方面就是,"市场的监管不到位,未能有效地激励和引导市场主体消费者"③,可见,监管薄弱也是绿色消费困境形成的重要原因。

第三,绿色消费宣传的引导不够。作为一种新兴的消费理念,社会公众接受绿色消费、自觉践行绿色消费需要一个适应过程。在这一过程中,政府部门借助其公信力对绿色消费进行宣传和导引是十分必要的,观诸实践,我们注意到,政府部门等对绿色宣传的力度还有待进一步加强,国家层面的绿色消费宣传活动仍比较少,宣传效果尚不理想。

---

① 如我国《宪法》第 14 条规定:"……国家厉行节约,反对浪费。国家合理安排积累和消费,兼顾国家、集体和个人的利益,在发展生产的基础上,逐步改善人民的物质生活和文化生活。国家建立健全同经济发展水平相适应的社会保障制度"。我国《清洁生产促进法》第 23 条规定:"餐饮、娱乐、宾馆等服务性企业,应当采用节能、节水和其他有利于环境保护的技术和设备,减少使用或者不使用浪费资源、污染环境的消费品"。我国《可再生能源法》第 1 条规定:"为了促进可再生能源的开发利用,增加能源供应,改善能源结构,保障能源安全,保护环境,实现经济社会的可持续发展,制定本法"。我国《节约能源法》第 3 条规定:"本法所称节约能源(以下简称节能),是指加强用能管理,采取技术上可行、经济上合理以及环境和社会可以承受的措施,从能源生产到消费的各个环节,降低消耗、减少损失和污染物排放、制止浪费,有效、合理地利用能源"。我国《循环经济促进法》第 10 条规定:"公民应当增强节约资源和保护环境意识,合理消费,节约资源。国家鼓励和引导公民使用节能、节水、节材和有利于保护环境的产品及再生产品,减少废物的产生量和排放量。公民有权举报浪费资源、破坏环境的行为,有权了解政府发展循环经济的信息并提出意见和建议";第 15 条规定:"……消费者应当将废弃的产品或者包装物交给生产者或者其委托回收的销售者或者其他组织。强制回收的产品和包装物的名录及管理办法,由国务院循环经济发展综合管理部门规定。"

② 参见黄云、马柏慧:《绿色零售法律探究——从沃尔玛假冒绿色猪肉案切入》,载《政治与法律》2012 年第 11 期。

③ 国家发展和改革委员会:《规范绿色产品市场 严厉打击性能虚标行为》,at http://www.ce.cn/cysc/newmain/yc/jsxw/201803/30/t20180330_28670234.shtml,最后访问日期:2021 年 6 月 16 日。

（四）促进绿色消费的法律制度完善

推进绿色消费是一项系统工程,这项工程需要政府、企业、消费者、行业协会等主体在发展理论的指引下共同努力,形成共治格局[①]。具体而言,我国绿色消费法律制度的完善可从以下几个方面展开:

1. 加强顶层设计,建立国家绿色消费战略

党的十九大报告明确提出,要加快建立绿色生产和消费的法律制度和政策导向,倡导简约适度、绿色低碳的生活方式,反对奢侈浪费和不合理消费,"提供更多的优质生态产品,以满足人民日益增长的优美生态环境需要"[②]。中共中央《关于制定国民经济和社会发展第十四个五年规划和二〇三五年远景目标的建议》提出,要"促进消费向绿色、健康、安全发展,鼓励消费新模式新业态发展"[③]。为更好地贯彻落实这一要求,可考虑确立国家绿色消费发展战略,并将其纳入生态文明建设总体战略部署,由国务院发布推进绿色消费的指导性文件,明确绿色消费与国家经济和社会发展的关系,厘清部门监管职能,明确促进可持续消费的政策与监督保障机制。从顶层设计入手,推动建立国家绿色消费总体战略意义十分重大,这是各项具体工作展开的行动指引。

2. 强化政府部门的监管、引导责任

鉴于政府在绿色发展、绿色生产以及绿色消费中扮演的重要角色,十分有必要强化政府在推行绿色消费方面的责任,提高政府在绿色消费方面的推动力和影响力,具体而言:

（1）在法律授权范围内制定绿色消费相关的政策、标准

近年来,在绿色消费领域,政府部门加快了制定相关政策、标准等的进程,如2016年11月,国务院办公厅发布了《关于建立统一的绿色产品标准、认证、标识体系的意见》。根据这一《意见》,2019年5月,国家市场监督管理总局发布了《绿色产品标识使用管理办法》等。上述这些工作在

---

① 参见陈兵:《有序升级消费者权益保护系统 新发展格局下扩大消费需求的关键路径》,载《人民论坛》2021年第4期。
② 《决胜全面建成小康社会夺取新时代中国特色社会主义伟大胜利——在中国共产党第十九次全国代表大会上的报告》,at http://cpc.people.com.cn/19th/n1/2017/1027/c414395-29613458.html?from=groupmessage&isappinstalled=0,最后访问日期:2021年6月16日。
③ 新华社:《中共中央关于制定国民经济和社会发展第十四个五年规划和二〇三五年远景目标的建议》,at http://www.gov.cn/zhengce/2020-11/03/content_5556991.htm,最后访问日期:2021年6月16日。

一定程度上弥补了我国绿色消费领域的立法空白,未来一阶段,在立法机关加快绿色消费相关立法的同时,政府部门应当在法律授权的范围内加快制定绿色消费相关的政策、标准、意见等,使我国绿色消费工作的推进有法可依、有章可循,同时,完善对绿色消费行为的监督以及责任追究制度,积极推动节能和环境标志产品、绿色食品、绿色宾馆饭店、绿色印刷与绿色旅游景点等的认证工作,依法加强市场监督和规范。

(2)综合运用多种政策手段助推绿色消费

在政府部门的工具箱中,有多种助推绿色消费的手段,政府部门可以借助这些手段激励、引导相关主体积极参与绿色消费,并对那些背离绿色消费理念的违法违规行为进行惩处。

第一,建立、完善绿色金融法律制度,为从事绿色产品生产、研发的企业提供资金、信贷扶持。详言之,通过法律、金融政策以及财政政策等,引导商业银行等在办理贷款时,对于那些从事绿色产品生产、研发、销售的企业,可以优先办理贷款,预留专项额度,以满足这类企业的融资需求,降低融资成本,助力其扩大生产规模,增强技术研发能力。而对于那些高污染、高能耗,生产活动对生态环境造成负面影响较大的企业,引导商业银行等可以采取不贷款、少贷款或者是高息贷款的政策,迫使这类企业逐步淘汰落后产能、重建符合节能环保要求的生产线,而且,应当严格监督这类企业贷款资金的使用,保证企业将贷款资金用于改善生产工艺,引进先进的生产技术上,通过贷款资金引导企业不断转变生产模式,成为新型的绿色环保企业。①

第二,完善财政补贴法律制度,给予绿色生产和绿色消费专项补贴。②

---

① 2016年,国家发改委等十部门印发《关于促进绿色消费的指导意见》,该《意见》第17条提出,要加强对绿色消费的金融扶持。

② 财政补贴的理论依据是经济学中的外部性理论和成本—收益理论。从成本—收益角度看,企业最关心的是自身的利润,从事绿色产品生产、销售的企业亦不例外。已如上文所述,绿色产品的开发成本较高,产品的定价不能过低,否则企业将无法盈利。技术固然可以提高生产力,降低成本,但技术开发的时间周期太长,如果我国相关绿色产品等到技术成熟再大规模推广,那将使我国绿色产业明显落后于其他国家和地区。从短期看,特别是在绿色生产、绿色消费起步阶段,转移增量成本无疑是一个行之有效的策略。问题是,这部分成本该转嫁给谁?谁应当承担这个额外的成本呢?根据环境法中的"受益者补偿"原则以及经济学中的外部性理论,环境的改善使得社会公众受益,所以,社会公众应该分担成本,成为补偿主体,而且社会公众人数众多,即使分摊到每个人身上也不会造成太大负担,然而,社会公众是不会为自己无法直观感受到(转下页)

第七章　发展理论指导下的消费者权益保护法律制度完善

财政补贴是世界主要国家和地区常用的促进绿色消费的手段。较之其他促进手段,财政补贴直接、灵活,补贴的金额、补贴的时间、补贴的具体领域等都可以随时进行调整。更重要的是,财政补贴对绿色消费的促进效果立竿见影。比如,在 2009 年 4 月,日本启动了绿色汽车减税政策和第一期绿色汽车购买补贴制度,该制度规定,对符合标准的新能源车给予 50% 以上的购置税和汽车重量税优惠,并对符合标准的新上牌照车辆给予 10 万日元的财政补贴,对轻型汽车给予 7 万日元的财政补贴。这一措施使得,在日本,仅短短数月,新一代节能汽车的销售量就由 2% 提升到 12%。财政补贴的效果由此可见一斑。② 在我国,国务院曾于 2012 年采用财政补贴方式推广空调、平板电视、电冰箱、洗衣机、热水器五类高效节能家电产品。2013 年 5 月,财政部有关负责人称,补贴政策实施一年以来,推广成效十分显著,节能家电的市场份额大幅提升,拉动消费效果明显,政策预期目标已基本达到。③ 但需要注意的是,运用财政资金补贴绿色消费也存在一定的弊端,实践中,企业骗取财政补贴资金的情形并不鲜见。其中,甚至不乏一些知名企业的身影。④

第三,完善促进绿色消费的税收法律制度。推行绿色税制是有效解决生态环境保护与消费需求之间紧张关系的明智选择。依照税法的一般理论,在消费环节嵌入绿色税制能够对消费行为起到引导作用。推行绿色税制可从以下几个方面展开:其一,实行差别税率,倡导绿色消费。从实际情况来看,企业在对普通产品定价时,一般不会计算环境成本,也就谈不上将环境成本纳入产品的定价体系当中,故而,普通产品的价格往往

(接上页)的"好处"埋单的,同时,消费者群体人数众多也加大了补偿这一动态过程中的交易成本,在补偿的金额里也要把这部分加入,这就进一步加大了社会公众的负担。此时,国家财政补贴就成为一个更优的选择,公共财政的核心目的就是为了能够更好地运用税收服务国民,促进社会和谐可持续发展,发展绿色生产、绿色消费是为了发展经济,保护环境,这显然符合财政的本质目标。但是需要注意的是,财政手段因快捷、直接、灵活的特点,可以在绿色发展初期适用,但若长期依赖财政补贴,相关企业会失去动力,最终不利于绿色消费发展。

② 参见施锦芳、李博文《日本绿色消费方式的发展与启示——基于理念演进、制度构建的分析》,载《日本研究》2017 年第 4 期。

③ 人民网：《节能家电补贴推广政策 6 月 1 日停止执行》,at http://finance.people.com.cn/n/2013/0529/c70846-21664378.html,最后访问日期：2021 年 6 月 16 日。

④ 2013 年 6 月,国家审计署审计报告显示。格力、格兰仕、美的、长虹、乐华、长岭冰箱、扬子空调等家电企业,不光彩地通过做假账的方式,虚构销售额,骗取国家节能补贴总计 9061.84 万元。其中,珠海格力电器骗取的金额竟然达到 2157.76 万元。上海大众、上海通用通过"非环保车冒充环保车",分别骗得节能汽车推广补助资金 1671 万元、54.6 万元。参见徐明轩《名企骗取财政补贴必须依法严惩》,载《新京报》2013 年 6 月 23 日第 A02 版。

较低,而绿色产品由于其较高的环保成本投入,一般定价较高。为将产品中包含的环境成本凸显出来,笔者认为,在对上述两类产品征税时,应适用差别税率,对普通产品适用较高的税率,相对多征税;对绿色产品则适用较低的税率,少征税,适度缩小二者的价格差,从而倡导、激励消费者选择绿色产品,从事无害于环境的绿色消费行为。其二,在征收环保税等绿色税时,应注意税负设计的合理性,不要给企业造成过重负担。推行绿色消费不能只关注需求端而忽略供给端,不能只考虑消费者而无视生产者。西方发达国家和地区在大力推行绿色税制改革时往往会同时实行税收中性政策,以避免由于税制改革对市场机制的运行造成不良影响①,如德国就在推行绿色税制改革的同时,通过减少其他财政征收的方式尽量使纳税人的税负达到平衡。再如,丹麦、挪威、瑞典等国家也通过降低社会保险金额等方式间接地将企业缴纳的用于治理污染的生态税税款返还给企业。

第四,完善绿色采购制度。政府采购是为保证现代国家正常运行而获得必要产品或者服务的日常经济活动,是政府参与社会消费的主要形式之一。② 政府在采购过程中同样居于消费者地位,扮演着消费者的角色,所以,政府推行绿色采购对社会公众的消费行为有着十分重要的导向作用,有鉴于此,政府从事采购活动时首要考虑的问题就是环境、资源以及绿色消费。

在 20 世纪 90 年代初期,德、日等国就已经开始推行政府绿色采购。到目前为止,已有越来越多的国家认识到绿色采购的积极影响,并加入到绿色采购的行列中来。从欧美以及日本等发达国家推行绿色采购的经验上看,他们一般都是通过立法的方式强制推行绿色采购,并设立专门的组织负责这项工作的实施。实践中,这些国家通常采用绿色采购清单或绿色采购标准制度,即在清单中列明绿色采购的商品类别指南以及各个类别的产品列表,或编制各类产品的采购标准,以此来具体规范政府的采购行为,保障绿色采购的效果。近些年,我国在借鉴国外先进经验的基础上,也开始大力推行绿色采购。目前,我国与政府采购相关的法律法规主

---

① 税收中性理论或者税收中性政策要求,国家在开征新的税种时应同时采取较为有效的措施平衡纳税人的税款支出,尽量不给纳税人造成额外的负担,以使纳税人能够忍受新开征的生态税种,这样才能有效保障绿色供应的增加,为绿色消费奠定一个较好的物质基础。参见刘建钢:《绿色消费权与绿色税制的法律定位》,载《北京联合大学学报(人文社会科学版)》2010 年第 1 期。
② 参见张守文:《财税法学》(第六版),中国人民大学出版社 2018 年版,第 78 页。

第七章　发展理论指导下的消费者权益保护法律制度完善

要有《政府采购法》《政府采购法实施条例》《招标投标法》和《招标投标法实施条例》等。2014年,《政府采购法》修订,修订的法中没有专门对绿色采购进行规定,只是在第9条进行了总括性的规定。[①] 2015年3月1日起实施的《政府采购法实施条例》将"实现节约能源、保护环境"作为政府采购活动的重要目标[②],但该条款仅仅是原则和理念层面的规定。在此意义而言,我国的绿色采购制度虽已有雏形但难言完善。那么,在当下的生态法治建设背景下,如何利用既有的制度资源构建起一套更为完备的绿色采购消费法律规范体系?一个比较可行的路径是,进一步细化《政府采购法实施条例》第6条这个宣示性规定,使之具有可操作性。具体而言,一是要明确并进一步扩大绿色采购的范围,在废物产生量大、污染重以及能源消耗大的领域做到"应采尽绿",政府定点采购宾馆、车辆、印刷等产品或者服务应切实实行绿色采购;二是应逐步建立绿色采购评估制度,将政府绿色采购情况纳入各级政府绩效考核评估范围,作为考核政府主要负责人的政绩指标之一;三是加强绿色采购情况的信息公开,引入社会及第三方监督机制,保证绿色采购的行动效果。[③]

　　第五,完善绿色产品认证制度。已如前文所述,在绿色产品市场上存在明显的信息不对称问题,劣币对良币的驱赶效应十分明显,长此以往,绿色产品慢慢会退出市场,这时市场上将只剩下一些普通产品,市场平均价格则会进一步降低。此时,即使市场上偶尔出现绿色产品,大多数消费者也会持怀疑态度,最终的结果就是绿色产品依然没有市场。因此,必须要着力解决信息不对称问题,避免"柠檬市场"现象的出现。而重构绿色产品认证体系恰恰是解决信息不对称问题的有效途径,长期以来,我国绿色产品标识、认证体系杂乱无序,颁发机构混乱,评价标准不一,消费者在眼花缭乱的标识下无法准确判定各类标识的真实性,往往出现判断错误,这在一定程度上阻碍了绿色消费的发展。重构绿色产品认证制度是十分必要的,具体可尝试从以下几个方面展开:其一,明确规定绿色认证的种类,如可将绿色认证分为产品认证、生产管理体系认证、生产环境体系认证等,以便于消费者在选购产品时加以区分。其二,严格规定设立绿色认

[①] 我国《政府采购法》第9条规定:"政府采购应当有助于实现国家的经济和社会发展政策目标,包括保护环境,扶持不发达地区和少数民族地区,促进中小企业发展等。"
[②] 详见我国《政府采购法实施条例》第6条。
[③] 参见秦鹏:《政府绿色采购:逻辑起点、微观效应与法律制度》,载《社会科学》2007年第7期。

证机构的条件及程序。设立绿色认证机构应符合法定程序要件——符合绿色认证条件的认证机构必须经政府批准,并依法取得资格,注册后,认证机构方可从事批准范围内的认证活动。其三,建立便捷的绿色产品查询渠道。目前公众查询途径单一(只能通过官方网站 www.cnca.gov.cn 进行查询),而且公众可查询的内容较少。政府部门应当为公众提供多种查询渠道,如微信小程序查询、手机短信查询、信息台查询、网站查询等。此外,查询内容亦应当有所拓展和延伸,既要能查询绿色产品认证的合法性、产品的绿色认证到期期限等内容,还应当能查询一项认证是自愿认证还是强制认证等相关内容,以确保消费者的知情权,从而维护消费者的合法权益。

(3)加强绿色消费教育与宣传

在深入推行绿色消费的过程中,加强绿色消费教育与宣传是一项十分重要的工作,它有助于帮助消费者转变消费理念,养成良好的消费习惯,杜绝过度消费行为。实践中,政府部门可从如下几个方面加强绿色消费的教育与宣传工作:第一,将绿色消费理念融入家庭教育、学前教育、中小学教育以及高等教育等教学体系中,组织开展第二课堂等社会实践。[①] 把绿色消费作为学生思想政治教育、职工继续教育与公务员培训的重要内容之一,纳入文明城市、文明村镇、文明单位、文明家庭、文明校园创建及有关教育示范基地建设要求,引导不同社会群体践行绿色消费理念。第二,设立绿色消费教育指导中心和绿色消费教育基金,绿色消费教育的成功开展需要环保、法律等领域专业人士的指导,也需要大量的资金、设备投入,因此,有必要设立绿色消费教育指导中心,协调绿色消费教育的组织、管理,提供必要的教育咨询和指导。同时,筹措绿色消费教育基金,广泛吸收社会各界捐助和政府财政拨款,以资助重点绿色消费教育项目。第三,生态环境部、国家发改委等部委可与中央精神文明办共同以"建设生态文明 共享绿色生活"为主题向全社会发出绿色消费行动倡议,组织开展绿色家庭、绿色商场、绿色景区、绿色食堂、节约型机关、节约型校园、节约型医院以及节约型企业等创建活动,表彰、奖励一批先进单位和个人。将绿色消费纳入全国节能宣传周、科普活动周、全国低碳日、环境日等主

---

① 国家发改委等十部门:《关于促进绿色消费的指导意见》,at http://www.gov.cn/xinwen/2016-03/02/5048002/files/e0d02a75cff54a3fb51e59295d852245.pdf,最后访问日期:2021 年 6 月 16 日。

第七章　发展理论指导下的消费者权益保护法律制度完善

题宣传活动,充分发挥工会、共青团、妇联、青联、学联以及消费者协会、科协、环保组织以及有关行业协会等的作用,强化宣传推广。[1] 引导主流新闻媒体和社交网络体积极宣传绿色消费理念,在黄金时段发布绿色消费公益广告,及时宣传报道绿色消费的有益经验和做法,加强舆论的引导和监督,曝光铺张浪费等行为,营造绿色消费的良好社会氛围。[2]

(4) 建立跨部门绿色消费政策协调机制

新一轮国务院机构改革完成之后,各部委之间的职能日益清晰,在绿色消费领域,有多个部门都发挥着重要职能,比如,生态环境部主要负责会同有关部门拟订国家生态环境政策,监督管理国家减排目标的落实,统一负责生态环境监督执法等;商务部则承担着组织实施重要消费品市场调控和重要生产资料流通管理的责任;国家市场监督管理总局主要负责食品安全监督管理,具体包括建立覆盖食品生产、流通、消费全过程的监督检查制度和隐患排查治理机制并组织实施,防范区域性、系统性食品安全风险,同时,它还负责指导中国消费者协会开展消费维权工作。因此,为了确保上述各部门能形成监管合力,非常有必要在国家部委层面建立常态化的绿色消费跨部门协调机制,合力推进绿色消费工作。其实,相关部门已有一些联合行动的实践经验,比如,2005年,国务院在《关于做好建设节约型社会近期重点工作的通知》中要求在全国饭店业创建绿色饭店。为更好地落实这一指示,当年12月,商务部、国家发改委、国务院国有资产监督管理委员会、国家环境保护总局(现为生态环境部)、国家旅游局(已并入文化和旅游部)、国家标准化管理委员会六部门联合发布了《关于开展创建绿色饭店活动的通知》,该《通知》提出,"为切实加强对创建绿色饭店活动的组织和领导,由商务主管部门牵头建立跨部门的协调机制,

---

[1] 比如,为纪念2012年"6·5"世界环境日,由环境保护部、共青团中央、全国妇联、联合国环境规划署共同主办,传奇梦想(北京)文化传媒有限公司统筹策划并联合中央电视台电影频道《光影星播客》栏目组、陕西煤业化工集团有限责任公司承办,中央电视台电影频道录制播出2012年"6·5"世界环境日文艺晚会——"绿色消费你我同行"在北京展览馆剧场隆重举行。晚会分为《绿色消费从我做起》《节能减排绿色星球》《人与自然和谐共处》三大篇章,对绿色消费起到了非常好的宣传效果。再如,2019年6月17日,国家发改委和浙江省人民政府联合在杭州举办了"2019年全国节能宣传周启动仪式",国家发改委副主任张勇致辞并宣布2019年全国节能宣传周启动,启动仪式上,海尔、美菱、网易严选、苏宁、天猫、京东、居然之家等企业,联合推出了线上线下绿色消费活动。

[2] 国家发改委等十部门:《关于促进绿色消费的指导意见》,at http://www.gov.cn/xinwen/2016-03/02/5048002/files/e0d02a75cff54a3fb51e59295d852245.pdf,最后访问日期:2021年6月16日。

形成合力,共同引导和开展创建绿色饭店活动",全面促进饭店业节约资源、保护环境。以此为借鉴,将来,可由生态环境部作为牵头部门,内设绿色消费部际联席工作会议办公室,建立常态化的、跨部门的绿色消费协调工作机制,定期召开部际联席工作会议,共同推进绿色消费。

3. 激励企业以绿色生产推动绿色消费

作为最富有活力、最具能动性、创造性的一类市场主体,企业在推动绿色生产、绿色消费方面能量甚大。生产是消费的上游环节,生产对消费具有决定性影响。由是,要推行绿色消费,要保障绿色消费的效果,就必须牢牢把好生产关,从法律的角度对企业的生产行为、管理行为作出要求,引导、规范企业利用环境友好型技术和先进的环境管理制度依法合规生产,最大限度地节约资源。生产环节的节约资源至少包含以下三个层面的含义:其一,在生产产品时,企业应高效利用资源,降低资源的消耗量,这是节约资源最基本的要求。其二,企业在进行生产活动时应尽可能使用环保资源、清洁能源,减少污染物、废弃物的排放,这其实是清洁生产的要求,对此,中共中央《关于制定国民经济和社会发展第十四个五年规划和二〇三五年远景目标的建议》明确提出:"支持绿色技术创新,推进清洁生产,发展环保产业,推进重点行业和重要领域绿色化改造。"[1]其三,企业在生产活动中,要坚持资源的"再利用"和"再循环"原则,最大限度地提高资源的利用效率,这其实是循环经济的要求。综上,企业应在生产活动的全流程、全链条严格依法落实资源节约、清洁生产以及循环经济的要求,开展绿色生产。当然,企业在管理环节也要依法贯彻上述要求。

目前,我国已经颁布了一系列法律法规来约束、规范企业的绿色生产行为、绿色管理行为,主要包括以下几类:其一,《水法》《节约能源法》《可再生能源法》以及《土地管理法》等资源单行法等涉及自然资源的法律法规中有大量与节约资源、能源相关的条文规范[2];其二,《清洁生产促进法》《循环经济促进法》这两部法律均直接对企业的清洁生产、循环生产活动

---

[1] 新华社:《中共中央关于制定国民经济和社会发展第十四个五年规划和二〇三五年远景目标的建议》,at http://www.gov.cn/zhengce/2020-11/03/content_5556991.htm,最后访问日期:2021年6月16日。

[2] 如我国《水法》第51条规定:"工业用水应当采用先进技术、工艺和设备,增加循环用水次数,提高水的重复利用率。国家逐步淘汰落后的、耗水量高的工艺、设备和产品,具体名录由国务院经济综合主管部门会同国务院水行政主管部门和有关部门制定并公布。生产者、销售者或者生产经营中的使用者应当在规定的时间内停止生产、销售或者使用列入名录的工艺、设备和产品。"

第七章　发展理论指导下的消费者权益保护法律制度完善

作出了要求①。其三,关于污染防治的相关法律,如《水污染防治法》《大气污染防治法》《固体废物污染环境防治法》等污染防治法中也有关于环境友好技术、清洁生产技术以及资源综合利用方面的法律规范等②。总体而言,在中国法语境下,企业绿色生产相关的法律制度相对健全,但体系性仍有不足,因此,有学者提出,可着手制定专门的《绿色生产和消费促进法》。③ 此外,2020年3月11日,国家发改委、司法部印发《关于加快建立绿色生产和消费法规政策体系的意见》(以下简称《意见》),《意见》指出,"但也要看到,绿色生产和消费领域法规政策仍不健全,还存在激励约束不足、操作性不强等问题"④。

有鉴于以上,笔者认为:首先,应当统筹推动相关法律法规的"立改废释"工作,在修订现有法律法规以适应绿色发展与消费要求的同时,制定新的法律法规,以进一步完善绿色生产和消费的法规政策体系;其次,加强法律法规与政策之间的衔接性,如在工业污染治理方面,可尝试健全工业污染环境损害司法鉴定工作制度,建立完善行政管理机关、行政执法机关与监察机关、司法机关的衔接配合机制,促进工业污染治理领域处罚信息和监测信息共享,形成工业污染治理多元化格局;再次,发挥法律与政策的引导功能,进一步强化对企业的激励机制。通常而言,企业是理性

---

① 如我国《清洁生产促进法》第19条规定:"企业在进行技术改造过程中,应当采取以下清洁生产措施:(一)采用无毒、无害或者低毒、低害的原料,替代毒性大、危害严重的原料;(二)采用资源利用率高、污染物产生量少的工艺和设备,替代资源利用率低、污染物产生量多的工艺和设备;(三)对生产过程中产生的废物、废水和余热等进行综合利用或者循环使用;(四)采用能够达到国家或者地方规定的污染物排放标准和污染物排放总量控制指标的污染防治技术。"第20条规定:"产品和包装物的设计,应当考虑其在生命周期中对人类健康和环境的影响,优先选择无毒、无害、易于降解或者便于回收利用的方案。企业对产品的包装进行合理……减少包装材料包装性废物的产生,不得进行过度包装。

② 如我国《水污染防治法》第21条规定:"直接或者间接向水体排放工业废水和医疗污水以及其他按照规定应当取得排污许可证方可排放的废水、污水的企业事业单位和其他生产经营者,应当取得排污许可证;城镇污水集中处理设施的运营单位,也应当取得排污许可证。排污许可证应当明确排放水污染物的种类、浓度、总量和排放去向等要求。排污许可的具体办法由国务院规定。禁止企业事业单位和其他生产经营者无排污许可证或者违反排污许可证的规定向水体排放前款规定的废水、污水。"我国《大气污染防治法》第7条规定:"企业事业单位和其他生产经营者应当采取有效措施,防止、减少大气污染,对所造成的损害依法承担责任。公民应当增强大气环境保护意识,采取低碳、节俭的生活方式,自觉履行大气环境保护义务。"

③ 参见《绿色生产和消费法律制度如何构建》,载《法制日报》2017年11月1日第5版。

④ 详见《关于加快建立绿色生产和消费法规政策体系的意见》,at http://www.gov.cn/zhengce/zhengceku/2020-03/19/5493065/files/8c46733fd72b47779e8ae64b4fec2977.pdf,最后访问日期:2021年6月16日。

的、逐利的,一如亚当·斯密所说的那样,"我们每天所需的食物和饮料,不是出自屠户、酿酒家和烙面师的恩惠,而是出于他们自利的打算。我们不说唤起他们利他心的话,而说唤起他们利己心的话,我们不说我们自己有需要,而说对他们有利。"① 因此,以利益激励企业参与绿色生产、消费才是最可行的,也是最有效率的。我国《循环经济促进法》《节约能源法》《清洁生产促进法》等法律均专设专章规定"激励措施"②,具体措施包括:专项资金、财政性资金、税收优惠、金融机构授信支持、价格政策、政府优先采购以及表彰和奖励等。但是,这些措施过于原则,需要更为细致的配套规定才能落地实施,笔者认为,可由相关部委联合制定配套规定,保障激励措施落到实处,如关于清洁生产,可由国家发改委、生态环境部、工业和信息化部等联合制定支持重点行业清洁生产装备研发、制造的鼓励政策及相关规定等。

4. 充分发挥行业协会的纽带作用

行业协会是第三部门中非常重要的一类主体,它深度连接着政府与企业,也是企业与消费者之间进行沟通不可或缺的纽带和桥梁,承担着服务、协调以及咨询等重要职能。

在推进绿色消费的过程中,相关行业协会要依法、充分履职。以消费者协会为例,我国《消费者权益保护法》第37条明文列举了各级消费者协会应当承担的8项公益职责,包括:提供消费信息和咨询服务、引导文明、健康、节约资源和保护环境的消费方式;参与制定相关法律、法规、规章和强制性标准;参与监督、检查;反映问题、提出建议;受理消费者的投诉并调查、调解;委托鉴定;为消费者提供诉讼支持或者依法提起公益诉讼;监督、批评。消费者协会认真履行上述职责对于绿色消费的顺利推进是大有裨益的,试举一例为证,2019年12月20日,安徽省消费者权益保护委员会依据《消费者权益保护法》提起消费民事公益诉讼,就9件假冒注册商标案件向滁州市中级人民法院递交了起诉书,要求被告承担赔偿责任,支付3倍惩罚性赔偿金共计390多万元,滁州市检察院依职责予以支持。2020年3月6日,滁州市中级人民法院正式立案,并将择日开庭,依法宣判。该批案件是安徽省消费者权益保护委员会提起的首批消费民事公益

---

① 〔英〕亚当·斯密:《国富论》,郭大力、王亚南译,商务印书馆2015年版,第12页。
② 详见我国《循环经济促进法》第五章、《节约能源法》第五章以及《清洁生产促进法》第四章等。

第七章　发展理论指导下的消费者权益保护法律制度完善

诉讼案件,有助于打击、遏制企业制售假酒这类违法行为,维护消费者身体健康,促进绿色消费。① 除消费者协会外,其他一些与消费者、消费行为紧密相关的协会如汽车行业协会、食品行业协会以及家具行业协会等也应当积极推动、完善行业协会相关立法,确立行业协会的地位和基本职责;提高行业协会自身业务水平,深入开展相关调查、研究工作,向政府部门提出合理意见和建议,有序开展绿色消费的宣传和培训活动,提高行业所属企业和消费者的绿色消费理念和意识;定期向社会公众发布与本行业相关的绿色消费信息和资讯,举办行业产品的绿色消费活动,大力推进绿色消费。

5. 消费者应注重养成绿色消费习惯

作为绿色消费的核心力量,消费者的作用不容小觑。一般而言,消费者可从如下几个方面发挥自身影响:

第一,"管住手、管住口",养成适度消费、健康消费的习惯。根据《民主法制时报》的调查,我国消费者过度消费的问题比较严重,其中,年轻消费者群体过度消费的现象尤其突出,越来越多的年轻人正在沦为"月欠族"。调查数据显示,"53%的大学生选择贷款是由于购物需要,主要购买化妆品、衣服、电子产品等,多属于能力范围之外的超前消费""靠借贷进行提前消费,导致信用卡逾期未偿信贷金额不断增加"②。因此,年轻一代的消费者包括其他消费群体都应当转变消费理念,养成绿色的消费习惯,这是推进绿色消费的关键一步。消费者戒除不合理、不健康的消费习惯,绿色消费事业就已成功大半。

第二,积极参加政府部门、消费者协会等举办的教育、培训活动,积累绿色消费知识,提高自身对绿色产品的辨识能力。当今社会,科技发展一日千里,产品更新迭代迅速,产品的结构、功能等也日益复杂,且不说电子类高科技产品,即便是农产品,有机蔬菜、无公害蔬菜以及绿色蔬菜等各

---

① 安徽省消费者权益保护委员会与安徽省人民检察院、安徽省高级人民法院建立协作机制,密切联系,不断推进消费公益诉讼从理论到实践。2019 年,省消费者权益保护委员会与省检察院公益诉讼部门多次召开联席会议,联合主办消费民事公益诉讼研讨会,滁州、六安、亳州等地检察机关向消费者权益保护委员会移送一批侵犯注册商标商品案件,并积极支持起诉,努力形成保护消费者合法权益的合力。详见万晓东:《假酒冒充高档酒! 安徽省首批消费民事公益诉讼正式立案》,at http://www.ccn.com.cn/html/news/xiaofeiyaowen/2020/0314/483103.html,最后访问日期:2021 年 6 月 16 日。

② 陈和秋:《年轻人过度消费现象观察》,载《民主法制时报》2019 年 12 月 15 日第 2 版。

种不同的标签、称谓也足以让一般的消费者炫目。[①] 因此,消费者只具备消费常识还不行,还需具备一定的专业知识。积极参加消费者教育活动,掌握一定的绿色消费知识,提升辨识能力。这一方面有助于消费者降低自身权利被侵害的风险,保障自身人身、财产安全;另一方面,也有助于推进绿色消费。

第三,对于侵害自身合法权益的行为,消费者可投诉、起诉,这有助于净化市场环境,推进绿色消费。实践中,一些不法企业往往利用消费者不知情实施"绿色欺诈"行为,如宣称其产品符合某一标准,是绿色产品,而该标准很可能只是一个普通的行业标准;再如,宣称其产品不含某种有害物质,但其实却含有。实践中,这些现象较为常见。消费者遇到此种情况可主动向市场监管部门、消费者协会投诉,或者直接向人民法院起诉,维护自身合法权益,推进绿色消费。

6. 小结

从消费模式的演化、变迁来看,绿色消费是一种新型、高级、科学的消费理念。无论是经济发展和资源环境之间日益凸显的矛盾,还是人类对美好生活的向往和追求,都决定了当代人只能坚定地拥抱绿色消费理念,深入践行绿色消费行为,而且这已是迫在眉睫,不得不变。

从横向国别比较来看,在不同国家和地区,绿色消费的推广程度不一。在欧洲、美国、日本等发达国家和地区,绿色消费相关的法律制度、配套机制较为健全,社会公众对绿色消费的接受程度也较高,绿色消费已经铺展开来。在我国,受制于经济发展程度和水平,绿色消费还处于起步阶段,但是应当注意到,在一些经济发达地区,如京津冀、长三角、粤港澳大湾区以及成渝都市圈等,绿色消费的推进速度是非常快的。[②] 因此,为继续扩大绿色消费的战果,未来一阶段,政府部门、相关行业协会、企业以及消

[①] 无公害蔬菜是指符合中国国家标准和规范要求,经认证合格并允许使用无公害农产品标志的蔬菜。在生产过程中允许限量使用化学合成物质(如农药、化肥等),但这些有毒、有害物质要控制在国家规定的范围内。有机蔬菜是指完全不使用化学合成的肥料、农药、生长调节剂(比如激素等)、转基因技术,产地远离工业区、城市生活区、交通主干道,完全遵守有机蔬菜生产技术规程生产的蔬菜。有机蔬菜是目前可以吃的蔬菜中最安全的蔬菜。在国外只有普通蔬菜和有机蔬菜之分,绿色蔬菜和无公害蔬菜的称呼只在国内使用。

[②] 中国连锁经营协会发布的数据显示,2015—2017 年,一项针对我国一线城市、二线重点城市以及沿海经济发达城市的消费者绿色消费意识调查显示,消费者对能效标识的认知度从 78% 上升到 89%,绿色食品的消费占比从 58% 上升到 83%。参见王小萱:《我国消费者绿色消费意识明显提升》,载《中国食品报》2018 年 8 月 20 日第 1 版。

第七章　发展理论指导下的消费者权益保护法律制度完善

费者等都必须直面绿色消费在实践中存在的问题,以问题与需求为导向,进一步完善绿色生产、绿色消费的法律制度,完善推进绿色消费相配套的实施机制,如运用财税、金融、绿色采购等多种政策手段综合施治;不断提升市场监管部门等在绿色产品市场上的监管能力;加强绿色消费的宣传、教育活动;完善消费民事公益诉讼制度等等。相关主体应各担其责并紧密配合,形成制度合力,早日让绿色消费之风吹绿整个中国。

三、共享理念指引下促进协同消费的法律制度构建

在过去的十余年间,建基于互联网的平台经济发展迅猛;而在最近几年,以 Airbnb、Uber 以及滴滴出行为代表的一批行业领头公司将平台经济模式推广至全球,并取得了巨大成功,他们拉开了依托网络平台,共享闲置资源(包括物质资源、人力资源等),发展经济的序幕,正式宣告了共享经济的崛起。① 共享经济是一种新的经济模式,详言之,它是一种以互联网等现代信息技术支撑,由资源供给方通过网络平台将暂时闲置的资源,有偿提供给资源的需求方使用,需求方获得资源的使用权,而供给方则获得相应报酬的经济模式。② 共享经济提高了资源配置的效率,因此,需求方(消费者)和供给方都在交换过程中受益,而且,消费者获得了较之传统交易模式更多的选择权和更大的信息透明度。③ 于是,在共享经济背景下,一种新型的消费模式——协同消费模式逐渐发展壮大起来。协同消费本质上体现了共享理念的价值追求。

(一) 协同消费的一般原理

作为一种新兴的、正在发生巨大影响的消费模式,协同消费引发了学

---

① See Zervas, Georgios, Proserpio, Davide, Byers, John, The Rise of the Sharing Economy: Estimating the Impact of Airbnb on the Hotel Industry, Boston U. School of Management Research Paper No. 2013-16, at https://ssrn.com/abstract=2366898 or http://dx.doi.org/10.2139/ssrn.2366898, accessed on June 28, 2020.

② 参见蒋大兴、王首杰:《共享经济的法律规制》,载《中国社会科学》2017 年第 9 期。

③ 在传统经济模式下,消费者往往是被动地接受商家提供的商品信息,消费者个人对商品的体验评价被局限在熟人圈子内部,而基于网络平台的共享经济模式却使供求双方都能够通过互联网发布自己能够供给的分享物品或需求物品,增加了特定供给者或需求者可选择的交易对象,并具备了掌握交易对象更多信息的可能,这就避免了欺诈性不公平交易和交易成本,从根本上提高了交易质量,有利于促进双方福利的增加。

界、实务界的广泛关注。厘清协同消费的概念,探求其制度特性,并在此基础上深入考察影响协同消费运行的关键因素是促进协同消费的前提。

1. 协同消费的概念界定

在学界,菲尔逊(Felson)和斯潘思(Spaeth)较早地对协同消费展开了研究。在《社区结构与协同消费》一文中,他们认为,"协同消费行为是指人们与一个人或多个人在联合从事活动的过程中,共同消费商品或服务的行为"[1],而且,根据消费的时间与地点是否同步,他们进一步将协同消费分为三种情形:直接接触协同、系统连接协同与分离协同。在文章中,两位作者将与友人一起聚会饮酒、与家人一同就餐看作是协同消费的经典例子。但显然,这种协同消费还处于较为初级的阶段,与真正意义上的协同消费存在明显区别。其他一些学者也从不同的角度对协同消费进行了诸多有益的思考。如梅尔曼(Mohlmann)提出,效用、信任、成本节约以及熟悉度是决定协同消费满意度的几个关键性因素。[2] 布赫(Bucher)等指出,货币动机、社交享乐动机与道德动机是消费者参与协同消费的主要动机。[3] 博茨曼(Botsman)和罗杰斯(Rogers)则颇有新意地将协同消费视为一个系统,进而提出,协同消费是由产品服务系统、再分配市场以及协同生活方式等构成的一个有机系统。[4] 我国学者卢东等认为,协同消费是与共享经济高度适配的一种消费模式,其本质就是通过分享和交换来满足特定需求,但消费活动本身并不导致所有权发生转移。[5] 上述论断都有一定道理,以既有研究成果为基础,笔者认为,协同消费是指,平台企业等主体借助互联网等现代信息技术,将消费品的所有权与使用权进行分离,并按消费者的需求重新进行组合,从而极大地降低交易成本,提高资源配置效率,在充分满足消费者需求的同时,使消费品释放出群体共享价值的

---

[1] Marcus Felson, Joe L. Spaeth, Community Structure and Collaborative consumption, *American Behavioral Scientist*, Vol. 21, No. 4, Jan., 1978, pp. 614-624.

[2] See M. Möhlmann, Collaborative Consumption: Determinants of Satisfaction and the Likelihood of Using a Sharing Economy Option Again, *Journal of Consumer Behaviour*, Vol. 14, No. 3, Feb., 2015, pp. 193-207.

[3] See E. Bucher, Fieseler C, Lutz C., What's Mine is Yours-exploring the Spectrum of Utilitarian to Altruistic Motives for Internet Mediated Sharing, *Computers in Human Behavior*, Vol. 62, No. 9, Sep., 2016, pp. 316-326.

[4] See R. Botsman, R. Rogers, *What's Mine is Yours: The Rise of Collaborative Consumption*, Harper Collins, 2010, pp. 87-109.

[5] 参见卢东等:《分享经济下的协同消费:占有还是使用?》,载《外国经济与管理》2018年第8期。

新型消费模式。

2. 协同消费的特性

较之传统场景下的消费行为与模式,协同消费具有以下几个方面的显著特性:

(1)产权在消费环节分离

与传统消费模式不同,在协同消费场景下,消费者并不购买产品本身,而仅仅是对使用该产品付费。在整个消费过程中,产品的所有权与使用权处于分离状态,消费者与产品的关系不再是归属关系,仅仅是使用关系。因此,在协同消费中,私法的权属理念受到了较大的冲击,"使用"而非"占有"的理念获得了更广泛的认同,消费者赋予了"使用"需求更高的价值权重,他们逐渐意识到对于一件产品并不一定非要拥有或者占有,而且,即便拥有了它也不一定只限于自己使用,完全可以与他人共享,协同消费。正如博茨曼、罗杰斯所言,"人们对于拥有的态度,更在乎的是可以自由支配产品,而不是这个产品属于谁"[1]。在消费环节,产权分离的影响是十分深远的。一方面,资源的配置效率明显提高,产品的供给方和需求方实现了双赢;另一方面,产权分离使得消费者可以只为使用行为付费,而不必占有产品,所以,对产品的消费开始呈现出"去物质化"[2]的特征,消费的重心由占有产品转向对物品所能提供的服务的消费。消费产品的具体方式从实体产品的消费转向无形化和数字化消费。

(2)消费主体角色多元

在传统的消费模式下,通常而言,消费者的角色是单一的,他就是纯粹的消费者,为了满足自身的需求,购买产品或者服务。然而,在协同消费的语境下,消费者的角色更为多元,除了消费者这一基本身份外,他还可能成为分享者,在线分享自己的一些消费体验,消费者在线评论产品、服务的相关信息(文字、图片、语音以及视频等)极大拓宽了传统消费模式下"口口相传"产品信息传播路径,这对于其他消费者的消费行为将产生重要影响,引发消费的新一轮变革。另外,他还可能成为产品的供给方,由单纯的消费者演变为一名具有复合身份的"产消者"[3]。消费主体的角

---

[1] 〔美〕雷切尔·博茨曼、路·罗杰斯:《共享经济时代——互联网思维下的协同消费商业模式》,唐朝文译,上海交通大学出版社2015年版,第126页。
[2] 胡雪萍:《共享消费新模式及其可持续指向》,载《理论探索》2017年第6期。
[3] 刘国华、吴博:《共享经济2.0——个人、商业与社会的颠覆性变革》,企业管理出版社2015年版,第112页。

色日益多元,这昭示着我们正处于时代转向的十字路口,即正从一个通过消费满足自身生活、发展需要的时代迈向一个通过消费丰富个人生活、发挥个性、建立与他人的联系、为社会作贡献的时代。

(3)消费客体完全共享

不同于传统消费模式下消费者对产品的"独享",协同消费下,消费者更多的是共享产品。"独享式消费"是一种以产品占有、损耗为特征的消费,"消费者购买产品——个体使用、损耗——淘汰旧产品——购买新产品",整个消费活动依循着这样一个链条展开。而在协同消费下,对于一些产品,消费者会直接放弃购买产权,转而通过付费租借或者其他方式满足自己的消费需求。循环往复购买的链条断裂,所有权崇拜的信念被彻底击破,产品更多的是被分享,而且,在一次又一次的协同消费行为中,产品被循环重复使用,资源的利用率越来越高。① 在此意义而言,消费客体的共享是协同消费模式区别于传统消费模式最为显性的特征之一。

(4)供需双方的信任感增强

信息和信任是促成交易的关键变量因素,交易双方之间的信息越透明,信任程度越高,则交易越容易达成。在传统消费模式下,交易双方也会共享一定的信息,也存在信任,而在协同消费模式下,由于存在较强的群体监督,交易双方的信任度和信息均衡程度都明显增长,详言之,个体的不履约行为很容易被潜在的交易方等群体成员知晓,于是,他被发现和惩罚的概率与风险都大大增加了。为谋求自身利益的最大化,协同消费下交易双方都倾向于守约,加强对自我的管理和约束。奥斯特罗姆对此解释道:"具有高度人际信任或社会资本的群体,比那些缺乏这些资本的群体,更容易达成商定的规则并遵守这些规则"②,供需双方的消费信任增强有助于进一步推动协同消费。

(5)平台企业深度参与

无论是产品所有权、使用权的分离,还是消费者从单一身份转向多元身份都需要借助网络等现代信息技术,都需要平台企业深度参与。以网约车为例,乘客和私家车主需要借助滴滴出行、首汽约车以及嘀嗒等平台

---

① 杰里米·里夫金在《零边际成本社会》中指出:所有权到使用权的转移,意味着更多的人使用更少的物品,使新产品销售量大大减少,进而降低了资源消耗。详见〔美〕杰里米·里夫金:《零边际成本社会》,赛迪研究院专家组译,中信出版社 2014 年版。

② 〔美〕埃莉诺·奥斯特罗姆等:《公共资源的未来——超越市场失灵和政府管制》,郭冠清译,中国人民大学出版社 2015 年版,第 5 页。

第七章　发展理论指导下的消费者权益保护法律制度完善

企业来发布消费需求、响应消费需求,交易的撮合是在平台上完成的,否则每天几千万、每年上百亿的订单量是根本无法实现的[①],平台企业的深度参与是协同消费区别于传统消费的重要特征,也是其能够有序运行的重要支撑与保障。

3. 协同消费的运行原理

协同消费下,平台企业、供给方、消费者等都在不断寻找、发现多样化的消费需求,并将各类分散的、闲置的资源进行快速、有效整合,使供需双方高效匹配,达成交易。这不仅降低了交易成本,而且资源利用也更为充分,创设了一种更有利于节约资源、保护环境的可持续消费模式。

协同消费有序运行需要具备五个关键要件[②]:其一,群聚效应。按照博茨曼和罗杰斯的解释,群聚效应的一个重要功能在于,它能够聚集一批忠实和活跃的核心用户群,这些用户承担着共享经济先行者的角色,推动共享经济从幼稚走向成熟。[③] 其二,闲置产能。闲置产能是协同消费萌发、快速发展的物质前提,没有闲置的产品,就不会催生协同消费的需求、理念以及文化。在物资紧缺、产需矛盾的时代,消费者对产品的管控意识非常强,独占式消费一定是牢牢占据支配地位的。当产品日渐丰裕,有了闲置产能,这些闲置的资源才可能被拿来重新分配、重新使用、协同共享。其三,协同、共享的消费理念。协同、共享的消费理念对协同消费行为的助推主要体现为:一方面,消费者愿意参与协同消费,甚至愿意将自己的一些资源投入公共领域供大家消费;另一方面,多数消费者都能够适度适用产品,在满足自身需要的同时不损害后继消费者的使用,从而避免"公地悲剧"的发生,使资源获得较为持久的利用。其四,消费信任的建立。已如上文所述,陌生人之间的信任是共享经济得以发展的重要前提,如果缺乏这种信任,交易就很难达成,协同消费也难以推而广之。其五,平台企业以及由其提供的网络信息技术支持。平台企业是协同消费模式中非常重要的一类主体,它撮合了海量的交易,并凭借网络信息技术加速了协

---

① 滴滴官网数据显示,早在 2016 年 3 月,滴滴全平台日完成订单就已突破 1000 万,at https://www.didiglobal.com/about-special/milestone,最后访问日期:2021 年 6 月 16 日。

② 博茨曼、罗杰斯提出,协同消费模式包括群聚效应、闲置产能、社会公共资源、陌生人之间的信任四大核心原理。详见〔美〕雷切尔·博茨曼、路·罗杰斯:《共享经济时代——互联网思维下的协同消费商业模式》,唐朝文译,上海交通大学出版社 2015 年版,第 91—109 页。本书在此基础上,提出协同消费有序运行需要具备五要件。

③ 参见同上书。

同消费模式的推广、应用。

综上,正是在群聚效应、闲置产能、协同消费理念、消费信任以及平台企业这五个关键性要件的共同作用下,协同消费在实践中才得以有序运转并逐步发展壮大。

(二) 协同消费面临的困境与挑战

协同消费的成功推行需要建立在一定的前提与基础之上,对此,上文已有论述。因此,这些前提与基础的缺失或者削弱都势必使协同消费的发展面临困境与挑战。在出行、住宿、餐饮以及办公等协同消费渗透较广的领域,协同消费的发展瓶颈已经凸显出来,亟须调整、应对。

1. 产权分离引发的信用危机

在协同消费模式下,由于产品所有权与使用权在消费过程中是分离的,这使得产品在一定程度上会被当作"公共物品"使用。有时,一些消费者为一己私欲会过度甚至滥用这些产品,引发道德风险难题。行走在街边,我们常常看到共享单车被上锁,一些消费者借此达到将单车变相"据为自有""据为己用"的目的,更有甚者,一些消费者还会违法藏匿、毁坏共享单车等。[1] 虽然平台企业借助技术手段,特别是空间定位技术等可以定位单车等共享产品的精确位置,这能够在一定程度上防止产品在使用的过程中被转移或者占有,但是,由于平台企业与消费者之间不存在直接的隶属关系,强有力的约束、惩罚机制难以形成,消费者的滥用行为还很普遍,产权分离引发的信用危机依然没有很好地被解决。

2. 产品质量问题

在传统消费模式下,产品质量问题是引发消费者维权、影响消费者消费信心的关键因素之一,在协同消费模式下,亦是如此。消费者在进行协同消费时,本欲挑选质量较好的产品使用,但可能只选到了差的,如消费者在扫码骑行共享单车前,从外观上(新旧程度、干净程度等)判断眼前的这辆自行车是可以骑行的,但是扫码之后却发现是一辆故障车,无法骑行或者骑行体验非常差,而此时费用已经被平台企业扣除,这就会显著破坏

---

[1] 据《人民日报》报道,"互联网+"带来便捷生活,但也不乏闹心问题。例如,共享变"私享",把单车藏起来、加私锁;出于个人目的,拆除单车零件、进行恶意毁坏;只图自己方便,无序乱放影响交通的行为。参见王政淇、文松辉:《人民日报大家谈:共享单车,怎样骑得更远》,载《人民日报》2017年3月29日第5版。

第七章　发展理论指导下的消费者权益保护法律制度完善

消费体验,进而影响协同消费的美誉度,动摇消费者再次进行协同消费的信心。因此,产品质量问题是协同消费在推广过程中必须着力解决的问题,毕竟无论消费模式是何种类型,一切的消费行为都必须最终回归产品或者服务本身。

3. 平台企业异化

平台企业一边连接着消费者,一边连接着产品的提供者(有些平台本身也是产品的提供者),故而,平台企业是保障协同消费运行的重要组织载体。不同于政府、互联网协会等主体,平台企业是以盈利为目的的,有自己的独立的商业利益考量和利益追求,平台企业的行为以实现自身利益最大化为第一要务,当平台过分追求自身利益时,就会发生异化,侵害消费者权益的行为也将随之发生,以网约车为例,2018年1—7月,在中国质量万里行消费者投诉平台受理的网约车投诉排名中,"滴滴出行"被投诉822件,占比为82.36%;投诉事项主要包括四类:一是网约车平台内司机用户未能履行订单,中途甩客或预约未至;二是订单价格缺乏监管,随意绕道或者加价等多收费现象难以消除;三是行车过程中司机服务态度差;四是"马甲车"时常出现,预约车辆与平台派发的车辆信息严重不符。[①]此外,近年,平台垄断问题也引发了学界和实务界的广泛关注与讨论,"大数据杀熟"[②]平台企业"数字合谋"[③]等问题引发了竞争担忧,平台企业利用网络效应,对平台内用户进行技术锁定,提高用户的跨平台转换的成本;树立进入壁垒,排斥潜在竞争者进入该行业;或者通过违法实施经营者集中行为损害消费者福利,严重扰乱了自由竞争的市场竞争秩序。其他一些行为,诸如泄露用户个人信息或者因管理不善导致用户信息被盗取等也都严重侵害了消费者的合法权益。综上,平台企业行为失范、社会责任缺失已经成为阻碍协同消费进一步发展的"拦路虎"之一,加强对平台企业的治理、强化对平台的监管已是迫在眉睫。

---

① 参见李颖:《网约车四个问题突出"滴滴"投诉量居首》,载《中国质量万里行》2018年第9期。

② 相关讨论可参见廖建凯:《"大数据杀熟"法律规制的困境与出路——从消费者的权利保护到经营者算法权力治理》,载《西南政法大学学报》2020年第1期;赵鹏:《平台、信息和个体:共享经济的特征及其法律意涵》,载《环球法律评论》2018年第4期;马长山:《智能互联网时代的法律变革》,载《法学研究》2018年第6期。

③ 相关讨论可参见陈兵:《法治经济下规制算法运行面临的挑战与响应》,载《学术论坛》2020年第1期;John M. Yun:《大数据时代到来后的反垄断法》,周丽霞译,载《竞争政策研究》2019年第4期;韩伟:《数字经济时代中国〈反垄断法〉的修订与完善》,载《竞争政策研究》2018年第4期。

(三) 促进协同消费的法律制度完善

2017年7月,国家发改委等八部门联合印发了《关于促进分享经济发展的指导性意见》(下文简称《意见》),《意见》提出,要"坚持包容审慎的监管原则,探索建立政府、平台企业、行业协会以及资源提供者和消费者共同参与的分享经济多方协同治理机制"[①]。对此,笔者持肯定意见,此外,多方共治的思维对于促进协同消费也是适用的,换言之,推进协同消费是一项浩大、艰巨的工程,需要政府部门、平台企业、协会以及消费者等依法共治、依法而为。

1. 推进协同消费相关法律法规的"立改废释"

作为21世纪以来消费领域最为宏大的变革之一,共享经济下的协同消费对整个社会的生产、生活都带来了巨大的变化,同时也引发了一系列新的问题,这些问题需要从法律层面加以回应。近年来,我国与协同消费相关的立法工作进展较为迅速,如2013年,立法机关在修订《消费者权益保护法》时就增加了"个人信息"保护条款[②],2016年制定的《网络安全法》对网络运营者收集、使用个人信息的行为等进行了规定[③],2018年制定的

[①] 国家发展和改革委员会等:《关于促进分享经济发展的指导性意见》,at http://www.gov.cn/xinwen/2017-07/03/5207691/files/11c22c195e0b466f9fbe390cf1e8d850.pdf,最后访问日期:2021年6月16日。

[②] 我国《消费者权益保护法》第14条规定:"消费者在购买、使用商品和接受服务时,享有其人格尊严、民族风俗习惯得到尊重的权利,享有个人信息依法得到保护的权利。"此外,该法第29条规定:"经营者收集、使用消费者个人信息,应当遵循合法、正当、必要的原则,明示收集、使用信息的目的、方式和范围,并经消费者同意。经营者收集、使用消费者个人信息,应当公开其收集、使用规则,不得违反法律、法规的规定和双方的约定收集、使用信息。经营者及其工作人员对收集的消费者个人信息必须严格保密,不得泄露、出售或者非法向他人提供。经营者应当采取技术措施和其他必要措施,确保信息安全,防止消费者个人信息泄露、丢失。在发生或者可能发生信息泄露、丢失的情况时,应当立即采取补救措施。经营者未经消费者同意或者请求,或者消费者明确表示拒绝的,不得向其发送商业性信息。"

[③] 我国《网络安全法》第41条规定:"网络运营者收集、使用个人信息,应当遵循合法、正当、必要的原则,公开收集、使用规则,明示收集、使用信息的目的、方式和范围,并经被收集者同意。网络运营者不得收集与其提供的服务无关的个人信息,不得违反法律、行政法规的规定和双方的约定收集、使用个人信息,并应当依照法律、行政法规的规定和与用户的约定,处理其保存的个人信息。"该法第42条规定:"网络运营者不得泄露、篡改、毁损其收集的个人信息;未经被收集者同意,不得向他人提供个人信息。但是,经过处理无法识别特定个人且不能复原的除外。网络运营者应当采取技术措施和其他必要措施,确保其收集的个人信息安全,防止信息泄露、毁损、丢失。在发生或者可能发生个人信息泄露、毁损、丢失的情况时,应当立即采取补救措施,按照规定及时告知用户并向有关主管部门报告。"第44条规定:"任何个人和组织不得窃取或者以其他非法方式获取个人信息,不得非法出售或者非法向他人提供个人信息。"

第七章　发展理论指导下的消费者权益保护法律制度完善

《电子商务法》也对电子商务活动中平台经营者负有的个人信息保护义务进行了规定。[①] 这些法律规范构筑了一道较为严密的屏障,有助于保护消费者等主体的个人信息权免受侵害。又如,2019 年修订的《反不正当竞争法》以及正在修订中的《反垄断法》也都关注到了平台企业的不正当竞争行为以及排除、限制竞争行为,这显然也都有助于约束、规范平台企业的行为,更好地推进协同消费。但也不得不承认,由于共享经济、协同消费等都属于新兴业态、新兴事物,而法律本身具有滞后性与不完备性,所以现有的法律规范仍存在一些亟待补足、明确之处,例如,共享经济的法律地位在立法上依然较为模糊;协同消费相关的法律规范较为分散,尚未形成体系,相配套的监管制度较为缺乏;协同消费语境下信用建设、失信惩罚的法律支撑不足等。鉴于以上,笔者认为,协同消费相关的法律制度有待从以下方面进行补足:第一,在立法上确立共享经济的地位,鼓励企业以共享经济模式在传统行业参与竞争,尤其鼓励企业在市场失灵的公共物品领域提供适度供给,可以想见,从立法上明确肯认共享经济这一新型经济形态将为协同消费的推行注入强劲动力;第二,在《消费者权益保护法》《电子商务法》与《反垄断法》等法律法规的基础上完善对平台企业的监管制度,明确平台企业在面对市场监管部门、消费者(用户)以及产品供给方等主体时享有的权利以及应当承担的法定义务,可适时制定平台企业对产品供给方的惩罚规则,以降低消费者权益被侵害的风险;第三,应当加快协同消费下的消费信用体系相关的法律制度建设,可尝试建立、完善公共信用数据库与数据平台,依法利用信用评价机制、监督惩戒机制有效规范与约束消费者在协同消费中的行为,净化消费环境。

2. 相关方依法合力共治,推进协同消费

在完善法律法规、强化顶层设计的同时,政府部门、平台企业、相关行业协会、消费者等主体要依法合力共治,共同推进协同消费。

[①] 我国《电子商务法》第 5 条规定:"电子商务经营者从事经营活动,应当遵循自愿、平等、公平、诚信的原则,遵守法律和商业道德,公平参与市场竞争,履行消费者权益保护、环境保护、知识产权保护、网络安全与个人信息保护等方面的义务,承担产品和服务质量责任,接受政府和社会的监督。"另外,该法第 25 条规定:"有关主管部门依照法律、行政法规的规定要求电子商务经营者提供有关电子商务数据信息的,电子商务经营者应当提供。有关主管部门应当采取必要措施保护电子商务经营者提供的数据信息的安全,并对其中的个人信息、隐私和商业秘密严格保密,不得泄露、出售或者非法向他人提供。"该法第 32 条规定:"电子商务平台经营者应当遵循公开、公平、公正的原则,制定平台服务协议和交易规则,明确进入和退出平台、商品和服务质量保障、消费者权益保护、个人信息保护等方面的权利和义务。"

（1）政府部门应依法监管、加强引导

政府部门虽然较少直接参与协同消费活动，但它在推进协同消费方面却扮演着十分关键的角色，政府功能的发挥集中体现在以下几个方面：

第一，创新监管理念和方法，加强对平台企业等的监管。近十年来，平台企业的发展速度非常快，与之相伴的，平台企业忽视社会责任履行、侵害消费者权益的违法违规行为也日益增多，甚至因一些平台企业未能严格履行审核义务而发生了一些侵害消费者生命健康权的恶性犯罪案件①。发生这些违法行为，平台企业难辞其咎，但也应意识到，政府的监管手段滞后也是导致违法行为层出不穷的一个重要原因，有些漏洞（如审核漏洞等）平台能堵，而有些漏洞（如制度漏洞等）则只能由政府填补。② 有鉴于此，法律必须要给平台企业设定责任，依法制定更为有效的监管规则③，凭借自身专业技术优势、科层制下的组织优势等对平台企业进行有力监管，针对不同类型、不同商业模式的平台企业制定差异化的监管策略，形成更为合理、有效的外部治理体系与机制，并及时跟进保证监管的动态性，如针对网约车发展过程中所发生的一系列社会治安问题，政府应当依法要求网约车平台企业严格落实对平台司机的信息审核义务，加强对网约车平台公司、车辆和平台司机的资质审查与证件核发管理工作，实现政府监管与平台自身治理的有效衔接。平台治理是政府监管的辅助，政府监管可以借助平台治理之力，但不能完全假手于平台企业。在推进协同消费的过程中，政府必须切实履行其监管职责，维护消费者的合法权益。

第二，推动信用体系建设。协同消费行为的一个重要特点是陌生人交易、短期交易以及一次性交易占比很高。因此，保证产品、服务的安全性、可靠性是非常重要的。实践中，诸如司机刷单、网店售假、共享单车遭

---

① 2018年5月6日，郑州一女子在郑州市航空港区搭乘一辆滴滴顺风车赶往市内时遇害。参见新华网：《滴滴高层首次正面回应"空姐遇害"案：平台存漏洞》，at http://www.xinhuanet.com/politics/2018-05/22/c_1122869318.htm，最后访问日期：2021年6月16日。然而仅仅过了3个月，恶性案件再一次发生，2018年8月24日，浙江乐清一女子乘坐滴滴顺风车失联后遇害。

② 一些学者提出，单靠企业或许并不能落实对司机的审核义务，也不能完全保障乘客安全。比如在一些地方黄牛虚假注册网约车，既利用了平台的漏洞，又钻了制度的空子。要堵住平台漏洞，责任在经营者，至于消灭制度空子，责任在管理者。参见万静：《空姐深夜打顺风车遇害引发全民大讨论 专家解析网约车平台究竟该担何责》，at http://www.legaldaily.com.cn/index/content/2018-05/11/content_7543352.htm?node=20908，最后访问日期：2021年6月16日。

③ 交通运输部联合工业和信息化部、商务部、国家市场监督管理总局等部门制定了《网络预约出租汽车经营服务管理暂行办法》。

第七章　发展理论指导下的消费者权益保护法律制度完善

恶意破坏等违法失信行为屡见不鲜,社会信用亟待修复。笔者认为,作为政治、经济以及社会生活的中枢与联结点,政府部门汇聚、掌握了大量私人部门的信息,这使得它在重建社会信用方面具备一定的资源与能力,能够承担更多的责任、发挥更大的作用,2019年7月,国务院办公厅发布《关于加快推进社会信用体系建设构建以信用为基础的新型监管机制的指导意见》,提出要"创新事前环节信用监管""加强事中环节信用监管"以及"完善事后环节信用监管"。① 这为协同消费语境下的信用建设指明了方向。鉴于协同消费天生带有网络信息技术的基因,所以,政府部门应当尤为注重发挥网络信息技术在信息的归集与处理等方面的作用。具体而言,可借助并发挥全国信用信息共享平台和国家"互联网+监管"系统收集相关信息,对政府部门掌握的信用信息要做到"应归尽归",同时,推进地方信用信息平台、行业信用信息系统互联互通,畅通政企数据流通渠道,实现公共信用信息、市场信用信息、投诉举报信息还有网络及第三方相关信息的有效整合,形成全面覆盖各地区、各部门、各行业以及各类市场主体的信用信息网络。信息的收集只是第一步,政府部门要将其收集的市场主体基础信息、执法监管和处置信息、失信联合惩戒信息等与相关部门业务系统按需共享,在信用监管等实践中加以应用,支撑形成数据同步、信息统一、标准一致的信用监管协同机制。而且,应依法建立联合惩戒措施清单,动态更新并向社会公开,综合运用行政性、经济性和法律性惩戒措施,建立社会力量广泛参与的失信联合惩戒体系。重点运用那些惩戒力度较大、监管效果好的失信惩戒措施,包括:依法依规限制惩戒对象招标投标、申请财政性资金项目、享受税收优惠;限制惩戒对象获得银行授信、乘坐飞机、乘坐高等级列车和席次;通报批评、公开谴责等惩戒措施。此外,还要探索建立信用修复机制,如果失信主体在规定期限内认真整改失信行为,消除不良影响的,政府部门可依法调整征信评级分数和等级。通过建立较为完善的信用体系,政府部门可在一定程度上降低协同消费交易的风险和成本,提高共享经济的运行效率,切实维护消费者的合法权益。

第三,培育协同消费文化。培植协同消费文化,有助于消费者等养成

---

① 国务院办公厅《关于加快推进社会信用体系建设构建以信用为基础的新型监管机制的指导意见》(国办发〔2019〕35号),at http://www.gov.cn/zhengce/content/2019-07/16/content_5410120.htm?trs=1,最后访问日期:2021年6月16日。

文明的消费习惯,缓解信用危机,营造良好的协同消费环境。政府部门可从以下几个方面入手培育协同消费文化:一是开展协同消费教育,通过家庭教育、学校教育(学前教育、大中小学教育)以及在职教育培训等活动,让社会公众感知到协同消费的作用、意义以及自己参与协同消费的方式、方法;二是加大协同消费舆论宣传,通过网络、电视、报纸等大众媒体向社会公众宣传协同消费的理念,还可以与"3·15"消费者权益保护日等主题日、主题活动结合起来,强化宣传的效果;三是政府部门包括政府官员可以身体力行参与协同消费行为。消费具有"示范效应",即一个人的消费行为会对周围人的消费活动产生影响,由于政府部门、政府官员的公信力较强,他们参与协同消费会形成较强的示范作用。在2020年抗击新冠肺炎疫情期间,我们注意到一些政府官员为了提振餐饮业消费信心,助力行业恢复发展生产,纷纷带头消费,如重庆市副市长带头"下馆子"吃火锅、南京市秦淮区鼓励机关干部带头堂食等,这些都起到了较好的示范效果,协同消费亦是如此。

第四,加大对协同消费的扶持力度。建立并完善对协同消费参与主体(包括消费者、产品供给者等)的激励机制是深入推行协同消费的关键举措之一。平台企业等可以提供一些激励,同时,政府部门也可从政策措施上给予一定的资助和扶持。具体而言:一是对于那些致力于提供协同消费产品或者服务的企业可以在信贷、税收等政策上给予支持,帮助其扩大生产;二是对有可能形成大规模协同消费的领域,可加大调查、研究力度,提前进行示范推广[①];三是鼓励和支持具有竞争优势的平台企业走出去,加强对外交流与合作,积极参与国际竞争,开拓海外市场,构建跨境产业格局,打造国际知名品牌,更好地提供协同消费服务;四是相关部门如国家发改委、中央网信办以及工业和信息化部等可利用已经建立起的"互联网+"行动部际联席会议机制,加强对协同消费发展的统筹协调,共同推进协同消费,在条件成熟时可成立专家咨询委员会,作为智库为政府决策提供重要支撑。

第五,为全面推行协同消费提供基础设施保障。世界范围内网络信

---

① 《关于促进分享经济发展的指导性意见》提出:"各地区、各部门要担起责任,主动作为,切实加强对分享经济的深入研究,因地制宜,不断完善发展环境,创造良好社会预期,务实推进分享经济健康快速发展。鼓励有条件的行业和地区先行先试,充分发挥专业化众创空间、科技孵化器的支撑作用和双创示范基地的示范作用,不断提升服务能力,积极开展相关探索实践。"

第七章　发展理论指导下的消费者权益保护法律制度完善

息技术的飞速发展让决策层深刻意识到,下一代网络发展的关键是带宽问题,只有实现高速宽带,下一代互联网、物联网以及云计算等才可能获得大发展。于是,自 2013 年,我国开始正式实施"宽带中国"战略。① 伴随着巨额的资金投入,近年来"宽带中国"战略取得了显著成效,中国信息通信研究院发布的《中国宽带发展白皮书》(2019 年)表明,截至 2019 年 6 月底,我国互联网宽带接入端口数量已达 9.03 亿个,同比增长 8.6%。其中,光纤接入(FTTH/O)端口总计达到 8.13 亿个,在所有宽带接入端口中占比达到 90%。在全国城市普遍覆盖的基础上,光纤已经通达超过 98%的行政村,光纤网络正进一步向偏远地区和贫困村延伸。②

(2) 平台企业应加强内部治理,依法合规经营

实践中,平台企业大都以互联网为依托和组织载体形成了各具特色的商业生态圈。在商业生态圈内集聚着大量具有不同资源要素与能力偏好的异质性个体,他们居于不同的位置,具有不同的功能。为了自身的商业利益,为了行业的有序发展,平台企业一定程度上扮演着管理者的角色,它负责管理这些聚集在平台上的用户,要求他们遵守相关的行为规则。③ 而且,针对不同的用户群体④,平台企业往往需要采取不同的治理方法,分类治理、差异治理。这就要求平台企业应建立、健全交易规则和管理制度,如我国在线住宿领域首个标准性文件《在线住宿平台服务规范》就明确规定,平台企业要建立和完善规章制度,规范在线住宿交易服务⑤,而且应定期检查交易管理制度的实施情况,并根据检查情况及时采取改进措施;应准确、完整地展示由供给方提供并审核通过的产品信息,

---

① "宽带中国"战略由工业和信息化部部长苗圩在 2011 年全国工业和信息化工作会议上提出,目的是为了加快我国宽带建设。经国务院批示,由国家发改委等八部委联合研究起草的"宽带中国"战略实施方案于 2012 年 9 月对外公布。2013 年 8 月 17 日,中国国务院发布了"宽带中国"战略实施方案,部署未来 8 年宽带发展目标及路径,意味着"宽带中国"战略从部门行动上升为国家战略,宽带首次成为国家战略性公共基础设施。

② 中国信息通信研究院:《中国宽带发展白皮书》(2019 年),at http://www.caict.ac.cn/kxyj/qwfb/bps/201910/t20191031_268469.htm,最后访问日期:2021 年 6 月 16 日。

③ 如淘宝推出了被称为淘宝体系基本法的《淘宝规则》。《淘宝规则》第 3 条明确写道,违规行为的认定与处理,应基于淘宝认定的事实并严格依规执行。

④ 平台往往连接着双边,甚至多边群体。

⑤ 中国国际贸易促进委员会商业行业委员会 2019 年 9 月 23 日发布的《在线住宿平台服务规范》第 5.5.1 规定:"应建立和完善规章制度,规范在线住宿交易服务,包括但不限于以下制度:用户注册制度;经营者注册制度;平台交易规则;信息披露与审核制度;隐私与商业秘密保护制度;用户权益保护制度;广告发布审核制度;交易安全保障与数据备份制度;争议解决机制;不良信息及垃圾邮件举报处理机制;法律法规规定的其他制度。"

及时处理法律法规禁止发布的信息;严格保障产品或者服务质量与安全,在同等交易条件下,同一产品或者服务的价格应保持一致;完善举报、投诉机制,建立 24 小时服务热线和在线投诉解决机制,确保投诉、举报电话有人接听,及时受理并处理消费者的投诉、举报;依法制定并公布消费者/用户隐私保护协议,未经消费者/用户许可,不得公开、编辑和透露用户信息给第三方;尊重消费者选择权,确保跨平台互联互通和互操作,不得实施不正当竞争行为和垄断行为。

就具体的治理措施而言,平台企业可通过声誉评价机制和信息反馈系统加强对供给方的管理。① 一方面,平台企业可借助声誉评价机制引导、规范供给方的行为。有研究表明,在尚未有政府规制措施介入的新兴产业中,声誉评价机制往往发挥着重要的规制替代作用。在协同消费语境下,以互联网为媒介的信息传播速度更快、范围更广,信息披露更为及时,以之为基础的声誉评价机制的约束、矫正效果愈加显现。网络会及时披露、公开协同消费中消费者和供给方两类群体给予对方的评价信息,消费者的先前评价信息往往会对后续交易的达成产生直接影响,通过这一原理,公开的声誉评价机制可在一定程度上降低交易的风险。声誉评价机制会"逼迫"供给方不断根据消费者的评价信息改进、提升其产品与服务质量。供给方提升产品与服务质量对于平台企业吸引用户也是大有裨益的,正因如此,实践中,很多平台企业大都根据自身的业务模式和特点建立或者尝试建立声誉评价机制,如滴滴出行就建立了星级评价机制,消费者在订单完成后可通过滴滴出行 app 对平台司机的服务进行评价,满分为 5 分,如果总体评分低于 4.7 分,平台司机将不能享受任何补贴、冲单加奖等奖励活动。同时,差评也会影响平台司机的服务分,进而影响滴滴向其派单的优先度,优先度低则接单少,反之则多。当然,也必须注意到,简单的分数或者星级评价有时并不能精确反映消费者的真实消费体验和满意度,而且,此类数据造假的成本较低,容易出现供给方操纵数据的现象。因而,平台企业需要不断改进声誉评价机制,如可允许消费者添加照片或描述性语言等反馈信息,这会相应提高供给方操纵数据的成本,同时,还能使其他消费者快速、直观地了解先前的交易情况,保障消费者的知情权,切实约束供给方的行为。另一方面,平台可以建立信息反馈系

---

① 参见沈广明:《分享经济的规制策略——以辅助性原则为基点》,载《当代法学》2018 年第 3 期。

第七章 发展理论指导下的消费者权益保护法律制度完善

统及时了解、管控供给方的行为。具体而言,平台企业可设立并完善投诉等信息反馈系统了解供给方的行为表现①,对于投诉量大的供给方,平台企业可采取相应的惩戒措施进行规制,如减少向其派单,相应减少其接入平台网络的时长,降低奖励额度等。除供给方外,平台企业也要加强对消费者的监督,规范消费者的协同消费行为,其中一个重要工作是建立消费者的个人信息档案,完善对消费者的信用评价机制。平台企业可借助大数据,把消费者在不同类型的协同消费中的信誉记录、交易状况、投诉纠纷等情况收集起来建立个人档案,并且在严格保障消费者个人信息权、个人隐私的基础上允许相关平台企业共享这些信息,形成消费者信用评价体系。对于那些经常违约、消费信用较差的消费者,平台企业可依照违约情形对之进行惩戒,以共享单车为例,平台企业可将违规、违法使用共享单车的消费者列入"黑名单",如将故意损毁车辆、私自加锁占用车辆、占用机动车道逆行以及多次乱停乱放车辆的消费者列入"黑名单",使之失去使用共享单车的资格,或者要求这些消费者支付更高的押金,更为严重的可配合相关部门追击其法律责任。通过建立消费者个人信用档案,加强对消费者协同消费行为的管控和约束,持续推进协同消费发展。

(3) 协会要加强自律,切实履行职能弥补监管不足

第一,行业协会(如中国互联网协会等)应当积极参与制定协同消费、共享经济的法律、法规、规章和标准,参与制定行业服务规范和自律公约,开展纠纷处理。② 2019年9月,中国国际贸易促进委员会商业行业委员会参与起草的《在线住宿平台服务规范》发布,该规范规定了提供在线住宿相关服务的平台以及平台内经营者的行为规范,这对于引导、约束携程、飞猪等在线住宿服务平台企业的行为具有十分重要的作用。此外,行业协会还应当充分发挥对协会所属企业的约束作用,强化行业自律。行业协会发挥自律作用的关键点是约束会员单位可能发生的违法违规以及违背章程的行为,弥补政府部门监管的不足。目前,一些行业协会对会员单位的管理还不够规范,仍有必要加强,如应严格执行行业协会准入条件

---

① 国务院办公厅《关于促进平台经济规范健康发展的指导意见》指出,平台要建立健全消费者投诉和举报机制,公开投诉举报电话,确保投诉举报电话有人接听,建立与市场监管部门投诉举报平台的信息共享机制,及时受理并处理投诉举报。
② 国务院办公厅《关于促进平台经济规范健康发展的指导意见》指出:"鼓励行业协会商会等社会组织出台行业服务规范和自律公约,开展纠纷处理和信用评价,构建多元共治的监管格局。"

和程序,加强对新入会单位的审查,对于不符合标准的坚决不允许入会;组织会员单位签订自律公约、开展定期审查、自查;厘清行业协会自身的组织结构(会员代表大会、理事会、监事会和秘书处),减少内部机构之间的交叉管理,提高自律管理能力。

第二,消费者协会要积极开展消费者教育,帮助消费者维权。在协同消费时代,信息技术和生产生活交汇融合,消费行为海量增加,跨区域、群体性重大消费纠纷时有发生,消费者维权工作依然任重道远。保护消费者权益是大力推行协同消费的关键一步,消费者协会有能力①且应当切实担起消费者权益保护法等法律赋予其的职责,着重做好以下几个方面的工作:其一,加强对协同消费行为的监督,通过开展调查和服务体察,掌握协同消费市场在运作过程中的信息,为从宏观层面维护消费者权益奠定基础。其二,处理消费者对协同消费行为的投诉,中国消费者协会一直十分重视这项工作,每年都会处理一批具有较大影响的消费者投诉案件,不仅为消费者挽回了经济损失,而且有力地维护了消费和谐。未来一阶段,消费者协会应不断升级和完善"全国消费者协会投诉与咨询信息系统",将其打造成我国消费维权领域内"覆盖全国、上下贯通、实时在线、协同工作"的新一代信息处理平台,而且,为了适应协同消费的特点,中国消费者协会可在已经设立的电商直通车处理平台中嵌入一项子功能,即"协同消费投诉、处理",构建协同消费争议与投诉快速解决的绿色通道。其三,做好消费者维权的法律援助与法律支持。通过财政拨款、社会捐赠等方式充实已设立的"法律支持金",邀请律师等专业法律人士加入"中国消费者协会律师团",同时,推动地方各级消费者协会组织设立法律援助机构,多管齐下,帮助那些被侵权但是无力维权的消费者维权。其四,大力推进投诉和解建设,引导平台企业自觉建立投诉解决机制、争议解决服务机构,使一些关于协同消费行为的投诉在平台企业层面尽快得到妥善解决。其五,加强消费者教育。开展消费者教育是《消费者权益保护法》赋予消费者协会的首项职责,教育活动能够将消费维权的防线前移,具有重要的实践意义,各级消费者协会可通过回应消费者的咨询、发布消费警示、提示

---

① 根据中国消费者协会官网的统计数据,截至2018年,全国共成立县级以上消费者协会组织3234个,消费者协会分会5284个,投诉站、联络站6768个,全国县以上消费者协会工作人员1.05万人,志愿者4.44万人。全国各级消费者协会每年处理的投诉近百万件。参见中国消费者协会官网:http://www.cca.org.cn/,最后访问日期:2021年6月16日。

第七章　发展理论指导下的消费者权益保护法律制度完善

等,宣传关于协同消费、共享经济的相关知识,进行普法宣传教育。实践中,消费者协会联合市场监管部门开展消费者教育活动并不鲜见,如在2017年的"3·15"消费者权益保护日,原国家工商行政管理总局(现国家市场监督管理总局)消费者权益保护局、成都市消费者协会等就发布了《消费维权实用攻略》,该《攻略》"涵盖电商网购、个人信息保护、汽车消费、网约车、代驾与共享单车服务、老年人消费陷阱、预付费消费、网络订餐服务等13方面的热点现象与纠纷事件,以实际案例为消费者提供参考"①。此外,中国消费者协会还可以通过《中国消费者》杂志、《中国消费者报》、中国消费者协会官网等提供消费资讯和维权指导;指导地方消费者协会编印消费教育教材;通过举办展览、讲座、组织征文、比赛、演出等开展教育活动;深入一些企事业单位、部队、工厂、农村、社区等进行消费指导。

(4)消费者要树立协同消费观念,供给方要依法合规提供产品

作为协同消费的直接参与人,消费者的消费观念、消费习惯和消费行为将对协同消费产生重大影响,为了更好地践行协同消费,消费者应当做好以下几个方面的工作:

第一,遵守《消费者权益保护法》《电子商务法》以及《民法典》等法律法规,依法合规地进行协同消费,自觉抵制盗窃、毁损、私占、乱停乱放共享单车,不归还或者不按时归还共享雨伞,粗暴使用共享篮球②等违法违规行为和不文明消费行为。

第二,树立协同消费的观念、养成协同消费的习惯。共享经济下的协

---

① 《消费维权实用攻略》中收录了这样一个与协同消费行为相关的案例,案情简介如下:上海市的杨先生通过某打车软件叫车,司机应答后迟迟未到。杨先生却发现打车软件上的状态显示"上车行驶中",最终他在未乘车的情况下被扣去25.65元。原来,司机在打车软件上建了一个里程约3公里、用时约10分钟的虚拟行程,让杨先生为这次虚拟行程付了车费。杨先生向网约车平台投诉,对方承诺退回车费,但杨先生未收到退款。杨先生认为司机的行为涉嫌欺诈,向当地法院提起诉讼,要求网约车平台退还车费,并依据我国《消费者权益保护法》第55条,增加赔偿损失500元。该诉讼经过了一审、二审。二审法院认定网约车司机虚构行程构成欺诈,网约车平台应承担司机欺诈行为的法律后果,依据我国《消费者权益保护法》第55条判令网约车平台支付杨先生500元赔偿金。

② 据《青年报》报道,上海浦东新区街头的"共享雨伞"试点3个月以来,雨伞丢失率将近10%。此外,2017年6月,《青年报》记者在采访共享篮球运营者吴富强时了解到,用户在打完篮球后,不经擦拭、清理,再次放进共享盒的情况非常常见,用户丢回旧球、坏球的情况也存在。参见钟雷、陈晓颖:《共享共担 不文明行为成问题 新经济催生新规则》,载《青年报》2017年6月1日第A04版。

同消费是一种能够节约资源、有效提高资源配置效率的消费方式,因而,也是一种较为科学、文明和健康的消费方式,消费者应当树立这一理性的消费理念,参与到协同消费行为当中。

第三,学会运用投诉、起诉等多种手段切实维护自身的合法权益。如前文所述,在协同消费实践中,平台企业、供给方侵害消费者合法权益的情形并不鲜见,遇有此类情形,消费者应当学会维护自身的合法权益,可以向消费者协会投诉、向仲裁机构申请仲裁或者向法院起诉,这其实也是对平台企业、供给方的一种监督和威慑,有助于形成安全的协同消费环境与氛围。

此外,供给方要依法合规提供产品或者服务。作为协同消费产品或者服务的提供者,供给方的角色十分关键,如果没有供给方提供闲置的、可共享的资源,协同消费就是"水中月、镜中花",没有办法成为现实。也正是因为供给方的这种角色与功能,他在协同消费中要严格遵守法定与约定义务,具体而言,供给方应当保证产品或者服务的质量。供给方要严格遵守《消费者权益保护法》《产品质量法》以及《电子商务法》等法律法规,遵从平台企业制定的管理制度、交易规则,向消费者提供合格的产品、服务,避免侵权行为的发生,虚心接受消费者的意见和建议,及时改正,切实维护消费者的合法权益。

结　　论

　　发展理念是发展行动的先导,是发展思路、发展方向、发展着力点的集中体现。从 2015 年党的第十八届五中全会正式提出"创新、协调、绿色、开放、共享"的新发展理念到 2018 年"新发展理念"正式入宪,决策层对新发展理念的理论意义和实践功能有了更为深刻的认识。新发展理念具有系统性、辩证性、人民性、实践性,它立足中国当下改革实践,聚焦未来发展,直指发展问题的症结与本质,具有鲜明的问题导向性,尤其有助于解决当前高质量发展中经济增长创新动力不足、分配不公、增长方式粗放以及贸易摩擦不断等突出问题。在以往的研究中,经济学等学科对发展理论、发展理念的关注较多,法学语境下的探索相对较少,但其实经济法等部门法与发展理论、新发展理念等具有十分紧密的逻辑关联。经济法是典型的促进发展之法,经济法要更好地履行其发展促进法的功能就必须深入研究新发展理念、发展理论,并以之为理论指导完善经济法的具体法律制度。新发展理念对于完善经济法项下的财税法律制度、金融法律制度、计划法律制度、竞争法律制度等意义重大。

　　本书着重探讨了新发展理念的理论溯源,并展开经济法解读。从历史的纵向维度来看,发展理论已经历了半个多世纪的理论演进历程,影响十分广泛。总体来看,早期的现代化理论主要强调发达国家与第三世界国家等发展中国家之间的发展差距,研讨的重点是发展中国家如何学习发达国家先进的经济和社会制度这一问题;作为对现代化理论的反驳和回应,依赖理论研究并强调各类文化的独特性以及文化移植的不适当性等问题。20 世纪八九十年代,后发展理论兴起,该理论否定发展理论存在的必要性。近年来,相关的探讨减少,话语声音渐趋式微,主流观点并未采纳这种对发展的极端主义的态度,而是采取了相对折中的方式,可持续发展、人类发展等发展理论受到了更多的认同。目前,发展理论仍在不断发展之中。这些理论都构成了新发展理念重要的理论渊源。新发展理念汲取上述理论涵养,其内涵日益丰富,五大发展理念均在经济法上有扎实的映射,如与开放发展理念相对应的开放性经济体制建设,与共享发展理念相对应的公平分配理论,等等。在此基础上,本书较为系统地研讨了新发展理念引领下的经济法学发展理论。经济法学发展理论是关于"在一定的发展理念的指导下,对发展主体配置适当的发展权,权利主体采取适当的发展手段,实现特定的发展目标"的理论。发展理念与发展目标、发展主体与发展权利、发展能力与发展促进等都是经济法学发展理论的核心范畴。其中,经济发展权是经济法学发展理论的核心,它是基本人权的一种,在市场主体层面它主要是一种消极权利;从经济法权体系来看,经济发展权属于目标性权利/力,传统的经济法调制权与对策权可以作为经济发展权的实现手段;在类型划分上,经济发展权可分为自我发展权与促进发展权、整体发展权与个体发展权、国家发展权与市场发展权。经济发展权既有权利的属性,也有权力的属性。经济法的发展理论深受发展理念的影响,当下,传统的发展理念已经聚合为新发展理念,指导理念的更新会引发理论的革新与转型。新发展理念引领下将影响经济法发展理念的内涵升级、经济法发展主体的关系拓展和经济法发展权的内容转向。为了确保新发展理念通过经济法新发展理论而有效引领经济法制度的完善,一方面可以通过传统的经济法立法、执法和司法保障经济发展权利,另一方面可以以问责制规范经济发展权力。

以上新发展理念以及以其为基础更新迭代经济法学发展理论为经济法具体法律制度的完善指明了思路,具体而言:

在财税法律制度方面,作为经济法项下一类重要的法律制度,从发展理论的视角观测,财税法律制度具有特殊的制度功能和法律定位。因此,积极发挥财税法律制度在连接经济体系、政治体系和社会体系方面的功能,明确财税法律制度的定位显得尤为重要。财税法律制度具有促进经济社会公平发展、促进市场主体的创新发展和开放发展等重要功能。发展理论视阈下的财税法不仅追求促进经济快速增长的目的,亦关注与经济活动密切相关的社会、生态领域的问题,同时,注重发展主体间的利益协调和发展成果的公平分配,即通过财税法手段追求经济、社会、生态的整体、可持续发展。可见,发展理论下财税法的定位是借助财税法律制度促进发展之法。为了更好地实现这一功能,可在绿色发展理念的指导下完善转移支付的相关制度(尤其是其中的分税—转移体制等)、绿色财税制度等,同时,可在创新发展理念的指导下完善财政法中的投融资规制、税收优惠等制度,以使财税法的理念、内容和制度体系更加合理、精致。

在金融法律制度方面,现阶段金融领域存在着监管不妥、"脱实向虚"、系统性风险、金融资源分配不均等问题,而金融法律制度在构建上难以有效回应这些问题。这有待于结合新发展理念、运用经济法基础理论对金融法相关问题进行检讨和反思。作为经济法当中的重要部门法,金融法有其独特的价值理念,完善金融法律制度要合理疏解金融法效率、公平与安全价值之间的协调性难题。金融业态的复杂性与技术性,决定了金融法律不完备程度较高。鉴于金融抑制问题突出,政府之手易"左倾"特性,剩余立法权在配置监管机构的同时,应注重从适度原则和绩效原则角度进行协调平衡。我国是银行主导型的金融体系,银行金融机构是金融监管、金融交易与金融组织的核心,应当受到金融法的特殊关注。在主体理论上,应重视主体差异性带来的金融监管问题,并进行相应的"权义结构"调整与责任分配。金融法律制度的完善,既要注意内部融洽性,也要关注外部衔接性,以经济法理论统合,将完善金融法律制度置于一个更为宏大的现实背景与逻辑下检验,注重金融法与财税法、竞争法、消费者权益保护法等其他经济法的部门法间的衔接。

在计划法律制度方面,计划(规划)一直是我国经济社会发展的重要制度,它反映着国家对本国经济和社会事业发展所作出的预测和所希望实现的政策目标,在社会经济发展中发挥着预测引导、政策协调和宏观调控的基本职能,对于防范和化解经济失衡,对推动经济均衡、协调与持续发展具有十分重大的意义。从此意义而言,计划法律制度与发展理论具有一致的精神追求,都是为了促进发展,都是为了更好地发展。但应当注意到,虽然计划法律制度具有美好的目标设定,然而,在实践中,计划法律制度的目标与制度实际绩效之间还存在一定的差距,相关制度设计还有待完善,应当运用协调发展的理念去解决计划法律制度中暴露出的诸如各类计划之间"打架冲突"、区域之间规划"各自为政"等种种不协调的问题。具体而言,应当厘清不同规划的职能,理顺规划主体的权责,畅通规划公众参与的机制和渠道,通过较为细致、具有可操作性的制度规定完善、优化协调机制,以此来加强规划之间的协调性。而在增强区域规划协调的制度完善上,应适时出台法律法规,设立专门的管理机构来明确区域协调政策主体,促进区域协调政策实施的规范性。此外,还应当运用开放发展的理念完善涉外产业和投资调控法律制度,进一步放宽对外资进入的限制,强化对外资的保护,一方面,应在外商投资和产业准入方面采取"准入前的国民待遇+负面清单"模式,放松管制;另一方面,应着力构造竞争中性环境,系统性地设计各种保护和促进措施,实施"激励性"规制。

在竞争法律制度方面,发展理论对竞争法律制度的指引,体现在理论和制度两个层面。在理论层面,以发展权为认知工具去解析市场主体享有的公平竞争权和自由竞争权,有助于深化对这两类权利的认识。具体而言,企业是非常具有能动性、创造性的一类市场主体,保障其公平竞争权、自由竞争权能够鼓励其实施技术创新,促进创新发展;共享发展对于深刻理解公平竞争、自由竞争也大有裨益,从法学的视角出发,赋予权利是保障发展的前提,要实现共享发展就必须保障市场主体公平竞争、自由竞争的权利。在具体制度层面上,发展理论对于确立竞争政策基础性地位、完善公平审查制度,完善纵向垄断协议制度等反垄断法相关的制度具有重要的指引作用,同时,发展理论还有助于完善反不正当竞争法相关的法律制度,如创新发展理论对于网络新型不正当竞争行为的认定、对于数字经济背景下监管理念的更新具有理论指示意义。详言之,对于这类行为,在判定其行为性质时要格外注意其可能具有的创新效果,对竞争可能带来的正面影响,在监管时宜采取审慎、包容的监管理念。

在消费者权益保护法律制度方面,发展理论指导下该领域的制度也存在很大完善空间。消费者权益保护法律制度属于典型的发展型制度,因此,借助经济法学的发展理论,在发展理论的指导下完善消费者权益保护法律制度是必要且可行的,这项工作具有重要的理论与实践意义。具体而言,发展理论拓展了消费者权益保护法的理念,如创新发展拓补了"消费者为本"理念,即应当运用创新思维不断革新消费维权理念、维权机制、监管手段等,深化消费维权机制改革,更加切实有效地保障消费者的合法权益;又如绿色发展延展了"可持续消费"理念,绿色发展理念对"可持续消费"提出了更高、更具体的要求,其中,最核心的一点就是要大力推行绿色消费;再如,共享发展拓补了"公平理念",共享发展要求政府及相关主体将维护偏远农村地区、西部地区消费者的合法权益放在尤为关键的位置,最大限度地保障消费公平、公正。此外,发展权对消费者权益保护法的"安全理念"也进行了有益的拓补。除对消费者权益保护法的理念进行了非常有益的拓补之外,发展理论、新发展理念还有助于建构、完善绿色消费、协同消费等法律制度,应当建立政府部门、企业、行业协会以及消费者等主体共同治理、共同监管的格局,推动绿色消费、协同消费发展。

综上,从法学尤其是经济法学的视角来观察发展理论和新发展理念,仍能获得很多新的思考,它们是经济法研究重要的智识渊源。经济法是促进发展之法,这就要求经济法学必须建构起一套较为科学、精致的发展理论,以指导经济法的实践,更好地发挥其发展促进法的职能。经济法学的发展理论具有十分丰富的内涵,涉及发展理念、发展目标、发展主体、发展权利、发展义务、发展责任以及发展秩序等诸多方面。深入研究该理论,不仅有助于丰富和完善相关领域的理论架构,还有助于为相关发展政策、发展制度的制定和实施提供理论指导。尤其是在经济法领域中,存在大量的发展型制度,如财税法律制度、金融法律制度、计划法律制度以及竞争法律制度等,在这些制度生成和适用的过程中,运用正确的发展理论加以指导,会更有助于发挥经济法促进发展的功能,实现经济法的调整目标。

附录

经济法学的发展理论初探①

研究"新发展理念与经济法制度完善"问题,需要进一步提炼经济法学的发展理论,这对于丰富经济法理论,推进发展法学乃至整体发展理论的研究,指导发展问题的有效解决,都有重要意义。构建经济法学的发展理论,涉及范畴论、方法论和价值论等多个维度,而无论是有关发展理念与发展目标、发展主体与发展权利、发展能力与发展手段等基本范畴的分析,还是对结构—功能分析等重要方法的探讨,都会融入新发展理念等价值分析,从而使经济法学的发展理论可以融为一体,这更有助于解释和解决改革、法治与发展领域的复杂问题。

一、问题的提出

发端于20世纪五六十年代的法律与发展研究,虽历经兴衰沉浮,但始终关注法律制度如何促进发展,以及如何通过法律移植或自创来实现国家现代化的问题。② 而从"熊彼特—帕森斯的系统研究"传统看,上述研究的重要前提在于,法律不仅与政治、经济、社会、文化等系统均存在密切关联,而且对后者的发展会产生重要影响。③ 由此推及具体部门法领域,

---

① 考虑到落实新发展理念与完善经济法制度,都与经济法学的发展理论直接相关,因此,本书将《经济法学的发展理论初探》一文附录于书末,供读者参考。该文发表于《财经法学》2016年第4期。

② 相关研究于20世纪90年代再度繁盛,可参见〔美〕杜鲁贝克等:《论当代美国的法律与发展研究运动》,载《比较法研究》1990年第2期、第3期;姚建宗:《法律与发展研究的理论倾向》,载《南京大学法律评论》1990年第1期;郑永流:《法律与发展——九十年代中国法哲学发展的新观点》,载《中外法学》1992年第4期;等等。

③ 无论是熊彼特开创的财政社会学研究,还是帕森斯的社会系统分析理论,都非常重视经济、政治、法律、文化、社会等诸多系统之间的关联,由此形成的"熊彼特—帕森斯系统研究"传统,对于促进发展理论研究尤其有重要意义。

则经济法对经济、社会发展的影响,尤其值得探讨①,这是经济法学的发展理论得以形成的重要基础。

自经济法学研究兴起以来,随着经济法调整范围的逐渐廓清,以及相关规范理论的不断完善,如何从功能主义的视角发展经济法理论,尚需学界进一步推进。尽管经济法学者历来强调经济法的独特功能,但相关的整合研究仍显不足,从而为经济法学发展理论的系统研究提供了较大空间。

依循功能主义的思路,学界以往对经济法的规制性已有诸多关注,并由此对"促进型"经济法规范展开过探究。② 基于经济法是"治国之法"和"促进发展之法"的共识,从制度规范的角度,挖掘经济法促进发展的功能,有助于揭示为什么经济法是"发展促进法",并由此为经济法学的发展理论提供现实的制度支撑。

明晰经济法作为"发展促进法"的功能,尤其具有现实意义。发展是时代的主题,无论是"全面的改革"抑或"全面的法治",都要以"全面的发展"为主线,唯有如此,才能真正实现经济与社会的良性运行和协调发展,并由此增进全民的福祉,实现国家的长治久安。而如何推进"全面的发展",正是我国当前亟待破解的难题,由此使经济法学的发展理论研究更有现实的紧迫性。

经济法促进发展的功能,缘于经济法内涵的大量发展导向型规范,它们构成了"发展型经济法制度"。这些制度以促进发展为目标,分布于经济法的各个部门法,是经济法学发展理论的重要研究对象。由于传统的发展理论内容非常丰富,且法学界以往对发展问题已有相关研讨,因而提炼经济法学的发展理论亦不乏理论资源。如何在既往研究的基础上实现理论整合和提炼,尚需学界共同努力。

为此,本文拟结合学界有关发展问题的研究,吸纳传统发展理论的相关成果,着重从范畴论、价值论和方法论的视角,对经济法学发展理论研究的必要性和基本框架进行初步探讨,从而说明经济法学发展理论的提

---

① 经济法对经济和社会发展的影响更为直接,尤其是具体的财税法、金融法、产业法、竞争法等,更是如此。其中,仅从税法的视角,就可以发现法律对其他系统的重要影响。可参见张守文:《税制变迁与税收法治现代化》,载《中国社会科学》2015 年第 2 期。

② 有关促进型经济法的探讨,可参见张守文:《论促进型经济法》,载《重庆大学学报(社会科学版)》2008 年第 5 期;焦海涛:《论促进型经济法的功能与结构》,载《政治与法律》2009 年第 8 期;等等。

炼,不仅对于丰富经济法理论,而且对于发展法学的整体发展,以及法律与发展问题的研究,都具有重要的理论价值;同时,也强调经济法学发展理论的运用,无论对于解决我国经济和社会发展过程中出现的诸多重大结构问题,抑或对于相关发展型经济法制度的完善,都具有重要的现实指导意义。

二、研究发展理论的必要性

传统的发展理论自兴起以来,曾以发展经济学为核心,继而在整合过程中,吸纳了发展政治学、发展社会学等方面的理论。尽管在 20 世纪 60 年代以来的现代化浪潮下,一些发达国家的法学、政治学和社会学学者,力图将西方的法律制度移植或输出到发展中国家,但由此形成的法律与发展运动,并未取得预期效果。在 20 世纪 90 年代以来的全球化和社会转型背景下再度兴起的法律与发展研究,更强调法律制度对经济发展和社会变革的促进,但仍未能推出像发展经济学那样有影响力的发展法学。事实上,在经济学领域,发展经济学早已成为影响日隆的分支学科,但在法学领域,发展法学至今仍未受到普遍关注,即使是法律与发展方面的课程,也远未受到重视。要改变这种状况,就不能仅局限于法理学层面的研究,还需要从部门法的维度,尤其应从经济法的视角,探究法律制度对经济和社会发展的影响。因此,研究经济法学中的发展理论,对于丰富整体的发展理论亦有重要价值。

此外,在整个学界的共同努力下,以往的经济法研究在本体论、价值论、发生论、规范论、运行论、范畴论等诸多领域,已有较大进展,在此基础上,基于"经济法是分配法""经济法是风险防控之法""经济法是促进发展之法"等学界共识或重要命题,还需要深入挖掘经济法学的分配理论、风险理论、发展理论等,这些贯穿经济法各类制度的理论,尤其有助于从不同维度打通和指导经济法的理论研究和制度建设。

相对说来,经济法学界对分配理论、风险理论等已有一定研究[①],但对发展理论的研究仍较为分散,理论的系统性很不够,这会影响其对发展实

[①] 对此已有许多学者参与讨论,其中,有关发展成果分享问题的研究,可参见李昌麒:《中国改革发展成果分享法律机制研究》,人民出版社 2011 年版;对于分配理论与风险理论相结合的探讨,可参见张守文:《分配危机与经济法规制》,北京大学出版社 2015 年版,等等。

践的指导力。在各国高度重视发展的今天,在我国推进全面发展的形势下,对发展理论的深入研究不仅有理论价值,而且尤其具有现实意义,甚至事关国家的兴衰成败。

著名学者诺思(Douglass North)认为,"国家既是经济增长的关键,又是经济衰退的根源"[①]。上述的"诺思悖论"表明,经济和社会的发展,会在很大程度上受到国家制度的影响。因此,发展理论应关注如何形成或构建好的制度,如何推进良法善治。考虑到国家制度对发展的不同影响,阿西莫格鲁(Daron Acemoglu)和罗宾逊(James Robinson)将制度分为两类,一类是"包容性制度",一类是"汲取性制度",前者有助于促进国家的发展,而后者则会导致国家的失败[②]。对于上述的"诺斯悖论"以及制度是否具有"包容性",经济法学的发展理论应着重研究,以更好地发现现实制度存在的问题及其完善路径。

基于与发展的关联性,整体的法律制度不仅可以分为"包容性制度"和"汲取性制度",还可分为"解纷型制度"和"发展型制度"。其中,解纷型制度以定分止争、解决争端或纠纷为导向,更强调形成具体的法律秩序,解决相关主体之间的纠纷;而发展型制度则更侧重于以促进经济和社会等诸多领域的发展为导向,其规制性、指导性、诱导性更突出,而并非着重于解决相关主体之间的纷争。

当然,上述的制度分类只是大略的划分,相关制度的功能并非截然割裂,因为凡是能够形成秩序、解决纠纷的制度,同样有助于促进发展;同时,在促进发展的过程中,也需要不断协调和解决相关的矛盾和纠纷。作出上述大略的划分,意在明晰相关的规则侧重或制度功能,以期有助于展开类型化的研究。

例如,在经济法制度中,就既有解纷型制度,也有发展型制度,并且,与传统部门法相比,经济法领域的发展型制度更多,因为"促进经济和社会的良性运行和协调发展",是经济法调整所追求的高端目标。事实上,

---

[①] 依据诺思(或译为诺斯)的理论,国家既要通过降低交易费用来促进经济发展,又要实现税收的最大化,前者可能推进经济的繁荣,后者则可能带来经济的衰退,因此,好的制度应在两者之间实现平衡协调。参见〔美〕道格拉斯·C.诺思:《经济史中的结构与变迁》,陈郁等译,上海三联书店、上海人民出版社1994年版,第25页。

[②] 参见〔美〕阿西莫格鲁、罗宾逊:《国家为什么会失败》,李增刚译,湖南科学技术出版社2015年版,第51—58页。此外,我国近年来也更加重视"包容性发展",并在"十三五"规划纲要中强调发展的"包容性"。

经济法的各类具体制度或具体立法,无不体现着发展理念、发展目标,无不侧重于通过促进发展的各类手段,来确保各类主体的发展权利和发展利益的实现。

各类制度的形成、实施和完善,都需要有相应的发展理论作出指导;以上述发展型制度为研究对象的发展理论,作为整体经济法理论的重要组成部分,对发展型经济法制度的制定和实施,应当具有重要的解释力和指导力①。因此,研究发展理论,不仅是经济法理论自身完善的需要,更是指导制度建设的需要。

要形成能够有效指导制度建设的发展理论,至少应关注发展理论的价值论、方法论和范畴论②。其中,价值论有助于提供研究视角和指导思想,方法论有助于提供具体的制度完善路径和理论研究路径,而范畴论则有助于进行类型化研究,并进而发现各类范畴以及各类理论之间的内在关联,从而更有助于指导制度建设。基于范畴提炼对于理论整合的重要性,下面先着重从范畴论的角度,提出在经济法学的发展理论中应强调的一些重要范畴,继而再从方法论的视角,探讨系统思想和结构—功能分析方法对解决发展问题的重要作用。而上述有关范畴论和方法论的研讨不仅相互关联,而且都离不开相应的价值判断,因而都会融入有关价值论的分析,这更有助于使经济法学的发展理论融为一体。

三、研究发展理论应关注的基本范畴

任何理论都由一系列基本范畴构成,经济法学的发展理论亦不例外。其中,发展理念、发展目标、发展主体、发展权利、发展能力、发展促进等基本范畴尤其重要。这些范畴相互关联,共同构成了发展理论的范畴体系;而对于每类范畴的理论分析所形成的有关发展的具体理论,则是构成整体发展理论的基本单元。因此,下面有必要选取一些重要的、密切相关的基本范畴展开具体分析,这有助于更全面地理解经济法学发展理论的基

---

① 有的学者认为,"一个完整的发展理论必须能指导法律的形成和实施",因此,发展理论对于制度运行的指导作用非常重要。参见〔美〕塞德曼等:《发展进程中的国家与法律——第三世界问题的解决和制度变革》,冯玉军、俞飞译,法律出版社2006年版,第3页。

② 发展理论要发挥指导作用,必须包括三个要素,第一是方法论,为确定发展型政策提供研究路径,第二是研究视角或作为指导思想的宏观理论,第三是引导进行分类研究的解释性范畴。参见同上书,第67页。

本框架。

(一) 发展理念与发展目标

经济法所要解决的基本矛盾和基本问题,莫不事关发展。而发展的不平衡、不协调和不可持续,则被公认为最需关注的发展问题。"发展问题"作为发展理论的重要范畴,与发展理念和发展目标直接相关。要不断解决发展问题,就需要在经济法等重要法律制度中融入正确的发展理念,并促进相关发展目标的不断实现。

对于经济法的理念,已有不少学者从价值论的角度展开研究。而有关经济法促进发展的理念,则是经济法理念的重要内容[①]。事实上,经济法要促进经济和社会发展,就必须体现一定的发展理念。尽管各国所强调的具体发展理念不尽相同,但贯穿经济法各类制度的发展理念则主要有三个,即协调发展、永续发展和共享发展。

协调发展的理念,与经济法领域普遍存在的协调思想直接相关。由于现实存在的诸多差异性所带来的不平衡、不协调问题,是导致经济失衡和社会失衡的直接原因,因此,旨在解决上述问题的协调思想在经济法研究中长期占有重要地位[②],该思想强调经济法的各类制度应贯穿协调发展的理念,以促进区域、行业和制度等多方面的协调。

与上述协调发展的理念相关,经济法还强调永续发展的理念。经济法调整的最高目标是经济与社会的良性运行和协调发展,这其实是永续发展理念的重要体现。如果经济和社会运行失调,就会难以持续,不断爆发的经济危机和社会危机会给经济和社会发展造成巨大的负面影响。因此,永续发展是经济法必须持续坚守的重要发展理念。

无论是上述的协调发展还是永续发展,最终是为了实现共享发展,即经由发展型经济法制度的促进和保障所带来的一切发展成果,都应由人

[①] 相关探讨可参见单飞跃等:《经济法发展理念论》,载《湘潭大学社会科学学报》2000年第5期;程信和、李挚萍:《可持续发展——经济法的理念更新和秩序创新》,载《学术研究》2001年第2期;刘大洪等:《论经济法的发展理念——基于系统论的研究范式》,载《法学论坛》2005年第1期;等等。

[②] 参见张守文:《论经济法上的协调思想——"国家协调论"的启示》,载《社会科学》2011年第1期。

民共享;增进人民的福祉,保障基本人权,是共享发展的基本要求①。因此,在这个意义上,上述的协调发展、永续发展,与共享发展也是内在一致的。

上述三大发展理念,不仅要贯穿于经济法的各类制度,还要融入经济法促进发展的目标。在经济法的调整目标中,无论是经济目标抑或社会目标,都会涉及发展的内容,并由此形成经济法上的发展目标。

如果说发展理念相对较为抽象的话,那么,发展目标作为对发展理念的进一步落实,则相对更为具体,并体现在经济法各类具体立法的宗旨条款中,成为经济法的某部具体法律的重要调整目标。为此,下面选取经济法的若干重要立法规定略作说明:

附表 经济法的若干重要立法及其规定的发展目标

法律名称	立法宗旨中规定的发展目标	发展领域
预算法	保障经济社会的健康发展	经济与社会
税收征收管理法	促进经济和社会发展	经济与社会
价格法	促进社会主义市场经济健康发展	市场经济
反垄断法	促进社会主义市场经济健康发展	市场经济
反不正当竞争法	保障社会主义市场经济健康发展	市场经济
消费者权益保护法	促进社会主义市场经济健康发展	市场经济
证券法	促进社会主义市场经济发展	市场经济
商业银行法	促进社会主义市场经济的发展	市场经济
银行业监督管理法	促进银行业健康发展	行业
保险法	促进保险事业的健康发展	行业
城市房地产管理法	促进房地产业的健康发展	行业
广告法	促进广告业的健康发展	行业

上述经济法领域的各类具体立法,虽然立法时间先后有别,但其重要共性在于,它们都在第 1 条立法宗旨条款中对发展目标作出明确规定,即

---

① 在罗斯福所倡导的"四大自由"中,"免于匮乏的自由"非常重要,尤其有助于说明解决贫困问题、促进共享发展的必要性。我国的《"十三五"规划纲要》特别强调,要使全体人民在共享发展中有更多获得感,增强发展动力,增进人民团结。

都要促进或保障发展。从细微的差别看,各类立法对于发展目标的界定,涉及的发展领域不尽相同,其中,领域最宽的包括经济与社会;领域居中的涉及整个市场经济;领域最窄的则涉及特定行业领域,如银行业、保险业、房地产业、广告业等,相关立法的行业或产业特点也最为突出。

具体说来,宏观调控法中的财税立法所涉及的发展领域最宽,涉及对"经济与社会"发展的保障与促进,这也与财政税收在国家治理中的基础地位有关,它涉及经济和社会的方方面面;此外,市场规制法领域的反垄断法、反不正当竞争法、消费者权益保护法,以及包含大量市场规制法规范的价格法、证券法、商业银行法等,都将促进发展的领域定位于"市场经济";而其他的行业性立法,如银行业监督管理法、保险法、城市房地产管理法、广告法等,虽然也包含不少市场规制法规范,但却将促进发展的领域限定于特定的"行业"。

上述各类法律都强调要"促进"或"保障"一定领域的"发展"或"健康发展",并且,在市场规制法领域里,强调"健康发展"的立法更多。何谓"健康发展"?是要"多快好省",还是要"又好又快"?抑或"全面协调可持续"?这还需要通过发展理论的研究作出回答。但不管怎样,"健康发展"应当是非病态的发展,体现上述协调、均衡、可持续发展等理念的发展,应当是"健康发展"的应有之义。

值得注意的是,在各类法定的发展目标中,都体现着重要的法律价值,如公平与效率、自由与秩序、安全,等等。各类价值如何体现、如何平衡,才能带来健康、稳定的发展?学者对此仍然见仁见智、莫衷一是。例如,阿马蒂亚·森(Amartya Sen)将自由作为发展的首要目标[1],而对自由如何界定,学界又会有不同的认识。因此,在发展目标的研究中,有关价值论的探讨是无法回避的。

实践中已经或正在落实的发展目标,许多是人们耳熟能详的。例如,联合国的千年发展目标(Millennium Development Goals)[2]、我国历次五年

---

[1] 阿马蒂亚·森认为,自由是发展的首要目标,并从工具性的视角考察五种形式的自由,包括政治自由、经济条件、社会机会、透明性保证、防护性保障,强调各类权利和机会有助于促进一个人的一般性可行能力。参见〔印度〕阿马蒂亚·森:《以自由看待发展》,任赜等译,中国人民大学出版社 2002 年版,第 3 页、第 13 页、第 31—33 页。

[2] 2000 年 9 月,在联合国千年首脑会议上,各国领导人就消除贫穷、饥饿、疾病、文盲、环境恶化和对妇女的歧视等方面,共同达成了有时限的发展目标,尤其强调在 2015 年前全球贫困水平要降低一半。对于贫困、相对贫困以及贫困感的分析,可参见〔印度〕阿马蒂亚·森:《贫困与饥荒——论权利与剥夺》,王宇、王文玉译,商务印书馆 2001 年版,第 17—25 页。

计划(或规划)纲要所确立的发展目标,都需要通过发展型经济法的有效调整来实现。由于贫困问题是影响经济和社会发展、阻滞全面现代化进程的重要问题,因此,上述的千年发展目标和我国《"十三五"规划纲要》,都特别强调脱贫目标①,只有经济法与其他相关法律综合施治,该发展目标才可能实现。

(二) 发展主体与发展权利

在发展型经济法制度中,与发展有关的主体不胜枚举,如国家和国民、政府和市场主体等,都是发展主体的重要类型。上述各类主体都有自我发展的权利,同时,国家或政府还负有推进国民和市场主体发展的职权或义务。因此,在经济法领域,既要关注国家和各级政府的发展,因为这对于国民和市场主体的发展具有重要影响;同时,更要关注国民和市场主体的发展,因为这是国家发展的终极基础。

随着发展理论的深化,人们更强调对发展主体的"赋权"②,由此使各类主体的发展权利或称发展权日益受到重视。通常,发展权包括经济发展权、社会发展权、政治发展权等诸多类型,但经济发展权被公认为发展权的核心,是其他发展权有效实现的基础。基于上述发展主体的分类,在经济法研究中,更应关注一些重要主体的经济发展权。

例如,国家和国民都是重要的发展主体,国家发展权与国民发展权各不相同。其中,国家发展权直接涉及国家利益和社会公益,而国民发展权则直接涉及私人利益。国民发展权可以包括企业发展权、个人发展权、第三部门发展权,等等。在国内法层面,企业以及其他个体的经济发展权尤其需要经济法加以保障。

又如,政府和市场主体也都是重要的发展主体,两者所享有的发展权亦存在差别。其中,政府的促进发展权,是政府通过促进其他主体的发展来实现国家整体发展的职权,表现为政府可以通过宏观调控权和市场规制权的行使,来促进市场主体的发展,从而推动经济的整体发展。而市场主体的自我发展权,则是市场主体通过自己的行为,来实现个体的自我完

---

① 《中华人民共和国国民经济和社会发展第十三个五年规划纲要》第十三篇"全力实施脱贫攻坚",分为三章,强调"推进精准扶贫精准脱贫""支持贫困地区加快发展"以及"完善脱贫攻坚支撑体系"。

② 在发展理论发展到一定阶段后,人们开始重视赋权问题,因为没有赋权,发展能力和发展利益等就会受到限制。

善和自我发展的权利。

从具体制度来看,以我国《中小企业促进法》为例,通过该法的实施,来促进中小企业的发展,是政府的促进发展权的体现;而中小企业通过行使该法规定的相关权利,来实现自我发展,则是其自我发展权的体现[①]。对上述两类发展权的规定和保障,是经济法诸多制度的重要内容。

各类主体的经济发展权,与经济法制度中既有的权义结构存在内在关联。其中,国家的经济调制权与促进发展权,市场主体的市场对策权与自我发展权,都具有内在一致性。因此,经济发展权可以成为统一适用于各类经济法主体的、包含了权力和权利内容的重要范畴。

(三) 发展能力与发展促进

发展主体的发展能力,是发展理论需要研究的重要问题。与传统法对权利能力、行为能力等能力问题的关注不同,发展型经济法更要关注主体的发展能力。事实上,所有发展问题的存在,都与相关主体的发展能力较弱、发展动力不足有关。[②] 经济法领域的弱势主体,如中小企业或小微企业,就是发展能力相对较弱的主体,无论从经济与社会发展的角度,还是从小微企业自身发展的角度,都需要通过提升其发展能力来促进其发展。即使是强势主体,也需要良好的外部竞争环境,特别是公平竞争的环境,而良好的环境的形成,也离不开国家的发展促进。

要提升主体的发展能力,就需要有促进发展的手段。经济法领域的宏观调控和市场规制,不仅有助于解决相关主体的权益纷争,也有助于促进相关主体的发展。因此,财政手段、税收手段、金融手段、计划手段等,都可以成为促进发展的重要手段。由于学界对财税、金融等发展手段的探讨相对较多,而对计划手段的关注相对较少,因此,有必要对发展计划略加讨论。

发展计划作为实现发展目标的重要手段,它通常会融合各类促进发展的措施,并以相关目标和指标的形式加以呈现。在许多国家,政府的发

---

① 对相关分类的具体探讨可参见张守文:《经济发展权的经济法思考》,载《现代法学》2012年第2期。
② 对于能力与贫困、自由、发展之间的关系,阿马蒂亚·森曾作过深入研究,他认为,可行能力是一种自由,贫困不仅是收入能力的低下,而且应被视为基本可行能力的被剥夺。因此,贫困的本质是能力贫困,尤其体现为现代社会中知识和技能的不足。参见〔印度〕阿马蒂亚·森:《以自由看待发展》,任赜等译,中国人民大学出版社2002年版,第85页。

展计划始终是推进发展的重要手段①。但与此同时,对于政府主导型的现代化模式可能存在的问题,特别是在发展计划中经济政策或经济法制度有效发挥作用的各种限制,必须有充分认识②。

我国的全国人大不仅每年都审批国民经济和社会发展计划,还连续通过了多个"五年计划"或"五年规划",并以此来引导和促进中长期发展,这些都是在总体上促进发展的重要手段。各类发展计划,无论周期多长,都会涉及一些重要的、基本的指标,从而为整体的经济和社会发展提供指导,也对各类主体的活动作出引导,通过明晰国家的期望以及鼓励发展的重点领域,更有助于国家和国民在发展目标上达成一致。

应当强调,发展计划与计划体制并非一一对应,恰恰相反,在市场经济条件下,为了明晰国民经济和社会发展的方向、目标、措施,更需要增强计划性。当然,国家促进发展的计划,并非对市场主体的行为强制作出安排,而是以充分尊重市场主体的自主选择权为前提的;同时,发展计划作为融入多种发展促进手段的事先筹划,具有更为突出的综合性和高级性,如果它能够与市场主体的利益和发展目标相统一,就能够同时发挥政府和市场在资源配置方面的功效。

上述的发展能力和发展手段,都与前述的发展目标有关。各类主体发展能力的增强,以及法律规定的各类发展手段的有效运用,都有助于促进主体的全面发展。只有具备充分的发展能力,才能有更多的实质自由;同时,各类发展促进手段的有效实施,也是为了使发展主体能够有更多的经济自由。为此,阿马蒂亚·森的发展理论强调,自由不仅是发展的首要目的,也是发展的主要手段③,发展目的与发展手段具有内在一致性。

总之,经济法学的发展理论所涉及的基本范畴是多种多样的,值得关注的还有发展问题、发展义务、发展责任、发展利益、发展秩序,等等。需要重申的是,上述各类基本范畴是相互关联的,例如,为了落实一定的发

---

① 瑟尔沃(A. P. Thirlwall)认为,几乎所有发展中国家都公布发展计划,因为发展计划是政府制定发展目标和宣示国家处理发展问题的积极行动的理想方法,它可以用来激励全国人民的努力,也可以作为吸引外资的催化剂。参见〔英〕瑟尔沃:《发展经济学》(第九版),郭熙保等译,中国人民大学出版社 2015 年版,第 274 页。

② 有学者认为,对政府主导型现代化模式的缺陷必须有充分认识,以免引发法律与发展的危机。参见〔英〕帕力瓦拉(Abdul Paliwala)等:《第三世界国家的法律与危机》,邓宏光等译,法律出版社 2006 年版,第 14—16 页。

③ 参见〔印度〕阿马蒂亚·森:《以自由看待发展》,任赜等译,中国人民大学出版社 2002 年版,第 13 页、第 31 页。

展理念,实现特定的发展目标,就需要在经济法中赋予相关发展主体以相应的发展权,并在其发展能力不足或发展权保障不力的情况下,运用相应的法律化的发展手段,实现发展促进。与此同时,有关各类范畴的理论,如发展理念与发展目标的理论、发展主体与发展权利的理论、发展能力与发展手段的理论等,都是整体的发展理论的重要组成部分。

此外,在上述理论的探讨过程中,已经融入了价值论的分析。其实,包括公平、自由、效率、正义等价值,都是在各类具体的发展理论中应当考量的。因此,如何发展更公平、更有效率,如何发展更能提升主体的实质自由,更符合正义的要求,等等,都是发展理论研究中不能回避的问题,这些价值论问题无论在发展理念、发展目标方面,还是在其他各类具体发展理论的研讨中,都应予以关注。

四、发展理论中的重要方法

如前所述,发展理论要实现对实践的有效指导,就必须有自己的方法论。由于发展理论所涉及的方法论问题非常丰富,因而应当选取重点展开研究。发展理论的发展历程表明,真正的发展,应当是综合的、全面的发展[①],既不能是单纯强调效率的经济增长,也不能是片面强调公平的"一大二公",而应当是综合了经济、社会、政治、文化等诸多因素,并基于法治框架下的发展,因此,在经济法学的发展理论中必然要综合兼顾诸多要素,在其方法论上尤其要融入系统思想,并应重点关注相应的结构—功能分析方法。

(一) 系统思想与结构—功能分析方法

前述各类基本范畴及其相应的具体理论,构成了发展理论的体系。作为一个理论系统,经济法学的发展理论强调,为了在一定的发展理念指导下实现一定的发展目标,需要通过各种促进发展的手段,提升相关主体

---

① 托达罗(Michael Todaro)认为,发展是一个多维的过程,涉及社会结构、公众观念和国家制度等方面的主要变化,以及加速经济增长、降低不平等和消除贫困,因此,发展必须再现全方位的变迁。参见〔美〕托达罗、史密斯(Stephen Smith):《发展经济学》(第11版),聂巧平等译,机械工业出版社2014年版,第11页;〔美〕沃斯:《国际发展理论的演变及其对发展的认识》,孙全同编译,载《经济社会体制比较》2004年第2期。

的发展能力,从而保障发展主体的发展权利,实现其发展利益①。而在上述理论体系指导制度实践的过程中,必须综合考量各类影响因素,兼顾各类主体的发展利益,这样才能解决现实存在的不均衡、不协调和不可持续的发展问题。上述各个方面,都体现了发展理论中的系统思想。

基于上述系统思想,要实现经济、社会、政治等各个领域的系统发展,就必须通过不断调整影响发展的结构,使该系统的功能得以优化,并由此解决相关的发展问题。而上述结构的调整,则涉及发展目标结构、发展主体及其发展权利结构、发展手段结构,等等。只有这些结构得以优化,才能有效发挥发展型经济法作为一个系统的功能。

从历史上看,无论是熊彼特的发展理论,还是帕森斯的发展理论,以及其后的理论发展,对于系统思想都是高度重视的。这些系统思想用于指导制度实践,就是要求优化制度结构,并通过法律的调整推进相关的经济结构、社会结构等各类结构的优化,从而使相关的经济系统、社会系统等能够发挥更好的功能。据此,研究发展理论的方法论时,应特别关注结构—功能分析方法。

传统的发展理论曾关注过多种方法,如塞德曼的"目的—手段"方法②、阿马蒂亚·森的"能力分析"方法,等等,这些方法对于研究和解决经济法领域的发展问题无疑也是适用的。但从宏观调控和市场规制的角度看,结构—功能分析的方法无疑是更为直接、具体且常用的方法,对于经济法学发展理论的有效适用更为重要。由于"特定的结构会产生特定的功能",通过发展型经济法的有效调整,实现对相关的经济结构和社会结构的优化,就能够产生促进发展的功能,因此,在经济法的制度实践中,历来特别关注结构问题,如对城乡二元结构、区域经济结构的调整,以及对相关产业结构、供需结构的优化,等等,这些都涉及结构—功能分析方法的具体运用。

有鉴于此,在经济法学的发展理论中,结构分析和功能分析是常用的

---

① 1986年联合国大会通过的《发展权利宣言》(41/128号决议)强调,发展是一个经济、社会、文化和政治的综合过程,其目的是整个人类福利的持续提高,以及所有个人在他们自己行为、自由和有目的参与发展以及参与公平分配发展所获利益的基础上实现个人福利的持续提高。这与经济法学发展理论的基本观点是内在一致的。

② 以往对于发展理论的方法论的研究,有学者总结了"目的—手段"方法、渐进主义或改良主义方法等,参见〔美〕塞德曼等:《发展进程中的国家与法律——第三世界问题的解决和制度变革》,冯玉军、俞飞译,法律出版社2006年版,第69页。

方法,并且,由于结构调整是功能优化的前提,因此,通过结构分析明晰结构问题是更为基础更为重要的。长期以来,在经济法研究中对诸多类型的"二元结构"的关注,都涉及结构分析方法的运用。发展理论作为整体经济法学理论的重要组成部分,同样需要充分考虑差异性原理,以及相关的结构原理和均衡原理①,而这些原理都强调对经济法问题进行结构分析。事实上,发展问题都需要通过结构调整来解决,无论是现实的各类体制改革,还是国家当前力推的"结构性减税",以及供给侧的结构性改革等,都需要解决相应的"结构问题"②,经济法只有有效解决上述结构问题,才能真正发挥其促进发展的功能。

从功能分析的角度看,经济法体系的特殊结构,决定了它具有特殊的规制性。经济法能够把积极的鼓励促进和消极的限制禁止相结合,把各类规制手段相统一,这正是经济法能够发挥其促进发展功能的重要前提。与此同时,经济法学的发展理论,还要关注经济法促进发展的实效,分析经济法调整可能具有的正功能和负功能,并及时作出有效调整。为此,有必要借鉴发展社会学的相关成果,推进制度功能问题研究,这也有助于进一步丰富发展理论的方法论。

(二)结构—功能分析方法的具体运用

基于差异性原理,针对现实中存在的各类突出差异及其造成的负面影响,经济法的调整需要着力解决导致发展不均衡、不协调的各类问题,以促进可持续发展。因此,面对城乡二元结构、区域发展不平衡、产业结构不合理、主体强弱悬殊等问题,经济法需要作出有利于发展的制度性安排,以促进发展问题的有效解决。

在传统的发展理论中,一些学者曾提出过二元经济结构理论、中心—边缘理论、增长极理论,等等,这些理论经过一定的调整和拓展,也可融入经济法学的发展理论,成为运用结构—功能分析方法解决相关问题的重要依据。例如,二元经济结构理论作为发展经济学的重要理论,在诺贝尔经济学奖得主刘易斯(William Arthur Lewis)提出后,经由拉尼斯(Gustav

---

① 具体探讨可参见张守文:《经济法原理》,北京大学出版社 2013 年版,第 7—10 页。
② 结构性减税与相关的财税体制改革、供给侧结构性改革等都有关联,其中涉及税制结构、课税要素结构等诸多结构问题,在结构分析方面很有典型性。相关探讨可参见张守文:《"结构性减税"中的减税权问题》,载《中国法学》2013 年第 5 期。

Ranis)和费景汉(John C. H. Fei)等人的发展,影响日隆。基于这一理论,我国作为世界最大的发展中国家,面对突出的城乡二元结构问题,必须从经济法的角度作出有利于发展的制度安排,才能更好地解决"三农"问题,推进新型城镇化和农业现代化,这对于解决贫困问题和发展不平等问题,全面实现现代化,都是非常重要的。

此外,中心—边缘理论也非常重要。我国在经济快速发展的过程中,形成了发达地区和欠发达地区、特大城市与中小城市等不同的区域差别,区域发展不平衡加剧,形成了更为突出的"中心—边缘"或"中心—外围"格局。由于发达地区和特大城市的吸附效应突出,发展的马太效应难以避免,因此,针对这种特殊的结构问题,如何发挥中心区域的功能,如何处理好外围或边缘地区被进一步边缘化的问题,如何确保基本公共物品提供的均等化,不仅事关经济发展,还直接影响社会、政治、文化等诸多方面的发展。

与上述理论相关联,在发展理论中还有增长极理论。我国在经济发展规划中,特别是在区域经济发展过程中,正在推进各种一体化、经济带、城市群的建设,例如,京津冀一体化、长江经济带、珠三角城市群,等等,都是在试图打造一些经济的增长极。这些经济增长极的推进,离不开相关的经济政策和经济法制度的安排,其中尤其涉及财政、税收、金融、价格、产业、规划、竞争等诸多经济法具体制度的协调。

无论是上述的城乡二元结构问题,还是中心—边缘格局,以及不同经济增长极的发展,都涉及特定的结构问题,都可以从结构分析的角度展开研究;同时,从传统发展理论中的现代化理论来看,上述结构问题也是国家在推进现代化过程中必须解决的问题。

上述涉及空间结构的各类问题,都会影响区域经济和社会的协调、平衡发展,因此,在经济法学的发展理论中,需要加强"经济地理法律理论",或者"空间经济法律理论"的研究[①],在此基础上,有必要形成"地理经济法

---

① 在这方面,经济地理学中的制度主义的研究方法值得借鉴,由此可以思考"制度结构以何种方式形成和调节了经济发展在地理空间上的不平衡过程",并分析"制度厚度"对区域经济发展的影响等问题。参见〔美〕埃里克·谢泼德等主编:《经济地理学指南》,汤茂林等译,商务印书馆2009年版,第96—99页、第105—107页。

学"或"空间经济法学"的研究领域[①],这也应当是经济法理论的一个重要分支。

除了上述的空间结构外,在经济法学发展理论中,还需要关注影响发展的主体结构等重要结构。例如,基于经济法的差异性原理,经济法主体历来有强势和弱势之分,并由此带来了市场失灵、经济失衡、社会失衡等诸多问题,因而需要相应的结构调整实现结构优化,使强势主体的"权"和"势"不被滥用。又如,市场的主体结构,对公平竞争的影响非常巨大,同样是影响发展的重要问题。例如,同一市场上的国有企业和民营企业、大企业和小微企业、国内企业和跨国企业,等等,其法律地位、待遇等如果差异较大,就会影响经济和社会发展。为此,针对上述主体结构差异问题,就需要在经济法制度中作出相应调整,这对于保障公平竞争非常重要。

另外,供给与需求的失衡,也是重要的结构问题,从保障有效供给和拉动有效需求的角度,需要经济法辨证施治,综合调制。无论是"营改增"等结构性减税,还是众多领域的减负降费,都是在解决结构性问题。其实,在经济法领域,从体制到机制,从区域到行业,从整体到个体,都面临着各种各样的结构问题,发展型经济法唯有从调整和优化结构入手,才能更好地发挥其促进发展的功能。

五、结　　论

随着经济法理论的发展,基于功能主义的视角,以及经济法是发展促进法的基本共识,特别是经济和社会发展对经济法提出的迫切要求,有必要研究经济法学的发展理论,并且,发展理论与分配理论、风险理论或信息理论等一起,都是贯穿经济法各类制度的重要理论。从理论的贯通性看,上述各类理论的研究都是对经济法理论的重要拓展,它们与既往的经济法理论相互交织,非常有助于经济法理论的丰富和发展。

经济法学的发展理论与传统的发展理论既有内在关联,又有其特殊性,因而既要吸纳传统的发展理论的合理成分,又要结合自身特性作出进一步提炼。为此,经济法学的发展理论,在吸纳发展经济学、发展政治学

[①] 空间经济法学是经济法学与空间经济学或区域经济学的重要交叉学科,随着经济法学的发展,越来越需要吸纳区域经济学的重要成果,展开以区域为对象的经济法研究,这对于拓展经济法理论非常重要。因此,本文提倡推进空间经济法学或区域经济法学的研究。

和发展社会学相关理论的同时,还要融入发展法学的成果,并结合经济法调整领域、调整手段、规范结构等诸多方面的特殊性,来进行理论提炼,这不仅对于丰富和完善经济法理论是重要的,而且对于推进发展法学以及法律与发展问题的研究,对于整体的发展理论的完善,都具有积极意义和重要价值。

此外,研究经济法学的发展理论,不仅有助于丰富和完善相关领域的理论,而且更为重要的,还有助于为相关发展政策、发展制度的制定和实施提供理论指导。尤其是经济法领域,存在着大量发展型制度,在其生成和适用的过程中,若能有正确的发展理论加以指导,则其促进发展的功能就会发挥得更好。正因如此,在提炼经济法学发展理论的过程中,不仅要研究范畴论,以通过明晰相关基本范畴来确定发展理论的基本框架,还要研究方法论,以为发展实践提供有效的理论指导,并推进发展型制度的完善。而无论是上述的范畴论研究还是方法论探讨,都离不开价值论的相关思考,都要融入重要的法律价值。

本文着重从范畴论、方法论和价值论的角度,对经济法学发展理论进行了非常初步的探讨,尽管上述"三论"对于构建经济法学发展理论的基本框架非常重要,但这些方面仅仅是发展理论的"局部"。同时,尽管本文试图选取较为重要的基本范畴、重要方法展开研讨,但事实上,每一类基本范畴都需要深入挖掘,每一种方法(包括结构—功能分析方法)究竟应如何运用,以更有效地解决发展问题,还需要一些实证研究。因此,经济法学发展理论的全面构建和深入探讨,仍然任重而道远,尚需学界从多个维度,展开深度拓掘,这对于经济法理论的深化,对于在新时期解决好"改革、法治与发展"的关系,尤其具有重要意义。

参考文献

[1] 〔德〕格奥格·耶利内克:《主观公法权利体系》,曾韬、赵天书译,中国政法大学出版社 2012 年版。
[2] 〔法〕安娜·多米尼克·梅维尔:《法国金融法》,姜影译,法律出版社 2014 年版。
[3] 〔法〕弗朗索瓦·佩鲁:《新发展观》,张宁、丰子义译,华夏出版社 1987 年版。
[4] 〔美〕弗里德曼:《法律制度:从社会科学角度观察》,李琼英等译,中国政法大学出版社 2004 年版。
[5] 〔美〕凯文·E.墨菲等:《美国联邦税制》,解学智等译,东北财经大学出版社 2001 年版。
[6] 〔美〕道格拉斯·C.诺思:《经济史中的结构与变迁》,陈郁等译,上海三联书店、上海人民出版社 1994 年版。
[7] 〔美〕约瑟夫·斯蒂格利茨:《发展与发展政策》,纪沫等译,中国金融出版社 2009 年版。
[8] 〔美〕维托·坦茨:《政府与市场:变革中的政府职能》,王宇等译,商务印书馆 2014 年版。
[9] 〔美〕吉帕·维斯库斯等:《反垄断与管制经济学》,陈甬军译,机械工业出版社 2004 年版。
[10] 〔美〕约瑟夫·熊彼特:《经济发展理论》,郭武军等译,华夏出版社 2015 年版。
[11] 〔日〕谷口安平:《程序的正义与诉讼》,王亚新等译,中国政法大学出版社 1996 年版。
[12] 〔日〕金泽良雄:《经济法概论》,满达人译,中国法制出版社 2005 年版。
[13] 〔日〕金子宏:《日本税法》,战宪斌等译,法律出版社 2004 年版。
[14] 〔意〕莫诺·卡佩莱蒂编:《福利国家与接近正义》,刘俊祥等译,法律出版社 2000 年版。
[15] 〔印度〕阿马蒂亚·森:《以自由看待发展》,任赜等译,中国人民大学出版社 2002 年版。
[16] 〔英〕安东尼·吉登斯:《社会的构成》,李康、李猛译,中国人民大学出版社 2016 年版。
[17] 陈共编著:《财政学》(第八版),中国人民大学出版社 2015 年版。
[18] 董玉明:《市场经济条件下的计划法研究》,书海出版社 2001 年版。
[19] 范长军:《德国反不正当竞争法研究》,法律出版社 2010 年版。

[20] 郭庆旺、赵志耘：《财政理论与政策》（第二版），经济科学出版社2003年版。
[21] 何士青：《现代科学发展与法学理论创新》，中国社会科学出版社2014年版。
[22] 季卫东：《法治秩序的建构》，中国政法大学出版社1999年版。
[23] 孔祥俊：《反不正当竞争法新原理》（分论），法律出版社2019年版。
[24] 孔祥俊：《反垄断法原理》，中国法制出版社2001年版。
[25] 李昌麒、许明月编著：《消费者保护法》（第四版），法律出版社2014年版。
[26] 李昌麒主编：《经济法学》（第三版），法律出版社2016年版。
[27] 李兴山主编：《宏观经济运行与调控》，中共中央党校出版社2002年版。
[28] 刘定华：《金融法专题研究》，北京大学出版社2002年版。
[29] 刘剑文、熊伟：《财政税收法》，法律出版社2007年版。
[30] 刘隆亨：《中国财税法学》，法律出版社2004年版。
[31] 刘瑞复：《经济法学原理》（第四版），北京大学出版社2013年版。
[32] 卢炯星主编：《宏观经济法》（第二版），厦门大学出版社2005年版。
[33] 鲁楠：《全球化视野下的法律与发展》，法律出版社2016年版。
[34] 牛晓帆：《产业组织理论及相关问题研究》，中国经济出版社2004年版。
[35] 潘静成、刘文华主编：《经济法》（第三版），中国人民大学出版社2008年版。
[36] 彭冰：《中国证券法学》（第二版），高等教育出版社2007年版。
[37] 漆多俊：《经济法基本理论》（第五版），法律出版社2017年版。
[38] 强力：《金融法》，法律出版社2004年版。
[39] 邱本：《宏观调控法论》，中国工商出版社2002年版。
[40] 邵建东：《德国反不正当竞争法研究》，中国人民大学出版社2001年版。
[41] 史际春、邓峰：《经济法总论》（第二版），法律出版2008年版。
[42] 王国刚等：《中国金融70年》，经济科学出版社2019年版。
[43] 王全兴：《经济法基础理论专题研究》，中国检察出版社2002年版。
[44] 王守渝、弓孟谦：《宏观经济调控法律制度》，中国经济出版社1995年版。
[45] 王晓晔：《欧共体竞争法》，中国法制出版社2001年版。
[46] 魏礼群主编：《社会主义市场经济与计划模式改革》，中国计划出版社1994年版。
[47] 吴志攀、刘燕：《金融法》，北京大学出版社2008年版。
[48] 肖江平：《中国经济法学史研究》，人民法院出版社2002年版。
[49] 邢会强：《宏观调控权运行的法律问题》，北京大学出版社2004年版。
[50] 徐孟洲：《金融法》（第三版），高等教育出版社2014年版。
[51] 徐孟洲：《税法》（第三版），中国人民大学出版社2009年版。
[52] 徐孟洲主编：《银行法教程》，首都经济贸易大学出版社2002年版。
[53] 杨坚白、陈东琪主编：《宏观经济调控与政策》，经济科学出版社2000年版。
[54] 杨紫烜主编：《经济法》（第五版），北京大学出版社、高等教育出版社2014年版。
[55] 姚建宗：《法律与发展研究导论——以经济与政治发展为中心的考察》，吉林大学

出版社 1998 年版。
- [56] 张守文:《发展法学:经济法维度的解析》,中国人民大学出版社 2021 年版。
- [57] 张守文:《当代中国经济法理论的新视域》,中国人民大学出版社 2018 年版。
- [58] 张守文:《分配危机与经济法规制》,北京大学出版社 2015 年版。
- [59] 张守文:《经济法理论的重构》,人民出版社 2004 年版。
- [60] 张守文:《经济法原理》(第二版),北京大学出版社 2020 年版。
- [61] 张守文:《税法原理》(第十版),北京大学出版社 2021 年版。
- [62] 张守文等:《市场经济与新经济法》,北京大学出版社 1993 年版。
- [63] 张文显:《法哲学范畴研究》(修订版),中国政法大学出版社 2001 年版。
- [64] 张馨:《比较财政学教程》,中国人民大学出版社 1997 年版。
- [65] 朱崇实、刘志云主编:《金融法教程》,法律出版社 2017 年版。
- [66] 卓泽渊:《法的价值论》,法律出版社 1999 年版。